世界名人名传典藏系列

铁娘子：撒切尔夫人传

[英]约翰·坎贝尔——著
韩晔 林戈寒——译

长江出版传媒 | 长江文艺出版社

作者简介

约翰·坎贝尔（John Campbell），英国著名的政治作家和传记作家，他曾为劳合·乔治、罗伊·詹金斯、爱德华·希思等英国多位政治领袖写过传记，他凭借《希思传》获得NCR大奖（全英作家协会纪实文学奖）。他的《罗伊·詹金斯：全面人生》入围2014年塞缪尔·约翰逊奖和2014年科斯塔传记奖，并荣获2014年政治类图书奖的传记奖。

内容简介

玛格丽特·撒切尔（1925—2013），英国政治家，英国第49任首相，1979年—1990年在任，她是英国第一位女首相，也是自19世纪初利物浦伯爵以来连任时间最长的英国首相。在任首相期间，撒切尔夫人的政治哲学和政治主张对英国的经济、社会与文化面貌作出了既深且广的改变。

英国著名传记作家约翰·坎贝尔用九年的时间对撒切尔夫人进行了细致研究，深入探究了撒切尔夫人是如何从小镇姑娘成长为叱咤风云的铁娘子的人生轨迹。玛格丽特·撒切尔是一个杂货商的女儿，自童年时代起成绩优异，进入牛津大学攻读化学和法律，后投身于英国政坛。她善于辩论、充满激情与活力，渐渐在政坛上展露锋芒，并于1979年出任首相，开始了长达11年的首相执政生涯。她率直、顽强有时甚至不留情面，同时充满爱国情怀，以自己特有的方式改变了英国，也间接影响了世界政治格局。

本书不仅是对撒切尔夫人的传奇人生的记录，也是对二十世纪问题丛生的英国社会以及冷战背景下世界格局变幻的真实历史记录。

图书在版编目（CIP）数据

铁娘子 ：撒切尔夫人传 /（英）约翰·坎贝尔著 ；韩晔, 林戈寒译. --武汉 ：长江文艺出版社，2024.3
（世界名人名传典藏系列）
ISBN 978-7-5702-3073-0

Ⅰ. ①铁… Ⅱ. ①约… ②韩… ③林… Ⅲ. ①撒切尔（Thatcher, Margaret Hilda 1925-2013）－传记 Ⅳ. ①K835.617=5

中国国家版本馆 CIP 数据核字(2023)第 087808 号

湖北省版权局著作权合同登记 图字：17-2019-281 号

铁娘子 ：撒切尔夫人传
TIE NIANGZI : SAQIEER FUREN ZHUAN

责任编辑：付玉佩　　责任校对：毛季慧
整体设计：壹诺设计　　责任印制：邱　莉　胡丽平

出版：长江出版传媒 | 长江文艺出版社
地址：武汉市雄楚大街 268 号　　邮编：430070
发行：长江文艺出版社
http://www.cjlap.com
印刷：湖北新华印务有限公司

开本：710 毫米×970 毫米　1/16　印张：22.75
版次：2024 年 3 月第 1 版　　2024 年 3 月第 1 次印刷
字数：432 千字

定价：56.00 元

nservative
Manifesto
for Europe
1979

WOMAN'S OWN
Children of Courage

前　言

这本书最初的版本超过一千二百页，共分两卷。为了方便大多数读者，目前版本的篇幅经过了大幅度的减缩。诚然，删减不可避免地牺牲掉了不少细枝末节，以及些许初版的韵色，但此书的精髓已被完整保留。加利福尼亚大学的大卫·弗里曼娴熟巧妙地缩略了篇幅，对此我表示无限感激。尽管我不能够亲力完成删减，但在我眼中，他的工作完成得好极了。也许现行版本更多地关注了对外关系以及撒切尔夫人生活中那些持久的主题，却在早年生活和细微调整党内政策的这些部分描写得简略了些。但考虑到她的职业生涯是从一个长远的、历史的角度去呈现和理解的，我认为大卫·弗里曼的详略安排合情合理。现今，距她第一次掌权已经有三十年之遥，离她的黯然下台亦有十九年之久。在这段时间内，世界依旧风云变幻：冷战结束点燃的一些期冀不仅没有到来，而且还全球变暖，目前的全球金融危机又平添了新的困难。这都是撒切尔时代的人们难以想象的。但对于当下世界，我仅仅在末章留下了极其简略的小结，并没有试图重写原稿。因为事实上，需要大幅度重新阐释或修改的新资料异常稀少。我相信自己在 2000 年和 2003 年的大部分预设和判断仍然经得起推敲。这些预设和判断，本就是那个时代的一部分印记。在玛格丽特·撒切尔下台后的二十年中，她仍然对这个国家的思路以及她的继任者们的希望了如指掌。然而，新生代已经成长起来，他们几乎忘却了她。我希望这本简略版的书能实用地介绍她，同时也提醒那些经历过“什么都将永远属于撒切尔时代”的人们：如果您的阅读兴趣被简略的篇幅所磨蚀，可以参阅初版，读到更多的细节。

在写作本书的 9 年间，由于数十个采访及非正式谈话、朋友和同事的有价值的指教，以及图书馆员及档案管理员的倾力相助，令我深觉自己陷入巨大的人情债之中。因为初版已对所有帮助表示过谢意，此卷就不再细细重复致谢。

约翰·坎贝尔

2008 年 12 月

目　录

第一章
孝顺的女儿

出生格兰瑟姆

一位前任市镇办事员曾经形容格兰瑟姆是“一座很小的城镇，建在狭窄的街道上，里面居住着一群闭塞的居民”。这是一个平淡无奇、朴实无华的地方，红砖盖就，建筑低矮，乍看像是一个标准的英格兰东中部城镇。

比阿特丽斯·斯蒂芬森——玛格丽特·撒切尔的母亲就生于斯，葬于此。她于1888年8月24日出生，其父丹尼尔·斯蒂芬森，她就是撒切尔夫人的外公，被委婉地描述成一位铁路职员：实际上他干了35年盥洗室服务员的工作。1876年，丹尼尔与菲比·克拉斯特结婚。菲比是靠近波士顿的菲希特福特芬村人，在格兰瑟姆的工厂找到一份机械工的工作。比阿特丽斯是他们的几个孩子之一，住在南帕拉德的家里，直到28岁当了裁缝才搬走。1917年5月28日，比阿特丽斯嫁给一位比自己小4岁、年轻志远的店员，他就是她在教堂结识的阿尔弗莱德·罗伯茨，撒切尔夫人的父亲。

阿尔弗莱德并非土生土长的格兰瑟姆人。他于1892年4月18日出生在北安普敦郡昂德尔附近的灵斯泰兹，是班杰明·罗伯茨与艾伦·史密斯夫妇7个孩子中的长子。罗伯茨氏原本来自威尔士，但在北安普敦郡定居已有四代，一直以制鞋做靴为生。阿尔弗莱德打破了家里制鞋的传统。这个嗜书如命的男孩儿更想当教师，却被迫在12岁辍学，贴补家用。虽不能上学，但他在闲暇时间决意读书，尽可能补上所错过的知识。他进入了食品零售交易这个行业，换了好几份零活。1913年，在他来格兰瑟姆的十年后，终于当上了伦敦路上克利福德食品行的经理助理。也正是在此期间，他遇到了比阿特丽斯·斯蒂芬森。阿尔弗莱德很快就对她展开了漫长的追求。

作为一个1892年出生的男子，阿尔弗（阿尔弗莱德的简称）能活过第一次世界大战，无疑是幸运的。他身量颇高，身板笔直，相貌上佳，却严重近视，终其一生，都戴着厚厚的眼镜。他曾想入伍，但由于视力缺陷未被选中。正因为摆脱了这个锁住许多同辈人命运的枷锁，他反而能够自由地从事自己选择的食品贸易。他勤奋工作，努力攒钱。最初，阿尔弗搬到碧蒂家与碧蒂和岳母同住。但不到两年，他们就有能力在格兰瑟姆另一头的北帕拉德，按揭买下一爿属于夫妻俩的小商店了。菲比便也搬来与他们在商店同住。1921 年 5 月，他们的长女出生，受洗并取名为穆里尔。而他们的次女玛格丽特直到 4 年后才出生，此时比阿特丽斯已经 37 岁。准确说来，玛格丽特·希尔达·罗伯茨（家人从未解释过为何如此命名）的出生日期是 1925 年 10 月 13 日。

罗伯茨商店是家综合商店，还兼做邮局之用。撒切尔主义往往忽视这种半商半官的图景，不过这种结合微妙地改变了阿尔弗莱德作为典型小生意人及私人企业捍卫者的形象。他的确是位商人，但作为邮政代办所所长，他又是中央政府的代理人，算作某种低级公务员。这所特许邮局是他生意的重要组成部分。邮政存储银行是当时唯一一家被大众熟知的银行，1908 年引入养老金机制后，养老金也是通过邮局发放的。从这个意义上讲，早在 20 世纪 20 年代，阿尔弗莱德就已经是萌芽中的国家福利的代理人了，到了 1945 年之后更是如此。玛格丽特正是在这种环境中长大，因此从小就对这一系统的运作有第一手的认识。

邮局从周一到周六，每早八点营业到晚七点，逢周四则提前下班。营业期间，不论是阿尔弗莱德还是碧蒂，总有一个人守在店里。他们雇了两三个店员，还有一个一直守在邮局的职员。后来女孩们长大了，上学之余就开始在商店帮忙了。因此可以说，从孩提时代，玛格丽特就在商店——这种最纯粹的市场里工作，对市场有了深切的领悟。

这种亦商亦政的业务自然而然地将阿尔弗莱德推入了政治。像格兰瑟姆这种地方，市镇议会议员大都是各行各业的商人，他们有效地代表着商会。1927 年，适逢格兰瑟姆市镇议会的规模从 12 人扩大到 18 人，增加的 6 人由商会推举。阿尔弗莱德就是 6 人之一。从此时起他便一直代表圣·伍尔夫拉姆，直到 1943 年被选为市参议员。

阿尔弗莱德参与地方政务的首要目标是限制税赋增加。很快，他就担任了金融与价格委员会主席，并在这个位子上干了二十多年。他对待纳税人的钱犹如自己的金钱一般，小心翼翼地守护每一毫厘，绝不浪费，因而获得了很高的威信。不难看出，撒切尔夫人对公共支出的深恶痛绝大抵源自于父亲的言传身教。1936 年，阿尔弗莱德成功地反驳了一项提案，即反对地方议会雇用自己的劳工从事格兰瑟姆新建的储备性公共住房的维修工作。“我并不认为，”他辩驳道，“自己的劳工干活会比按合同干活更省钱。”然而在 1937 年，阿尔弗莱德不得不将税费提高七便士，升至每镑十四先令，这使他颜面扫地，窘迫异常。他旗帜鲜明地为自己辩护，责怪同事批准了过多的项目。他抗议说，毕竟自己的职责仅仅是筹资。

除了担任市政会会员和金融委员会主席以外，阿尔弗莱德还积极地参与格兰瑟姆许多其他活动。1943 年，他当选为格兰瑟姆最年轻的市议员，并于 1945 到 1946 年担任市长。试用期那一年，他干得格外出色，不仅主持了二战胜利庆祝会和阵亡将士纪念日游行，还修复了二战炮火给格兰瑟姆镇留下的疮痍。

阿尔弗莱德政治生涯最被广为称颂的部分莫过于他的谢幕。1950 年，工党第一次赢得了格兰瑟姆市镇议会的多数席位。金融委员会的主席也就顺理成章地由工党推举出来的一名市镇议员所担任。两年后，工党利用多数席位优势，合理合法地选出了工党党籍的市参议员，从而替代了在市政会已经任职 27 年的罗伯茨先生（阿尔弗莱德)。他的离职让民众广为痛惜。民众认为这是对当地社区一名出色公务员的一种极不光彩的忘恩负义行为。33 年后的一次电视访问中，他的女儿回忆起父亲的黯然下台，忍不住潸然泪下，铁娘子落泪一时广为人知。

亲戚观

玛格丽特的童年可谓被父母的宗教信仰牢牢占据。商店只有星期天才闭门休息，可每个星期天她几乎都要在教堂里度过。上午 10 点主日学校的课程一结束，接着就是 11 点的早礼拜。主日学校的下午课从两点半开始，中间的午休时间只够匆忙回家吃顿午饭。大约从十二岁起，玛格丽特就在下午课上为小朋友弹钢琴，而晚礼拜六点又准时开始了。在工作日里，罗伯茨家的社会生活也几乎全是教堂事务。碧蒂每星期二参加缝纫圈活动，常常带着玛格丽特一起去；穆里尔和玛格丽特每星期五去卫理公会。他们的家庭生活也有着严格的规矩，俭朴而清苦，禁绝一切酒类，尤其是碧蒂母亲在世的时候。玛格丽特对她的第一传记作家说过，祖母史蒂芬森“非常非常严格地遵守着维多利亚式的道德规范”。在家里，最大的罪恶就是浪费时间，每一天的每一分钟都被有用的事情占据。因此，对玛格丽特来说，最深入她心灵的莫过于童年教育。

其实阿尔弗·罗伯茨并不算贫穷。作为一名成功的店主，20 世纪 30 年代他就跻身中产阶级。要不是自己的生意有着稳定的盈利，阿尔弗想必也不会在政治上投入那么多的时间和精力。当时，英国上下普通的中产家庭逐渐开始享受吸尘器、洗衣机甚至汽车所带来的自由，阿尔弗本来有能力奢侈一下，让家里拥有几样现代便利产品——至少负担得起热水系统。事实上，在二战前他们就请了一个女佣，后来还雇了一个清洁工，一周来打扫两天。但阿尔弗因为宗教和自己的性格（清教及吝啬），而不是经济原因，才在家里保持苦行节俭的作风。50年后，撒切尔夫人追忆往事时眼中闪过的叛逆则流露出她的看法，其实她觉得与去教堂一样，这种节俭做得有点太过分了。具有讽刺意味的是，玛格丽特离家去牛津求学之后，阿尔弗和碧蒂很快就搬进了一所更宽敞舒适的房子里。

玛格丽特的童年主要是在大量阅读中度过的，而这种早于同龄人的阅读习惯无疑是受到父亲直接而持久的影响。阿尔弗莱德求知欲旺盛，自学成才，以“格兰瑟姆读书最多的人”闻名。“父亲每星期都会从图书馆借两本书——一本‘严肃’的书给他自己（也给我）看，另一本小说给母亲。”从很小的时候起，玛格丽特就和父亲的阅读品位相仿，却不同于母亲的品位。阅读是世界上自我改进与进步的途径；也许正因为阿尔弗莱德没有儿子，他不仅极力鼓励小女儿阅读当时颇有影响力的书籍，比如约翰·斯特雷奇的《未来的权力斗争》，还和她热烈地交流读后感。

玛格丽特所受的教育则增强了她对文学的实用主义态度。她在学校擅长理科，在牛津主修化学，然后才读了法律。自牛津之后，她将绝大多数业余时间都投入了政治，因此从来没有足够的时间再去扩充和丰富自己早年的阅读。十八岁以前她在父亲的影响下孜孜阅读的积累，奠定了她的文学教育的根基。在这个层面上，她说自己从父亲那里学到了“差不多所有的东西”的确没错。她一直认为父亲教给自己最重要的就是追随自己的信念。“千万不要因为别人想去自己就去。”当女儿想去跳舞时，他曾这么说道。“自个儿想清楚要做什么，然后再说服别人跟着你走。”“永不从众”，1982年她如此解说父亲的建议。“不，不，决不！”当然，与“永不从众”信条相悖的是，玛格丽特却为自己始终遵从父亲的信条而感到自豪。

对极有主见的玛格丽特来说，对父亲谆谆教诲如此不吝赞赏之辞，以至于听上去她似乎只是父亲的回响一般，这实在有些不同寻常。实际上，她夸大了自己对阿尔弗莱德教育的忠诚程度——这也许是为了把人们的注意力从一些重要方面移开，而在这些重要领域中，她违背了父亲的教诲。在离开格兰瑟姆，开始自己的事业之后，她很快就采取了另一种生活方式和政治价值观，与父亲那苦行清俭的伦理信条简直属于两个世界。标志性的转折就是她放弃了父母的教派，转信了英国国教。她对自己子女的教育与自己所经历的清教徒式的清苦生活大相径庭，尽管她声称后者对自己大有裨益。她从来没有强迫马克和卡罗尔去教堂，她对帕特丽夏·默里说，“这是因为我自己有着太多的坚持。”“我的一生没有多少乐趣与闪光之处，”她在1980年对一群孩子讲，“因此，我想给我的孩子多一点快乐。”另一种解释则是，玛格丽特追求政治事业，孩子童年里大部分时间里都不能相伴左右，所以给了马克和卡罗尔许多物质上的弥补，结果两个孩子被各种物质享受宠溺得快要窒息了。

不过，阿尔弗莱德教导女儿的大部分内容显然为女儿树立了自己的信条，培养并塑造了玛格丽特·撒切尔的政治人格。她主要从父亲那里学到了三点。第一，是阿尔弗莱德培养了她辛勤工作的习惯，这不仅是种美德，而且也是自我成长的重要途径。第二，是阿尔弗莱德孜孜不倦的社区活动在女儿心中播下了种子，带给她从事公共事务的强烈冲动。第三，可能也是最重要的一点，阿尔弗莱德留给女儿异常丰厚的道德遗产。在她的政治形象中，最紧要的就是她对大是大非有着坚强的自信，即使正确的东西有时并不能立即实现。坚强的是非观使玛格丽特·撒切尔与同时代的政治家截然不同。她绝对相信自己的清廉正直，习惯性地蔑视那些与她意见不一致的人。在充满权宜和妥协污浊的政治世界，这种罕有的道德自信以及草率的自以为是，既是她最大的政治优势，同时到头来也成了她最大的弱点。

撒切尔夫人有关父亲神话的描述最为特别之处，就是这种描述全是回顾性的。年满十八岁离开阿尔弗莱德之后，她就很少见过父亲了。1951 年，她带未婚夫去见父母。阿尔弗莱德·罗伯茨和丹尼斯·撒切尔毫无共同之处。婚后，玛格丽特和丹尼斯就几乎没怎么回过格兰瑟姆。1960 年碧蒂去世的时候，阿尔弗再婚，娶了一位当地的寡妇，名叫茜茜·哈巴德。茜茜还有几个已经长大的孩子。“我想父亲再婚是好事，”玛格丽特有些鄙夷地透露，“她是个不错的居家小女人。”阿尔弗一直活到 1970 年 2 月。他为女儿当选国会议员而骄傲，据说去世前还正收听女儿参加的一个广播讨论节目。可惜他没能亲眼看见女儿进入内阁——尽管令人感到不解的是她相信父亲其实看到了。也许她指的是在影子内阁，不过，无论如何，她父亲并没有分享多少她的成功。在他的房间里，只有一张玛格丽特的毕业照，没有近期照片，也没有孙子孙女的照片。阿尔弗莱德去世时，马克和卡罗尔已经十六岁了，对祖父的记忆却只有一星半点。总之，在父亲生前，玛格丽特对他并未有太多的感情投入，只是在逝世后，父亲才变成了她的神圣偶像。

求学中的玛格丽特

玛格丽特·罗伯茨离开格兰瑟姆主要是为了求学。1930 年 9 月 3 日，五岁生日刚过几星期，玛格丽特便正式开始上学，就读于据说是格兰瑟姆最好的公立学校——亨廷托尔路郡立小学。根据撒切尔夫人自己的叙述，上学前她已经学会阅读了，一年后又跳了一级，而且格外刻苦好强。九岁的她在本地的音乐节上曾赢得诗歌朗诵比赛的奖项。校长向她祝贺，说她十分幸运，玛格丽特则愤懑地说：“这不是幸运，而是我该得的。”她自始至终相信，只要加倍努力，就一定能赢。第二年，十岁的玛格丽特就获得了凯斯蒂文与格兰瑟姆女子学校的奖学金。这所学校简称

KGGS，是一家收费的女子文法学校，玛格丽特的姐姐穆里尔此前也就读于此。因为这项奖学金是根据个人经济情况给予补助的，阿尔弗莱德其实也为玛格丽特付了一些学费。然而不管怎么说，奖学金到底是一个有用的保障，亦是一项不小的成绩。

学校报告清楚说明了玛格丽特的性格。1936 年圣诞节的报告上说玛格丽特“整个学期都踏实努力、成绩优异。不仅能力强，开朗的性格还让她成为一个愉快的伙伴。她的表现十分优秀。”第二年 7 月她又因为“利落而仔细的功课”而获得表扬。在下一年的评语称赞她是“一位乐于助人的好伙伴”，“每个学科的成绩都达到很高的标准”。第五个学年，也就是 1941 年夏天，她取得毕业证书：不但顺利通过了所有科目的考试，而且，卫理公会教的信仰自然而然地引导她选择了理科。

对化学的浓厚兴趣既不是来源于父亲的影响，也不像是一个关心时事早熟女孩的心头所爱。后来，她着眼于从政时，懊悔自己曾“误入歧途”，学了理科。然而，化学是 16 岁的玛格丽特学得最棒的科目，一方面可能是化学与她的实用主义精神相吻合，另一方面，在这个年龄，最重要的原因是她很喜欢化学老师。化学是一门很实在的科目，颇有就业前途。

第二次世界大战打响时，玛格丽特还没到 14 周岁；战争结束时，她也不过 20 岁。战争给她的整个少女时代蒙上了一层阴影，同时也对她政治前途的构成产生压倒性的影响，尤其是塑造了她对国际关系方面的态度。20 世纪 30 年代中期，报纸新闻版面开始被埃塞俄比亚、莱茵区、西班牙、捷克斯洛伐克的国际危机所占据，玛格丽特逐渐形成了自己的政治意识。她对政治的第一份记忆是 1934 年国际联盟组织的所谓“和平投票”。当大部分的卫公理会派教徒倾向于和平主义时，阿尔弗莱德则是一个例外，他提出要非常小心欧洲大陆局势的威胁，坚信必须重新武装起来抵抗纳粹。更为不同寻常的是，他十分关心犹太人的悲惨遭遇。

战争本身塑造了玛格丽特这整整一代人，而战争对她的影响与对同时代男性的影响却大相径庭。她因年龄太小不能上战场，而且又是女孩。离开学校后，她本可以参加后方的妇女服务组织，这样就可以同样穿上制服，而且比较接近战斗，但她毕竟没能得到第一手的战斗经历，而那种战斗经历，却给日后成为她的对手或同事的所有年轻男子留下了深刻而持久的印象。在战争后方的英国本土，撒切尔夫人在大停电中聆听丘吉尔的讲话，在地图上用小旗子追踪战役的进展——这些经历留给她的，是截然不同的教训。

与那些战争期间或战后曾在法国、德国，乃至地中海或者远东服役的人员不同，撒切尔夫人甚至在 1952 年度蜜月之前，从未踏出过英国国门一步。这时她都已经 26 了。在格兰瑟姆的人们眼中，欧洲大陆人要么是应该被打败的可憎敌人，要么是倚仗英美救援的无用盟友，现在这种结果正是由于这些盟友软弱妥协所一手造成的。相反，美国则犹如一位好亲戚、好搭档、好朋友：美国力量强大又慷慨大方，既是民主的救星，又是自由、繁荣与进步的捍卫者。这些好感并非一种抽象的敬佩：从 1942 年起，在格兰瑟姆附近的基地有很多美国空军驻扎。他们的到来引起了格兰瑟姆当地女孩们极大的兴趣，但没有任何记录显示美国兵和玛格丽特·罗伯茨有过交往，她没有参与这方面活动的时间。但她在城里看到美国人，注意到了他们给当地经济带来的消费力，也能听到他们每天飞出去轰炸德国的声音。

尽管上述只是最简单、最直接的模式化推论，但是她在第二次世界大战中的独特经历（其他战后英国政治家们并无同样的经历）的确深深地影响了撒切尔夫人的外交政策——她不仅把大西洋联盟作为英国的首要外交政策，本能地对大西洋联盟给予终生的信任，而且在同样的程度上，本能地蔑视欧洲大陆。这条观念的鸿沟，怎么强调都不为过。撒切尔夫人独特之处并不在于身为女性，而在于身为女性带来的最重要后果——缺少军事经验。

尽管撒切尔夫人到 1943 年才拿到高中毕业证书，但她早在 1942 年底就被诺丁汉（“我们本地的大学”）和伦敦贝德福德学院录取了。但是，在阿尔弗莱德的支持下，她决心尝试申请牛津大学。这样，她在 1942 年参加了奖学金考试，可惜与奖金失之交臂（根据撒切尔夫人回忆录，她那时候只有 17 岁）；不过，牛津萨默维尔学院录取了她，让她于 1944 年 10 月入学。

大学入学的事情确定后，离报到还有一年的时间。对一位战争年代充满爱国精神的 18 岁姑娘来说，她本可以从事同伴们大多在做的工作，参加一个妇女服务组织，如果这样太花时间的话，至少可以在等待去牛津的日子里，找一些其他形式的战争服务工作。然而，令人感到不解的是，她却选择回到学校，继续学习一年。

秋季学期从 8 月开始，为了 10 月份土豆收获季节的农忙假，提前三星期开学。然而，新学期开始三周后，萨默维尔学院来了电话，说有了一个入学名额。另一个女孩可能有了更好的选择，便放弃了萨默维尔的名额，这样罗伯茨小姐就有机会立刻顶上这个名额。于是，1943 年 10 月，在秋季学期当中，她离开了 KGGS 学校，离开了家，离开了格兰瑟姆，走向牛津，毕竟，她有了享受 3 年学习的机会。

牛津

牛津求学是改变玛格丽特·撒切尔一生的绝佳机会，不仅为她的生活打开了一扇新的大门，更引领她走上了从政的道路。然而，与许许多多的年轻人不同，牛津对玛格丽特来说，却不是做出各种尝试与自我发现的黄金时期。在4年的牛津大学时期，她没有建立起长久的友谊，也没有智慧的觉醒。她并未给学校增光添彩，同学们没见过她有过人的表现，更不会认为她会成为未来的首相。然而，这时的玛格丽特已经基本上下定了从政的决心，并且有意地花了时间培养人脉，为未来积累资本。其实人们对她的忽视主要是性别的缘故。20世纪40年代的牛津仍处在一个男性主导的社会。而学生会尤甚，根本不接收女性成员，于是女生从事的政治活动只能限制在牛津大学保守党协会和工党活动中心的一些幕后工作。即便是在保守党协会里，玛格丽特的表现也不过勤奋二字。事实上，牛津求学最大的意义就是，这段经历似乎并没有怎么改变她。

诚然，战时的牛津不同于以往，平静的校园也笼罩在阴影里。校园里的女生比平时要多，而男生比平时少了好些。这种不寻常的性别比例非但没能给女生提供更多表现的机会，反而因为男生的流失，整个学校都有些萎靡不振。玛格丽特住在学院宿舍，却没能很快交到朋友。“是啊，我那时很想家，”她向帕特丽夏·默里如实说道，“如果你没有一点儿想家的话，那么你家里的生活一定很有问题。”她用熟悉的照片和从家里带来的家具把自己的宿舍一点一点地填满了。

勤奋学习是她治愈孤独最好的药，可学习在某种程度上偏偏又加重了她的孤独感。学化学并不需要什么社会交往，只有实验室里长时间的孤单工作。许多年后，她回忆起这段日子，说与能够提供大量讨论思辨机会的人文学科相比，科学简直“毫无人情味”。她大约已经后悔选了化学专业，但又清醒地认识到自己学化学更在行，加之她对痛苦的“忍功”十分到位，因此坚持学了下去。大学三年级的时候，她把更多的时间投入到政治活动上，减少了学习的时间。如果一门心思要争第一的话，仅仅依靠一个申请，她就能成功。比如，她和另一个萨默维尔学院的女生一起获得了一个校级论文奖。可惜她并不是那么一心一意求学，况且期末考试时又生了病。即便在这种情况下，她仍旧稳稳坐定了第二名的位置。这些优秀成绩已经足以让她第四年返校争取科学学士学位了。

在大一大二期间，学习之余的她在约翰·卫斯理协会活动最为活跃。对从小接受卫公理派教育的羞涩的小城女孩来说，这个协会是天然的避风港，是结识与她有着同样习惯、同样世界观的人的好机会。每逢星期天，她都会去卫斯理纪念教堂，她的社交生活围绕着卫公理研究组和学生团体举办的茶会展开。明显，对卫公理教派的熟稔就像一张舒适地毯，成了玛格丽特在学校寻求立足时期的最好安慰：“那是一种清醒而愉快的社交生活，”她如此描述道，“从中我意识到，我所在的环境乍看起来有些古怪，却暗含着许多更有价值的东西。”而她对待社交生活的态度，可要严肃的多。卫斯理协会的成员常常两人一组，到附近的村庄传道——跟阿尔弗莱德在格兰瑟姆的传道工作毫无二致。玛格丽特对此自然驾轻就熟。50年后，一位萨默维尔的卫公理教派教徒仍清晰地记得，玛格丽特做过一场基于《圣经》四福音书节选的布道，被听众誉为“精彩出众”。这场受到赞誉的布道无疑来源于阿尔弗莱德的言传身教；然而我们也应当记住，很久之后，当玛格丽特受邀在一些著名道坛上讲述自己的信仰时，其实她早已积累了许多经验。她还没成为政治家之时，就已经是一名布道者了。

在第一学期，她最重要的决定就是加入牛津保守党协会（Oxford Union Conservative Association，简称OUCA）。她从未想过要像一些本科新生那样加入其他党派，或者其他党派俱乐部。她从不怀疑自己的忠诚，温斯顿·丘吉尔正是她的偶像，而她也非常认真地对待自己的政治承诺了。

萨默维尔院长詹妮特·沃恩一直为该学院的左派声誉而骄傲，可罗伯茨小姐就好比鸟巢里的杜鹃，实属异类，令她难堪。“她让我着迷。我曾经和她谈过许多。她实在有些古怪。为什么这么说呢？她是一个保守党人。她与众不同。萨默维尔却一直是激进的，当时我们的确没几个保守党派的学生。我们曾就政治进行辩论；她要成为保守党人的决心犹如钢铁般坚定。她只认准了这一条路……我们周末常有好多娱乐活动，但她从未在邀请人之列。你也能看到，她对我们（这个激进的学院）来说，并没什么贡献可言。”

这种自命不凡的毫不屈尊俯就，对玛格丽特·撒切尔的性格养成，无疑有着难以估量的深远影响。正因为发觉所有的时髦人士都反对自己，玛格丽特反而更坚定地相信自己的判断，确信自己是对的，而他们其实是错的。1975年她首次当选反对派领袖的时候，遭遇了同样的居高临下的态度。其实玛格丽特早就在学校经历过这种境遇，那时她就习惯了独处，做一个不被邀请去舞会的孤独女孩，而坚定对抗他人势利眼光的本事，恰恰是阿尔弗莱德之所以力图让女儿坚持自我、忽略周遭的原因。可是，再没有比牛津更残酷的地方了。在这里，她天真地期待着理性的探究，面对的却只有周围人傲慢的优越感。这是她与自由派势力的首次遭遇，她的确对自由派没有什么好感。这段经历令玛格丽特变得更加好强，总有一天，她要跟他们扯平。

在1945年的大选中，罗伯茨小姐做了人生中第一个有记录的政治演讲。学期一结束，她就赶回格兰瑟姆，为保守党人从尼斯·肯德尔手里重新夺回席位而工作。二战时期丹尼斯·肯德尔以独立参选人身份在递补选举中赢得席位。新的候选人是空军少校沃斯。《格兰瑟姆邮报》的广告概括了这次竞选活动的两个重要主题：“沃斯代表农业和丘吉尔。”年仅19岁的玛格丽特·罗伯茨作为会议的开场演讲嘉宾，在少校到来之前发表了演讲。《斯利福德宪报》这样报道了6月25日的会议：

“格兰瑟姆市参议员 A 罗伯茨的女儿，年轻的 M. H. 罗伯茨小姐”没有谈论农业，却以早慧的自信指出，我们应该与苏联及美国合作，严惩德国，“忠于大英帝国”——以及巩固丘吉尔地位的重要性。她敦促道，失去了罗斯福的世界已经无法再承受倘或失去丘吉尔的损失。

如果她当时估计肯德尔在选举中失利，丘吉尔会回归，那她两者都没有猜中。肯德尔在格兰瑟姆赢得了大多数的支持，保守党政府则被未曾预料到的工党以压倒性优势所横扫，失去了权力。罗伯茨小姐被结果震惊了。更难以接受的是，一些在她眼中具有右翼思维的保守党人非但没有像她这般沮丧，反倒为工党政府的上台而兴高采烈。她总是很难相信那些正直体面的人们却真的与她意见相左。隔着半个世纪往回看，她把 1945 年的大选描绘成败坏的起点，直到她 1979 年成为首相才开始纠正这个看法。

回到牛津上了大三，她发觉大学被复员军人彻底改变了。他们比和平时期的本科生年龄大，急切地要建设一个新世界，等不及要好好庆祝自己能在战争中幸存下来。撒切尔夫人声称非常欣赏这股新潮流的认真劲儿，也允许自己稍微放松一下，享受些许新鲜的快乐主义。“就是在这个时候，”她在《通往权力之路》里写道，“我第一次去跳舞，甚至偶尔还喝点酒。”她也尝试吸烟，但并不怎么喜欢，于是决定把钱花在购买《泰晤士报》上。她还去看戏，但据目前所知，她倒没想要参与演戏：其实她对戏院的兴趣也没有维持多久。玛格丽特真正发掘的，是自己对交谊舞的喜爱，这成了她长久的爱好，尽管她一辈子也未曾沉湎于这项爱好。

但究竟是谁与她共舞呢？玛格丽特在牛津没什么正式的男性友人，更不用说男朋友了。事实上，她的社交生活全然从属于政治。大三那年，尽管有来自复员军人的挑战，她的资历也足够让她在牛津保守党协会内任职了。她第一次当选为秘书长，并以此身份去伦敦出席了保守党学生大会，后来又在夏季学期担任了出纳。1946 年，为了拿到科学学士学位，她又回到牛津，最终在米迦勒节当选了学生会主席。

在回忆录里，撒切尔夫人描绘的牛津时光是她打下知识基础的重要阶段。然而她具体提到的书只有弗里德利希·哈耶克 1944 年第一次出版的《通往奴役之路》和记者科尔姆·布洛根于 1943 年出版的《究竟谁是“人民”?》。为获取学位而专攻化学的她，未能像其他有抱负的政治家那样广泛涉猎历史、政治、哲学及经济学，难免对整套政治思想谱系不够熟悉，也缺乏配套的系统训练。但从另一个角度来看，她可以毫无避忌地接触和阅读自己认同的观点。如果她的确读了《通往奴役之路》，也肯定读过凯恩斯在同年出版的影响深远的《充分就业白皮书》。在往后的 30 年里她很少提及哈耶克对自己的影响，但这并不稀奇，她一直是位遵循本能的政治家，理智与知识的论据只不过起着实用的加强作用。只是在追忆往昔的时候，她才会谈及知识体系，但这并不在她从政的主要动因之列。

到了 1946 年 10 月，她在布莱克浦出席了平生第一个保守党大会，她非常喜欢这种经历。在 20 世纪 80 年代，撒切尔夫人的力量之源就是她与普通党员相处和谐、步调一致，这在保守党历届领导人当中几乎是绝无仅有的。这种友好的关系正是从布莱克浦保守党大会开始的。让她难以忘怀的是参加会议的代表人数那么多，足够证明所谓保守主义是已经消亡的信仰的说法是错误的，她感到自己就是这些代表中的一员。

从这时起，她正式成为保守党的圈内人士。在牛津积累的人脉并没有直接帮助她或推进她的事业。不过，担任牛津大学保守党协会主席的经历，让她在中央总部获得了一席之地，又借此进入了候选人之列。然而牛津大学也有没能给予她的，那就是自由开放式教育。她未能广泛涉猎或者打开心扉接受新的观念与新的经验。她带着已经成型的政治观点来到牛津，又花了整整 4 年时间勤勉地加强这些观点。无疑，科学训练赋予了她清晰而实用的思维方法，这与许多文科思维或社科思维催生的主观妄想截然不同。与此同时，她在大学几乎没读过历史，当时及后来也不曾读过多少文学书籍。

这种教育造成的后果，不单是文化知识上的差距。更重要的是，玛格丽特在牛津没有品尝过差异观念碰撞带来的巨大愉悦，也没有见到哲学质疑所隐藏的智慧光芒。她的注意力全部倾注在事实与道德确认上。在离开牛津后攀登政治阶梯时，她委实缺乏幽默感和讽刺感，不能容忍模棱两可或含糊其辞。中学和大学的理科教育与道德宗教主导的严格家教相得益彰，彼此巩固。倘若接受过自由开放式教育的话，她本该质疑或证实罗伯茨式家庭教育的合理性。这种刻板的心智，一方面为撒切尔夫人政治生涯提供了不同寻常的强大力量，另一方面也构成一个严重的缺陷，使她对其他观念、其他生活经历更加难以认同，这种缺陷最终限制了她获得支持的能力。

1947 年夏天，玛格丽特成为一名合格的化学研究者，离开了牛津。在牛津的最后一年里，她一直在多萝西·霍奇金的指导下工作，试图发现短杆菌肽 B 这种抗体的蛋白质结构，这个实验所用的 X 射线穿透结晶体的技术，本来之前已被霍奇金教授使用于青霉素。但因为短杆菌肽 B 比青霉素复杂得多，玛格丽特未能打开这一结构。这其实也没什么不光彩，因为这项课题直到 1980 年才成功完成，所以学校仍旧授予了她学位，只是不是她想要的学位罢了。在短时期内，牛津的学位是她仅有的资历，作为一名化学学者，她现在必须得走上工作岗位。然而，她早已打定主意要从政了。

第二章
初出茅庐的保守党人

代表达特福德

大学刚刚毕业的玛格丽特·罗伯茨至少有适销于就业市场的资格，她年仅21岁，又是大学应届毕业生。在牛津的最后一个学期，她便在大学就业指导委员会登记了。在参加了大量的工作面试后，她最终与一家位于埃塞克斯的曼宁特里的BX塑料的公司签了约。

在BX塑料公司工作的18个月期间，她临时寄宿在位于马尔登路168号一个名叫伊妮德·麦考利的年轻寡妇家。无独有偶，另一个房客正是当地青年保守党的秘书。玛格丽特刚到科尔切斯特做的第一件事就是与青年保守党联系，请求他们帮忙找房子。麦考利太太仍然记得罗伯茨小姐的两件轶事。一是她穿着总很时髦，“漂亮的套装、衬衫和手套”；二是希望成为政治家的坚定决心。她总是忙于一个又一个的政治活动，不是参加科尔切斯特的青年保守党会，就是去外地出席周末的党会。

不过，如果周末不出去，玛格丽特就继续去参加宗教活动。她加入了卡尔弗街卫理公会教会，跟在牛津一样，与其他年轻人一起去周边的村镇从事宗教事务。她可能也传过教：大家肯定记得她以完美的演讲术诵读经书的经历。在科尔切斯特卫公理教会的教友眼中，她显得成熟老练，她和年长的人相处起来远比和同龄人相处更加轻松自如。

1948年，她出席了蓝迪德诺的保守党大会——并不是代表科尔切斯特，却代表牛津大学研究生联合会。达特福德保守党协会主席约翰·米勒那时恰好在寻找一名候选人，一个牛津的熟人就把玛格丽特介绍给了米勒。正是这次举荐改变了她的一生。

其实，一年来达特福德一直在寻找新的候选人。在兰迪德诺码头吃午餐时，他把罗伯茨小姐介绍给了代表团的其他成员，成员们对她的印象十分深刻。米勒看得出，一个强干有力的年轻女性带来的新鲜感也许正是保守党协会当下需要的一针兴奋剂。于是，玛格丽特的名字便被提到候选人名单的前列。与此同时，米勒再次写信给保守党中央总部，尽管信中提到玛格丽特，但同时请求中央总部给出供考虑的更多人选。中央总部又发来了十一个预备候选人，不过同时提出，如果玛格丽特愿意参选，可以过去面谈一下。玛格丽特不仅欣然从命，更给人“留下了美好的印象”。

米勒仍然试图劝说当地一些商人代表达特福德参选，其中就有涂料制造商丹尼斯·撒切尔，他不久之前已当选肯特郡议会的地方税纳税人中的候选人。“他来到我在伊里斯的办公室，让我考虑考虑，”丹尼斯回忆道，“我毫不犹豫地谢绝了他的好意。”同年 12 月末，一批经保守党中央总部认可的有希望的候选人在伦敦参加了面试，其中五人入选 1949 年 1 月底达特福德决定性竞选的名单。罗伯茨小姐击败了四位男性竞争者赢得最后入选。四星期之后，全体协会接受了推荐提名。

支持玛格丽特的代表区域代理人出席了 2 月 28 日举行的正式接纳会议，还热情地向中央总部报告，说罗伯茨小姐发表了攻击工党政府的“卓越”演讲，接纳她的决定全体一致通过。这次会议之所以有名的另一个原因是阿尔弗莱德也发表了讲话，这是英国政治史上首次父女同台演讲的会议。

阿尔弗莱德的出席有种兴奋刺激的象征意义。那天晚上，丹尼斯·撒切尔也在会上，他是保守党协会的普通成员，但是受邀参加会后的晚餐并与候选人见面。那时丹尼斯已有三十三岁，是阿特拉斯防腐剂公司的总经理。这家公司由他父亲创建，专门经营涂料和化学品生意。二战期间他曾和玛格丽特·肯普森（大家更经常称她为玛戈特）结婚。然而丹尼斯在意大利征战期间，玛戈特出轨了，这段婚姻便夭折了。这时的丹尼斯已经离婚，并且公开寻找伴侣准备再婚。他似乎对这位长得与玛戈特惊人相似的玛格丽特·罗伯茨一见钟情。晚餐后，他送她回到伦敦，赶上科尔切斯特的末班火车，自此开始互相交往。最终这种关系成了撒切尔夫人的人生港湾。在后来的两年里，两人的感情稳步发展，但二人关系的确定还是从接纳她为候选人的那天晚上开始的，这也是她事业上至关重要的分水岭。与平时一样，她挽着父亲的臂膀来到会场，离开的时候则与未来丈夫一起。她被达特福德正式接纳，同时就背离了格兰瑟姆。牛津是一条逃离的路径，科尔切斯特只是一段插曲。即便还没有赢得达特福德的选票，她已经在肯特郡郊区有了政治及个人的根脉。嫁给丹尼斯·斯切尔后，她全身心接受了伦敦周围诸郡的生活方式。当然，格兰瑟姆仍旧存在于她的血液中，但是接下来的 25 年里，她一直压制着它。

成为正式候选人之后，玛格丽特全身心地投入选区中。不过，既然是意外地获得了出名机会，她不敢对选举有太多期待。在选举形成影响之前，她最多还有 15 个月的时间。只要还在埃塞克斯郡居住和工作，她就得风尘仆仆地赶往伦敦，又要从伦敦转车去达特福德。但在找到一份更为方便的工作之前，她不能够放弃 BX 塑料公司的职位，更何况找合适的新工作也不容易。她也参加过几次面试，然而可想而知，雇主们并不太欢迎毫不掩饰从政志向的玛格丽特。几经波折后，食品加工企业 J 里昂雇用她做了化学研究员，工作地点在哈姆斯密，工作内容主要是检验冰淇淋和馅饼馅料。但是撒切尔夫人在回忆录中写道："我的工作实际上理论性很强，所以比之前 BX 那一份工作更有成就感。"尽管如此，其实她对理论也兴趣寥寥——在食品行业工作的时间并不比在塑料行业待的时间长：不到两年半。

正式成为候选人的 3 个月后，她终于搬到了达特福德，和当地的一对保守党夫妇同住。接下来的几个月里，一成不变的工作日程就让她精疲力尽。每天要乘车去伦敦，6 点之前就得起床，先乘公交车去火车站，又搭火车去查尔林克罗斯，再倒公交车到哈姆斯密。工作结束后又得这样转三趟车回家，往往接着还有一晚上的拉票活动或者会议，由工作人员轮换着开车在整个选区巡回拉票。最后，还要写演讲稿或者做其他政治功课——直到深夜。就是在达特福德的日子里，她开始发现自己具有或者说培养了一天只睡四小时的本领。

尽管十分辛苦，玛格丽特 · 撒切尔仍然觉得这是她一生到当前为止最开心的时光。她十分享受这些自己既擅长又感兴趣的政治事务。凭借不断的敦促和身先士卒的精神，她成了开路先锋，也一跃成为焦点人物，不仅吸引了当地人的目光，还引起了第一波全国性的关注。大家都想看看这位年轻女士如何一头扎入政治，毕竟这种现象仍旧算得上新颖的景观。正是凭借着个人的热情和活力，玛格丽特带领一个暮气沉沉的选区政党从逆境中走了出来。

当时执政的工党政府艾德礼首相特决定打破常例，在冬季举行大选。选举日定在 2 月 23 日，竞选活动不得不在酷寒潮湿的日子进行。在不利条件下，罗伯茨小姐依靠自己的活力，顽强对抗工党的坚固堡垒，让众人折服，由衷钦佩。不论她自己是否真的相信，她都设法说服支持者，自己真的有获胜的机会。

她的竞选口号在 2 月 3 日正式成为候选人的大会上公布，"Vote Right to Keep What's Left"（为被左派糟蹋后留下的东西而投右派票）——六个词语别出心裁，不仅精练概括了她所带来的信息，还为保守党贴上了道德的标签，让工党与破败和衰落为伍。当然，她的竞选主张和全国上下的保守党选举人并无二致：力促减税、削减公共支出、激励企业，代替配给和管制。但是她用了不同寻常的原教旨主义来表达这些常规的对策。也许她借用哈耶克的理论，把选举描绘成为两种生活方式间之间的抉择——"一种无可避免地导向奴隶制，而另一种则指向自由"。而其他保守党人，尤其是经历过战争的，却急于模糊明显的差异，他们相信 1945 年已将政治争论永久性地转向了左派。玛格丽特则却毫不妥协："1940 年，让这个国家起来反抗极权主义的，不是国有化的呼喊，而是自由的呼喊。”

当然，玛格丽特并没有赢得选举。但是她在竞选中流露的灼灼热情使代理人感到她有一半的获胜机会。实际上她要攀登的这座山峰过于陡峭了。但是罗伯茨小姐将多兹的优势削掉了三分之一，并赢得了众人的尊敬。经过了这次成功的初步尝试，大家几乎都相信她不久后就能代表一个有获胜希望的选区了。她的问题是：从全国范围来看，保守党差不多推翻了工党 1945 年的多数优势，但是还不彻底。艾德礼仅仅凭借五个选区的优势侥幸连任。这意味着另一场大选也许为时不远，让玛格丽特·罗伯茨这样的候选人很难在短期内换到更有优势的选区。

嫁给丹尼斯

玛格丽特·罗伯茨的首次议员竞选必然奇迹般地增强了她的自信心。她现在明白，自己正朝着目标前进。目标确定后，她就可以开始在力所能及的范围内，为自己的政治生涯积累专业知识及经验。检验馅饼的工作肯定不能帮她进入议会下院。1950 年选举一结束，她就向英国伦敦培养律师的学院申请读法律。她放弃了在达特福德的临时居所，另在伦敦的皮姆利科区租了一套公寓。她再也不用每天早晨赶到哈姆斯密，晚上回到达特福德拉票了，而是把晚上的时间用于学习法律，必要时还去走访选区。其实她并不觉得再加把劲就能赢得选举。然而，与大多数希望渺茫的候选人相比，她依然受到更多的瞩目。

住在伦敦，她也能和丹尼斯·撒切尔经常见面。丹尼斯每天都开车到阿特拉斯防腐剂公司上班。从她正式成为候选人那晚初次见面之后，两人的关系缓慢地进展。在大选前的十一个月里，玛格丽特一直忙于大选，无暇顾及社交生活；况且两人每天通勤的方向刚好相反。她后来坚持说，她对丹尼斯“当然不是”一见钟情。

乍看上去，玛格丽特和丹尼斯似乎不算登对。他们几乎没有共同的兴趣爱好。可两人恰恰就是各自当时寻找的理想人选。1949 年 2 月，丹尼斯已经 35 岁，他饱受前一段失败婚姻的打击和伤痛。尽管他想趁着年轻再婚，可又担心重蹈覆辙。玛格丽特吸引他的不仅是她的容貌、热情、年轻人的乐观向上，更是她令人生畏的实用主义态度。她不会把自己的生活弄得一团糟，或者用女性的各种要求把他的生活弄得太复杂。她专注于自己的工作，可以给他留下足够的空间从事自己的事业。按照玛格丽特的条件，她自己也已经做好步入结婚殿堂的准备。目前为止，她从来都没多少时间陪伴男朋友。她有过男性朋友——但这些男人都是她与之交谈或争辩的政治伙伴，而不是亲热厮磨的朋友。她一直都更中意比自己年长的男性。

尽管作为单身女性，玛格丽特已经在达特福德有了很大的影响，但此时她的良师益友、肯特郡保守党领袖阿尔弗莱德·波瑟姆建议：为了继续从政，她真的应当结婚了。即便从实际的角度来看，婚姻也能让她放弃现在那份不值得的工作，专注于法律和政治。

与此同时，实用主义掩盖了她天性里浪漫的一面。尽管后来撒切尔夫人位高权重，但为人熟知的是，她极容易受自信不羁的男性魅力所感染，对偶像派人物毫无招架之力。丹尼斯虽不具备这些特质，但她喜欢他高大笔直的身材以及戴眼镜的样子，简直和父亲像极了，只是丹尼斯更文气一些。他参加过战争，保留着军人的举止，又总爱说些俚语，直率而自谦。作为家族企业的执行董事，他生活舒适，开着好车，还在切尔西有自己的公寓。她最倾慕的是丹尼斯的工作让他走遍了世界。她笃信商业，尤其是出口贸易。阿特拉斯防腐剂公司正是英国经济复苏需要倚仗的那种企业。在他直率的外表下，丹尼斯有着和她高度一致的老派价值观和道德标准，是一名严肃的商人。尽管他对政治的态度比她轻松得多，但他认同她的原则，还把这些原则融入实践当中。总之，他和她因政治结缘，并不是仅仅是巧合而已。两人对对方都大加赞扬，不吝惜溢美之词。他们互相给予对方安全感和支持，并欣赏另一半的自强自立。两人都专注于自己的事业，从不互相干涉——孩子小的时候，丹尼斯从不妨碍玛格丽特，而玛格丽特当上首相后，也从不插手丹尼斯的事务。

只有一次，大约是在 1964 年，玛格丽特日渐壮大的政治声望让丹尼斯的忍耐几乎到了崩溃的地步。在大部分时间里，他接受双方的事业地位平等，对 1915 年出生的保守派男人来说，这是非常不容易的。但是最后两人的事业远远超过了平等。在这个意义上，丹尼斯的确是位“非凡的男人”。玛格丽特需要一个丈夫，她做出的选择精明而出色。显然，嫁给丹尼斯是她政治事业的坚实基础。

1951 年 9 月，丹尼斯向玛格丽特求婚。她接受了求婚。但是 1951 年的大选来得很早。艾德礼决定 10 月份举行大选。罗伯茨小姐——玛格丽特最后一次用这个名字——再次投入选举之中。投票前一天保守党中央总部透露出她订婚的消息对她一点伤害也没有，但是工党的席位仍然坚不可摧。她把多兹的多数票数又削去了一千多张，更重要的是，保守党在这次全国大选中以微弱的票数优势夺回政权。仅仅七周后，罗伯茨小姐就成为了第二任撒切尔夫人。

12 月 3 日的婚礼上，展示更多的是新娘在伦敦周围诸郡的新生活，而不是她在中部地区的根基。婚礼在伦敦城市路上的卫斯理教堂举行，该教堂被誉为“卫公理教会中的威斯敏斯特”。阿尔弗莱德原来认为婚礼是“成功的一半”，从此玛格丽特越来越倾向于英国国教。她甚至没有穿白色婚纱，而是身着一袭曼妙的紫蓝连衣裙，戴一顶鸵鸟毛精心装饰的同色帽子。

按照二人的个性，蜜月当然是假日和工作的结合。在去葡萄牙和巴黎的两次公差之间，两人抽空在马蒂拉岛待了几天。虽然这是玛格丽特头一次出国旅行，但她没有多少时间度假。她几乎等不及要赶着回去做家务，参加法律考试，寻找另一个选区席位。回到伦敦，她就搬进了丹尼斯位于切尔西福拉德大街天鹅庭院的公寓，就在国王街的边上，开始作为玛格丽特·撒切尔的新生活。

做母亲　读法律

也许是两次赢得达特福德候选人的胜利来得太早，玛格丽特·撒切尔的政治生涯在此之后停顿了整整六年。她开了个令人惊叹的好头，可婚姻和孩子突然将她拽出了筹划好的政治道路。从长期看，婚姻为她从政做好了情感和金钱上的准备：丹尼斯的金钱给了她安全与独立，能够放心地投入政治。但从短期看，婚姻则把她拖了 5 年。

可她现在也不是家庭主妇，根本不是。在暂时搁置政治野心期间，她必须集中精力，实现自己的次要目标——成为一名律师。她被迫放弃参加 1955 年的大选，直到 1958 年她才得到一个有获胜希望的选区，自此重新开始向威斯敏斯特进发的征程。尽管这段被迫缩减政治投入的经历让人沮丧，但是有益无害。1950 年的她年轻惹眼，又有些顽固任性。倘若以如此年轻的年龄进入国会，她必定会引起太多的注意，可能会铸成不可弥补的大错，被看作一位幼稚而激进的右翼分子。六年的婚姻、带孩子以及法律学习生活，让她成熟了许多，不再那么锋芒毕露，她可以不费气力地回到职业生涯轨道，快速得到晋升，并不被人察觉，同时又不折损她的赖以生存的政治本能和信念。在英国政治圈内，走得太快的人反而很少能够走上巅峰。

平生第一次，她有了不少的钱。她四周终于能摆放着令人艳羡的各种现代生活设备，这是格兰瑟姆或是之前任何简朴的临时居所都不能提供的。在天鹅庭院，她有钱娱乐，很快变成无所不能的女主人。当然，她也在工作。除了烹饪和家事外，她终于有了钻研法学的时间。她去法律教育委员会上课，1953 年夏天精心准备中级律师资格考试。即使婚前不太了解，丹尼斯这时也发现，自己娶了一个工作狂。为了完成必须做的任何事情，她不是提早起床，就是加班加点，丹尼斯酣然入眠后，她仍旧工作到深夜。

玛格丽特·撒切尔想要孩子，这几乎是必然的事情——她会把养育孩子当作责任和义务，也是造物主规划她要满足的社会期望之一——尽管她也明白生孩子会让她寻求议会席位困难重重。生活中本就有许多互相矛盾的事情，玛格丽特相信自己有能力处理好。可是本地的保守党协会可没那么简单。不管她如何筹划，1953 年 8 月她意外地怀上了双胞胎之后，这些筹划都得暂时搁置起来了。这真是撒切尔式高效率的绝佳一笔——只用了怀一个孩子的代价，却生出一男一女，还包含在一个经济包装里，够得上生产力的绝佳榜样了。她本来期望 9 月末生一个宝宝，但妊娠阵痛提前六周就到来了。8 月 13 日，她去了皇后夏洛特医院，第二天检查发现她怀的其实是双胞胎。到了星期六，也就是 8 月 15 日，玛格丽特剖腹产下一对龙凤胎。两个孩子各有四磅重（合 1816 克），洗礼时分别命名为马克和卡罗尔。

能以政治生涯最小的牺牲生下一对双胞胎，也成为撒切尔的一段传奇。她妊娠反应比较厉害，孕期总是特别不舒服，所以生产一次就得到两个孩子实在太适合她了。她可以着手做她认为更重要的事情了。就在医院的病床上，她决定参加 12 月的最后一场律师资格考试。5 月她已经通过了中级考试，不管是不是双胞胎，她都不会推迟参加最后的考试。事实上，早产六周也为她争取了更多的时间。

刚出院，她就雇了一名澳大利亚看护临时帮了六星期的忙，同时又找了一位长期保姆。这位保姆名叫芭芭拉，一共为撒切尔家工作了五年。为了得到更多的私人空间，丹尼斯和玛格丽特又租下了隔壁公寓，中间装了一道连接门。夫妻俩住一套公寓，芭芭拉带着孩子住另一套。这种安排，既能保证晚上不受干扰，又能把白天的喧闹降到最低的程度，方便玛格丽特工作学习。她理所当然地通过了最后考试，获得律师资格，并于 1954 年 1 月加入律师协会，开始从事律师事务所的工作。

在实习律师业务时，马克和卡罗尔还在上幼儿园。她和帕特丽夏·默里说过："我从不走远。我心里有底，事务所离家就二十分钟，需要回家的时候马上就能赶到。"尽管这种说法有些乐观，但只要全家住在切尔西，她说得倒也没错。"孩子小的时候，我经常陪伴他们。"1979 年她曾声称。然而，1957 年两个孩子满四岁时，由于保守党政府取消房租限制——撒切尔家原则上是拥护这项政策——天鹅庭院两套公寓先前一直低廉的房租陡然涨价。他们并不愿承担新的市场房租价，便搬出了伦敦，搬到肯特郡法恩伯勒一个叫作洛克斯伯通的地方，买下一所宽敞的郊区房子。这样，丹尼斯开车去伊里斯上班距离近得多，但玛格丽特得每天往返通勤，再也不能在 20 分钟内赶回家里了。1959 年她进入议会后，晚上也难得在家，保姆就得照看一切：先是一位叫芭芭拉的保姆，后来由年长一些的艾比接替。

严格地讲，马克和卡罗尔并没有被宠坏，但他们确实受到了宠溺。他们从不缺衣服或是昂贵的玩具，他们的童年和玛格丽特在格兰瑟姆经受的严厉生活截然不同：他们有家庭假期，是传统的英式海边度假，先是去博格诺，后来去怀特岛。在怀特岛，从 1959 年起他们全家连续 6 年都租同一幢房子度假。但卡罗尔却黯然指出："家庭假期对丹尼斯和玛格丽特其实没有吸引力。"

“回顾过去，”卡罗尔接着说，“我从不怀疑母亲的政治抱负以及为实现抱负所持的坚定态度，但所有这些都让我们的家庭及社交生活黯然失色。”然而她并没有抱怨玛格丽特。作为职业女性，撒切尔夫人为本就殷实的家庭带来第二笔全职收入，她照亮了女儿的道路，使她的做法成为女儿这一代普遍的事情。她不仅为自己的成就和收入奔忙：她有一种使命，最终圆满实现了自己的使命。许多杰出的男性——政治领导人、商人、艺术家，都以家庭为代价追求事业。历史不会责怪玛格丽特·撒切尔也做出同样的选择。不过，如果她相信整个家庭不曾因为自己的执着追求而蒙受损失，那就自欺欺人了。

找寻有获胜把握的选区

玛格丽特·撒切尔的律师生涯尽管短暂而平凡，然而这段生涯却肯定是她政治见习中的重要阶段。从 1954 年 1 月获得律师资格到 1959 年进入下议院，近六年光阴悄悄流逝。六年里，她致力于法律，特别深入而且目标明确，最终她也做到了。去牛津之前她就意识到，要进入政界，法律比化学要好得多。一是法律工作能够积累实际的立法经验，二是这种工作时间弹性大，她可以一边照看选区事务（如果有选区的话），同时在紧急情况下可以及时赶回家里。后来的工作证实了她的想法是正确的。

由于女律师很少，律师协会的女性仍然非常引人注目。这些女律师常常从事那些被认定是“女性”专业的事务，比如离婚法、家庭法，而不去挑战男律师的保留强项，比如税法。毫无疑问，撒切尔夫人在律师行里遇到了一些偏见。每当遭遇大男子主义时，她对付的技巧就是不予理睬，不给这些偏见任何生存的空间。至少，与任何一位男律师一样，她勤奋工作。每天早晨，她准时上班，从不把时间浪费在传播流言或是没完没了的午饭上。下午五点半下班时，往往还带着工作回家。作为一个女人，她与众不同，从不参加与其他出庭律师或是法律学生的社交活动，一天工作结束后也不去酒吧。不过，她十分专业地做好分内工作，她向男人显示：自己从不期盼对女人的任何让步，而且特别注重这一点。帕特里克·詹金回忆道，如果有什么事情值得一提的话，那就是她在同事们中的名声更加令人生畏，因为他们知道她是在哺育双胞胎期间获得律师资格的，而且每晚还得回家照顾丈夫和孩子。

法律学科塑造了她的精神禀赋，但是她从未真正加入法律圈子，她一直把法治看作英国自由的基石，对法治保持着高度的、近乎神秘的崇敬。但作为圈内人，她对律师行业太过熟稔，因而对具体的法律工作并不觉得神秘敬畏。当了首相以后，她将律师业视为又一种存在职业同谋嫌疑的行业，需要从公共利益出发予以整治；对那些考虑同行之谊、手下留情的呼吁充耳不闻。1953 到 1959 年积累的宝贵经验在她犹如一针疫苗，有效抵挡了法律保护主义的诉求。

1957 年，孩子们才三岁，撒切尔夫人再次开始积极寻找有获胜把握的选区。尽管具备达特福德选举的良好记录，又拥有保守党中央总部的金牌推荐信，她仍然费了好一番工夫才得到最后的成功。保守党协会经常由男性把持，别说是 50 年代，即便现在，仍旧以不看好女性候选人而闻名。因此在 50 年代中期，他们不愿意接纳一对双胞胎的年轻妈妈也是意料之中的事。实际上更引人注目的成就是，她仅仅通过四次尝试，就说服了一个有获胜保障的伦敦选区，证明自己能够承担事业和家庭的双重责任。

在此之前，她已经被列为肯特郡的两个席位和赫特福郡的一个席位的候选人。下一个有保证的席位，也就是连任议员宣布有意下台的席位，来自芬奇利。芬奇利是伦敦西北部一个蒸蒸日上的选区，后来证明，这里对她来说的确是一个十分理想的选区。然而，她必须又一次开始与顽固的偏见做斗争。事实上，地方协会处境不佳的局势无形中帮了她一把。尽管 1955 年大选保守党获得了不错的优势，比工党多了近 13，000 张选票，然而自由党人一直在做巨大的努力——尤其是在争取犹太人选票方面——并且已经斩获好几个市议会的议席。

约翰·克劳德爵士宣布，准备在 1958 年 3 月下台。5 月 15 日，中央总部发给当地保守党协会一份名单，上面列着八十多个有希望赢得竞选的候选人，供他们考虑。到了 6 月，这份长长的名单从八十多人减缩到了二十人，其中就有玛格丽特·撒切尔。然后，推选候选人委员会的十七名成员又从二十人中投票选出最终的三名候选人。撒切尔夫人出现在了每个委员的名单上，十七人全票通过，成功进入最终候选人名单。代表选区代理在会议记录中写道："如果有些百分百支持撒切尔夫人的人只是希望最终的三个候选人里有个女性而已，那肯定会很有意思。然而，毫无疑问，与她相比，我们面试过的所有其他候选人都黯然失色。"

选择候选人的竞争咬得很紧，但到第二轮投票后，撒切尔夫人将优势锁定在 46 比 43。她最终赢得了选举，但还需要赢得保守党协会的认可。"保守党选择女性作为未来的候选人"《芬奇利新闻》发表了这样的报道。"诉讼律师、家庭主妇、双胞胎母亲"。她的性别仍然是个充满争议的话题。约翰·克劳德爵士毫不掩饰自己对女性继任者的厌恶，中央总部也害怕 7 月 31 日正式接纳玛格丽特的会议上会出现麻烦。结果，她还是获得了胜利。

在接下来的 15 个月里，她以自己习惯的缜密，开始全身心地投入到选区的工作中去，在每个分支机构召开会议，领导游说聚会，同时，"为了尽可能多地见到选民”，她组织了“高强度的竞选活动”。她的步履不再像九年前在达特福德那么匆忙紧张。那时她是一个单身女子，工作之外再没有其他义务；现在已经婚育，需要照顾家庭。此外，尽管她从不把任何事看成是理所当然，实际上芬奇利的席位还是有把握的。她并没有像在敌对领地传教一样的紧迫感；她处在朋友们当中——一旦克服了最初的保留态度——就会牢牢控制成为她日后长期议会生涯的根基。既然她抱有这样的目标，芬奇利是再合适不过的选区了。唯一的缺点是她刚刚搬到肯特郡，而芬奇利恰恰在伦敦的另一侧。

撒切尔夫人的选民大多是殷实富足的中产阶级业主，接受过比较高的教育，也重视孩子的教育，不少人有着犹太血统。在未来的三十年里，他们是“她的人民”，体现了她的文化价值观，而她的身上反过来也映射着他们的本能和抱负。如果成了梅德斯通，或牛津，或格兰瑟姆的代表，她的职业生涯发展会有什么不同，这个问题人们只能猜测；事实上，她已经完美地定型为芬奇利夫人。

1959 年 9 月初麦克米兰宣布大选时，撒切尔夫人一家还在怀特岛休假。玛格丽特急急忙忙赶回，全力投入被《芬奇利新闻》报夸张为“整个时代的政治斗争”之中。她的选举演讲用通俗易懂的语言说明八年来保守党政府如何让芬奇利选民生活水平大为提高。她打了一场生机勃勃而又彬彬有礼的选战，与她的工党及自由党对手分享平台。结果是毋庸置疑的，自由党人的努力取得成果，从工党手里夺走 4000 张票数，但仍没有实现排名第二：对保守党的选票几乎没有任何影响。撒切尔夫人由此将保守党多数票从 12825 张涨到 16260 张。

在未来的 32 年里，尽管选区边界发生了各种各样的变化，撒切尔夫人一直掌握着这一议席，也没有出现过严重的紧急警报。然而，她的多数票数再也没有超过这个数字。

芬奇利是全国选举结果的缩影。麦克米兰将他的全部多数席位增加到整整 100 个。这是战后保守党命运的一个高峰。保守党的信心达到了空前的高度，直到 20 世纪 80 年代撒切尔夫人自己连续获得三次大选才撼动了这样的高度。1959 年她在威斯敏斯特加入的这家政党蒸蒸日上；政治分析家怀疑工党有没有能力重新掌握政权。然而，仅仅几年之后，摆钟又移向另一方。在玛格丽特国会生涯的前 15 年里，保守党内的不确定性不断增加，信心丧失，最终，责任落在她的肩上，并在她的领导下实现了惊人的复苏。

第三章 初露锋芒

芬奇利议员

保守党的多数席位已经超过三位数时，玛格丽特·撒切尔成为了1959年新当选的64名保守党议员之一。在为数众多的新议员当中，身为一名女议员既是优势，也是劣势。作为跻身议会内仅有的12名保守党女议员（工党则有13名女议员）之一，她立即变得十分显眼——由于更年轻、更美貌、更会打扮，她比其他女议员更令人瞩目——这让她时而得到更多关爱，时而又饱受漠视。

尽管她一直善辩好斗，但甫任议员时的她，在说明自己的观点后，通常会做出有风度的让步。不然她的发言就会被看成是尖锐刺耳，专横跋扈，惨遭淘汰。在攀登事业高峰的20年里，她不得不小心谨慎，不让别人看到她性格专横的这一面：直到她当了首相，保守党议员才意识到这一点，任这位执着到近乎顽固的女人威吓。她把身为女性的优势发挥到了极致，取得了非同一般的成功。

撒切尔夫人刚来威斯敏斯特的几个星期里，她的议会生涯就得到了一次幸运的推进。她在“私人议员法案”抽签中排名第三。尽管这种结果犹如把一个游泳初学者一把推进了深水区，但同时也激起了夺人眼球的水花，增加了撒切尔夫人的曝光机会：撒切尔夫人在议会的初次正式亮相就没有遵循常规，并非在晚餐时分对着空座位发表内容无可争议的演讲而是提出了一项争议性议案。毫无疑问，她牢牢抓住了这个机会并且确保要取得胜利。她果断让自己受到议会督导们的关注，证明了自己的能力，当然她的议案也带着政府的祝福进入了法典。然而在幕后，无论是议案的产生还是通过过程，都不像是表面看上去那样直截了当。无论是在下院还是在政府，这位新当选的三十四岁议员都经过了数次激烈的冲突；最后形成的措施既不是她最初打算的那样，也和她原本推行的不同。这是一场艰苦的政治洗礼。

在“私人议员”投票中，名列前茅的议员手头堆满了他或者她可能要引入的议案提案。撒切尔夫人最终选择的是新闻媒体采访地方政府的权利。人们认为这种权利应该在1908年的一项法案中已被奉若神明；然而近来一些地方议会一直规避公开会议的要求，他们阻止新闻媒体进入各个委员会，企图在排除记者条件下组织全体地方议会委员会。于是，1959 年保守党竞选宣言便包含了一条承诺，“明确保证新闻媒体具有报道地方当局行政进程的恰当设施”。但是中央政府提议通过推出新的行为准则，而不是立法，来实现这个目标。撒切尔夫人则认为这一决定“极度不力”，她四处争取支持以挑战住建部门大臣亨利·布鲁克等人持支持态度的这个政府决定。

撒切尔夫人的问题在于她需要该部门帮她起草这项议案；然而，这个部门只同意支持一份最低程度的议案，与她的目标还相差甚远。最后，她不得不勉强妥协，接受了折中的结果。她的议案终于得以在 1960 年 1 月 24 日公布。实际上，这项议案基本上没有什么强制性的措施，只是增加了需要向新闻媒体公开会议的部门数量——包括水利管理机构、警察委员会以及地方行政机构——其会议在一般情况下应该向媒体公开，要求会议的议程及相关文件应该向媒体提前公开；并更加严格地定义了可以排除记者在场的情况。然而这项议案依然存在漏洞，至于什么样的会议将以保密的名义不对外公开，仍旧由少数服从多数的规则来决定。

首次演讲

议案的二读定在 2 月 5 日举行。为了确保在星期五上午的二读能有足够多的听众，撒切尔夫人发出了 250 封亲笔信给保守党后座议员，争取他们的支持。她的努力没有白费，换来了大约一百人的出场。按照惯例，初次演讲者须以谦逊的客套话开场，对前任议员表示致敬，并对自己和所代表的选区一一加以介绍，玛格丽特·撒切尔却对这种惯例置之不理，没有在这些繁文缛节上浪费一分一秒。

她十分流利而清晰地讲了 27 分钟，详细解释了议题的历史背景，着重强调的不是新闻自由，而是限制地方政府支出的必要性。仅仅在演讲尾声，她才想起来感谢议会厚爱，感谢他们包容新议员的传统。

无论如何，议案通过了议会二读。自由投票的结果为 152 票支持，39 票反对。事实上，许多工党议员都支持这项议案，可一些保守党议员则表示反对。3 月中旬，这项议案终于进入委员会讨论。在接下来的几个星期里，撒切尔夫人不得不为议案的通过艰苦奋战。她遭受了一次严重挫败——未能加入一项规定所有执行授权职能的委员会都要向公众开放的条款。她最后只能把开放的范围缩小到全体市议会的各个委员会。《泰晤士报》对此深表惋惜，认为这样做便将这项议案变成了一个“折中方案”。

5 月 13 日，这份被阉割的议案又回到下院议员席上，未经投票就通过了三读。基思·约瑟夫代表政府再度赞扬了撒切尔夫人“最有说服力的、最迷人的、最清晰明了而又沉着镇定的演讲风度”，这种赞扬将对“一份微妙而富有争议的措施”的通过起了很大作用，尽管这项措施“也许并不是首次参与立法的绝佳选择”。该议案在上议院又书写了另一段历史，它使哈伍德男爵夫人埃利奥特，成为首位在上议院提出修改议案的贵族妇女。10 月，议案得到了女王御准，此时距离撒切尔夫人最初提出议案已有整整一年。立法当然是一种成就，但是更像接受了一段教育。作为一项法案，它并没有多大作用。然而，在几个月的时间里，撒切尔夫人所学的比大多数后排议员一生学的还多，她了解到政府的行事方式——特别是政府官员与保守党上层联合起来共同扼杀改革的能力。

撒切尔夫人运作“公共机构议案”（开放会议议案），其实代表着一位新任后排议员对所属党派内阁资深大臣、他的常务次官以及议会法律起草人的挑战。撒切尔夫人认为他们不是软弱无能就是故意阻挠，因而显示出一定程度上的政治进攻性，但政府并不适应这种方式，官员们不知道如何应对一个既不按照官僚规则出牌，也不接受他们部门智慧的强势女人。他们的继任者 20 年后也将碰到同样的问题，而这些问题在后来因她位居首相增加了十倍。1960 年，没人想过这个女人有朝一日会成为首相；然而，在“私人议员”投票中名列前茅的幸运，以及她对机会的勇敢探寻和大胆利用，使她稳稳地进入提早升迁的快车道。

共同市场

1961 年夏天，经过历时数月谨慎的试探，麦克米兰政府最终宣布英国将申请加入欧洲经济共同体——也就是当时广为人知的共同市场。这是战后政治方面最重要的一项决定，标志着——尽管离英国第三次提交申请并最终加入共同市场还有 10 年时间——英国政治逐渐转变，进一步紧密与欧洲大陆的关系。后来，作为首相的撒切尔夫人感到这一进程走得太远，于是开始放缓脚步，甚至企图逆转。然而，1961 年的时候，她并没有这些疑虑。8 月 14 日，在对选区发表典型的撒切尔式的缜密演讲中，她正面回应了关于主权的问题。

首先，她否认英国面临着许多年长的保守党人害怕的问题，即在欧洲或英联邦之间做出选择，她认为英联邦只会从英国的繁荣强大中得到益处。另外，她也坦然承认，英联邦与二三十年前已完全不同。很少有人敢如此直率地指出这一点。

其次，她警告说，为了帮助完善“共同农业政策”，迅速加入欧洲共同体是十分重要的。实际上，这样做为时已晚：其他六国刻意在英国加入前就加紧敲定了共同农业政策。然而，她宣扬的原则——英国需要在未来发展的起始阶段就参与进来，则是一个重要的理念，这是十分正确的。

第三，也是最关键的一点，撒切尔夫人勇敢直面对丧失主权、丧失国民认同的恐惧，并斥责这些恐惧毫无根据。英国已经加入了数个联盟——主要是北约组织——这些都对国家独立性有所限制。加入这些联盟是行使国家主权，而不是减损国家主权。

她认为，“主权和独立本身并不是目的。如果主权独立使得我们的经济衰退，眼睁睁地看着其他国家在贸易和国际影响力上都超越我们的话，那么在孤立中保持独立也并不是件好事……法国和德国已经试图放弃政治分歧，为统一的欧洲而努力。如果法国能做到，我们也能做到。”

回顾往事，这段叙述中最引人注目的，是对统一的欧洲以及英国在其中占据的合适地位这个政治维度所给予的一种全盘接受的态度。不过，这一点仅仅反映了英国政治家在 20 世纪 60 年代初的普遍设想——也许一直延续到 70 年代初——即为了领导至少与其他国家共同领导欧洲，英国将加入欧共体。这种设想源于英国对于自己仍旧是欧洲强国之一的信心——事实上它作为欧洲的一部分将具有更大的力量。凭借这种信心，英国政治家能够心平气和地看待正式主权的丧失，或是合并。这种信心最显著的例证就是，即便像玛格丽特·撒切尔这样激进的民族主义者，在 1961 年也居然在这个问题上没有丝毫的疑惧；而三十年后，同样的议题则让她焦虑不安，甚至愤怒至极。

养老金初级大臣

不到两个月后，她就受邀加入麦克米兰政府，在养老金与国民保险部（MPNI）担任联合政务次官。聘书来得比她希望的还早，那时孩子们只有八岁；但是她深知在政坛，“对提供给你的职位，你要么接受，要么出局”，所以她还是接受了聘任。这是火箭式的升迁，与 1959 年成为芬奇利议员一样迅速。也许麦克米兰与他的督导主任仅仅是想让一位女士代替帕特丽夏·霍恩斯比·史密斯，毕竟在他们看来，这就是一份女人干的差事。然而，他们的决定让撒切尔夫人成了被任命为大臣级职务中最年轻的女性和首位带小孩的母亲。

她在养老金与国民保险部工作了三年，比她预想在某一个部门服务的时间要长得多。不过，这是一个能为她提供大臣级执政见习经验的好部门，工作也特别适合她。尽管就任时对社会保险几乎一无所知，但她很快掌握了社会保险系统的原理以及体系内极为复杂的细节。由化学与法律专业培养出的有条理思维，以及对文字工作不竭的喜爱，使她对养老金和国民保险业务迅速达到了惊人的熟稔程度，从而能够在清晰的政策框架下自信地处理每一宗案例。在养老金与国民保险部，大臣都不必做出重大的执行决策，更不用提撒切尔夫人这样的初级大臣；大臣做的是大量微不足道的决定，在整个福利范围内以及人事环境下，调查发生的不满情况，纠正出现的异常情况。三年时光里，撒切尔夫人积累了关于福利系统的庞杂繁复的第一手的知识和经验。因为她从不会忘却所学所得，所以这部分知识后来成为 20 年后她的“军械库”中坚不可摧的部分（尽管 20 年后许多具体的知识已经过时）。

她的第一位上司是约翰·博伊德·卡彭特，1955 年以来一直在 MPNI 任职，是个争强好胜的人物。“他是个了不起的老师，”她后来回忆道，“一个非常不错的人。他是部里的最高指挥。”撒切尔夫人对他经久不衰的感激，源自她第一天一大早来河滨大街附近的部门上班时，约翰亲自下楼在门口迎接。这种殷勤的举动给她留下了深刻的印象，同时又被她发扬光大，十年后担任教育部部长时，她也是如此亲切地对待自己的下属。

在她的回忆录中，她承认，“我见过的官员们的才能基本上都给我留下了深刻印象”。然而她在 MPNI 工作期间学到的一个永不磨灭的教训就是，公务员们有他们自己的议程安排。令她感到震惊的是，她看见他们向博伊德·卡彭特的继任者提出建议，而这种建议他们不敢提给博伊德·卡彭特，因为他们知道他不会接受。“那时我就下定决心，如果我要是管一个部门，我就要对向我报告工作的公务员所提出的所有建议给予绝对坦诚的评估。”当然，80 年代在唐宁街任首相的撒切尔夫人究竟有没有这样做还有待商榷，但是，她在对下属显示谁才是老板这个方面，做得一点都不含糊。即使从担任初级大臣开始，她就一直要求下属拿出尽可能全面的情况汇报。

1962 年 7 月，为重振步履蹒跚的政府，麦克米兰做出了一个判断失当的决策，撤换了三分之一的内阁成员，而博伊德·卡彭特得却最终得到升迁。MPNI 的新大臣是尼尔·马克福森，然而一年后又被理查德·伍德代替。这两个人都比博伊德·卡彭特温和得多。因此，尽管此时的撒切尔夫人只是一名负责国民保险和救济金的联合政务次官，但在部内却担当着比一般初级大臣更为重要的角色。

在 1959 年议会上，撒切尔夫人表现最为出色的一刻，发生在麦克米兰剔除内阁成员的第二天。下院会议在震惊中召开。恰好，第一项议程就是向养老金大臣提问；然而，这时博伊德·卡彭特已经升入内阁，担任财政部首席大臣，而他的继任者还没有任命。在这个当口，两位联合政务次官代为回答问题。在提交讨论的 15 问题中，撒切尔夫人回答了 14 个。最后，造成影响的其实并不是她提供的答案本身，而是她回答问题的方式。

1963 年 1 月，戴高乐将军单方面否决了英国加入共同市场的申请。欧洲政策崩溃无疑在麦克米兰政府这只船上凿了大洞，将其推到危险的边缘：到了 1963 年夏天，船只已出现严重倾斜，并开始沉没。重组内阁也没能够重振政府，政府当时还面临一位充满活力、比首相年轻 22 岁的反对党新领袖哈罗德·威尔逊的挑战。雪上加霜的是，普罗富莫丑闻东窗事发，撩人心扉的丑闻披露甚至将整个政府推入性谣言以及被怀疑的污秽泥潭之中，因而麦克米兰看上去越发不合时宜了。党内也开始蠢蠢欲动，认为是这位老魔术师退休的时候了。私下里，玛格丽特·撒切尔也毫不掩饰地赞同这个观点。

麦克米兰也曾考虑过下台；但与许多首相一样，在这个时候，他仍然选择顽强抗争——直到三个月以后，在召开保守党大会的前夕，糟糕的健康状况最终迫使他突然退休，也导致继任一事陷入了有失体统的混乱局面。撒切尔夫人最中意的是拉布·巴特勒，但她对亚历克·道格拉斯·霍姆的意外“出现”也颇感兴趣。尽管对选举结果感到满意，她对新首相未能对内阁进行更大规模的洗牌却感到很失望。当理查德·伍德来到 MPNI 接替尼尔·麦克弗森时，他发现自己的政务次官在“某种混乱骚动的情绪中”，坐立不安地想着她自己的未来。她明显感到在养老金和国家保险工作两年的时间已经足够。她几乎不敢期盼升迁，但她也曾希望能有横向调动的机会去别的部门工作，扩展工作经验。因而在该届政府生存的最后一年里，难怪伍德会觉得她是个不好相处的下属。

守住芬奇利

1964 年大选来临时，人们广泛认为保守党 13 年的统治肯定会在这次选举后结束。因此撒切尔夫人对自己能否守住芬奇利议员这把交椅并没有绝对的信心。然而她是一个格外显眼的议员，在过去 5 年里已经为自己打下了坚实的个人选票基础。与以往不同，她谨慎地预测自己的多数票约为 10,000 张，结果证明她的估计基本上没错。

她的得票数减少了 4,000，多数票也折损将近一半；而自由党成功则将工党挤到了第三名。然而，芬奇利依旧是一个有保障的保守党席位。具有更重要意义的是，自由党的进步对全国选举结果所产生的影响：自由党人所占的票数几乎翻了一倍，大幅度削减了保守党的选票，而且帮助工党仅以 4 票的极微弱优势重新夺回了政权。保守党统治了 13 年，尤其是在 1963 年摇摇欲坠之后，道格拉斯·霍姆离赢得连任只有让人吃惊的半步之遥。然而，他还是失败了，他的失败也结束了撒切尔夫人的第一份政府职务。

更严峻的是，她同时遭受了一次个人方面的不良反应。女儿卡罗尔提到，养老金部的工作，加上这次芬奇利尤为艰苦的选战，每天深夜还得驱车返回法恩伯勒，撒切尔夫人感到筋疲力尽。本来这时的马克和卡罗尔已经上了寄宿学校，十月中旬都不在家，家庭生活稍微轻松了一些；但在 1964 年的时候，丹尼斯遭遇了某种中年危机，与玛格丽特之间出现了问题。这段隐情在 1996 年出版的，卡罗尔为父亲写的传记中被首次公开，而我们目前所知的也仅限卡罗尔的只言片语。表面看来丹尼斯工作过于努力，部分原因是阿特拉斯防腐剂公司资金不足，举步维艰，他担心不仅是自己的小家庭，而且担心毕生积蓄都依赖于公司，这也会影响母亲、妹妹及两位姨妈。对于像玛格丽特这样精力充沛的人来说，想到丹尼斯可能出现精神崩溃，她一定是非常害怕的。她肯定担心如果丹尼斯病重，自己和孩子将会受到怎样的冲击。并不是他不完全支持她的政治雄心，正好相反，在南非旅行中经过仔细考虑后，丹尼斯决定卖掉家族企业；这样做不单是给家庭求得一个有保障的未来，更代表着他有意使自己的事业服从她的事业。他快五十岁了，而她还不到四十。他为阿特拉斯公司已经做了最大努力；医生已经警告过他，如果不想找死，就必须放慢工作节奏。而她的事业已经走上了正轨，不管在 1964 年的选举中是输是赢，她很有可能在 10 年后进入内阁。因此，他做出了这样的决定。不过，他没有跟玛格丽特商量，就直接把决定变成了既成事实。

事实上，嘉实多公司收购阿特拉斯公司，结果对丹尼斯是大有裨益的。据卡罗尔说，阿特拉斯变卖了五十三万英镑，其中他个人只得到了一万英镑。然而，其他账目显示他得到的更多。实际上，卖掉家族企业让丹尼斯变成了百万富翁。其次，这次收购与其说收窄了丹尼斯的责任，不如说拓展了他的责任范围。丹尼斯本想为嘉实多继续经营阿特拉斯，但现在他只是一名雇员，再也不用担心最终责任带来的压力。让他感到意外的是，嘉实多邀请他进入董事会，提供相应的优厚薪酬，还给他配了一部车。几年后嘉实多转而与伯马石油公司合并，丹尼斯因对股票期权很有研究，再次接受邀请进入董事会。在最后 10 年的工作期内，丹尼斯从一个过度操劳的无保障的涂料公司的董事会主席转变成了一位石油行业的高薪经理，这也为他在退休后担任多个报酬丰厚，但不参加日常经营业务的董事职务做了良好的铺垫。

第四章 在野时期

摩拳擦掌

在接下来的六年里，玛格丽特·撒切尔可谓是在野保守党的全能女仆。在 1964 到 1970 年间，她担任过六个不同的职务——三次作为初级发言人，顺序代表养老金、住房及经济政策，三次作为影子内阁成员，负责能源、交通，最后到教育上。1970 年保守党重新执政时，就确定她负责教育部。不过她在影子内阁实际上涉及的职责范围格外宽泛，在一定程度上也弥补了相对欠缺的大臣级工作经验，从而为二十年后担任首相打下了异常坚实的基础。尽管在每个职位的平均任期都不到一年，她可从未虎头蛇尾过；相反，在担任下一项职务前，她总是能够充分掌握现任职务上的一切。

1965 年 7 月，亚历克·道格拉斯·霍姆宣布辞去保守党领袖职务。撒切尔夫人感到“震惊而失望”。根据威斯敏斯特的流言，亚历克爵士据说是迫于压力，在特德·希思支持者的谋划下被迫下台的。撒切尔夫人说自己对此一无所知，这证明了她与威斯米斯特的流言蜚语有多么疏远。“我从来不贸然到吸烟室去，所以等我意识到这些神秘的阴谋时，为时已晚。”她被排斥在外，除了性别的缘故以外，也反映出她将生活的界限划得十分清楚，以及她埋头苦干的政治观念。比较难以解释的是她为何感到沮丧失望。尽管她很钦佩亚历克爵士，但他到底不是当反对派领袖的材料；保守党需要一种更为激进与现代的领袖风格，才能从工党那里夺回政治主动权并反思保守党的政策。早在 1949 到 1951 年他们同为肯特郡毗邻席位的候选人之时，她就认识希思了。他们曾在对方的讲台上发表过讲话，但并未因此变得亲密；正如她后来所说，“（我们）从未想要冒发展成为盟友的风险”，仅仅是熟人而已。其实他们两人十分相似——有着相似的社会背景，都毫无幽默感，坚定而富有野心。只不过撒切尔夫人的野心掩藏在女性特质之下：她的言谈举止毫无瑕疵，有时还能应付男性献给女性的殷勤。希思举止草率，并不假装殷勤，早在发现讨厌玛格丽特·撒切尔的特殊原因之前，他就不大喜欢她这种保守党女士的做派——衣着整洁无瑕，佩戴珍珠，配上帽子，还有那过分热情的风格。因此，在她强迫自己进入他的视野之前，希思几乎没注意到她。尽管两人的私人关系从未热络起来，但她还是看好他，并维持着对他长达九年的忠诚，原因是她十分尊重他追求目标的认真劲儿，这一点恰恰与她自己的风格相配。她显然没考虑过支持自由市场经济的主要拥护者伊诺克·鲍威尔。鲍威尔当时被看作是边缘化的怪人。她最后投票给了希思。希思以 155 票对 133 票的优势打败了莫德林，而鲍威尔只得了 15 票。

尽管新当选为领袖，但由于大选随时可能举行，希思最初感到有责任保留整个前任影子内阁。然而，到了 10 月，他还是对前排议席进行了重组。玛格丽特·撒切尔高兴地调离了养老金与国民保险部（在这个领域她从执政到在野一直干了 4 年的时间），转而负责影子住房与土地事务部。

果然，威尔逊只是在静待时机，他随后在 1966 年 3 月宣布举行第二次大选。保守党尽管拥有新的领袖，却没有获胜的希望。在芬奇利，撒切尔夫人全力以赴，表现得热情洋溢。但私下里，她对希思乏善可陈的竞选宣言持批评态度。她自己的演讲围绕着一个基本主题，那就是工党政府的每一项措施都加强了国家的力量，而削弱了民众的力量。保守党的哲学理念则恰恰相反："国家是为了人民，而并非人民为了国家。"

选举结果毫无悬念。虽然她的选票其实稍微减少了一些，撒切尔夫人仍是仅有的三名选票增加的保守党议员之一，而工党把自由民主党从第二拉回了第三的位置。

在全国范围内，工党以压倒性优势赢得了选举，比保守党多了将近一百个席位。于是保守党被迫在接下来的五年里都只能处于在野地位。面临在野时期艰难的长途跋涉，希思重整了团队，借机也辞去了几位老人手。他也曾和幕僚商议过让撒切尔夫人进入影子内阁的事情。当时希思的政务次官吉姆·普莱尔记得，有人曾提议让撒切尔夫人做女立法委员，而回应却是长长的沉默。"好吧，"他说，"威利（首席议会督导怀特洛的昵称）也同意她能力极强，只是担心一旦撒切尔夫人进入影子内阁，我们可就别想再摆脱她。所以我们都觉得这个位子必须留给默文·派克。"

实际上，设立女立法委员在当时实属一个新鲜主意。自 1954 年佛罗伦斯·霍斯堡当权以来，不论是保守党内阁或是保守党影子内阁都从未吸纳过女性成员。但是威尔逊 1964 年首次组阁时任用了芭芭拉·卡斯尔，一年后又将她升了职。如果保守党也要依样学样，比起过于温顺的默文·派克，与卡斯尔夫人最为旗鼓相当应该就是玛格丽特·撒切尔了。怀特洛企图将撒切尔夫人再压制一段时间这件事情也从另一方面说明，她已经被视为一位令人不舒服的同事了。然而，伊恩·麦克劳德却独具慧眼地发现了她的潜力，专门邀请她加入他的影子财政团队，希思也表示同意。于是，撒切尔夫人成功地成为了财政与经济事务发言人——这可是个虽在影子内阁之外却更容易出成绩的职位呢。

这是撒切尔夫人职业生涯中少有的扮演团队成员角色的几段时期之一，她将自己作为税务律师的专业才能运用在工作中，抨击工党政府的“选择雇佣税”。因此，这段经历对于她来说显然是十分轻松畅快的。所以后来亲自领导内阁时，她并不擅长授权委托，不过她在很大程度上借用了麦克劳德的工作方式。

十月，在布莱克浦保守党大会上，撒切尔夫人有了回应关于税务辩论的机会。她花了整整 9 个小时准备讲演稿，结果获得“大会上的首次真正的成功”。仍然处于默多克以前时代的《太阳报》头条这样写道：“炽热的金发女郎警告通向毁灭的道路，”并在正文中称赞、欢呼这位新星，“金发貌美的芬奇利议员，玛格丽特·撒切尔夫人，以罕见的干劲十足的演讲，赢得了全体起立鼓掌。”

到 1967 年时，她得以首次出访美国，深受启发。42 年来，除了度蜜月以及自 1962 年开始的每年一次的滑雪旅行以外，她很少出国。二战以后，美国作为民主的保障，更作为同为自由而战又同讲英语的伟大盟友，对她来说可谓如雷贯耳。然而，她对美国的“爱慕”也是在此时真正达到了顶峰。1967 年春天，她参与了由美国政府组织的“领导力项目”，这个项目主要是为英国正在成长的年轻政治家展示美国的生活方式。在六个星期里，她走马观花逛遍了美国。当她见到一位逃离了“过度监管、高赋税的英国”的前芬奇利选民，现在成了美国国家航空和航天管理局的太空科学家时，她对“人才外流”的理论认识才变得清晰起来。两年后，她再次访问美国，参加了一个由英语国家联盟赞助的为期四周的巡回演讲。从那之后，美国就成了她心目中的企业经济和自由社会的模范：美国的商业惯例、私人医疗、刑罚政策以及美国对艺术的商业赞助，都是她 80 年代鼓励大臣们学习的样本。

影子内阁

1967 年 10 月，在麦克劳德手下工作 18 个月后，撒切尔夫人终于得到了回报。凭借在下院的表现，撒切尔夫人早就有资格进入影子内阁，然而她最终还是借着默文·派克病退的机会才得以加入。现在她做立法女委员不存在竞争对手。但是，值得注意的是，希思分派给她的职务并不是派克小姐之前负责的社会事务。相反，希思任命她为影子能源大臣，这明白无误是个男性的职位，管理着煤炭、核能、电力及北海天然气事务。比职责范围更为重要的是，进入影子内阁标志着她在进入议会后，仅仅用了 8 年时间就到达顶层。就像怀特洛预见的那样，现在摆脱她可真不那么容易了。事实上，后来不到 8 年，她就推翻了希思，并超越怀特洛，攫取了领袖的职位。

撒切尔夫人在回忆录里写道，作为希思影子内阁的成员之一，她一直觉得被边缘化了。“对特德，也许也对其他人来说，我只是‘立法女委员’而已，其职责也不过是表达‘女性’……对棘手问题的想法。”明显，在希思影子内阁里的她，失去了集体归属感，这和她担任财政部发言人的情况截然不同。如果说刚进入内阁时她发言太多，那么她很快就学会了保持沉默，等候时机。

与此同时，担任影子能源大臣使她有机会掌握另一个重要政策领域。在刚接受任命接受《星期天电讯报》的采访时，她表示，这是“一个巨大的惊喜”；她现在“忙着施展浑身解数，充分了解能源领域”。当时英国仍处在廉价进口石油的时代里。北海天然气被探明的时间并不长，而北海石油还没有被发现。而此时，工党政府又正在削弱煤炭工业，这种政策虽得到保守党人的广泛支持，但从传统上说却让工党感到十分苦恼。所以尽管负责能源事务对撒切尔来说又是一个绝佳的职位——她可以利用接受过的科学训练去处理有关核能和矿藏等技术问题，然而她又必须首次直面国有化工业带来的政治问题。

实际上，影子能源大臣全部打交道的对象就是国有化行业。在任影子能源大臣的那一年，以及随后一年在任影子交通大臣期间，撒切尔夫人发表的所有讲话都彰显着一个逐渐明晰的信念，即公有制在经济上、政治上和道德上都是错误的。尽管她从没有引述过哈耶克的话，但所有迹象表明，她一直在阅读，或是再次阅读哈耶克的著作——1960 年出的精述本《通往奴役之路》和《自由宪章》。她也肯定地开始受到独立的倡导自由市场的智囊团——亚瑟·赛尔登和拉尔夫·哈里斯领导的经济事务研究所（IEA）的影响，但是她当时已经具有将这些学术观点用自己的话明白清楚地讲出来的能力了。

1968 年，撒切尔又获得了一份相当大的荣耀，即在布莱克浦保守党代表大会上作年度保守党政治中心（CPC）讲座。要知道以前的演讲者都是知名的保守党思想家。《泰晤士报》日志作者写道，撒切尔夫人得到了，“党内知识分子们垂涎多年的机会——当然也是一位抱负远大的保守政治家所能得到的最佳机会，借此可以影响全党在重大问题上的思想路线。”

1968 年夏天，保守党陷入了一场大规模的政治骚乱，草根阶层痛恨政府的同时对希思的领导的批评也空前高涨，要求实施一种更剧烈、更鲜明的保守主义。撒切尔夫人在这次演讲中的确委婉地反映了这股不断增长的潮流，然而，她并未大胆阐述自己的观点，而是少有地对政府的扩张提出了隐晦的批评，可这种批评在很大程度上仍旧属于传统的、保守党式的批评。对现代政府的规模、复杂性以及缺乏个性的忧虑，是 60 年代整个政治领域一种平凡的权利。撒切尔夫人的讲座发言只不过是代表影子内阁重申了这条路线——因此整个演讲充斥着一些古怪而天真的陈腐话题，比她在下院的众多演讲都要平淡乏味得多。

到了1968年10月，撒切尔作为一名雄心勃勃的年轻前排议员，刚进入影子内阁就表示了对伊诺克·鲍威尔的同情，这实际上是颇为鲁莽的举动。就在仅仅六个月前，伊诺克·鲍威尔发表了臭名昭著的“台伯河”讲话，呼吁停止有色人种移民及协助遣返移民，因此而被逐出了影子内阁。这次讲话一夜之间使他从一位古怪的经济理论学家变成了全国知名人物，身后也有了一大群的追随者，因为他是一个让左派憎恨的人物，同时对希思的领袖地位也构成潜在威胁。同在影子内阁共事的几个月里，撒切尔夫人与鲍威尔关系并不密切：鲍威尔是典型的男性政治家，对女性闯入政坛深表悲哀。然而，她渐渐对鲍威尔的经济理念起了兴趣；也“强烈同情”他在移民问题上的看法和观点。让她感到惋惜的是，鲍威尔的狼藉声名掩盖了他的经济政策议题，让反对者将自由市场思想等同于极端右翼思想或想入非非的怀旧情结，或者等同于这两者的叠加。

那年秋天，在召开保守党代表大会之前——她正在写作讲稿之时——希思在苏格兰发表演讲，坚决地驳斥了那些被伊诺克·鲍威尔有关击退国家势力的富有诱惑的对策所吸引的保守党人。“这种东西（伊诺克·鲍威尔的政治主张）”，他声称，“尽管已经过时了一个世纪，但肯定仍然是一项独特而迥然不同的政策。”

> 然而，这种主张不会成为保守党的政策，也不会成为保守党的政策选项。不论怎么说，通过这样或那样的方式，中央政府已经承担了不列颠近半数的各类活动，已经是英国最大的消费者与最大的雇主。

而这一点正是鲍威尔、经济事务研究所以及撒切尔夫人内心深处企图扭转的。然而，绝大多数实用主义的保守党人，尽管可能对一个边缘领域的去国有化口头表示赞扬，但仍认为庞大的公共部分是无可改变的事实，并且对此已经习以为常。

因此，撒切尔夫人正是在这种盛行的正统思想背景下，在布莱克浦发表演讲的。这篇演讲核心内容在结尾部分，依然是不合时宜地捍卫保守党的政策，反对广泛存在的“共识”渴求。她说：“我们还没有完全认识并利用我们党政治系统的优点。”英国政治体制的本质特点就是存在反对党的概念。反对党的存在不仅能够保证有领导人可以替补，更能提供“一套替补的政策，以及一整套接管政权的替补政府班子”。她抨击“共识”仅仅是一种“满足那些对一切问题都没有独特见解的人们的一次尝试”。更重要的是，要有“好到足以吸引足够民众，获得多数人支持的哲学理念和政策”——换句话说，就是她后来所讲的“信念政治”。她最后说：“没有理想的坚定信念作为基础，任何一个伟大的政党都无法生存下去。只获得勉强的支持是远远不够的。我们还需要人民的热情。”

最终使她留名的是她对反对集体主义的逆向革命所做的独特贡献，而这些贡献中最首要的则是她表现出的圣战精神。她虽并非这些理念的初创者，但她坚定地实施了这些理念。撒切尔夫人坚信，政治应当是根本对立的哲学理念之间的斗争，她无情地认为一个有着明确哲学的政党只需要“足够”的多数，并不需要一个无所不包的“共识”。这些坚定不移的信念，加上她对于懦弱胆怯的鄙夷，是保守党贯彻其政治议程的驱动力。然而在 1968 年 10 月举行的布莱克浦会议上，没几个人对这位影子能源大臣抛出的信条给予多少关注。即便是 7 年后她夺得保守党领导权时，也少有同僚或评论员相信她真的心口一致。实际上，撒切尔主义的精髓就在她那天的话语之中：撒切尔主义更多地存在于她对于政策的强烈信念之中，而并非那些并不起眼的政策本身。

就在那个秋天，她又从能源方面被调出，参加到了影子内阁的交通班底。有趣的是，她认为自己的工作不仅是为公路建设竭力游说。尽管撒切尔夫人后来因热衷“大规模的汽车经济”并相应地憎恨铁路事业而闻名，此时的她在下院首次发表有关交通的演讲中，仍旧旗帜鲜明地认为眼下最为迫切的是向英国铁路注入更多的资金。“如果我们修建更宽、更好的公路，”她警告说——这个观点 30 年后才被人们广泛接受——“这些公路就会很快被更多的车辆充塞而处于饱和状态，我们离问题的解决越发南辕北辙。”

1969 年夏天，她首次出访苏联，这是与两年前访问美国地位相当的一次访问。她作为反对党负责交通的发言人而受到邀请，主要目的是去赞颂莫斯科地铁和苏维埃在交通领域取得的其他成就，不过她也乘机考察了核电站，参观了一般的旅游景点。她本人自我吹嘘说这次旅行中她提了令苏联人尴尬的问题，还校正了苏联的政治宣传材料，弄得她的向导颇为窘迫难堪。她始终认为赢得冷战的胜利是顺理成章的。

她对一些信念总有着她自己的坚持，正如那年 10 月，她在皇家兰卡斯特酒店举行舞会，庆祝自己议会生涯的十周年时的讲话。她指出了 10 年来世界发生的变化：1959 年，南非还是英联邦的一员，艾森豪威尔还是美国总统，英国还没有申请加入欧洲共同市场，而人类还未曾翱翔太空。那时还没有甲壳虫乐队，没有戴维·弗洛斯特，没有嬉皮士，也没有“宽容社会”。但是她断言，有些东西并未改变：“正确的仍旧正确，而错误的依然错误。”

在随后的几年里，撒切尔夫人则经常把社会道德标准的堕落归咎于 60 年代工党政府推行的法律框架自由化——“几乎把传统的基督教价值观与国家的权威完全分割开了”，她在回忆录中写道。然而，1969 年左右的她还是支持这项计划的大部分内容的。没错，1968 年她反对离婚法的自由开放，也坚定地支持保留死刑。然而，她仍然投票支持成年人同性恋的合法化，并支持大卫·斯蒂尔的堕胎法案，这显然与她律师生涯中目睹的当事人的痛苦不无关系。

影子教育部部长

事后看来，对处于转型中的保守党来说，让玛格丽特·撒切尔代替爱德华·博伊尔爵士出任影子教育部部长一职，可谓一个极具象征意义的时刻。博伊尔是一个温柔、开明、高尚的老牌伊顿公学出身的从男爵，从 1962 年到 1964 年担任教育大臣。他是推行综合性学校以及“先进”教学方法的教育共识的化身，结果却成了右翼人士强烈反对的主要目标。各郡县、各区愤怒的保守党人为保留各自的文法学校而斗争，他们视博伊尔为叛徒。撒切尔夫人曾受教于文法学校，隶属桀骜不驯的中产阶级，当然在各个方面都与博伊尔针锋相对。不过，希思任命撒切尔夫人时并没有改变改革教育政策的意图。

其实，她对教育有着强烈的个人看法。《观察者》的诺拉·贝洛夫几乎是唯一指出撒切尔夫人意图的人：“她毫不掩饰自己对保守党竞选活动的期望：更鲜明地支持自由选择，反对学校系统化改革。”她把两个孩子送到了最昂贵的私立学校。马克上了哈罗公学，卡罗尔上了圣保罗女子学校。但 1969 年那时候，大家并不认为国家管理体制有什么不妥。从 1965 年起，工党政府就要求地方教育当局制定计划，将文法学校和现代中学转变成综合学校。在芬奇利 1966 年的选举中，她承诺如果保守党政府上台，将取消工党对制定综合学校计划的要求；她一直坚持认为，保守党并不反对适当的教育综合化，但她对于优秀的文法学校的消失深感痛心。

然而，当时在全国范围内，综合化学校的势头发展十分迅猛，主流理所当然地认为这股潮流是势不可当的。博伊尔虽在辞职前承认，其实仍有些“零星抵抗”。“对我们党来说，这是一个难题”，下一届保守党政府“重掌政权之时，必须做出一系列令人不快的决定”；但是他肯定，“任何企图逆转当前中学教育变革潮流的尝试，都绝不会得到任何政治红利。”尽管博伊尔已经离开，但他的观点仍然是影子内阁的主流看法。不论撒切尔夫人个人倾向如何，她显然继承的是一条业已达成一致的路线，没给她留下什么运作操纵的空间。

在回忆录中，撒切尔夫人非常后悔当时没有据理力争，从原则上保留文法学校，而不是就事论事。实际上在负责教育的头几周里，她就明确提出了教育差异化的原则。她毫不犹豫地支持九个拒绝执行学校综合化改革的市郡地方教育当局

（LEA）。然而，与此同时，她也承认自己只能努力保留“一小撮最顶尖的”著名文法学校。她并没打算将自己的职业生涯赌注放在与学校综合化改革做斗争上。

撒切尔夫人也许希望，这种实用的妥协可以防止综合教育成为她在教育方面的主要工作。实际上，她还是被工党教育大臣爱德华·肖特禁住了手脚。肖特曾任学校校长，非常支持综合教育主张。1970 年 2 月，他提出了议案，迫使少数顽强反对综合教育的地方教育局屈服，最终让撒切尔夫人的折中方案告吹。就连博伊尔都说这项议案“高度独裁”；实际上这项议案不仅没有必要，更适得其反，只能让民众对已经在快速推进的进程产生抵触情绪。在这种情况下，撒切尔夫人便禁不住要显示自己的本色了——反对这个议案。不过，保守党的政策仍旧没有实质性的变化。直到威尔逊宣布提前大选时，肖特的法案也流产了。尽管未被通过，但这项法案也并非一无是处：它揭示出撒切尔夫人其实并不认同这种政策，但在她后来掌权时她仍不得不执行了这种政策。

与此同时，她倒是很认同自己新职责下的其他工作，而她愿意继承的政策肯定是扩张性的。尽管保守党当时承诺要全面削减公共开支，其实他们仍然在加大教育投入。他们承诺要把学生毕业离校的年龄延长到 16 周岁（1968 年工党推迟了这个问题）；这样既能保证小学可以优先获得资源，又能维持对中学的投入，还能在 10 年间使高等院校的学生总数翻一番。而撒切尔夫人作为教育部影子大臣始终认为教育是需要资金支持的，并承诺保守党可以为教育找到足够的资金。她甚至非常同情教师们提高工资的要求。

在 1970 年的头三四月里，保守党仍旧充满自信，认为无论什么时候举行大选，他们都能获得胜利。尽管希思个人从未与选民建立起多少良好的关系，在过去 3 年里保守党却在民意调查中一直处于领先地位。然而，到了 1970 年春天，民意调查突然逆转，威尔逊势必要抓住这个绝妙的时机。民调中工党显然处于有利位置，这时的保守党却乱了阵脚。于是威尔逊宣布，6 月 18 日提前举行大选。

但最终希思的获胜显然把之前的民调结果变得一文不值，许多保守党人此时便都声称对于选举胜利一直都抱着坚定的信心。撒切尔夫人则较为诚实，她承认自己曾预计选举失败。这种预计当然不是指她个人的席位：她在芬奇利的席位是很有把握的，因为威尔逊觐见女王时，芬奇利地方的工党候选人还没有到位。然而，这是她作为一个全国性人物（尽管当时还是第二流人物）参加的第一次选举。中央总部安排她在芬奇利之外的许多选区演讲，足迹遍布英格兰东南部。但并未在民众中感受到其他保守党人所谓的对他们的热情。

在此期间，她还被选中参加了一个保守党的选举电视节目。尽管她在 50 年代参加过电视出镜培训，也经常出现在广播上，但她还是没能取得成功，计划的镜头不得不被剪掉。不过，依她的性格，马上敏锐地意识到上电视是一门不得不掌握的技巧。她请求戈登·里斯给予辅导，后来也正是这位先生最终因成功帮助撒切尔夫人实现形象转型而得到了广泛的赞誉。

在回忆录里，撒切尔夫人描述了去亨顿市政厅参加计票活动，然后又去萨沃伊参加选举之夜聚会的情景，正是在聚会上她得知保守党取得胜利的消息。实际上，直到星期五上午芬奇利才开始计票。而卡罗尔的回忆则更为准确：

“我们在去兰伯赫斯特的路上，从汽车广播中听到了大选初步调查结果的新闻。‘如果结果没错的话，我们已经赢了。’玛格丽特大声说，她显然感到意外。丹尼斯便调转车头，我们立即赶往萨沃伊参加《每日电讯报》的聚会。”

上午 10 点 30 分，英国广播公司从格雷夫森德宣布首次选后民调；11 点刚过，公布了第一批民调结果。工党以为自己正向着连任成功方向稳步前进，保守党则正准备听天由命、接受失败，转向找自己的领袖算账。不论是工党和保守党，对与预期完全相反的结果都难以接受。对撒切尔夫人来说，选举结果则意味着她可能进入内阁。她睡了一个半小时，就赶回了芬奇利，看到的是选票又增加了近 2000 张。

然而她并不是进入内阁的第一批成员之一，她没能在保守党赢得选举当天进入内阁，但是在第一时间她被召到唐宁街 10 号，跟预计的一样，她被任命为教育与科学部大臣。当时立即就有人问她是否想做英国第一位女首相。她的回答很干脆，又带点讽刺：“‘不，’她断然答道，‘我的人生中绝不会出现一位女首相——男人们的偏见过于强大。’”她情愿做好手上的工作。她回家去读了她的首批花边新闻，星期一清晨就来到了教育部。

1965 年，撒切尔家从法恩伯勒搬到坦布里奇韦尔斯附近的兰伯赫斯特。

• 第五章 •

教育大臣

她和她掌管的教育部

玛格丽特·撒切尔总共当了三年又八个月的教育及科学大臣。这段时间对于她的政治生涯是至关重要的：她显然为自己五年后担任首相积累了不少领导政府部门的经验。然而不幸的是，这段经历并不愉快，至少她后来回忆时是这么说的。不过，她的回忆录中显然有后见之明的成分，实际上，撒切尔在教育部这段时间是干得还不错的，很少受到攻击，比她想的要成功得多。

希思派她去教育部，是必须给她安排个位子了。因为在之前的六年里她的职位都一直变来变去，但到 1970 年 6 月在野时期结束时，她在影子内阁里恰巧负责这方面的工作。再者教育并不在政府首要议程之列，也没有规划重大的政策行动。希思政府上台仅四周后，伊安·麦克劳德突然去世了。之后，就有人游说，让撒切尔夫人接任财政大臣这个职位，因为尽管缺乏经验，她却证明出了自己的才干。但是，在选择更顺从的托尼·巴贝尔之前，希思考虑撒切尔的可能性非常小，在他看来，教育部差不多该是她政治生涯的顶点了。然而从另一种意义上看，教育部对撒切尔来说却可能是最差的部门了。

这是一个有着根深蒂固文化传统的部门，有属于自己的政策议案，实施这些议案很少需要征求大臣们或白厅其他部门的意见。这里的惯例是教育高于政治：政府的职责就是提供资金，而应该将教育系统的日常管理交由专业人士负责。如果存在政治控制的话，那么实施这种控制的也不是教育部，而是遍布全国各地的地方教育当局。可见，教育部实际权力其实落在由教师、行政人员和教育专家组成的专业社团手上，政府在对教育的组织及施行实施任何形式的变动之前，都应该与所有这些人士进行协商，听从他们的意见。任何对教育内容的政治干涉都属于禁忌，所以实际上教育大臣没有多少行政权力的。诚如后来一位接替撒切尔夫人的工党继任者曾抱怨的，他的唯一权力似乎就是命令拆除学校操场上的防空洞。由此可见，这里一点都不适合想要留下政绩的雄心勃勃的大臣。

无论是政治上还是脾性上，撒切尔夫人与教育部都是格格不入的。她本能地憎恶教育部的核心项目，即普及综合性学校以及背后全部的自觉性“进步”意识形态。她不喜欢教育机构中普遍存在的平均主义及集体主义观念，憎恶他们彼此十分了解的事实。在到任不久参加的首次教师工会晚宴上，她发现手下的高级官员跟全国教师工会（NUT）的领导人关系密切，她对此也深感不安。她尤其憎恶的是，人们认为她的观点并不重要，以及她作为民选大臣的唯一职责就是筹集资金，以便执行以前制定好的政策。此外，她还准确地意识到，教育界的大腕们明显不喜欢她。

从传统上来说，教育部主要看重国务大臣的两个素质。一方面，该部的自尊与自负要求领导人具有良好的知识才能，认同宽广的自由开放文化。由此，高级官员们对撒切尔夫人的理科学位及其缺乏文化素养可谓嗤之以鼻。另一方面，教育部又需要领导人能够为争夺地盘与内阁同事，特别是与财政大臣做斗争。在这点上撒切尔夫人倒是很快就证明出自己的勇气。尽管她不是一位重量级人物，但她却是位斗士。她的倔强对内往往激怒部内的官员，但对外与白厅其他人作斗争的时候，却让部内的官员感到高兴。她也许有点“残暴”，有点“欺负人”；不过从正面讲，她是“非常坚强、坚定、难以对付的”，足以让财政部屈服。尽管她的知识水平有限，也许正因为这一点，在争取资源实施该部的政策方面，她的效率奇高。最终，他们不得不承认撒切尔夫人是近年来最好的国务大臣之一。事实上，在向撒切尔解释了她的权力的限制后，她差不多就成了公务员们理想的大臣：勤奋工作，要求苛刻，但却是一位很好的教育部鼓吹者，并且也没有自己的教育政策。

这并不是说她没有强烈的主张，只是她没有权力实施这些主张罢了。撒切尔在教育上的立场简单明晰，不顾一切地守旧。她并不是认为教育是一个觉醒或启智的过程，而是由教师传授给学生的大量知识、技能及价值观的过程。她对以孩子为核心的新式教育方式感到痛惜，认为这种教育法跟价值观无关。

作为国务大臣，她为自己拥有教学经验（尽管很少）而骄傲。牛津的第一个暑假里，她曾经在格兰瑟姆男子学校教过数学和科学课。她时常回忆这一短暂的吃粉笔灰的经历，作为自己资历的证明。同时，她承认教学是“一个绝大多数人不具备的才能”。当然，教师们将这种虔诚仅仅当成指责他们工资低微的一种借口。原则上，撒切尔非常看重好教师，她指责的是教师工会；她指责教师工会保护了不够格的老师，同时实施一种业绩很差的左翼政治教条。然而在 1970 年，这位国务大臣几乎没有权力影响教育质量或教育内容。

具有讽刺意味的是，正是由于为打心底里并不赞同的政策成功争取到了资源，她对教育部的记忆实在不甚美好。从 20 世纪 80 年代的观点看，撒切尔夫人出手阔绰，入乡随俗，老老实实地遵循着教育部的路线，也未能阻止学校综合化的发展。

而这段记录于她来说，永远深为恨事。在撒切尔当上首相后，为多位教育大臣担任特别顾问的斯图亚特·塞克斯顿认为，首相“痛恨教育部，”因为她意识到，“他们欺骗了她。”然而当时在任教育部大臣时的撒切尔夫人却根本不恨他们，他们也不恨她。

当然，没有事情是一帆风顺的，撒切尔夫人肯定也有自己的困难。这些困难首先源自常务秘书威廉·派尔爵士。1970 年 6 月新任命的派尔爵士是教育部的老手，其之前职业生涯的大部分时间都是在这里度过的，此时他也刚刚从内政部监狱总长的任上回到教育部。白厅历史学家彼得·轩尼诗形容派尔是一位“和蔼可亲、性情平和、叼着烟斗的官员”，同时，他也是一位教育部路线的坚强捍卫者。撒切尔夫人恰巧也是这样的人。总的来说，撒切尔夫人与派尔相处得也不算太差。至少教育部的其他高级官员看不出两人存在什么不和。

那是 6 月 22 日的上午，撒切尔夫人一到任教育部，就决意显示自己作为老板的地位。她昂首阔步走了进去，便交给派尔一份要立即采取行动的事项清单。头一条就是立即撤销肖特发出的，要求地方当局起草学校综合化方案的通知。

更令她尤为懊丧的是，正是在她坐镇教育部的这段时间，学校综合化的进程不但没有变慢，反而空前加快了。根据 1944 年《教育法》第三章的规定，国务大臣仍然负责审批所有地方计划方案，撒切尔夫人以非常认真负责的态度承担了职责。她亲自仔细审批所有的计划，背上了沉重的工作负担导致自己被猜疑是在故意拖延。只要能找到拒绝的根据，她就不予批准；然而实际上她发现能够阻止的数量很少。结果，在撒切尔夫人执掌教育部的 4 年里提交的 3612 份计划中，她只拒绝了 326 份，占总计划数目约 9%。然而，正是这些为数不多的被拒绝部分却都成了新闻标题。只要她拒绝批准一项计划，人们就公开指责，是她毁掉了政府已经承诺的让地方决定其事务的承诺。

捍卫自己的预算

撒切尔夫人上任面临的第一个挑战就是保护教育部预算。作为财政大臣，麦克劳德采取的首个行动——实际上也是他突然去世之前采取的唯一行动——就是要求政府各部门实施一系列节支措施。由于在野时保守党就承诺要增加教育支出，所以与大部分同事相比，撒切尔夫人处于一个比较有利的位置。即使这样，仍要求她寻找短期的节约措施。为此，她决定提高学校饭菜的价格，停止向 7 岁以上学生免费提供牛奶。在她看来，这些都是重要的削减措施，从以前提供给教育的福利项目上进行削减，目的是保护教育自身的核心业务——尤其是承诺继续实施提高离校年龄这一成本高昂的项目，维持她提高小学教学楼建筑标准的承诺。1971 年，撒切尔夫人宣布投资 1.32 亿英镑，开启“大规模建设运动”来更新陈旧的小学。这笔资金正是源自从学校饭菜和牛奶上节约的那部分资金。她还推迟了撤销“英国开放大学”的决定。此前麦克劳德早已将这些学校列为了之前的削减对象，要求在其录取第一批学生之前就砍掉它。撒切尔则暂时救下了它们，并自豪地说道：“尽管我们面对那么多的困难，也没有亏着教育。”

实际上当托尼·巴伯 10 月宣布自己的预算方案时，人们大体上认为撒切尔夫人已经做得非常出色了：削减学生牛奶引起的愤怒直到第二年才爆发。10 年后，身为首相的她坚持认为自己麾下的大臣的首要职责就是服从内阁的集体战略，而不是各个部门的利益。然而 1970 年的她与其他大臣一样，其首要任务就是维护自身的地位。

撒切尔夫人最显赫的战绩莫过于挽救了“英国开放大学”。在野的保守党曾嘲讽规划中的“空中大学”是典型的威尔逊式噱头。但是撒切尔夫人并不这么看。她听从别人的意见，相信这是一项值得投入的事业，能够真正为大众提供更多受教育的机会。从经济上讲也很有价值，可以以更低的成本产出更多的毕业生。因此尽管教育部本身对开放大学并不十分热心，她仍决定无视财政部的死刑判决，让它继续生存下去。因此在任职两天后的新闻发布会上，她便解释了自己的意图。与回忆录中给人留下的印象刚好相反，希思当时对这种“瞬间政府”的做法大为恼火：在希思未任命负责大学的副大臣之前，撒切尔夫人单方面改变了党的政策。刚任命她没几天，希思已经相当公开地谈“如果可能的话”将撤换他的教育大臣了。后来证明，39 年后，开放大学取得了巨大的成功。然而人们一般将开放大学这一理念的形成归功于哈罗德·威尔逊和珍妮·李。可撒切尔夫人在其资深同事决意扼杀该机构时，单枪匹马地捍卫了开放大学的诞生，这一点同样值得称赞。这也是她令人吃惊但却又往往被人遗忘的成就之一。

“夺走牛奶的人”

撒切尔夫人后来才责怪她的官员们没能预见到削减学校免费牛奶无异于捅了个大马蜂窝。在教育部看来，取消免费牛奶似乎是很明智的节约措施，不会引起争议。当时政府在牛奶上花的钱比花在书籍上的钱还多，提供的大量牛奶根本就没有人饮用——部分原因是装小奶瓶的板条箱并没有经过冷冻，部分原因是从艾德礼时代起孩子们的口味已经改变。工党之前已经停止向中学提供牛奶，也并未激起群愤，亦没有对儿童产生不良的影响。所以停止向 7 到 11 岁的儿童提供牛奶，撒切尔夫人以为自己只是把工党已经开启的计划继续执行下去：正如她指出的那样，免费牛奶仍然会提供给那些确有医疗需要的儿童，学校也能继续出售牛奶。既然她遵循着保守党的信条（即“有能力支付者应当支付”），取消了一项全民福利，这个决定也算得上有意识形态方面的考虑；但实际上，这也不过是一项小小的行政合理化措施，终结了不合时宜的浪费。

然而，事实是取消牛奶引发的众怒让撒切尔夫人措手不及，夹枪带棒的人身攻击更使她深受打击。《太阳报》问：“撒切尔夫人还有人性吗?”并讽刺她是“英国最不受人欢迎的女人”。这还是撒切尔夫人政治生涯中，第一次被人揪住性别来攻击她。身为女人，身为母亲，却从孩子嘴里夺走牛奶，远比做出同样决定的男子更令人震惊，更违背自然，而残酷的绰号“撒切尔——夺走牛奶的人”（这是 1971 年工党会议上一位发言人发明的词汇）拨动了公众最深切、最持久的仇恨心弦。无论是好是坏，她瞬间成了名：从此以后，对她而言，形象的辨识再也不成问题了。

因此，1972 年初，人们便推测希思可能撤换他的教育大臣。而事实上，在撒切尔经历的最黑暗时期，希思坚定地支持着她。1 月末，希思邀请撒切尔夫人、派尔先生以及其他官员到首相别墅研究她提出的未来计划。这是一个清晰的信号，她不会被撤职。

从这一低潮起，她的命运迅速得到改观：至少在公众看来，她在教育部后半段比前半段要成功太多。部分原因是从 1971 年下半年起，她任命了新的新闻发布官，而且与这位官员配合得格外出色。从 1972 年起，特里・珀克斯在撒切尔夫人更职业化的自我形象展示中发挥了巨大的作用。首次出现转机的迹象实际上是在 1 月底之前，当时她在一次教师工会（NUT）的宴会上得到意想不到的礼遇时，撒切尔夫人最终同意提高离校年龄，并因此得到了赞扬。《泰晤士报》报道说，她发表了“精彩的演讲，充满热情与智慧，对批评者给予友好的责备。”

1972 年末，撒切尔发表了她的白皮书《发展教育框架》，标志着她在教育界名誉已经恢复。这份文件代表着教育部 20 年来一直实施的一系列政策的顶点。实际上撒切尔夫人与文件的构想几乎没有任何关系，她仅是一位助产士而已。白皮书计划将在未来 10 年里将教育支出提高 50%（以实际价值计算），从政府总支出的 13% 提高到 14%，首次超过国防支出。在整个增长期间，幼儿教育将得到巨大发展，目标是到 1981 年，为 50% 的 3 岁孩子和 90% 的 4 岁孩子提供免费日间托儿所服务（首先集中发展最需要的地区）；教师人数提高 40%，届时教师与学生的比例将会从 22.6∶1 下降到 18.5∶1；继续大力发展高等教育，综合大学和工科院校并重，目标是到 1981 年，大学生人数达到 75 万（占 18 岁年轻人的比例从 15% 上升到 22%）。

这是一项庞大而宏伟的计划，是教育部的巨大胜利。派尔原本担心撒切尔夫人不会认同如此宏大的计划，但事实上她却毫无异议地照单全收。既然政府在各个方面都增加开支，撒切尔夫人便决心拿到属于自己的份额。任职的头两年，为了得到学校建设需要的资金，为了提高教师待遇，她一直与财政部艰苦地斗争着。她本以为这次提出白皮书，又得打一场硬仗；谁知如今财政部轻易就接受了白皮书，倒让她吃了一惊。很快，她又开始否认自己对白皮书抱有的热情。不过，当时的她却沉浸在计划赢得的几乎众口一致的赞誉声中。每一位大臣都喜欢将自己的名字与某种宏大的东西连在一起。

可惜撒切尔的乐观情绪不到一年就荡然无存了。赎罪日战争爆发，石油价格翻番，由此造成的经济衰退迫使政府又开始削减未来 10 年的政府支出。甚至在离职之前，她的大胆计划就已然危机四伏。1974 年 2 月后，她的工党继任者便不再执行这一计划了。1979 年她重返唐宁街担任首相时，她对使用国家权力扩大教育机会的兴趣早已成为过去。直到 1995 年，向所有学前儿童提供幼儿园的愿望才重新回到政治议程上。撒切尔夫人担任教育大臣时的宏伟愿景本该成为最具深远意义的政治遗产，然而这一愿景却悲惨地成了近代历史上本该实现却从未实现的一大遗恨。

到 1973 年年底，就连她本人最终也无法避免教育部受到大幅削减支出政策的影响。除苏格兰、科学与艺术以外，教育部预算削减额达 1. 57 亿英镑，其部门总预算为 35 亿英镑。她声称这些削减“严重但并非灾难性的”：她给人的印象是这些预算削减只会减缓计划的建设项目以及地方教育局的采购，坚称教育部的优先项目——包括幼儿园计划——实质上得到了保留。但是，这是她作为教育部长的最后一次演讲中说的。仅仅一周之后，矿工们——他们的加班禁令已经让整个国家降低到每周只能工作三天的地步——投票同意进行全面罢工。面对这种挑战，希思最终屈服于内阁中的鹰派，宣布举行大选，这次大选也将他自己赶下了台。

180 度大逆转

撒切尔夫人作为希思政府一员发挥了比别人更大的作用，这是最终让她感到难堪的事情。一方面她在教育部推行的政策后来连她自己都予以了否定，另一方面，那些本该得到充分赏识的人才也没能被提拔。另外，撒切尔夫人也没有和不久后被她称为“具有灾难般缺陷”的经济政策划清界限，尽管她后来暗示自己当时本能地察觉到这些政策根本就是错误的。对于后来被大肆渲染为“信念政治家”的她来说，这简直是不可思议的胆怯懦弱。为此她的传记作家和她本人花了大量篇幅予以解释，或者干脆予以了否认。

众所周知，希思政府的经济政策发生了两次大反转，都是在 1972 年进行的。那年 1 月，英国失业人数超过了充满象征意义的警戒线——100 万人，这在当时的政治气候下被认为是无法容忍。同年，英国通货膨胀愈演愈烈。一部分原因是早在 1973 年石油危机之前，进口产品（铜、橡胶、锌及其他原材料）价格就已经开始上涨；而另一部分缘故，也是当时几乎公认的原因，是英国国内工资增长过快。首先，为应对不断飙升的失业率，政府抛弃了在收入政策上明显的原则性拒绝立场，从 1972 年 11 月起引入了一种越发复杂的法定工资及价格控制体系。这两项政策都得到了保守党议员及媒体的支持。然而在短期内这两项政策似乎都发挥了作用：失业率下降了，通货膨胀也受到了抑制。到 1973 年底石油危机及矿工罢工双重打击之前，希思政府看似是力克了困境，甚至很有希望在 1974 年秋或 1975 年春的大选中取得连任。

几乎没有证据显示，撒切尔夫人认真反对过这两项逆转政策中的任一项。事实上她还积极支持 1971 年对劳斯莱斯公司飞机事业部的国有化，而这项政策可以说是后来逆转政策措施的先例。她仍坚决地捍卫价格及收入控制措施，认为这些控制是“绝对必要的。”那时候内阁向外透露消息不像现在这样自由，大臣们也不会向新闻媒体透露个人看法。撒切尔夫人并没有公开表示异议，只是在 10 月保守党会议的发言中委婉提了意见，她有针对性地宣称：“我认为任何一届政府兑现其竞选宣言中的承诺都是正确的。我们在教育事务方面就是这样做的。”

撒切尔夫人当时对希思政府的第三大决策——英国加入欧共体——也没有表示过反对。希思成功说服了蓬皮杜总统取消戴高乐的否决，又通过谈判达成可以接受的条款，在下院赢得两党的绝对多数的支持后，不顾本党内部仍然存在的坚定反对意见，强行立法通过，并最终于 1973 年 1 月 1 日加入欧共体。他在这方面取得的成就，无疑是这届命运不济的政府所取得的巨大成功。尽管后来改了主意，但撒切尔夫人当时的确坚定不移地支持欧洲一体化项目；自从 1961 年麦克米伦首次推出该项目直到此时，她的热情支持一贯如一。

撒切尔夫人也毫无保留地支持着政府对抗矿工的立场。她谴责矿工领袖，攻击共产主义对全国矿工工会（NUM）的影响，坚称政府给矿工开出的工资提高 13% 到 16% 的条件是“慷慨大方的”。她认为，尽管可以转而使用其他能源，政府依然“恪守了给矿工们做出的承诺”。她呼吁矿工们转而反对罢工，同时又指出，北海的天然气及石油资源将很快给政府提供替代煤炭及进口石油的选择方案。当整个世界笼罩在末日般的黑暗之中时，这种说法显然传达了非同寻常的乐观信息。

然而，1974 年 2 月 4 日，矿工们投票一致支持加强罢工行动。希思最终也屈服于大选的呼声，不过在竞选过程中仍然将矿工们的诉求提交“薪酬委员会”寻求解决争端。他决意不与矿工们对抗，尽管几乎可以肯定，这样做会让他丧失竞选获胜的机会。在所有已发表报道的声明中，撒切尔夫人都忠实遵循着自己领袖的路线。

选区边界的变化也意味着撒切尔夫人获得席位不再是板上钉钉的事。此外，由于希思政府在赎罪日战争期间实施不偏不倚的中立政策，拒绝向以色列提供武器零件，甚至不允许美国飞机从英国机场向以色列提供补给，撒切尔夫人可能也很难争取到犹太裔的选票了。因此撒切尔夫人与内阁唯一的犹太人成员基思·约瑟夫联手抗议希思政府的中立政策，但是希思和亚历克·道格拉斯决意严守中立，防止阿拉伯对英国实施石油禁运。撒切尔夫人便会见了英国以色列友好协会芬奇利分会的会员，确认了她反对这一政策的立场。这段时间是她与她的犹太选民之间保持的长期紧密关系中最为艰难的一段时光，所以她的地位并没有受到严重威胁。

这是一场希思满怀必胜信心的大选。事实上，希思之所以组织了一次软弱无力的竞选宣战，就是怕取得过于一边倒的胜利。结果，他没有让整个国家走向两个极端。事实上，当他将与矿工的争端提交“薪酬委员会”后，似乎已经没有了选举大选的必要。在整个欧洲，工党仍然一片混乱，开始被新的强硬左派分子所分裂：威尔逊期望胜利就跟希思预计失败一样渺茫。面对这种情形，选民们以为上下议院都患上了瘟疫，空前数量的选民便转向了自由党。

卸任

撒切尔夫人在芬奇利选区依然是胜券在握。跟以往一样，自由党大肆炒作掀不起多大波澜。根据一项简易民意测验（以及修正后的选区边界），她的选票减少了 7000 张，自由党增加了近 4000 张，但工党依然保住了第二的位置。尽管撒切尔夫人占多数的程度减半，但两个反对党的作用也互相抵消了。

然而在全国范围内，情况却大为不同。自由党史无前例地获得了 600 万张选票，占全部选票的近 20%，他们只获得了 14 个席位，但他们的跃进却对保守党造成了致命的伤害，帮助工党赢得了微弱的多数——301 对 297 个席位，尽管获得的选票稍微低了一些——37. 1% 对 37. 9%。在被迫前往王宫提交辞呈之前，希思召开了最后一次内阁会议。大家都说，这是个肃杀而惨淡的场合：希思坚定地认为，这并不是他的政府的结束，而是一次临时的中断，所以会上没有感谢，没有赞颂或者相互指责。只有一位大臣感到这一刻不能没有告别词，这位大臣就是撒切尔夫人。

从教育部任职起，撒切尔夫人就获得了大量的经验教训，她后来也将这些教训带进了1979年的政府。首先，她对自己的经历进行了反思，深信官员们恶性权力能够阻止、阻挠和操纵除了意志最为坚定的大臣外的所有人。第二，她从希思政府失败的教训中领悟到，面对越来越大的压力，政府作为一个整体必须保持自身的方向感和目标。用最简单的话说，就是下定决心，绝不重蹈覆辙，绝不上演希思臭名昭著的大反转。不过，这种立场与其说是意识形态上的，更不如说是政治上的。

自相矛盾的是，正因为想要控制的太多，希思最终却丧失了对事件的控制能力。所有这些价格、收入控制——价格委员会、薪酬委员会及其他——构成的复杂机器，使政府在商品价格飙升以及矿工们罢工双重压力下，变得束手无策。撒切尔夫人从希思政府吸收到的教训其实并不是她后来熟练掌握的货币主义，而是对保守党一个古老信条绝对的肯定，那就是好大喜功的政府必然会愚蠢地自我灭亡。撒切尔夫人的直觉告诉她，政府必须坚强、清晰和果断，然而希思政府的经验告诉人们，只有超越经济争论、超越通货膨胀或失业的起起伏伏，政府才能显得强大。正是希思倒台这一课，而不是其他任何教训，才使撒切尔政府安然渡过了20世纪80年代初的经济灾难。

• 第六章 •

农民的反抗

轮盘赌

随着希思政府与大选中的失利，撒切尔夫人也于1974年3月失去了她的职位，之后不到一年她就被选为了保守党领袖。十二个月前，恐怕谁也料不到她能有如此惊人的转变。尽管多年后回头看，撒切尔夫人注定要当选领袖，可在当时仍然是彻头彻尾出人意料的事件。但政治之所以迷人，也正是由于这些意料之外的事。而她此番夺得党魁宝座，其间最为非凡的一点即是，几乎没有谁，不论是同事还是评论员，预测到她能获胜。甚至竞选尘埃落定之后，人们还鄙夷地说她能取胜也只是命运无常的安排，她只不过恰巧从中受益罢了。

然而关键正是她没有因胆怯而回避，其实这绝非偶然，过去25年里与她密切工作过的所有人都应该预见到这一点，她一生都在为这个机会默默地做着准备。机会降临之时，她早已准备妥当。非凡的专注与过人的耐力使她登上了英国政治的最高阶梯，对工作痴迷般的奉献精神，排挤掉了她对金钱、家庭、友谊或是闲适的追求。撒切尔夫人超越了所有她的保守党同行，一心一意奉献给了自己的事业。她从来不掩饰自己的远大志向，只因为她是女性，人们才没把她的雄心当回事。一有机会她就会将对手抛在后面，因此，所有以前在牛津、科尔切斯特、达特福德认识她的人对她在党魁选举之中胜出都丝毫不会感到意外。

然而，这个机会仍是许多因素通过难以预测的共同作用创就的。首先，她受益于保守党思维中的一场知识革命——或者说是反革命。在过去10年里，这场革命的势头一直在蓄积，现在受到大选失败的冲击，突然到了十分紧要的关头，开启了方向上的根本性变革。她对这一事态发展所起的作用并不大，然而事态发展却反映了她心灵最深处恪守的信念，因此，她利用这种形势是不存在任何困难的。同时，因她个人情况所造成的偶然格局实际上也排除了所有其他候选人，要是时间推前一年，就是这些人而非撒切尔夫人利用这一机会争取各自的前途了。

保守党的思想革命分为经济上和政治上两个部分。一方面，人们对自由市场经济观念的兴趣忽然复苏了。多年来，这种观念通过“经济事务研究所”在严肃政治的边缘上默默无闻地传播着，却被白厅和大学中的传统智囊人物大加嘲笑。整个60年代，宣扬自由市场经济美德的杰出政治家仅有伊诺克·鲍威尔一人而已，因此自由市场经济观念在众人眼中总是难逃狂热盲信之嫌。

然而从1972年年中开始，政府经济政策的180度大逆转却让人们开始接纳伊诺克·鲍威尔式的批判。虽然财政部的文官们对货币供应并不重视，但是在舰队街，以《金融时报》塞缪尔·布里坦、《泰晤士报》彼得·杰伊和威廉·里斯·莫格为首的一群有影响力的经济记者接过了这一事业，他们开始在各自的专栏里阐述这一观念。因此希思政府倒台时，突然之间就出现了对其失败的成熟全面的货币主义解释，给那些幻想破灭的保守党人——包括前政府大臣们——作为借鉴。

与此同时，对于连续几届保守党政府都未能阻止或者扭转看似倒向社会主义的局面，保守党内部也遍布着愈演愈烈的不满情绪。不单是在经济上，更是在移民问题、综合学校、工会、北爱尔兰、罗德西亚问题等内政外交的所有领域里，希思都似乎是故意与保守党的传统支持者作对，从而取悦于他们的老对头。罢工、犯罪、学生反叛、色情物品、恐怖主义以及通货膨胀，蚕食了他们的积蓄，更激起了他们高涨的愤怒：这个国家每况愈下，而保守党政府非但未能阻止，反倒加速了这一进程。到1974年2月希思大选失败时，保守党内已然蓄积了不少这样的负面情绪，只是缺少一个重量级领袖把政治对抗和经济分析这两大武器强有力地组合在一起罢了。而这种组合正是后来人们熟知的撒切尔主义。

乍看上去，能把这种愤怒转为一股变革动力的催化剂并不太可能是基思·约瑟夫。他只不过是一名前内阁大臣而已，那时任何人都不会想到他会成为反叛分子或民粹主义者。但兼备长期的经验和无可挑剔的清廉正直，他是能为政治反抗势力带来知识力量倚靠的唯一人选。后来，他说过去30年里一直认为自己是位保守主义者，但这时他才认识到，自己其实一直是位“集权主义者”，被政府无所不在的权力所迷惑。认识到这一点，他便开始以一种高层政治中鲜有的宗教狂热弥补过去的罪恶，让保守党——最终让整个国家——认识到这种真正的自由市场信念。

相比之下，撒切尔夫人则从未自我标榜为思想家。跟约瑟夫不同，她是位政治家，脚踏实地、雄心勃勃。政治家的工作并不是要独创观念，甚至没有必要理解这些观念。她并不需要理解货币主义，她只要认识到货币主义的重要性就够了；她身上更重要也更难得的特质是能将复杂观念化繁为简，又动员人们支持她的观念，这恰恰是约瑟夫所不具备的。尽管她本人并不是知识分子，但她承认观念的重要性，这种胸怀在政治家里已经是鹤立鸡群的了。她一直认为，政治应该是两种根本对立的哲学之间的斗争，因此，她领导风格的特点就是系统地利用知识分子与学者——

那些她认为站在自己一边的知识分子与学者——支撑她的政策，为她的政治立场提供论点和知识储备。作为首相后，她就组建了一个由自己喜欢的学者组成的非正式智囊库。

2 月大选的结果让保守党处于一种不上不下的灰色地带。只等威尔逊瞅准机会增加自己不稳定的多数席位，几个月后举行大选是必然的。即使有人公开等着挑战领袖地位，现在依然为时过早，难以撼动希思。希思从与矿工们对抗的溃败中汲取教训，保守党必须比以往任何时候都要表现出温和与协作精神，以保持国家团结，重新赢得流到自由党那边的选民的支持。而这一点恰好与党内批评者的要求相反。

希思认为，需要实施新政策的领域就是住房。他告诉影子内阁，他所见到的选民都“要求对政策进行一些激进而急剧的变革，尤其是在解决普通百姓困难方面”——具体地讲，就是抵押贷款的成本与利率负担——“回应这种呼吁应该是我们的首要任务，而不是纠缠于更抽象的原则。”这些闪闪发光的新政策将构成下届大选中保守党吸引力的核心，他把开发与兜售这些政策委托给了玛格丽特·撒切尔：显示他仍然将她视为一位服从他的意志、工作效率高并且经得起考验的代理人，而不是潜在的麻烦制造者。

影子环境大臣

事实上，直到 1974 年 10 月，希思都没有做错。影子环境大臣的职务的确能够吸引公众的广泛关注，撒切尔夫人也一直对这个政策领域很感兴趣，只是之前还未曾涉足过。撒切尔夫人的关键任务就是介绍希思想要在保守党下届竞选宣言中主打的新住房政策，以期重新赢得 2 月大选中叛逃到自由党阵营的中产阶级的支持。坦率地讲，希思寻求的是一种短期选举笼络手段，不过这项政策也符合该党鼓励拥有房产的长期理念就是了。

撒切尔夫人抑制着自己内心的怀疑，忠实地服从希思的安排。她最终于 8 月底宣布了这一方案，该方案包括三种不同形式的住房补贴。首先，她承诺将抵押贷款的最高利率限制在 9.5% 以内，通过对不同建设团体采取不同的税率来实现。其次，将帮助市政租房户以 33% 的折扣购买自己居住的房子。第三，鼓励首次购房者攒钱，每攒 2 英镑，政府将给予 1 英镑的直接补贴。不过，从长期看，最重要的是第四个承诺：保证废除财产税。

又一次，她不得不违背自己的意愿，做得过于激进，以致走得太远。在一次党内重量级人物举行的会议上，在没有定好后续的替代措施之前，就“强迫”撒切尔夫人承诺废除财产税。最终，她 8 月提出的方案建议用“征税基础更宽并与人们的支付能力相关的税收”代替财产税，同时将教师的工资，以及部分警察及消防的费用转移到财政部。“我再次被推入了未曾加以慎重考虑的政策中，”撒切尔夫人在回忆录中写道，“感到伤痕累累，愤愤不平。”可是她过于忠诚，资历又浅，还无法拒绝希思的指示。毕竟，希思仍然是领袖，得到几乎整个前内阁成员一致的支持。再不得已，她也保护自己的职业生涯，表示愿意遵从。

撒切尔夫人在 1974 年夏季与秋季，以同样的激情捍卫着她个人私下里强烈反对的政策。她那令人生畏的政治技巧也逐渐成熟了。从她强烈主张补贴性抵押贷款就看得出，她掌握了优秀律师为弱势案例辩护的本事。这原也不算稀奇，任何有自尊心的政治家都能做得到。但她又具有牧师的才能，用道德的力量支持弱势案例：这正是她在后来 15 年里的成功秘诀。功成名就的年月里，撒切尔夫人吹嘘自己是一位“信念政治家”；但是不要忘记，“信念”和“政治”两个词具有同等的分量。毋庸置疑，她具有强大的信念；但如果形势需要，她也可以表现得十分虚伪。她在绝对清廉正直方面的声誉也如此，以至于很少人能发现其中的区别。正是凭借着“信念”和“政治”的平衡，撒切尔夫人得以在日后职业生涯的许多关键时刻里，虽过刀山，却如履平地。

撒切尔夫人无疑成了 1974 年 10 月选战中保守党的明星表演家。虽然伦敦以外的旅行，她只去过两次；但由于她所鼓吹的政策是保守党推出的唯一新政策，她在电视、电台出现的机会比以往都多，她作为重点人物参加了三次保守党的选举广播节目，出席了三次早晨新闻发布会，并且最后一次还是与希思一起。戈登·里斯教给她在电视上露面的技巧，开始让她学着如何在镜头前放松。凭借里斯的帮助，她在保守党首次广播中受到了一致好评，因而也被推荐做第二次广播节目。

工党对此感到严重不安，却没想好如何应对。然而，最终民调很快显示公众并不相信保守党的承诺。尽管如此，高调曝光对撒切尔夫人来说利远大于弊。这种做法暂时伤害了她在右翼的信誉，这些人看到她为了赢得选票，再次背叛了她所宣称的信仰，为追逐选票用公共资金强行扭曲了市场，所以感到十分沮丧。另一方面，撒切尔夫人体现出的全部活力，还有她事实上的实用主义立场，在仅仅三个月后她请求中间派议员团体给予支持时派上了大用场。她成功展示了自己的价值：自己并不是一位幼稚的右翼分子，而是一位充满活力的得票手与一位久经考验的老手。

结果，工党只获得 39.2% 的选票（上次为 35.8%），在四个政党组成的多数中只多了 18 个议员。撒切尔夫人的个人席位又减少了 2000 张选票（参加选举的人减少的缘故），但依然足以保住席位。

事情发展证明，全国范围内的选举结果对她来说，其实或许是可能出现的最好结果了。之前的后卫行动异常成功，值得称道，足以让希思对呼吁他下台的声音置之不理；但是选举仍旧失败了，这已经是希思领导下保守党四次选举中的第三次失败了，只能增添人们更多这样的共识，即他的政治生涯已经难以维持。与此同时，工党的微弱多数也不可能让该党维持整个任期的执政地位。因此，不管谁接替希思，都会得到非同寻常、充满希望的在野地位。

“必须有人站出来”

10 月的大选一结束，保守党领袖之争就已经悄然开始了。除了右翼方面出现的不断反抗以外，许多对希思政策并不持异议的保守党议员回到威斯敏斯特，深信在希思领导下的保守党永远赢不了大选。有几位朋友敦促希思立刻下台，或者至少提出党魁连任选举的建议，但被他拒绝了。他继续赖在台上，给一匹黑马的出现留够了时间，这匹黑马最终把保守党内对希思不满的各个派别都笼络在了自己的旗下。

显然，约瑟夫是位标准的右翼旗手——倒不是说他具备什么政治领导素质，而是因为他在夏天发表了一系列演说，单枪匹马地阐述了一个清晰的方案来替代希思不可信的中间路线。撒切尔夫人迅速加入约瑟夫忠实支持者的阵营，这一举动明确阻止了人们对她是否有机会当选领袖的猜测。然而选举刚结束两周，约瑟夫就在伯明翰发表演说，明显地印证了人们本就对他的领袖判断力与胆识的种种怀疑。这次演讲整整四周后，他就做出结论，认为自己不具备领袖所需要的基本素质，决定不再担任候选人。

11 月 21 日，他把自己的意思第一个就透露给了撒切尔夫人。据撒切尔夫人自己的叙述，她当时并无丝毫的犹豫，直接说道：“‘瞧，基斯，如果你不站出来，我就得站出来，因为必须有人站出来代表我们的观点。”这样讲其实是虚伪的：因为实际上她比这番话里所表现的要谨慎得多。不过我们也没有理由怀疑，这种说法准确地代表了她本能的反应。尽管她不断否认自己渴望得到最高地位，然而在这些精心措辞的否认中，又一直暗示着她的资格，显示出她心底里也从未排除自己登上巅峰的可能性。

尽管报纸对撒切尔的目的已经有了大量的跟踪报道，到 11 月 25 日她还是认为，应该把自己的目的当面告诉希思。她在下院的领袖办公室见到了希思。据报道（故事当然只能来自于她），当时希思既没有站起来，也没有请她坐下，只是哼了一声，说“你会输的”。不管怎么说，这次会面显然短暂而冷淡。但并未表明希思因她的参选而烦恼，或者认为她站出来参选特别奸诈。希思之前很不情愿地同意制定新的规则，允许对在位领袖提出挑战时，也许已经想象过，她会是若干个有希望参选党魁竞选的人里面第一个站出来公开宣布的了。

希思无意给了他的挑战者另外一个机会，而这位挑战者用双手牢牢抓住了它。11 月初，当时撒切尔夫人还只当了 9 个月的影子大臣。希思在重组自己的前座团队时，把撒切尔夫人从环境部调走，任命她为罗伯特·卡尔手下负责财政的副发言人。只是不清楚希思的意图到底是提拔还是冷落。

然而担任卡尔这样平淡无奇的人的副手，只会让她超越名义上的上司。希思不知不觉地给了撒切尔夫人展示才能的绝佳机会。她所对付的是工党强大的财政部团队，几个月来垂头丧气的保守党议员也第一次有了可以为之欢呼的好消息。撒切尔夫人习惯将刻苦工作与精心算计的进攻相结合，很快便成了保守党人反对工党“金融法案”的领袖，领导一个由资历较浅的发言人组成的团队。10 年后，这个团队的几乎所有成员都进入了她的内阁。

人们常说保守党议员选举撒切尔夫人时并不清楚自己究竟在做些什么。这种说法的确没有错，因为撒切尔夫人并未拿出一份详尽的具体政策议程——货币主义、减税或私有化。但是并不能说她为了得到领袖位置就伪装了自己的信仰。相反，她很明确地公布了自己的哲学：如果有人投她的票时没有完全认识到她思路所引领的方向，则错误在于他们不相信她会说到做到。事实上，唤起保守党人热烈反应的主要是她阐述信仰时的那份灼灼燃烧的自信，而并非她的信仰本身：他们不是投票给她的信仰，而是给她的信念。

她传递的信息固然重要，但同样重要的是必须让她的形象更加地人性化，让她的性别更加中性化，并说服公众和保守党议员，她是一位可信的领袖。相悖的是，她不再需要证明自己十分坚强，能够胜任那份工作。可是同时又不能太极端，造成一个令人可怕的幽灵形象，一个信奉女权主义的老泼妇，成了最差的女人。现在撒切尔夫人需要做的是充分发挥女性特质的优势。因此，在戈登·里斯的帮助下，她在新闻及电视面前展示出普通家庭妇女的形象，以及守旧而热爱家庭、非女权主义的形象，从而缓解了男士的恐惧与女士的不满。她大打自己“仅仅”是位家庭妇女的招牌，并从中获取最大好处。

希思的支持者一直都不相信，前首相会变成一位没有经验的女人的手下败将。除了基斯·约瑟夫以外，整个影子内阁都支持希思。像埃里克·道格拉斯·霍姆和雷吉·莫德林这样资深的政治家也被推出来加强对现状的支持。选区主席们都是一边倒地支持希思：《每日快讯》做的一次民调显示，70% 的保守党选民仍然认为希思是最好的领袖。结果，正像 1965 年彼得·沃尔克为希思系统而专业地做的那样，撒切尔夫人的团队不懈地梳理保守党议员的名单，而这一次希思却根本没有组织恰当的竞选活动。希思阵营只是相信他们从报纸读到的东西，相互之间一再强调，说所有理智的人依然支持特德，只有一小股右翼分子与死硬的反共同市场的人士才会支持“那个可怕的女人”。

他们低估了大批议员对希思失望的程度，他们既不特别偏向右派，也不反对欧洲。疏远、迟钝或仅仅是他的坏习惯，已经让希思丧失了大量后排议员的忠诚，他们没有理由对他表示感激：这帮人只想换个领袖。他们当中的绝大多人其实并不想让撒切尔夫人成为领袖；他们也肯定不愿突然转向右翼政策，但是他们还是被劝服，在第一轮投票中投了撒切尔夫人的票，并期待能在第二轮投票中投给怀特洛或者其他更有经验的候选人。

拨打小算盘的结果就是这位不可能赢的小女人不但赢得足够的选票来开启第二轮选举，还在投票中领先。希思只得到 119 位支持者，而不论撒切尔夫人的支持者混合了怎样的动机，都占到了 130 席。另有 16 张票支持休·弗雷泽，有 11 张弃权票。按照上流社会的观点，这些数字不但糟糕透顶，而且足以让希思立刻下台。不仅如此，任何人也再难继续打着他的旗帜期望获胜了。

按照英国人对选举的一般理解，撒切尔夫人已经获得了胜利。她既然打败了现任领导，那么拿到这份奖赏，在道义上就是无可指责的。威利·怀特洛必然宣布出马，作为可以医治保守党伤口的候选人团结左右两派；可是为时已晚——撒切尔夫人的意外取胜，有力巩固了她的地位。这场竞争还有三名竞争者的事实本身只会强烈表明，他们中的任何人都难以望其项背。那些各怀心思投票给撒切尔的人们，只是给这场竞争打上了这样的标记：如果当初他们当真要采取措施阻止她，那么大家都应该支持怀特洛。还是对她的成功表示致敬吧，《每日电讯》建议，既然她已经唱了黑脸，把希思赶下了台，那么强行进行第二轮投票几乎就是失礼。

二轮选举是按简单多数原则来的，即所得票数必须超过简单多数。虽然她总数上只增加了 16 张选票，仅超过简单多数 7 张票，但由于怀特洛表现令人失望以及其他候选人打散了选票，撒切尔夫人的获胜优势比实际情况显得更加具有决定性。

于是，新领袖接受选举结果后的首次活动就是在威斯敏斯特大厅外的大委员会厅举行记者招待会。她以恰如其分的赞扬与谦卑开场，谨慎地向所有前辈表示致敬。

当被问及赢得选举是否因为她是个女人时，撒切尔夫人回答得斩钉截铁：“我喜欢认为我是靠才能获胜的。”她甚至有冒险开玩笑的自信。当被问及外交事务时，她回答说：“我样样在行。”然后，她用“横扫一切的女性魅力”承认：“我是最知道自己并不精通所有问题的人。”她四下里走着，摆出姿势让所有摄影师都能找到拍摄的好角度，然后直截了当地说：“我现在要往右转一下，这样非常合适。”这是一次令人惊讶的表现：才当上党的领袖，她就已经能让新闻媒体听命于她了。

第七章
反对党领袖

玛格丽特·撒切尔说，沿着麦克米伦、霍姆和希思的脚步走来“就像一场梦”。然而这些前辈们在位时，谁也未曾面临如此令人生畏的灰暗前景。她是 1921 年后首位未曾担任过首相、缺乏首相威信的保守党领袖。她虽借着后座议员们对党领导层发动的反抗获取了领袖宝座，但实际上仍受到全体前任影子内阁成员的反对。即使那些竞选中为她摇旗呐喊的人也说不清到底为什么非得要求举行这次选举。地方上的保守党人士甚至根本不知道她是谁。基于这些原因，再加上“女性”这一过于鲜明新奇的因素，使她面临的考验超过了绝大多数的新领袖，众人的怀疑、好奇以及自命不凡的屈尊俯就杂糅在一起，逐步演变为潜在的或直接的敌意。

但也不是所有人都跟她作对。首先，她受益于保守党团结在新领袖周围的传统本能，而保护女性的旧式骑士精神更加强了这层防护。其次，党内元老如亚历克·霍姆、昆廷·黑尔什姆和彼得·卡林顿都坚定地支持新领袖，从而树立了正面榜样。这些元老都是希思的忠实朋友，只要他们愿意的话，就能轻而易举地扼杀她的政治前程。最关键的是，领袖竞选中她的主要对手威利·怀特洛，现在决定要做个体面的失败者和忠实的副手。对他来说是绝对不简单的，因为他与撒切尔夫人几乎没有共同之处。尽管她立刻任命怀特洛为副领袖并在其他任命方面与他协商，但开始时她还拿不准能否信任他。怀特洛挺身而出与她竞争，但没有取得胜利，他便觉得有一种几近军人般的责任感，使自己的观点服从于她的观点。由于他对保守党有深入的了解，他会时常提醒撒切尔夫人后排议员或选民不愿接受的东西；但他不会与她对着干。在反对党以及后来在政府里，怀特洛坚定地拒绝参加任何派别活动。后来 13 年里他坚定不移地支持，是撒切尔夫人得以生存及成功必不可少的因素。

不过，从 1975 年到 1979 年，撒切尔夫人的地位一直不大稳定。尽管有怀特洛与卡林顿在，可以保证不发生公开反对她的行动，但保守党内一个强大的派别，包括希思在内的资深同事（她不得不将他们留在影子内阁）显然一直不受她的约束。他们倒不怎么担心她会拥抱如货币主义这样过分简单的万能药。因为作为有经验的政治家，他们理所当然地认为没有人会长时间把这种谬论当真。如果她当上首相，文官们的建议与执政的现实结合起来，她很快就会“学乖”。他们告诉自己，所有的政党处于反对党的位置时都容易走极端，而执政的时候就会重返中间地带。

2 月 20 日，撒切尔夫人在议员、候选人、同行及保守党官员举行的会议上正式被选为保守党领袖。此前，她已经受到 1922 委员会的热烈推崇，并且不太老练地主持了现有影子内阁会议，只有希思本人没有参加。不过鉴于她的竞选环境，改组从希思手上继承过来的人事安排的空间是非常有限的。正是由于希思的大部分同僚在竞选中投了她的反对票，她反而更要让他们留在位上。

她深知让自己成为党的领袖的是那些后座议员，而不是她的前排同事；在她担任领袖的头一个十年里，她从来没敢忘记这一点。她决心不再重复希思的错误。与她的最终命运对照来看，颇为讽刺的是，她欢迎每年重新竞选领袖的这一新规则，认为定期更新授权会使自己的地位更加牢固。她与后座议员交流的官方渠道即是 1922 委员会，该委员会主席爱德华·杜坎曾保证她能接触到后排议员。在早期的几年里，杜坎觉得她平易近人，是很乐意倾听别人的意见的。

尴尬的洗礼

从威斯敏斯特放眼整个国家，撒切尔夫人下一步必须做的事情就是把自己推销给在各个选区的保守党人。她的开局不错，当选 10 天之后就对苏格兰进行了一次隆重的访问。在爱丁堡的一个购物中心，她受到 3000 人的围追，于是不得不听从警方建议，放弃原来计划的外出活动。那天晚上，她在格拉斯哥的集会上发表演说，听众甚至把增设的两个大厅都挤满了。然而不知何故，之后她便再也没能创造出同样激动人心的场面。陪同撒切尔夫人访问许多选区的约翰·摩尔回忆说，开始的两年真是“登山一般的艰难”，在沃特福德北做了许多“令人不快的旅行”，那里的保守党依然士气低落、疑虑重重；那边没有支持她的人际网络，她努力激起人们的热情，反应却寥寥无几；几乎没有人会相信她很快会成为领袖。在最初的几周甚至几个月里，她在保守党内各种派别及地区会议上发表演讲，有苏格兰保守人士、威尔士保守人士、保守妇女、保守的行业工会分子、保守学生联合会以及保守中央总部。她给所有人发出响亮的爱国主义声明，表明自己决心重新唤醒自由、进取、个人机会以及自力更生的美德，阻止英国的衰落。尽管操着富有鼓动性的言辞，她却极注意把自己的政策尽量解释得如同常识一样通俗易懂：温和而有节制，力求与工党的极端主义截然不同。财富首先需要创造，然后才能分配；国家的消费不能超过产出；应该减税以提高经济刺激。这些都是保守党领袖们熟悉的格言，而并非一张反向革命的蓝图。结果，她得到的也只是有礼貌而不是热烈的欢迎。

当选仅仅几周后，撒切尔夫人就面临着一场格外令人尴尬的洗礼，那就是即将举行的关于英国是否继续担任欧洲共同市场成员国的全民公决。由于怀疑自己在欧洲问题上热情远远低于前任，她别无选择，只有投票确认希思政府这一毋庸置疑的成就。可是这样一张“赞成”票也同时帮助威尔逊洗脱了过去4年来让工党陷入困境的罪名。这对于一位急于设定自己政治议程的新领袖来说，局势显然是极为不利。不过，希思拒绝了她发出的有关领导保守党拉票阵营的邀请，而选择在罗伊·詹金斯主持的由所有党派参加的组织“欧洲的英国”旗下发挥作用，这其实在一定程度上帮她解了围。后来，威尔逊当选为后排议员，正式用政府的权威支撑自己的阵营，但他自身几乎没有发挥多大的积极作用，与撒切尔夫人做法类似，只是构成了某种形式的平衡罢了。尽管如此，撒切尔夫人的低调还是引来大量的批评。

在后来的回忆录中，撒切尔夫人抱怨自己当时过于温顺地服从上层社会的共识，赞成英国继续为欧共体成员国，回避了有关英国宪法完整及国民认同的尖锐问题，在后来的15年里，这些问题反过来一直困扰着她。不过，当时她受到压力，急需改变她个人对于欧洲问题冷漠置之的印象。4月8日在下院有关批准举行全民公决的辩论中，她更是如此，用典型的务实态度和完全肯定的立场对待英国留在欧共体的问题。她的立场建立在四个方面的论据上：安全、确保食品供应、进入更大的欧洲市场以及在世界上发挥更大作用的前景。

总的来说，她不过是尽了本分。与工党毫无原则地翻筋斗的记录相比，她可以欢欣地说这一决定性的结果证明了保守党的长期愿景是“真正令人激动”的；而在私下，她却长出了一口气，因这个容易造成分裂的问题能被搁置到可以预见的未来而感到轻松。直到1979年，她在欧洲问题上一直采取的都是积极的路线，不断指责政府由于过于消极和过于敌对的立场而未能充分利用英国的成员身份。

冷战走廊

但是欧洲问题从来都不是撒切尔夫人立场坚定不移的议题。相比之下，冷战，以及在苏联无孔不入的扩张主义的威胁下英国对强大国防的需要，才是她更为关心的问题。她决意在这个问题上尽早发表自己的看法。

此外，对反对党的领袖来说，通过“自由对极权”这种宏大的抽象原则给这场经济战争定性，总比纠缠于收入政策或工会法律的狭隘争论要容易许多。

尤其是她把即将召开的赫尔辛基会议实际看作是第二个正在孕育之中的慕尼黑会议。在赫尔辛基会议上，西方领袖准备向苏联提供各种援助与认同，以换取其对改善人权的承诺。她仿佛找到了自己的角色，即一个洞若观火的丘吉尔式的人物，警告西方所面临的灾难，以免为时过晚。

因此，就在赫尔辛基会议召开前夕，她决意要发表一次讲话。撒切尔夫人请教的唯一保守党元老就是霍姆勋爵。她一直十分尊重霍姆有关苏联企图的观点。她邀请他见面。6 月，她特意邀请霍姆帮助她修改即将发表的讲话。“我早就该发表一篇全面的有关‘英国在世界上的地位’的讲话了，”她写道，“对此不知您是否愿意给我提些建议。”后来，她很感谢他“先提供了框架……又非常仔细地看了一遍。他的帮助给了我必要的全部信心，不然我心里准会打鼓的。”

她请教的第二位专家是英国历史学家罗伯特·康奎斯特，他写的《大恐怖》是迄今为止有关斯大林清洗的最全面的描述。对她有启发的第三个人则是亚历山大·索尔仁尼琴。一年前他从苏联被驱逐出境，此时却在西方拥有崇高声望。索尔仁尼琴曾戏剧性地断言西方从 1945 年后一直在失去第三世界，现在已经“无可挽回地丧失掉了”，正是这句话引发了撒切尔夫人的思考。虽然并不完全认同这种噩梦般的前景，但在 1975 年底前，她就已经重申索尔仁尼琴警告的本质内容了。这位俄罗斯预言家很快就登上了她心中的英雄榜。直到 1983 年，撒切尔夫人终于见到了索尔仁尼琴本人。

7 月 26 日，也就是威尔逊前往赫尔辛基之前的两天，撒切尔夫人在的切尔西保守协会会议上发表了讲话。讲话虽然简短，却惊人地直截了当。她开篇就提到“在过去几个月里，自由已经受到重创”。她断言，赫尔辛基会议的背景是苏联的年度军事研发开支比美国高出 20%；武器装备开支比美国高 25%；战略核武器开支比美国高 60%；并且苏联海军的核潜艇数量超出全世界其他国家海军核潜艇数量总和。

这次演讲简洁干练、掷地有声，表达了撒切尔夫人对冷战毫不妥协的立场，以及对冷战前景积极乐观的信念。她对维持现状式的观点没兴趣，并不认为能够盼望的最好结局不过是两个超级大国的势均力敌、互相牵制，更不会接受双边道德对等。她从直觉上始终深深相信，西方价值的坚定主张及军事实力应该并且能够赢得冷战最后的胜利。作为一位新当选的反对党领袖，她大胆宣布自己立场的做法，比罗纳德·里根当选美国总统还早 5 年多。在整个 80 年代里，作为英国首相，她正是与里根同盟，坚定不移地恪守这一立场。就在她下台前夕，终于目睹这一立场大获全胜，她的想法终于得到了事实的印证。

相比之下，撒切尔夫人在下院却表现平平，无论是在“首相答问”还是在辩论中都没能出彩。那种在党内听众中得到良好反响的简单而确定的事情，在威斯敏斯特并不起什么作用，结果她在下院讲话也越来越少。除了议会日历上无法避免的固定场合外，她在后来的两年里总共作了不到七次重要讲话，而 1977 年到 1978 年只作过一次讲话。1978 年到 1979 年之间，工党政府开始瓦解，她的讲话才稍微多了一点，但仍然远远少于希思担任反对党领袖时的讲话数量。担任首相后，她尽管拥有了掌控下院所需要的资讯与权威，却仍然在议会上能少说便少说，能轻描淡写便不大张旗鼓。她在议会上从来不就重大问题发表讲话，以保持对议会的漠视态度。

“简直像个女爵士”

就算自己的声音在国内还没多大分量，撒切尔夫人已决心让自己的声音在世界更广的范围内得到传播。她不顾身边经验丰富的幕僚的建议，坚持尽早地访问美国，宣布自己是西方联盟的一位强健的新伙伴。英国反对党的领袖经常因为在华盛顿很少得到关注而蒙受羞辱，然而玛格丽特・撒切尔却另当别论。她的公关奇才戈登・里斯已先行抵达华盛顿，去激发媒体的兴趣。等到 9 月中旬撒切尔夫人飞抵纽约时——她有意地选择乘坐弗雷迪・莱克尔的自由企业航班——身为女性带来的新颖感，以及她事先传递的异常清晰的信息就事半功倍地为她赢得了许多关注。

她的首次讲话是在纽约社会经济研究所发表的，论述的是过度征税之罪恶，在很大程度上讲，这是一次标准的完美演讲。演讲在最后一刻得到亚当・雷德利的支持，并摒弃了反对党领袖在国外演讲中不批评自己国家的惯例。她毫不犹豫地描绘了英国经济的凄惨景象，这也更坐实了美国眼中的英国形象：昔日帝国正在没落。

因此当她抵达华盛顿时，她已然成了媒体焦点。她会见了福特总统，与国务卿亨利・基辛格共进早餐，并分别与财政部部长和国防部部长举行了会谈。她的下一场演讲将面向全国新闻俱乐部，由 CBS 电视台直播，她也牢牢抓住了这个机会。首先，演讲因借用索尔仁尼琴的警告而绽放光彩，他警告西方如果不采取行动，就会逐渐输掉讲的批评。她强调必须相信英国具有克服自身困难的潜力，强调北海石油带来的巨大财富，以及她最喜欢使用的衡量英国成就的标尺——令人骄傲的 72 位诺贝尔科学奖得主。她宣称自己看到了一种不满足于简单选项的新意愿。“我们现在也许患上了一种英国病，但是我们有健全的宪法，又有取得胜利的心愿与意志。”

这种集丘吉尔与米尼佛夫人（电影《忠勇之家》中的人物——译者注）于一身的演讲深受欢迎。据说精明的银行家宣称这位可能成为英国首相的人，“简直像个女爵士”。首次美国之行标志着玛格丽特・撒切尔与美国新闻界及公众的良好关系的开始。在后来 20 年里，这种良好关系一直得以保持，而且热情越来越高涨。

之后，10 月份举行的保守党年会对撒切尔夫人来说十分特殊。那是唯一一个她可以坚持不懈地展示自己的信仰并唤起大量听众热情的国内论坛。与其他保守党领袖不同，从 1946 年首次参会起，撒切尔夫人就一直非常喜爱保守党一年一度的海边盛大聚会。因此在年会上发表演讲成了她每年政治事业的高潮，也是她小心准备、精心安排的领袖崇拜活动，几乎达到了明目张胆的程度。她潜在的演员素质帮助她自如地面对摄像机、让人眼花缭乱的场面、挥动的旗帜以及作曲家埃尔加。她的演讲几乎总是充满强烈的爱国主义，无情地将工党与国家的衰落连在一起，期待在保守党领导下重振英国的“雄风”。

“罗尼修改”

作为保守党的领袖，第一次在保守党大会讲话是一次关键的考验。整个夏天里，她在下院就经济问题做了两次讲话，均反应不佳，还有一次在为自己的观点辩护时大放厥词，引起了不少争议。10 月的布莱克浦大会则是她通过电视向保守党、向全国展示自己的第一个重大的机会。

她下定决心，“一次仅仅涉及谈经济问题的讲话。于是，周末我待在家里，用我喜欢的大字体写了 60 页。我一点都不感到困难：思绪流畅，不受阻拦。”后来，在会议举行那一周的周三，她把罗纳德·米勒叫到了布莱克浦，进行最后的重写。

米勒是伦敦西区有名的剧作家，还曾经给特德·希思写过材料。他开始有点不愿意，但很快就入了迷。他给撒切尔夫人朗读了他一气呵成写出的材料，以亚伯拉罕·林肯的台词结尾：

> 我们不能用弱化强者来强化弱者；不能靠劝阻节俭来实现繁荣；不能靠打倒发工资的人来帮助挣工资的人……

念完这段话，撒切尔夫人一句话也没有说，而是从自己的手提包里拿出一张泛黄的报纸，上面写着同样的台词。“不管走到哪里，我一直带着它。”她告诉米勒。就在这一刻，他们彼此之间有了心意。此后的 15 年里，所有撒切尔夫人的主要演讲在最后完成之前便都要经过“罗尼修改”。(罗尼是罗纳德的昵称——译者注)

米勒还利用他在戏剧上的经验，教撒切尔夫人如何讲好这些台词，他在写作时还标上她应该注意的停顿与强调之处。“我可不是个表演者，亲爱的。”有一次她告诉米勒。然而，她的确是个表演者，米勒之所以能助她成功，很大程度上也因为他对待她就像调教一名十分敏感的女演员一样。演说的确取得了巨大的成功。

撒切尔夫人以恰如其分的谦卑开场，回忆了 1946 年在这个大厅里首次参加保守党大会的情景，那时丘吉尔还是领袖。她说从来没想过有朝一日自己会站在同一个讲台上发表讲话，她依次对艾登、麦克米伦、霍姆和希思加以赞颂。然而，一进入自己的话题，她便再次为自己在美国发表的演说辩护，指责工党不但制造了高失业、高税收、低生产率和创纪录的借贷，而且从根本上威胁到了英国的生活方式。“我要告诉大家我的愿景，”她继续丝毫不带任何女性腔调地说：

> 按自己的心愿工作，花自己赚的金钱，拥有属于自己的财产，拥有仆人而不是主人一样的政府，这是人类的权力——这些就是英国的遗产，是一个自由国家的本质，是我们所有其他一切自由赖以生存的基础。

“我们要的是一个自由的经济，”她承认，“不仅仅是因为自由经济能保障我们的自由，更因为这是创造财富的最好方式。”随后，她以相当高的水准详述了刺激私营企业，削减公共开支在经济中所占的份额，重建利润与激励等的必要性。她宣称，增加财富的目的“不仅仅是让人民有更多自由支配的金钱，而且是有更多资金帮助老人、病人和残障人士”。但在演讲结尾，她再次明确地认可了“不平等”的立场：“我们大家都不平等。”

演讲的尾声，在强调法律与秩序至上的主张，又承诺维护与北爱尔兰的统一之后，再次回到她个人强烈的爱国主义信仰上。

> 我认为，我们正在走向英国历史长河里的又一个转折点。我们可以一直维持现状，在下坡路上越走越远，更可以将这场没落中止，大声说：“够了！”

大厅的代表们非常喜欢这句话。媒体也喜欢这句话。“现在我是货真价实的领袖了”，她告诉随行人员，承认自己此前还没有得到全方位的认可，如同身处试用期。

不过，回到威斯敏斯特的秋季会议上，每个周二和周四的“首相答问”里，威尔逊仍然轻而易举地占着上风，时而嘲弄撒切尔夫人应该为1970到1974年的问题分担责任，时而又斥责她逃脱责任。他还数落她缺乏经验：“可惜要不是从来没有在‘公共账目委员会’工作过，她会了解这些事情的。”他嘲讽她不愿过多地介入，有一次还抓住她只是引用了对一份白皮书的报道，而没有引用白皮书本身。

“铁娘子”的兴起

1976 年期间，撒切尔夫人在几次演讲中继续攻击着赫尔辛基进程。正是她那年 1 月在肯辛顿市政厅发表的首次讲话，成功地从苏联方面得到非常令人满意的反应。她直言不讳地断言，统治苏联的“是一个富有耐心和远见的集团，他们让苏联海军迅速在世界名列前茅，让苏联一跃成为世界第一流军事强国”。他们这样做根本不是为了自卫：“像苏联这样幅员辽阔、多内陆少沿海的国家，要是仅仅为了保卫自己的边界，根本就不需要世界上最强大的海军。”

这番说辞完全抛却了圆滑的外交辞令，直白得有些骇人，也因此，她立刻因为散布威胁论调受到攻击。显然，这种单刀直入的言辞根本不符合严肃政治的游戏规则。政治老手如卡拉汉和威尔逊都为能够与历久不衰的苏联外长安德烈·葛罗米柯及他表情严厉的同事们打交道而感到自豪。在他们看来，指责苏联领导人是觊觎世界统治权的独裁者，除了暴露她的幼稚之外，只会起反作用。撒切尔夫人这种说法当然让这群政治老手感到了恼怒。肯辛顿讲话发表几天之后，苏联军队报纸《红星》发表文章，谴责保守党领袖，称她为“铁娘子”，本来是隐含侮辱之意的。可正如她后来所说的那样，“他们再也没能如此靠谱地歪打正着过”。她立即抓住这个绰号，并一直不愿丢弃。如果人们对一位女子担任首相还心存疑虑的话，这个来自苏联的绰号恰恰是消除这些疑虑最有效的一剂药。

接下来的一个月里，撒切尔夫人的支持率飙升了 7 个百分点。意识到自己正成为赢家，她便继续采用这种攻击。在未来三年里，她实施了一项宏大的世界旅行计划，一半是为了传播她的思想，为今后成为世界领导人增添资历，另一半为的是增长见识，并见见一旦上台后也许要打交道的其他领导人。她一共访问了 23 个国家，对英国的主要欧洲伙伴国，都访问了至少一次，对欧共体以外的国家如瑞士、芬兰也访问了一到两次，还访问了受苏联控制最少的两个铁幕国家，即齐奥塞斯库统治下的罗马尼亚和铁托统治下的南斯拉夫。不出意料的是，她没有接到苏联的邀请。不过，她强硬的反苏立场却赢得了 1977 年 4 月访问中国的机会。1976 年初，她访问了埃及、叙利亚和以色列。同年年底，她做了一次长途访问，踏足印度、巴基斯坦、新加坡以及澳大利亚和新西兰。不过，她没有涉足非洲撒哈拉南部、南美或海湾地区。在大部分时间里，她都没有大谈自己有关自由市场的理念，而只是在澳大利亚小试了一把，可反响很差。然而，她以大写的“F”，成功地打出了坚定的自由（Freedom）捍卫者的形象。这个大写字母“F”巧妙地利用了人们对政治女强人的好奇心。在以色列，她访问了集体农庄；不出所料，她对此并不赞赏。后来她访问了叙利亚的一个巴勒斯坦难民营，却因此激怒了以色列人；不过，她同样谴责了恐怖主义，并拒绝承认巴解组织。

在赫尔辛基与冷战的主战场，至少在福特与基辛格的共和党政府依然执掌白宫的这段时间，她造成的影响是无可置疑的。1976 年当选的吉米·卡特是个非典型的美国总统，诚恳却天真地决意推动裁军与人权事业。1977 年 9 月，撒切尔夫人第二次访问美国期间会见了卡特。卡特一般是不接待反对党领袖的，因此这次接见本身就是尊重她的标志。她没法不欣赏卡特，对他和自己一样能出色地掌握细节而印象深刻。同时又令她沮丧的是，卡特决心推动禁止核试验条约，于是她讲话的 45 分钟内，愣是没让卡特插进一句话。不过，苏联人无视他们自己在赫尔辛基所做的保证这一事实也约束了卡特。苏联几位杰出的持不同政见者，包括赫尔辛基监督小组的创始人尤里·奥洛夫都被长期投入劳改营。虽然在 1975 年受到热情接待，但撒切尔夫人在华盛顿的影响不应夸大。她只是英国一位反对党领袖，而卡特与卡拉汉保持着良好的关系。然而，撒切尔以响亮的声音，反复揭露苏维埃政权的本性，必然促使西方的决心强硬起来。西方对苏联态度的普遍强硬化的证据，就是北约决定从 1977 年起增加国防费用 3%，西德和其他西方国家还同意在其领土上部署美国核导弹对抗苏联部署 SS-20 系列导弹。这两项决定都是撒切尔夫人在野时强烈支持的，并且是在她上台后实施的。

美国立场强硬的另一个迹象就是出现了罗纳德·里根这样的总统挑战者。撒切尔夫人第一次见里根是她当选保守党领袖不久，当时里根正好在伦敦访问，他在下院拜会了她。里根告诉杰弗里·史密斯："我们发现彼此在有关政府、经济、政府在人们生活中的位置以及所有其他问题上的观点真的非常接近。"事实上，里根担任加利福尼亚州州长，取消了许多控制，又削减了支出，所谓声名鹊起，撒切尔夫人对此也早有所闻，早在 1969 年，丹尼斯就听过里根在"董事学院"的讲话。3 年后，里根来伦敦时，他们第二次见面。再次相处，彼此感到异常融洽。这次会谈的内容涉及国际及国内政治、防务及经济，在这两个问题上他们的观点本能地达成了一致。5 年后，在担任总统的第二个年头，里根才称苏联为"邪恶帝国"。然而，这两个词汇准确地概括了切尔西讲话后撒切尔夫人在所有讲话中一贯强调的内容。

1976 年 3 月，哈罗德·威尔逊出人预料地宣布辞职，于是撒切尔夫人国内任务的性质也突然发生了变化。得到这个消息时，她以为整个政府都已经辞职了。然而，她不得不对威尔逊致以敬意，并自我调整，准备迎接唐宁街 10 号新对手的挑战。她立刻明白吉姆·卡拉汉会继任首相，估计他会成为自己最难应对的对手。这两项预测都没错。卡拉汉比威尔逊大四岁，比撒切尔夫人大 13 岁，他是第一位当选前曾担任过所有三个高级国务部大臣职位的首相。撒切尔夫人发现他与威尔逊一样傲慢，甚至更难对付。

当撒切尔夫人教训他必须了解什么情况时，卡拉汉不无讽刺地感谢她提供资讯，但告诉她重要的并不是掌握资讯，而是利用这些资讯做事。这时的撒切尔夫人已不再像过去那样羞于插话了，因为卡拉汉也不像威尔逊那样善于借力打力，用她提出的问题反驳她。相反，工党的议员们越来越多地抱怨她总是利用允许的权限垄断“首相答问”时间。卡拉汉说她是“光杆司令”时，她受到一次明显的打击。“难道政府没有其他人了？”她反驳道。但是，卡拉汉是位英明的资深政治家，冷静地掌控着事态的发展，撒切尔夫人几乎无法干扰他熟练老到的表演，只能像只狂吠大象的小狗，在细节上纠缠不休。

1976 年正逢英镑危机，工党在煎熬中过了 9 个月，尽管进一步削减支出并将最低贷款利率提高到 15%，都未能阻止英镑滑落到 10 月底的 1.56。在迅速消耗掉 IMF 的前两次备用信贷后，财政大臣丹尼斯·希利只能按苛刻的条件获取第三次贷款。虽然那边撒切尔夫人对这种赤裸裸的羞辱极力渲染，但在短期内，卡拉汉这边实际上倒获得了不少裨益。卡拉汉不仅有理由坚定地反对左派，并从撒切尔夫人那里抢走了许多风头。在保守党大会上，为了防止她的讲话引起英镑进一步下跌，她习惯性猛烈攻击政府的行为受到了禁止。相比之下，卡拉汉却在一周之前的工党大会上大胆地说，凯恩斯主义已经死亡，政府再也不能通过开支的途径走出衰退。

在接下来的两年里，在国际货币基金组织的监管下，希利实施了严格的财政纪律机制，撒切尔夫人对此尽管咬牙切齿，但只能也报以掌声。她不得不欢迎卡拉汉转而重视控制货币供应的重要性。

1977 年，卡拉汉失去了下院多数席位，但凭借与自由党达成协议，政府得以继续维持两年。当时撒切尔夫人为此感到很沮丧，不过从长期来讲，这段时光对她是有利的。假如 1977 年上台，她就不会像 1979 年那么富有执政经验，那么充满信心，那么准备十足；而那股将她送入唐宁街，进而又帮助实施了她和杰弗里·豪从 1980 到 1981 年的不妥协经济政策的知识界及公共大众的舆论潮流也不会那么强劲。到保守党真正重掌政权时，真要庆幸希利和卡拉汉在过去两年里一直牢牢控制着货币政策。政坛上屡见不鲜的情况是，当一个政党很不情愿采用另一党的政策时，选民往往倾向于真心相信这些政策的那个党。“如果您要的是保守主义的政府，”1978 年她告诉吉米·扬早间无线节目的听众说，“您最好要一个保守党政府，而不是半心半意实施保守主义政策的工党政府。”到了 1979 年 5 月，希利与卡拉汉在很大程度上也证明了她所说的话。

• 第八章 •
隐藏的撒切尔主义

谨慎的十字军战士

对于撒切尔夫人来说，在野是一段尤为艰难困苦与模糊不清的岁月。她是一位具有坚强信念的女人，具有强烈的使命感，一旦意外地发现自己成了领袖，就要作先锋带领人们前进。但与此同时，她强烈地意识到自己政治地位的脆弱，这种经验尚浅却重任压肩的处境让她有些胆怯。她深知习惯、惯例与既得利益会强强联手，形成令人生畏的力量与她作对。她还没有在保守党内实施彻底的自由市场政治议程的权威，更不用说将其在全国明确推广的能耐了。此外，即使她有权宣布自己的长期愿景，理论上正确的东西与将这种知识转化为可浓缩到一份竞选宣言的实际政策之间，也存在着巨大的差距。

即便是后来得到她在 1975 年想都不敢想的统治权力后，明确形成“撒切尔主义”方案也花了她两个任期的大部分时间，还动用了她能掌控的全部政府行政资源。只要处于反对党位置，她的首要任务就是不管大选何时进行，都确保不要败下阵来。她不能冒着比麾下保守党人超前太多的风险，因此不得不放弃一些目标，尽量避免让选民感到惊慌或让对手可以给她贴上“极端主义”的标签。她不得不为一份含混的前景计划继续奋战，而这份计划只能以最大而化之地反映她的真实目标。所以整个在野期间，她不得不用两种方式讲话：一种清晰而富有说教性，如同《福音》传教一般；另一种则谨慎温和，符合惯例，但时而充满信心，时而小心翼翼，让人迷惑。

不过，撒切尔夫人很少公开谈论废除汇率控制或严肃的非国有化问题，对于根除地方权力或重新开始保守党与矿工之间的斗争，谈得更少。理想状态下，所有这些都在她的长期愿望之列，但至于她是否想象过任何一项愿望有无变成实际政策的可能，那就是另外一桩事了。在短期内，她思考得更多的是如何防止坏事发生，而不是追逐自己激进的政治议程。她对同事和智库顾问们反复强调的就是：“别告诉我该做什么。告诉我怎么去做。”即使她赢得了选举，绝不意味着她能够得到必要的公众支持。从尼格尔·劳森、杰弗里·豪以及其他人的回忆录中可以清楚地看出，关键的“撒切尔”政策，从取消外汇控制到国家医疗保健服务的改革——无论原则上多么理想——都在事实上是可行的或政治上谨慎的，对于这一点，撒切尔夫人经常是最后一位被说服的人。在反对党位置，她更是犹豫不决。

其实，谨慎与信仰一样，都是玛格丽特·撒切尔性格中必不可缺的组成部分。她确信机会只有一次。而作为一个雄心勃勃的政客，她可不想亲手断送它。也不是她因为害怕党内分裂而不敢贸然许诺这么简单。她一直有种近乎迷信的恐惧，害怕听天由命，害怕是自己在杞人忧天。她十分反感 1974 年 10 月希思迫使她在利率及抵押贷款方面所做出的具体承诺。早在 1968 年，她在演讲中就向保守派政治中心提出，选举不应该变成竞争性拍卖。现在，她抓住政治学家 S. E. 芬纳写的一篇文章，给她对现代授权教条的不信任感提供学术支持，以便对助手得意扬扬地引述这篇文章。她认为政治应该是对立的哲学之间的竞争，而不是廉价的贿赂。她的目的就是赢得这场思想之战。

思想之战

所以正是因为存在信仰，她才有谨慎的本钱。她相信，只要能够确保方向正确，到时候正确的政策自然会明晰起来。与此同时，她可以做出妥协，可以韬光养晦，可以与自己从心底里根本不相信的政策相处，而并不担心因此再也看不到自己的目标，或者偏离航向。这对她来说不难，毕竟她在自己政治生涯的大部分时间里一直是这么做的。例如，她告诉大卫·巴特勒与丹尼斯·卡瓦纳，自己原则上完全反对工会有关企业必须雇佣工会会员的规定，但又意识到在当时不得不容忍这种做法；对此，她并不感到矛盾。她解释说，政治的全部奥秘在于把握时机。她告诉他们，好的想法早五年提出来，就会遭到扼杀；提前两年，便会起飞。判断恰当时机是对“真正政治领导艺术”的考验。

撒切尔夫人认识到，要赢得这场思想之战，就必须首先提升自己。出人预料地登上领袖台阶后，她知道有大量的东西需要学习，不仅仅是整个政治及政府领域——以前在政府每次只涉及一个部门——更要在知识上武装自己，这样才能抓住面临的机会。带着特有的专心与非凡的谦卑，她开始学习自由市场的理论与实践，了解自由市场在保守党哲学中所处的地位。她阅读了基斯·约瑟夫和艾尔弗雷德·谢尔曼推荐的书籍，还出席了在政策研究中心以及国际原子能机构举办的研讨会。米尔顿·弗里德曼和弗里德里希·哈耶克到访伦敦时，她毫无保留地表达了对他们的崇拜之情，吸收他们的思想，然后将这些思想熟练地转变为自己的实用哲学。

她多年来讲话的主题其实都很简单。很快就有一天，“就像一个常规的星期四”，英国选民将在对立的统治哲学之间做出简单的选择。一方是她所粗略标识的社会主义，而被其他人称为社会民主、社团主义、凯恩斯主义或混合经济的东西；另一方则是“被社会主义者指称的资本主义，而我则喜欢称之为自由经济。”在下院，一位工党议员打断她的话，问她所说的社会主义到底是指什么，她茫然不知如何回答。事实上，她所指的就是包括政府对没有效率的行业的支持、惩罚性征税、对劳动力市场的监管以及价格控制等所有干涉自由经济运作的东西。撒切尔夫人承认，许多这样的“邪恶”在实践上都是无法避免的。即便如此，正如她对西德基督教民主党的一次讲话中所说的那样，尽管许许多多党的标签企图掩盖这一事实，原则上“只有两种政治哲学，两种治理国家的方式”。

德国社民党或英国工党实施的温和的西方式民主社会主义在她鄙夷的眼光中，仅仅是掺了水的马克思主义，和苏联唯一的不同只是少了莫斯科那种信念与勇气。英国工党在越来越占主导地位的左翼影响下，正变成更为明目张胆的马克思主义，这番事实刚好支持了她的政治模型。

正确的途径

撒切尔夫人虽下决心不羁绊于具体的承诺，但反对党必须提出一些政策。为了与打温和牌的战略保持一致，也为了保持党对外的团结一致，撒切尔夫人安心将制定政策的正式程序交给保守党研究部，这个研究部所需的资料由一批后排议员提供。后排议员对此事并不怎么齐心协力，这一程序根本不像 1965 年到 1970 年期间希思综合政策运作那样深入细致。但撒切尔夫人乐于鼓励后排议院的参与，对她来说，这是一种约束麾下议员不要胡闹的无害方式。

与此同时，重要的政策工作正在由影子内阁成员，尤其是杰弗里·豪和他的影子财政团队在自由职业者的基础上进行。撒切尔夫人密切跟进其中一部分工作，而其他的一些想法似乎是在她并不直接知晓的情况下形成的。她或多或少地了解想法形成期间的大量思考、筹划以及商讨，但这些工作很少被她公布出来。例如，虽然她已经确信，赢得大选后应尽快地废除外汇控制，但这个建议却从来没有出现在任何政策文件上。在大选前很早时间，豪、奈杰尔·劳森和其他人就在研究废除外汇控制的可行性，但无论在公开场合还是在私下，撒切尔夫人都未做过任何承诺。从她入主唐宁街 10 号之后，这场争取撒切尔夫人批准和首肯的战斗才打响。

豪与劳森在研究测量与控制货币供应的理论与实践，为 1980 年引入的“中期财政战略”打基础。与此同时，保守党长期资深税务专家科克菲尔德勋爵正在与豪一起，研究可能的税务改革，尤其是将重点从直接征税转移到间接征税的建议。回头看来，在 1979 年以前，私有化，或者当时所称的“非国有化，就像一头被当成病猫的蔫老虎，完全被低估”。在回忆录里劳森坚称，他和其他人是“从一开始”就认为私有化属于“我们政策中必不可少的一部分”；但他也承认，“在野时对这个问题所做的详细工作很少，”因为“玛格丽特害怕会在新出现的选民中引起恐惧。这种考虑是可以理解的。”

在 1978 年 3 月，撒切尔夫人在这个问题上的担心得到了证实。当时豪提出建议，保守党政府可能出售政府在英国石油中的一些股份。她坚决否认政府有任何这种打算。讽刺的是，之后不久，作为财政部筹资的一种手段，工党政府开始出售英国石油的股份。1979 年的保守党竞选宣言承诺，“将最近国有化的航空及造船公司重新出售给私人，给他们的雇员购买股份的机会”；试验出售全国运输公司的股份；对私营运营商开放巴士运输业。除此之外，宣言只承诺保守党政府会“减少”对国有化行业管理的“干扰”，“给这些行业制定更为透明的财政纪律。”尽管撒切尔夫人一直在勇敢地谈论彻底扭转社会主义，在野期间豪和劳森所做的准备工作就像后来执政的头三年一样，只是在如何控制公共部门成本的途径上有所推进，并不奢求想出办法消灭公共部门。

从 1975 年 2 月到 1979 年发表宣言，撒切尔夫人实际上只批准正式公布了一份保守党政策的概括陈述，那就是《正确的途径》。这份文件故意写得十分温和，只为 1976 年保守党会议前息事宁人，刻意掩盖保守党两派在做法上的明显分歧。撒切尔夫人在布雷顿发布《正确的做法》时声明，保守党的首要任务是：“整顿财政状况，必须量入为出。”这番话尽管看似猛烈，但她已经竭力进行了弱化，让这项对策听上去不那么严苛刺耳。此外，由于每周三个工作日的艰难时期依然历历在目，保守党至少得看起来能和工会“搞好关系”。

撒切尔夫人的心口不一，最能体现在工会问题上。1976 年她承诺道：“有一点要绝对明确，那就是下届保守党政府期盼与工会运动进行磋商，讨论哪些政策能够挽救国家。”但在私下谈话和未作记录的访谈中，她毫不掩饰地将工会领导人视为全职的工党政客，认为他们压根没兴趣与保守党政府合作。毫无疑问，她希望看到过分强大的工会受到挑战；如果在短期内她本人无法反抗，她便暗地支持活动在保守党边缘的各种骨干组织，并不严格约束他们。

然而，撒切尔夫人仍然不愿致力于约翰·霍斯金与诺尔曼·施特劳斯在一份名为《垫脚石》的秘密文件中督促她实施的战略。这份文件提出，保守党未来希望所做的一切都取决于能否挫败来自工会的反对之声。从那时起直到1978年年底，她愿意批准的唯一一项立法就是将邮寄投票引入工会选举。她没有考虑有关公司雇佣工会会员、罢工投票或恐吓性纠察方面的立法，更不用说工会的法律豁免或政治性索求。倘使1978年10月卡拉汉决定大选，那么《垫脚石》是绝无可能被收入保守党竞选宣言的。正是工党政府执政最后一个冬天发生的罢工潮才使这场辩论倒向保守党鹰派，并让撒切尔夫人确信，现在是摆明立场、不再骑墙的好时机。

把不列颠装进口袋

撒切尔夫人的作风和一般反对党领袖并无不同，尤其是习惯性地把失业归咎于工党，并大加谴责。从她担任领袖的那一刻起，不断上升的失业率就成了她最顺手的一柄利器。在议会的“首相答问”上，她持着这柄利器，先斗威尔逊，再战卡拉汉。从1974年起，失业人数从60万翻了两番多，达到1978年的150万。任何一位反对党领袖都会对准这个极易击中的靶子，但撒切尔夫人反复地试图给工党贴上“理所当然的失业党”的标签，并称卡拉汉为“失业首相”，却是最明目张胆的机会主义。“我们的政策没有造成失业，”1978年1月她无所顾忌地告诉下院，“是他的政策造成了失业。”她把卡拉汉和希思面对失业的态度加以对比：卡拉汉拒绝对失业负责，希思却在1972年失业人数高达100万时勇挑重担。其实，正是100万这个触目惊心的数字才驱使希思实行了臭名昭著的政策大逆转。卡拉汉与希利反驳说，撒切尔夫人的货币主义政策会增加失业。连约瑟夫偶尔也坦率承认这点，但是她却极力否认。

随着大选的临近，保守党阵营对就业问题的关注也愈来愈多。1978年夏，盛世长城广告公司设计了一幅著名的海报，上面画着领失业救济的蜿蜒长队，配着几个大字“Labour Isn’t Working（工党无能）”。即使并非绝对准确的预言，这幅海报明白也无误地寄希望于保守党，暗示着保守党的政策将会很快减少失业人数。然而，保守党执政两年半后，失业人数再次翻番，达到迄今无法想象的300多万。此时回头再看撒切尔夫人在野时圆滑地利用失业问题攻击工党的行为，可就比愤世嫉俗严重多了。最好借口就是，她、约瑟夫和豪当真没有预计到他们的货币主义实验碰巧会遇上世界经济衰退的打击。应该说，经济调整的痛苦是个必经的过程：终于在7年之后，失业人数才从300万开始下降。约瑟夫分析的基本原则是，经济管理的核心首要任务并不应该是减少领救济的人数。从这点出发，一位严谨的反对党领袖的确不应该从失业问题上捞取那么大的政治资本。

自从 1968 年伊诺克·鲍威尔发表“台伯河”讲话激起众怒之后，移民问题一直是个禁忌，各个政党里德高望重的政治家们都小心翼翼地回避它。到这时为止，撒切尔夫人都遵循着这条惯例。然而作为强烈的民族主义者，撒切尔夫人与鲍威尔如出一辙，都将“英国人”的身份看得有些神化了，对不断增加的移民人口所带来的影响表示关切和担忧。她认为每年有“两个格兰瑟姆”那么多的有色人种移民英国，在私下经常对这一问题力陈己见。她认为不断增加的移民问题让普通选民为之担忧，因此政治家有权，甚至有责任，清楚地表达他们的担忧。不过，她同时还有一个更为卑鄙的动机。1977 年后半年经济形势好转，保守党自己民调结果显示，对他们最有利的问题是不断攀升的犯罪率以及其他社会问题。因此，在伍尔弗汉普顿发生种族事件的两天后，撒切尔夫人在接受格兰纳达格《世界在行动》节目的访谈时，主动地对人们担心会被“来自不同文化的人所淹没”表示同情。这并非口误，而是刻意为之。一些同事试图劝阻她，但是她却已经下定决心，不仅没有征求影子内政大臣威利·怀特洛的意见，还拒绝调整那些容易引起强烈感情的词汇，如“淹没”。“我们从事政治可不是为了忽视大家的担忧，”她宣称，“我们从事政治就是要解决这些担忧……要有良好的种族关系，就必须缓和人们对数字的恐惧，展现出‘移民这股趋势必将结束’。”

她的讲话立刻引来一片哗然。在下院，工党议员谴责她挑起种族偏见。卡拉汉希望她不要企图迎合“选民中的某些分子”，并要求她解释清楚该怎样在移民数量并不多的情况下，还非得终止移民。其实 1977 年提出移民申请的 28000 人中，只有 750 人获得批准，大约相当于一个格兰瑟姆的人数。况且这 750 人全都有已在英国生活的亲眷了。

六个月后，卡拉汉指责撒切尔夫人说这些话是“有意挑起数以千计的有色移民侨民的恐惧，而平复他们的情绪需要很长的时间”。但她大胆的讲话也的确引起了许多人的共鸣。跟 1968 年的鲍威尔一样，她收到海量的回复。有大约 1 万封信件感谢她仗义执言。民调中保守党支持率立刻大增，从与工党不相上下的 43：43 上升到明显领先的 48：39。四周后，他们在北伊尔福德增补选举中赢得胜利。而北伊尔福德的民调显示移民是左右投票结果的关键因素。

然而保守党的政策并没有改变。怀特洛怒不可遏，曾一度想要辞职了事。但是在配套的遣返措施还不齐备的情况下，政策压根不可能发生改变。保守党已经承诺对眷属实行登记，怀特洛也承诺不会拆散家庭。因而撒切尔夫人也无法推翻怀特洛的承诺。鲍威尔对她后来从未重提此事感到很失望。但是，他在以后的访谈中反思：“要将自己的感觉传递给选民，也许只要一次就够了。”有一点鲍威尔没有说对。在大选前，在《观察者》的访谈中，她的确又谈到移民问题，否认自己修改了原来的说法，并毫无顾忌地重复她最早的观点。

从另一个意义上讲，鲍威尔又没有说错。只要撒切尔夫人真实的观点有效地传递给了首都以外地区的支持者，让支持者们觉得她站在他们这边，保守党的目的就已经达到了；至于她的讲话究竟能不能改变保守党的具体政策，其实无关紧要。这是她常用的把戏。即使当了首相，她也仍然凭借这套技巧，显示出自己与同事们可悲的怯懦毫不相干。她对待死刑问题的策略亦如是。先是在大选预备阶段不失时机地告诉广播听众及电视观众，长期以来她赞成对谋杀者采取绞刑；可在大部分时间里，她还是深深隐藏着自己的真正立场。移民问题的广播讲话正是这种策略的生动体现；如果说她平时展现的吸引力是有意模糊处理过的，那么这些策略就让她的形象陡然清晰起来，向赞同她或是憎恶她的人准确地展示出了她的本性。

移民讲话这段小插曲是一个绝佳的例子。它展示了撒切尔夫人如何学习向公众塑造出一个独立于保守党的自我形象。这种鲜明形象的塑造，靠的不是具体政策，甚至不需要那些主要讲话中表达的大理念；她靠的是态度、同情与天性这些只可意会、难以言传的因素。她意识到通过打个性牌来推介信息的重要性，从而向公众推销了一整套精心打造的形象。具有讽刺意味的是，尽管撒切尔夫人心中那面意识形态旗帜分外鲜明，她却是第一位精心包装的领袖，开启了政治脱离意识形态的进程，她的后来人更是如此。这种做法在一方面体现出她的劣势，那就是她不得不凭借态度表达自己，却很难充分阐述这些态度究竟有哪些具体示意；另一方面，成功地利用个人形象来充实政治资本，则又体现出了她高超的政治技能。

这种强调推行个性而非政策的做法帮助了撒切尔夫人克服因阶级及性别而造成的障碍。那些住在伦敦周围的保守党女士通常头戴条纹帽，丈夫多金，子女就读于昂贵的私立学校。但撒切尔夫人不想要这样的形象，要求媒体将她重新描绘成一位奋斗中的精英，凭借勤奋工作从卑微的乡下走出来，一路拼搏成长。这样的形象对其他不怕起点低，但有雄心、有能力、有胆量的人来说，是种莫大的鼓舞。但这种乡下女孩到城市精英的转变并没有让所有人信服。不过早在 1979 年以前她就已经证明，自己的吸引力远比批评者 1974 年所估计的更有感染力。她虽不算广受欢迎，但也不需要谁施舍注意力。相反，她极大地扩展了女政治家所能扮演的角色的范围。这样，性别就从债务转变为资产。首先，她并没有设法逃避传统的家庭妇女的角色，而是积极地对待它，并将其变为自己的优势。她愿意做个普通妻子，做个家庭主妇，这一点激怒了女权主义者，她们认为她贬低了女人争夺男权席位的整个事业。然而，撒切尔夫人心里再明白不过。她吹嘘自己依然每天早上为丹尼斯做早餐，依然自己去购物，甚至还定期地去自助洗衣店，实际上是鼓励千百万妇女认同她：她们从未认同过以前的政客，无论是男是女。尽管她很富有，但说起话来好像了解那些日常生活的柴米油盐，而希思和卡拉汉永远无法做到这一点。“她们将转向我，”她告诉约翰·科尔，“因为她们相信女人了解价格。”撒切尔夫人拉家常式的“家庭主妇经济学”普通讲座，用聊家庭预算的方法讲解货币主义，使复杂的理论听上去和常识一样简单明了。

撒切尔夫人同时还涉足另一类女性：高居权威地位、男人们都习惯服从的女性榜样。因此，她是导师，耐心而肯定地解释国家存在的问题；她是位女校长，勉励选民们发奋向上。她是撒切尔医生，有时候还是撒切尔护士，开出难吃的药或苛刻的饮食单，而选民们心里明白良药苦口，她对他们是有好处的。

最后，她还是不列颠人，是爱国主义的女性化身，自然而然地用英国国旗把自己包裹起来。自从丘吉尔以后，没有任何政治家能够如此充满感情地激起英国的爱国主义。毋庸置疑，正是她的性别才使撒切尔夫人能够脱颖而出。然而，感谢苏联人，她成了“铁娘子”——一位公认的坚强领袖，愿意勇敢地面对外国独裁者，号召国民留心国家的防御。在德国参观英国军队时，她甚至照了一张在坦克里的照片，表情严肃认真。结果，1979 年选战之初，《经济学人》宣布“议题就是撒切尔”，指的就是她的人格、她的政治，而不是她的性别。这已经是一项巨大的成功。

第九章
进驻唐宁街

“工党行不通”

1978年夏，撒切尔夫人跌至她保守党领袖生涯的最低点。一时间，看似她很有可能输掉即将到来的大选。尽管失业人数还在150万左右，但通货膨胀已经下降到个位数，英镑在稳步上扬。毫无疑问，经济展望正在改善，在4月的预算中，丹尼斯·希利还能稍微减些税。这年1月，撒切尔夫人有关移民的广播讲话虽然使保守党民调支持率大幅蹿升，但到底好景不长。到了5月，两党支持率再次势均力敌。8月，工党领先4个百分点。卡拉汉的个人支持率一直维持在50%以上，撒切尔夫人则经常在40%以下。人们普遍认为卡拉汉是“我们所拥有的最好的保守派首相”，而撒切尔夫人是令人害怕的极端人物。

正是为了在选战打响时先发制人，盛世长城广告公司才提出了“工党行不通”的口号。领救济品队伍的设计打破了政治广告的惯例：首先它提到了另一个政党的名字；其次是因为失业是“工党”的传统议题，保守党从来没可能在这个问题上占便宜。其实这则海报只贴了20张，然而提出抗议的工党鹰派无限扩大了它的宣传效果，后来这则海报在每家报纸和电视上反复出现。它提醒公众，失业率依然高得吓人，难以容忍。“工党行不通”的海报产生了预期的效果，卡拉汉取消了提前大选的决定。他更承诺要度过冬天，将工资增长幅度限制在5%以内。而这是一个致命的错误。

1978年12月初，卡拉汉参加完在布鲁塞尔举行的欧洲欧盟理事会后回国，宣布英国与爱尔兰和意大利一样不会加入欧洲货币体系（EMS）。EMS是欧洲一体化的最新尝试，最早在1972年由希思、乔治·蓬皮杜和维利·勃兰特构想，此时由瓦莱里·吉斯卡尔·德斯坦、赫尔穆特·施密特以及理事会英国主席罗伊·詹金斯实现。撒切尔夫人立即谴责政府的决定。她在下院宣布：“这是欧洲悲伤的一天。”

对比随后10年里她决定不加入EMS的顽固立场，1978年她对加入EMS的热情的确令人瞩目。不过，她本人对欧洲的态度一贯是坚定的戴高乐主义。她希望英国在欧洲发挥领导作用，是因为她对英国愿景要求很高，并非她个人具有欧洲一体化的愿景。至少她的英国观与希思是一致的。她不愿意看到 EMS 将英国排除在外，并不是因为她信仰这一体系本身，而是因为排除英国就等于把英国，“放在了欧洲国家经济的第二梯队。英国是欧洲的战胜国。对英国人民来说，这是非常难以接受的。”撒切尔夫人对英国与欧洲大陆关系的观点仍然受到二战记忆的影响。因此，她从未真正理解其他成员国达成共识的欧洲“共同体”概念，总是将其主要视为一个防御组织，一个北约的分支机构。

不满的冬天

冬天，针对政府规定的 5% 加薪上限的罢工最先从私营部门开始。短暂而成功的罢工首先发生在福特汽车公司。该公司经营良好，愿意给工人加薪 15% 到 17%，而不想经受长期罢工的打击。1 月 3 日，公路运输司机罢工，要求加薪 25%，接着油罐车司机罢工，停止了对工业、电厂、医院以及学校的燃油供应。罢工行动很快扩展到地方政府和国家医疗服务中的体力工作者当中——搬运工、清洁工、门卫、垃圾收集者等等，他们要求最低工资达到 60 英镑。接着出现了两到三周近乎无政府的状态，好战的工会主义可谓穷形尽相。公路货物运输已经枯竭。企业因缺乏供给陷入瘫痪，不得不裁减员工，纠察队在码头和工厂横行霸道。街道上垃圾成山，无人收集。寒冷的天气里，没人去给道路撒沙子。学校停课。医院只接急诊，而到底是不是紧急病人，还得由工厂的工人代表说了算。1 月 22 日，150 万工人参加了全国的“行动日”，这是 1926 年大罢工以来最大规模的罢工。所有这一切都让政府看上去孤苦无助，难以插手。整个混乱局面将工党迄今为止最大的资产（即党与工会的紧密关系）变成了最大的债务。保守党因而获得无可抗拒的权力，要采取强硬行动对付工会，事态的发展超过撒切尔夫人先前的大胆筹划。

不过，起初她还对该不该取得这项意外收获感到十分犹豫。公众的意见才是关键。在确定公众站在她这一边之前，撒切尔夫人依然决定不与工会发生任何对抗。她深信绝大多数体面的工会分子只要求享受公平的工资待遇，也不希望被怀有政治企图的好战分子欺辱。然而要得到他们的支持，她绝不能流露出一丁点磨刀霍霍的样子来。最关键的考验是定于 1 月 16 日重开议会的讲话，接着就是第二天电视上的政党政治广播。因此，在下院她提出了保守党支持政府的三项具体措施：禁止二级纠察、对罢工投票提供资金，以及应该有基本服务不得罢工的协议。卡拉汉压根不会考虑这些措施，一如往常地对她置之不理，不耐烦地认定这种事情比她所想象的困难得多。然而，这三项建议却让她站到了爱国的制高点，当她在电视上重复这些措施时尤为如此。由于政府拒绝采纳建议，撒切尔夫人可以断言，现在只有保守党可以独当一面，肩负起将工会组织“扳回法律范围之内”的责任。

这是撒切尔夫人第一次拥有一项为人所清楚了解的事业，而且长期受苦受难的公众现在就可以对这项事业予以断然回应。年初民调显示保守党还与工党不相上下，甚至还落后几个百分点，现在却领先工党 20 个百分点。撒切尔夫人的支持率也已经飙升到 48%。去掉全部统计差异，仍然领先大约 9%，生活似乎重新回到了正常状态。无论大选何时举行，保守党都将所向披靡，成为赢家。

直到秋天前，随着对去年冬天耻辱的记忆逐渐消退，卡拉汉如果努力一把的话，仍然能够力争保住权力。但是，他的心思没在这方面。压倒政府的最后一根稻草是权力下放。3 月 1 日，威尔士和苏格兰人最终得到机会，投票决定工党提出的在卡迪夫和爱丁堡成立议会的建议。投票率显示选民根本没有这方面的兴趣，威尔士以绝对优势拒绝他们提议的辩论厅（比例为 8∶1），而苏格兰人则支持成立一个爱丁堡议会，但赞成的比例太小，无法满足持不同政见的工党后座议员写入法案中的条件。苏格兰的结果让苏格兰国民党失去了继续支持政府的理由。除非他们考虑到如果使用替代方案，从撒切尔夫人那里获得成立苏格兰议会的概率更小。议会发生的数字变化第一次给了保守党人将政府拉下台的真实机会。因此，3 月 28 日，撒切尔夫人提交了另一个信任投票议案。

信任投票案能否成功，她还没有十足把握。尽管苏格兰国民党、自由党以及大部分北爱尔兰统一党议员已经公开表示，他们打算投政府的反对票。当时议会中有特别多的小党派和特立独行的个人，两个政党加起来只占 635 名议员中的 592 名。算起来工党仍然比保守党多 24 票，居多数地位。在投票前那段时间，威斯敏斯特宫的走廊和茶室里，四处汹涌着各种政治手段：施压、交易、假造声势、虚虚实实。卡拉汉这时认为，出卖灵魂拖延下台时间，只为换取几周不安稳的日子实在没有意义。无论在这场关键的投票是输还是赢，他已经决定在 5 月 3 举行大选。

撒切尔夫人这边已经明确表示，不会和任何人做交易。“在我的心灵深处”，在回忆录中她坦言，当时认为政府可能撑得下去。在政府信任案辩论的当天，她一如既往地在这种重要场合作了一场中规中矩的讲话，指出政府犯有四项罪责：高税率、极权、滥用工会权力以及用“恶棍统治”替代“法治”。“重建议会领导下的政府的唯一途径就是，”她总结道，“从人民那里寻求新的授权，并且迅速得到这种授权。我们要求政府立即行动起来。”

这段讲话读起来相当不错，可当时听众却“鸦雀无声”。卡拉汉作了很好的辩论发言，挖苦撒切尔夫人只是了解自由党和苏格兰民族主义者将要投票反对政府后才提交了自己的信任投票动议。“她有着实现他们信念的勇气。”辩论以迈克尔·福德充满才华的出色演说结尾，然后进行投票。

卡拉汉立刻宣布他将请求女王解散政府。第二天，他宣布大选将和地方政府选举一起，在 5 月 3 日举行。

投入战斗

总体来说，撒切尔夫人相当自信，尽管她从不喜欢事先抱以太多期望。然而，与许多政治家不同，她非常喜欢竞选活动，经过四年挫折，她充满热情地全力投入竞选。这是她第的九次选举了。她知道竞选要么造就她，要么摧毁她。

保守党选战战略由三部分构成：中性的、消极的与积极的。首要的任务就是让竞选尽可能地单调乏味，同时不让撒切尔夫人说任何可能吓退选民的话，保持住保守党的领先地位。消极战略就是将火力一直对准工党，用简单的语言让选民注意到 1974 年以后政府执政记录：通货膨胀（价格）、失业（工作岗位）、削减公共服务（学校、家庭与医院），以及发生在那个冬天里最触目惊心的所有罢工和纠察暴力行为。对于一个希望将自身打造成变革先锋，却又对具体如何变革含糊其辞的政党来说，撒切尔夫人的女性身份简直是天赐的礼物。

最重要的是，她毫无愧色地运用自己的信念：“他们会转过来支持我，因为他们相信一个女人懂得价格。”她参观了哈利法克斯的一家超市，买了四罐速溶咖啡和一块奶酪，还很懂行情地讨论黄油和茶的价钱。她举起两个购物袋，一个红的，一个蓝的，说明在工党领导下价格已经涨了多少。她一再坚称，管理公共支出与管理一个家庭的预算如出一辙：像每个家庭一样，国家也必须量入为出。

撒切尔夫人主导着保守党的选战。不无讽刺的是，第二个最为杰出的人物是特德·希思，他带着一种迟到的忠诚投入选战，显然是为了让撒切尔夫人组建政府时难以将他排除在外。他和其他候选人都不同，避开了敏感的收入政策问题，主要谈论外交政策。显然，他盯上了外交部的位子。然而，每次采访中记者追问撒切尔夫人，她的政府中会不会包括希思，她都坚决拒绝提前提名自己的内阁。

在参加完早间新闻发布会以后，撒切尔夫人就去全国做短暂的旅行。通常是到工厂去一次，然后走访二至三个主要选区，接受地方电视台或广播台一次采访，晚间还在凭票进入的当地保守党集会上发表重要讲话。宣布选举后的第三天，艾雷·尼夫被汽车炸弹炸死。此后，保守党集会必须采取严密的保安措施，但是凭票参加的规则也反映保守党不让撒切尔夫人碰上敌意听众或示威的战术：尽可能地让她出现在受控的场合，对那些欣喜若狂的忠实选民发表演讲。这些策略都是里斯根据他在美国共和党选战中的经验照搬而来的。

每到一处，她都会受到热情的接待，如果能够穿过大批的新闻记者和摄影人员，她会高兴地与真正的群众见面。在伊普斯威奇，她不顾经理人的建议，"勇敢地面对挤得水泄不通的支持者，走入热情的人群中去，从市政厅的台阶上，向一群购物者与路人发表了简短而又充满信心的即席竞选讲话。"

当然，所有这些都是为了上镜之故。撒切尔夫人在丹尼斯的陪同下，耐心地听从各种指导，给当地报纸或电视新闻剪辑留下一张好的照片。在米尔顿凯恩斯，她和丹尼斯测量了心跳和血压。数字显示在屏幕上，"像石头一样坚强，"她像打了胜仗一样宣布，"找不出我任何毛病，永远找不到。"有人说她的心脏与肺部只会维持到大选之日，她信心十足地反击说："没错，未来 20 年在唐宁街也一样如此。"她抓住机会告诉媒体，她不但将会是首位女首相，而且是首位拥有理工科学位的首相，"接着生动地讲解检测二轮轻便马车上容器温度的系统，"谈起计算机"就像跟买东西的人谈论价格一样轻松。"然后，突然闪过一个迷人的微笑，说，"瞧，我简述的本事还不错吧？"

最著名的是在福克郡参观农场。她把初生的牛犊抱在怀里，一直抱了 13 分钟，让摄影师从各个角度拍照，直到丹尼斯警告她，再这么抱着，牛犊只怕就会死在他们手里。"这不是为我——而是为了摄影师，"她说，"他们是这次选举中真正重要的人。""要不要再拍一张？"她常常会问他们，直到他们满意为止。卡拉汉则瞧不起这些空洞无物的照相机会。"选民不想看到你抱一头小牛，"他告诉撒切尔夫人，"他们想知道你到底会不会糊弄他们。"有些记者开始意识到他们受到操纵。亚当·拉斐尔在《观察家》上发表了一篇标题为《玛吉的销售术》的文章，批评保守党领袖用一套舒适的照片包装了起来，并没有实质上的政治内容。然而，戈登·里斯对自己所做的事情了如指掌。撒切尔夫人的"选战车"上给媒体提供了席位，每人 600 英镑，媒体感激地接受了这种待遇。在后来的选举中，他们变得越来越挑剔。不过，在 1979 年的时候，他们非常高兴地将提供给他们的东西印刷出版了。

撒切尔夫人面对的唯一严肃的质问是在电视和广播上。即使里斯也不能完全拒绝，不能不给重量级媒体提供机会。然而，在选举战役中，她只接受了一次主要的电视采访，参加过两次听众问答节目，加上两次广播访谈和一次即时现场直播。工党希望她会在长期选战压力下崩溃，可她却没有出现任何严重失误。

随着为期三周选战的推进，保守党在民调中的领先优势稳步下降，从平均大约 11% 下降到 3% 左右，而卡拉汉领先撒切尔夫人的趋势却逐渐增大。像通常大选中出现的情况一样，自由党的支持率得到增加，不禁再次让人们引发猜想——结果兴许是任何政党在议会都不占明显优势。撒切尔夫人自然而然地坚持宣称，自己希望并期待保守党获得整个议会的多数席位；她更发誓，如果不能获得多数席位，将不与自由党或任何其他党派达成任何协议。但是从第二周的周三、周四开始，她看上去主要处于守势，时不时还显得有点慌乱。她的顾问安古斯·莫德请演说撰稿人罗纳德·米勒想想办法，使她平静下来。“事情紧急，”莫德告诉他，“如果她在这个阶段失态，选举就可能没戏了。”米勒一贯足智多谋，他提出了“冷静、镇静——当选”的口号，并劝说撒切尔夫人采纳。她喜欢上了这个口号。

“您好，玛吉”

周六，芬奇利和恩菲尔德的主场非常平静，她公开表示对步步紧逼的民调结果不予理会。随后她的竞选活动开足马力，向最后三天冲刺。星期天下午，哈维·托马斯首先在温布利会议中心举行了盛大的保守党工会会员集会。这是她整个竞选最为精彩的段落。撒切尔夫人步入大厅，大厅里播放歌曲《你好，多莉》的旋律，这首歌是米勒重新写的，由文斯·希尔录制。

那天下午，她一直在准备将于周一晚间播出的最后一次电视节目。对着摄像机，她表情严肃地讲了 10 分钟，强调改变方向的必要性以及她本人深深的责任感。她沿用竞选中曾提及数次的那句话许下诺言：“就在前方，我们将再次见证祖国的伟大。”

星期天晚上录制完最后一次广播节目后，她有点不好意思地问罗尼·米勒，是否能够随便想几句站在唐宁街 10 号的台阶上要说的话，以备不时之需。不过，当时他还不愿意向她透露他的构思。三天后，在她举行的最后一场新闻发布会上，一位记者问到将于 6 月召开的西方工业七国峰会。“我已经写在工作日志上了”，她十分干脆地回答道。毫无疑问，她真的充满信心。

在选举这一天，多家报纸的标题对她期待中的胜利表示欢呼。“能够挽救英国的女人”《每日电讯》鼓吹说；而《太阳报》则督促工党支持者，“这次要投保守党的票。”不过，直到最后一刻钟，她仍然感到紧张，害怕一切都被抢走。她不安地谈到 1948 年的美国总统大选中，候选人托马斯·杜威似乎稳赢，最终却出人意料地输给了哈利·杜鲁门。尽管之前从未期待会成为首相，但吉姆·卡拉汉这位坚强的现任首相竟然仍获得大量支持，就好比当年的哈利·杜鲁门。

就在午夜来临之前，撒切尔夫人和丹尼斯到巴尼特大会堂看自己的得票计数。结果已经明朗，她将成为首相，拥有足够但不是压倒性的多数票，不过她执意等到获得 318 票后才宣布获胜。不过，她得票仍然不到总选票的 44%，是战后获胜候选人中最低的（1974 年两次非决定性选举除外）。1970 年希思获得 46. 4%。当然，她对输掉自己选区的担心是毫无根据的。凌晨 2 点 25 分，当宣布她的得票结果时，她对自己获得多数选票接近 8000 张感到怀疑。

凌晨 4 点左右，她以凯旋之姿抵达中央总部，不过仍然只承认从“谨慎乐观”转为“乐观”。她真诚地感谢在选举中所有鼎力帮助的工作人员。最后，她把米勒叫到走廊。“我想没有什么问题了吧”，她谨慎地说。现在，他该告诉在唐宁街 10 号的台阶上该说的内容了吧？米勒献给她的据说是出自圣·弗朗西斯、实际上是 19 世纪人创作的祈祷词：“有纷争的地方，愿我们带来和谐……”

这位女士很少表露深厚的情感，但这段文字蕴含的感情太过厚重，让她有点吃不消。她的眼睛左右扫视文稿，抹了抹鼻子。她最后说：“我得学学。”“找一下埃里森，让她把稿子打成铅字。”

早晨 5 点 15 分左右，她回到家里，只睡了几个小时后，就在 11 点半前赶回中央总部，听取最后的选举结果报告，等候王宫的召见。电话响了起来，不是白金汉宫打来的，是特德·希思，他打电话表示祝贺。撒切尔夫人没有亲自接电话，不过她平静地让助手对特德表示感谢。3 点钟刚过，电话终于来了。在与女王进行了 45 分钟的正式会见后，4 点钟左右，她以首相身份来到了唐宁街。

米勒要她在唐宁街 10 号台阶上吟诵的话语听上去异常谦卑，充满共识与和解：

> 有纷争的地方，愿我们带来和谐；
> 有错误的地方，愿我们带来真理；
> 有疑惑的地方，愿我们带来信仰，
> 有绝望的地方，愿我们带来希望。

其实，第二行和第三行有些许说教性意味，而当时没人注意到这点。撒切尔夫人无暇顾及质疑或错误：和她打交道的是信仰与真理。但是，对于一个以直率闻名的女人而言，她有种制造糖衣炮弹的过人天赋——把严厉的想法用迷惑性的甜言蜜语包裹起来。

就这样，食品杂货商的女儿进驻了唐宁街 10 号。

第十章
巅峰上的玛格丽特

“有纷争的地方……”

1979年5月4日，玛格丽特·撒切尔入主唐宁街。她肩上的担子很是沉重，满载着大众的期待、好奇、希望，以及忧心。当选西方主要民主国家的首位女性领导人，这一成功为她带来了史无前例的创新意义。她在民调中领先时，一种疑问总是挥之不去——英国选民独自走进投票亭，会不会真的投票给一位女首相？詹姆斯·卡拉汉承认大选失败，下台时他刻意还特别表示，“一位女性登上首相之位，这是我们国家的一个重大历史时刻。”正如一位《卫报》作家写的那样，“玛格丽特·撒切尔的一小步，是整个妇女界的大跨越。”

然而，撒切尔夫决意淡化女性主义成分在她取胜选战中的分量。她一直坚称，从不把自己的女性特质作为第一位，而是首先把自己看成一位有想法的政治家、一位宣扬某些原则的政治旗手，只是自己恰巧是女性罢了。尽管从格兰瑟姆到牛津，再到威斯敏斯特，现在到唐宁街，在30年的成长过程中，她巧妙地利用性别获得了所能带来的一切优势，她却很少自视为女性的开路先锋，今后也没打算这么做。她的卓尔不群体现在，当时的政治气候并不是女性从政的黄金期，1979年妇女返回政坛的人数比1951年后任何一次选举都少，只有19名议员，而上一届议会却有27席。“我从来没有想过自己是一位女首相。”她在自己的电视回忆录中宣称。她倒喜欢吹嘘自己是理科出身、位临首相的第一人。

比性别带来的新鲜感更夺人目光的，是人们普遍感到她代表着政治的新气象，将会一扫近年来的政治污浊。当然，1979年的时候，没有人想得到会担任首相长达11年，并给整个时代深深地打上属于撒切尔夫人的个性烙印。毫无疑问，她是完全不同的。她的崇拜者认为她的当选是陷入衰败中的英国最终走出衰落谷底的唯一机会，尤其是这些崇拜者还包括许多前工党选民。包括保守党许多人士在内的其他人则担心，她会是位思想狭窄的独断者；如果没有更高明的意见形成制约，她那些思维简单的补救办法必定引起灾难。当然，介于这两种想法之间，亦有许多愤世嫉俗者的认识。他们相信，到最后撒切尔夫人与她的前一任首相实际上并无两样，高谈阔论将很快变为尘土。尽管她一直勇敢地说要通过复兴企业精神，恢复英国的“伟大”（不管这一伟大指的是什么），可她身为反对党领袖时也从未具体说明具体的实施策略。为什么非得期望她扭转局面，在别人失败的地方取得成功？

撒切尔夫人下定决心要让她的政府与以往不同。鼓舞她的是一种强烈的爱国主义使命感和历史命运感。“我不能容忍英国衰落，绝对不能，”在选举中她坚称，“我知道我可以挽救这个国家，任何其他人都没有这个能力。”据说在七年战争期间的1757年，查塔姆伯爵上台时也曾说过这样的话。“与查塔姆伯爵比我真有点放肆”，撒切尔夫人在自己的回忆录中写道。“但是，诚实地说，我必须承认我的这种兴奋来自相同的信念。”

当然，这段话是许多年以后写的。然而，从她走过唐宁街10号大门的那一刻起，官员们就感到这种强烈自信的力量。她的首位首席私人秘书肯尼思·斯托回忆说，从第一刻开始，她就“绝对专注，绝对负责”，而且“非常躬亲”：她要求介绍所有情况，立刻负责所有事务，甚至在她还没挑选内阁成员之前。这种风格与前任松松垮垮的风格形成了鲜明的对照。撒切尔夫人似乎不需要睡眠，她期望其他所有人都跟她一样。在她整个一生中，尤其是在刚刚过去的四年里，她一直在为这一刻而训练自己。“我的工作日程一直非常紧，不过我喜欢这样，”上任第一周年时她告诉一位记者，“我有巨大的能量，平生第一次有了充分使用这种能量的机会。”

然而，她始终用小心谨慎掩饰内心强烈的渴望。大体上，她明白自己要完成的事情。她知道经济思想界支持“新右派”自由市场议程的强大运动是一股可以抓住的潮流。在过去四年里，她和基斯·约瑟夫一直在鼓吹这一议程。与此同时，她知道在白厅、在首都以外，还有不少在保守党内部，既得利益阶层与根深蒂固的当权派构成的反对势力依然非常强大，因此要带领保守党与国家，她就必须小心翼翼地行事。大选已经给了她43个议席的足够多数。然而，所有媒体都强调，大选结果表现出显著的不平衡。经济繁荣的英格兰南部与在困境中挣扎的英格兰北部老工业区、威尔士和苏格兰之间形成强烈反差，而后者仍然是支持工党的主要地区。

她常说，她只有一次机会让国家走上正确的道路，而她并不想浪费这次机会。因此，在选择内阁成员、接管政府机器、制定自己的最初议程等方面，她表现出的谨慎态度远远超过了在野时言辞所表达的程度，让许多最热心的支持者感到失望，但安抚了那些担心她会顽固到危险程度的人士。在回忆录中，她将自己描绘为一位决意把这个国家从麻木的状态中唤醒的激进改革者，这种英雄形象其实是不真实的；实际上，一种对政治现实的精明认识和少许真正的谦卑态度缓和了她的激进立场。她对自己面临的巨大任务并不存在任何幻想。

她的长期目标已经在在野期间设定，那就是从英国政治中清除她所谓的“社会主义”，逆转战后时代出现的整个集体主义趋势，从而实现国家道德上的振兴。“经济是手段。”1981 年她宣称，“目标是改变灵魂。”不过，在短期内，她决定把注意力放在经济手段上。她不会被国外事务分心；对华而不实的宪政改革不感兴趣；也没有任何解决国家福利问题的计划。尽管她曾得到公众授权，可以对工会法进行修改，但她认为不能操之过急。因此，虽然身为决意激进改革的政府首脑，她 1979 年 5 月提出的具体改革议程却非常的少。从 1975 年起，在反对党位置上，她刻意坚持一般性原则，避免做出明确的承诺。她的反社会主义经济学的基本理论确定了一些大目标：政府应该削减公共开支、削减税收、严格控制货币供应，避免对经济过多干预以及普遍信任自由市场的运作。但是，这些东西很少要求立法。其大部分内容就是不去做前两党政府均认为必须做的事情。

她有三个非常有利的条件。首先，送她上台的选举时机带给她巨大的优势。假如工党政府在前 4 年的任何时间垮台，她就不得不在非常不利的条件下启动自己的自由市场试验。然而，上年冬天工会策划的动乱却帮了她的大忙。从 1969 年起的 10 年里，工会摧毁了威尔逊政府、希思政府以及现在的卡拉汉政府。过去 40 年来普遍的明智看法是：治理国家必须得到工会的同意。而随着工会动乱，公众对这种预设的容忍已然崩溃了。人们有一种强烈的情绪，得有人站出来，把他们打垮，而这个人就是玛格丽特·撒切尔。

而且，在官方层面，也已经发生了重大转变。货币主义认为，一个经济体中的货币数量与通货膨胀上升存在直接因果关系，尽管这种理论仍然极富争议性，受到许多经济学家的质疑，被政治家贴上各种右翼极端主义的标签；但在过去两年里，在国际货币基金引导下，工党政府实际已经接受并悄悄地采用了这种理论。卡拉汉和他的财政大臣以实用而不是教义为依据，对货币增长一直采取抑制措施；新的保守党政府，至少指导经济政策制定的核心大臣小组，更把控制货币供应作为一种原则去遵循，甚至一种信仰去信奉。但是，对新的保守党政府而言，控制货币供应的土壤已经准备好，因而财政部内部的政策变化更像是装潢门面更像是一场展示，超过了真实的内容。在这方面，未来政府的独创性远远地低于保守党所宣称的程度，也达不到工党前大臣们愿意承认的水准。

新政府第三个有利条件是北海石油的发现，在某种程度上，北海石油减缓了政府实施的政策所带来的冲击。1980 年夏天，英国首次成为石油净出口国。这笔意外横财所发挥的作用被政府上台恰逢严重世界经济衰退的事实所掩盖，因此在最初二到三年里，经济新闻几乎全是失业和通货膨胀飙升这样的坏消息。不过，如果没有英国独立的石油供应给政府收支平衡提供的额外补贴，经济衰退的影响一定会严重得多，也许政治上是无法持续的。

跟所有前任不同，撒切尔夫人的目的不是由英国政府来控制经济，而是教会英国工业行业通过提高竞争力求得生存，不要指望政府救助。因此，她的当务之急就是做出三至四项大胆的决策，然后勇敢地执行这些决策。然而，这样做的难度却超过了事前的预计，因为随着经济的衰退，各个政治派别一致要求政府搁置意识形态偏见，采取符合国家利益的行动，而这一点正是撒切尔夫人决心回避的。抵制这种联合建议需要巨大的勇气，但撒切尔夫人坚定地相信自己所做的是正确的，这种自信给了她道德上的支撑。实际上，好斗的本性让她在这种逆境中得到乐趣。持有旧共识的反对者越是强调她必须改变路线，她绝不偏转的决心就越加坚定。甚至坚持路线不动摇本身就成了一大目标，与经济上的争论毫无相关。因此，在最初两年的考验期间，撒切尔首相的风格已经铸就。

传统的保守党内阁

内阁的构成反映了这种长期决心与短期现实主义的结合。尽管在野时她曾勇敢地说要组成“一个没有时间进行内部争论的信念内阁”，实际上，除了确认竞选前影子内阁的大部分成员进入内阁以外，撒切尔夫人并无其他选择。由于在野时维持着广泛的党内团结，在取得胜利这一刻她不能突然任命一个激进的撒切尔主义内阁。事实上，第一天晚上在唐宁街与威利·怀特洛以及即将离任的首席组织秘书汉弗莱·阿特金斯一起确定第二天要宣布的政府各部门的分配时，在很大程度上她听从了怀特洛的意见。除一项重要的例外之外，所有重要人物均没有被排除在外，也没有进来一个新的面孔，同时，还召回好几位旧的同事。这是一个似乎不会发动一场社会革命的内阁。不过，与此同时，撒切尔夫人确保关键的经济职位留给她所称的“真正信徒”。

对大数政治评论员来说，撒切尔夫人最棘手的难题是要不要将特德·希思吸收进新政府。事实上，她从来没有认真考虑过这件事。她寄给他一份短暂亲笔信，告诉他，经过“对外交大臣职务的长时间并深入的”思考，她决定将这个职务交给彼得·卡林顿，“我相信你会同意，他会干得非常出色”。后来，她又在这种所谓的伤害之上又添加了公开的羞辱，尽管希思曾经明确表示绝不离开下院，她仍提议让他担任英国驻美国大使。这显然是不想让他干涉国内政治。在未来的11年里，这位前首相，以虎视眈眈的愤怒，对那些受到怂恿批评政府的保守党不满分子起着最强大的威慑作用。

将希思排除在外的代价是撒切尔夫人必须在她的内阁里吸纳希思的前同事。因此，怀特洛当上了内政大臣，弗朗西斯·皮姆担任国防大臣，卡林顿出任了内阁掌玺大臣，并答应伊恩·吉尔摩作为他在下院的副手。詹姆斯·普莱尔被确认为就业大臣。最重要的是，彼得·沃克被召回担任农业大臣。人们广泛认为，撒切尔夫人认为沃克（与希思不同）是一位潜在的批评者，留作后座议员过于危险。事实上，她一直认为沃克是位很有才干的大臣，这一点可以从未来 10 年她安排他领导一系列政府部门中得到证明。

她对迈克尔·赫塞尔廷却不怎么重视。她认为此人具有野心，比较危险，难以信任，而且意识形态上并不健全，但她也承受不起将他排除在外的代价。在野时赫塞尔廷接受影子内阁环境部长时，提出的唯一条件就是在将来的政府中不担任这种职务，不过在拒绝出任能源大臣后，他最终还是勉强接受了环境大臣的职务，后来发现这个位置非常适合他。

前希思派其他人士占据了大部分的支出部门。不过，新内阁的发动机室却在各个经济部门。首相与财政大臣的关系是任何一届政府成功的核心。4 年前，撒切尔夫人没有选择她的精神导师基斯·约瑟夫，而是选择了性格顽强的杰弗里·豪作为她的影子财政大臣。现在，尽管有点不情愿，她仍然信任豪。在反对党位置上，豪勤奋工作，为货币主义政策奠定了基础，据说他是“唯一可以提出建议并与玛格丽特共事的男人”，然而，她总觉得豪的温和态度让人恼火，已经习惯性地欺负他。

与豪一起在财政部任职的有约翰·比芬，任首席大臣（为内阁成员），他是一位年轻而最有才华的货币主义者；有奈杰尔·劳森，任财政司长（不在内阁之列）。基斯·约瑟夫去了工业部。而约翰·诺特则在贸易部任职。这五个人——豪、约瑟夫、比芬、诺特和劳森——与撒切尔夫人本人一起，组成了负责政府经济战略的核心小组。允许接近经济工作小组的唯一非货币主义者是吉姆·普莱尔，他被任命为就业大臣，显示新政府并不愿意与工会过早地发生对抗，因而受到欢迎。

绝大部分媒体评论认为，这种温和的政府组成增强了人们的信心，但媒体无法预计撒切尔夫人到底将如何运作这样的内阁。事实上，对政府现实的本能认识掩饰了她相对的经验不足，这种本能让她的算计超越了她的支持者或反对者，使得在内阁席上坐的个人以及人数都变得无关紧要。只要让后来被她称为“窝囊废（湿才）”的人士丧失制订替代经济政策的部门基础，她和这一帮志同道合的同事（这些人自然成为“干才”，也就是信奉撒切尔夫人政治意识的保守党政客）就可以畅通无阻地实施他们的经济战略。这些“湿才”没有辞职，也不想辞职，只能留下来，默许实施他们不喜欢的政策，但相信政治现实迟早会迫使他们改变方向。

打一开始，全体内阁会议就从来不讨论经济政策。不过，在最初担任首相的那些日子里，撒切尔夫人大多时候都遵循传统，通过内阁委员会结构从事管理运作：有关经济政策的决策由她本人主持的经济委员会（E 委员会）做出。她每周与货币主义的核心圈子举行早餐会，参加的人有豪、约瑟夫、比芬、诺特，还有自己的工作人员。这种周四早餐会一直保密，直到 1980 年 11 月被胡戈·杨在《星期天泰晤士报》上公开披露出来，不过，这时他们已经实现了大部分目标，小组似乎也开始出现了分裂的迹象。与特德·希思相比，在范围更大的问题上，撒切尔夫人允许进行更为自由的讨论，部分原因是她在同事当中缺乏希思那种权威，部分原因是她喜欢出色的辩论。近几年来，她经常输掉辩论，却从来没有失去控制，这不仅仅因为在各个职位上有分量的人都是她的核心盟友，而且因为在危急时刻，威利·怀特洛和彼得·卡林顿不会让她陷入严重的尴尬境地。她从来不举行投票，所以她不会在投票中让别人占先。与此同时，毫无疑问，即使最后经常是她说了算，内阁中存在强大的反对派其实是对她有利的。这些反对派通常由跟她年龄相仿的人士构成，具有独立的地位，可以与她进行辩论。在后来的几年里，她的同事比她年轻得多，而且全是她提拔上来的，撒切尔夫人便缺少了这种反对。正是因为如此，在某些方面，首任内阁是她三届政府中最好的内阁。

撒切尔夫人之所以拥有权威，关键在于怀特洛。多年之后，她说了句不朽的话："每个首相都得有个威利。"不过，她最需要怀特洛的是在第一个任期。怀特洛是具有家长作风的旧保守党人的公认领袖，如果愿意的话，他完全可以召集内阁中的多数人与撒切尔夫人作对。然而，这位 1975 年曾挑战过撒切尔夫人并被她打败的怀特洛，将服务于她当成一种荣耀，几乎像士兵服从、伺候长官一样。在某些问题上，如果他有自己坚定的看法，他会毫不犹豫地去争辩，但这种争辩一般是在私下进行的。如果他认为撒切尔夫人的意见过于超前保守党或公众的意见，他常常会向她提出警告。但他认为自己的职责就是缓和紧张局面，确保她可以按照自己的方式行事。最后，他绝不会让自己的判断与她的判断相左，或者支持任何形式的派别来与她作对。有些同事认为，怀特洛因此放弃了他作为保守党传统平衡力量的责任，即制衡撒切尔夫人激进本性的责任；然而，只要威利像磐石一般与她站在一起，内阁中任何其他集团与撒切尔夫人作对都无法取得成功。

实际上，撒切尔夫人利用他来主持内阁。从商业术语上讲，她就像一位公司总裁而不是董事局主席，她所关心的不是达成协议，而是推行做出的决定。她常常第一个发言，说出自己的观点，然后挑战任何能够提供足够证据的持不同意见者。"我在律师界当学生时，"有一次她告诉下院，"第一位带我的律师给了我一条非常好的建议。他说，'一定要先把你的结论说出来，不要让别人等你说。'"作为首相，她把这条建议变成了习惯做法。在热烈地交换看法之后（经常是与一位同事进行针锋相对的辩论)，她常常会让怀特洛做总结，后者会以娴熟而温文尔雅的方式对辩论进行总结，平淡地抹平分歧，同时确保首相自得其所，或者至少不被明显击败。此外，正如吉姆·普莱尔所描述的那样，不给同事们进一步拓展自己看法的时间。“如果某位大臣出现一丁点拖延，或者她不同意他说的观点，她都会予以打断。”在与大臣及官员举行的小型会议上，她也是如此。

事实上，在她尊重交谈人的专业知识、真心希望听到交谈者的见解时，撒切尔夫人又是一位很好的倾听者。不过，要保持她的注意力，就必须迅速地说出并坚持自己的观点。她为了辩论而喜欢辩论，经常为了挑起辩论而采取相反的路线。正是通过辩论她才理清了自己的思路。幕僚们很快明白，尽管她阅读所有的文件，但从来不为仅仅表现在文件上的东西而折服，而是需要在辩论中考验提出的案例，然后才会考虑采纳。与此同时，她在辩论中格外难以对付，因为她从来不会承认输掉了辩论，当出现的观点会对自己不利时，她常常“不得要领，难以置信”，并且缺乏逻辑。她甚至会突然改变话题，以保持优势。她的辩论不仅仅是为了理清思路，而且为了取胜。

她可以改变主意，但永远不会承认出错。头一天她还利用一切所能支配的资源极力抵制一种论点，可到了第二天她又会毫无愧色地把这种论点作为自己的观点提出来，并不承认自己改变了立场，也不承认跟她讲话的人曾经有过某种观点。

有些同事认为，这种咄咄逼人的方式既是必要的，而且至少在开始也是有效的。卡林顿勋爵认为，作为一位女人，在 1978 到 1981 年那种环境下，这种方式可能是撒切尔夫人树立权威的唯一途径。约翰·霍斯金也同样认为，她必须“情绪激动，让人难以接受、难以对付，这样才能推动……激进的思维”，击败内阁中她所称的“失败主义者”。即使杰弗里·豪这位被撒切尔夫人欺负得最狠的人，1980 年对帕特丽夏·默里也谈到过开始那些日子与撒切尔夫人一起工作时的兴奋心情。

然而，其他人却既不具备豪那么强的适应性，又不具备普莱尔那么充沛的精力。他们认为撒切尔夫人这种战斗型政府管理，不仅不利于做出明智决策，甚至还是有害的。大卫·豪威尔是一位有思想性的政治家，他天真地想象本届内阁会成为交换思想的论坛，结果发现刚好相反，“某些口号……写在石碑上，只用来在每次辩论结束奚落对方，让对方闭嘴”，他感到幻想破灭。

对于这些批评人士来说，撒切尔夫人不会授权，坚持在大臣们所管部门的最小细节问题上质问大臣，其实反映了一种根深蒂固的不安全感。这种不安与其说是政治上的，还不如说是心理上的：她必须在所有时间内处于最高位置，并不断显示她处于最高位置。按照这种分析，从本质上讲，她的进攻却是防御性的。

这种做法显然造成了负面影响，既消耗了自己大量的精力，又还不能激发出别人的最好表现。尽管她自诩只要有工作做就从来不感到疲倦，但许多与她有着紧密工作关系的人却坚持说，这种说法其实并不真实。毫无疑问，她的耐力是惊人的，她可以一连数天每天只睡四小时，很少让自己睡眠超过五到六小时。不过，她的同事所看到的疲倦却超过了她所承认的程度。她拒绝承认身体疲倦是维护统治的一种途径。任何糊涂透顶地承认需要休息的大臣都会被嘲笑成懦弱的男人。

同样，她坚持说其他人必须休假，而拒绝承认自己需要休假。1979 年夏天，她告诉一位同事“我必须统治”。她经常暗示，窝囊废才需要度假。不过，她时刻紧绷的状态同时传递的信息是，她自己是无可替代的。她认为，如果休息一会儿，或者放松警觉，公务员队伍很快就会恢复足以造成瘫痪的惯性，她的那些软弱的同事就会故态复萌，而她的敌人们会联合起来反对她。然而，由于不信任自己大臣们可以管理各自负责的部门，撒切尔夫人最终贬低了他们。

因此，从最早开始，撒切尔夫人就通过无休无止的干涉，将政府业务集中起来，将所有事情抓住在手上，她不能充分使用别人的才能。随着她变得越来越强势，同事及官员们越来越不愿报告她所不愿听到的东西。所有事务必须上报唐宁街 10 号这一要求，约束了白厅内部信息和建议的自由流动，而她对同事的打击、纠缠、猜忌与反驳，玷污他们对她的忠诚，并最终达到了决裂的程度。

6 年前特德 · 希思领导的内阁格外和谐，即使在推行敏感而富有争议的政策时，也能保守秘密。与希思内阁不同，撒切尔夫人内阁从一开始起，就非常容易发生泄漏。众所周知并得到广泛报道的事实是，超过一半的内阁成员对承诺推行的经济战略存在深深的疑虑。撒切尔夫人指责这些所谓的“湿才”企图通过暗示及窃窃私语来颠覆他们在内阁内部无法击败的政策。真实的情况是两方都对外泄露，这是一个从根本上分裂的内阁无法避免的结果。“湿才”向记者透露他们的疑虑，因为他们被拒绝了从内部影响政策的所有机会。而对撒切尔夫人自己而言，内阁大部分成员的任命是基于她对他们的同情，所以越过他们，通过新闻媒体直接面向公众，她觉得合情合理。她相信公众懂得她要做些什么。她从来都不是一个好队员，更不是一名好队长，因为她从来不信任自己的团队。即使起用无论是出于信念还是出于野性都对她更加忠诚的年轻同事替换了最初的大部分对手后，削弱内阁成员的习惯也已然形成，难以改变。她对他们也不义，在她逼迫下辞职的大臣人数史无前例的多。终于，到 1990 年 11 月，存活者的集体忠诚出现了裂痕。

在唐宁街10号内部

在更大范围内，新首相必须在白厅迅速树立自己的权威。从上台那一刻起，她就开始对整个政府机器承担责任。然而，英国首相并没有一个属于他或她的部门，负责协调与白厅这个更大的官僚机构之间的关系。英国首相只在唐宁街10号有一个小型私人办公室，这个办公室由从前政府继承下来的十分混杂的各式各样职业文官组成，他们的责任是保证连续性；有几位来自各种反对派阵营的私人工作人员，他们多半没有任何在政府工作的经验；还有一群某种程度上可以成为非正式政治顾问的人士。民主世界没有一个国家像英国这样，政府权力迅速实现交接。为了实现可能的过渡，官方层面上要做一些谨慎的准备工作，但是撒切尔夫人一直对任何想当然的做法都保持警惕，因此，这个关键的核心机构必须在一个周末组建完成，从周一早上开始负责国家的运转。

撒切尔夫人走进大门，迎接她的是她的首席私人秘书肯尼思·斯托与内阁秘书约翰·亨特爵士。这两位官员在年底前都要更换，不过两人都在向撒切尔夫人介绍新的职责方面发挥了重要作用。斯托温和而内敛，他以典型的平稳方式实现了从卡拉汉到撒切尔夫人的过渡，但他在唐宁街只待了六周。接替他的是来自国防部的克莱夫·惠特莫尔。尽管在一位内部批评人士看来，惠特莫尔“特别像个机器人”，他却本能地同情撒切尔夫人的政治目标，他们之间很快形成了紧密的工作关系，这种关系一直维持了3年，直到她派他重回国防部担任常任秘书。

从1973年起，约翰·亨特爵士一直担任内阁秘书，实际上是首相的常任秘书。因此撒切尔夫人是7年来他服务的第四任首相。亨特的风格活跃而务实，撒切尔夫人初来乍到，觉得他有点自以为是。1979年底亨特退休，她高兴地选择了更听话、完美管家式的罗伯特·阿姆斯特朗接替亨特的职位。阿姆斯特朗是一位典型的受过伊顿及基督堂教育的文官，能够胜任这一高级职位。他的唯一障碍就是曾经担任过希思的首席私人秘书，跟过去的上司依然保持紧密关系。然而，他是公务员队伍中公正无私的专业精神的典范，撒切尔夫人性格中保守的一面尊重这种传统的素质，只要聘任他们提供服务，他们并不妨碍她的工作。尽管从习性上讲阿姆斯特朗远不是撒切尔夫人的支持者，但他却像威利·怀特洛一样，在接下来的7年里，以绝对的忠诚与谨慎，为撒切尔夫人提供服务。

负责私人办公室的是她的政治秘书理查德·莱德尔以及几乎不为人知的大卫·沃尔夫森。不过，撒切尔夫人的个人支持团队同时还有很强的女性成分，尤其是在早年，其主要原因是她几乎不分生活与工作。她给自己回忆录的第一章起名《乱七八糟（over the shop）》，写住在唐宁街 10 号就像重新回到格兰瑟姆一样，这样说并不是文学修饰，而是准确地描写了她的生活状态。在工作日里，她总是快步上楼梯，到顶层房间，吃饭、更衣，或准备讲话，然后下来参加内阁委员会会议，或会见外国领导人，与同事及顾问的会议经常就在顶层单元房间召开。如果丹尼斯在场，有时他会旁听非正式的会议。深夜，丹尼斯常常以坚定的口吻告诉撒切尔夫人该休息了，会议由此结束。一次她告诉兴奋的电视观众，她“一直在工作上”。正因为此，她并不在意自己的私人空间被工作所侵扰。跟男首相完全不同：男首相可以整天穿同件西服，一个月理一次发；可她的衣服、头发、化妆成为她在公共场合出现所必需的道具，全天都需要不停而迅速地得到照料。因此，撒切尔夫人的个人工作人员与她的专业工作人员的混合程度超过了吉姆·卡拉汉或特德·希思。在白天或晚上的任何时间，都可能催促秘书赶紧准备简餐①。尽管撒切尔夫人公开地讲自己喜欢周围都是顺从的男人，在 11 年里只任命了另外一位女士进入内阁，而且为期很短，但她紧密的随行人员中总有一种独特的女人味。

撒切尔夫人理所应当地感到骄傲，她为唐宁街 10 号制造了一种幸福的家庭气氛。尽管她对自己的同事及顾问比较粗暴，但她对自己的私人工作人员、对所有的司机、电话员等负责维持政府机器运转的人却非常体贴。1980 年 3 月她的司机突然死亡，在繁忙的一周活动结束后，她坚持去伦敦南出席丧礼，安抚遗孀。

1979 年末，伯纳德·英厄姆成为首相的首席新闻秘书，从一位好斗的工党支持者，很快将忠诚转向新的女主人，并成为她最忠实的仆从之一。他充满活力并高度个性化的新闻发布将公务人员的中立推到极限，但撒切尔夫人却绝对地信任他，他由始至终一直是撒切尔夫人随同中的核心人员。

撒切尔夫人首届政府中另外一个关键人物是她的国会私人秘书伊安·高。从 1974 年起，他任伊斯特本的下院议员。高是位秃顶、穿着随便的律师，尽管只有 40 出头，他却养成了一种自觉的老式守旧方式。他 1979 年以前几乎没见过撒切尔夫人，因此被任命为她的私人国会秘书时他感到十分吃惊，但是他很快被撒切尔夫人的魔力征服。不管到什么地方去，他都伴随着她，在公开场合保护着她，在深夜一块儿喝威士忌，一块儿聊天，帮她私下放松。与此同时，他是所有首相中与后座议员保持最敏感联系的人。罗纳德·米勒说，“他被亲切地称为‘心腹告密者’，他有一种诀窍，能向这位女人汇报她需要了解的所有市场八卦新闻但却不透露底

---

① 撒切尔夫人本人也经常夜里做饭，并经常坚持动手为协助她准备讲话的助手或议员做顿简单晚餐（加热冷冻的意大利千层面或基辅鸡）。“一定要让她下厨，”丹尼斯经常告诉他们，“这是她的疗养方式。”

细。在政界，这是一种难得的技艺。他还是杰弗里·豪的老朋友，所有这些都利于协调政府核心的关键关系（首相与财政大臣之间的关系），后来这种关系恶化，造成了灾难性的后果。1981 年到 1982 年，撒切尔夫人的首相位置安危未定，在那些黑暗的日子里，高对挽救撒切尔夫人的政治生涯发挥了关键性的作用。1983 年，她觉得一定得给他一个大臣的职位，但后来她却发现无法找到具有同样素质的继任者。结果，她与她的后座议员的关系不断恶化。而高是独一无二，是无法替换的。

最后，当然还有丹尼斯。在繁忙的政府事务中，这位首相丈夫随意出出进进，飞快地撰写讲话稿，即兴做饭菜，给撒切尔夫人的唐宁街生活增添了许多特殊的风味。丹尼斯 1975 年从伯马石油公司正式退休，但仍然拥有一连串的非执行董事头衔，拥有经常一起喝酒的密友和一起打高尔夫球的伙伴。他按照自己的方式生活，跟他一样，玛格丽特也一直按照她自己的方式生活，但他不断地出入于会场，旁听会议，并毫无拘束地表达自己的观点。他在商业方面（例如在英国利兰汽车公司问题上）具有真才实学，玛格丽特需要仔细听他的意见。她曾经说过自己不需要有关石油行业的情况介绍，因为“我每天夜里都跟石油工业住在一张床上。”在其他问题上，他的作用就是让她和她的工作人员不断了解高尔夫俱乐部人士的想法。

在一般情况下，丹尼斯很早就寝，留着她继续工作。不过，他极力呵护着她，她也听他的话。有许多故事说丹尼斯打断了她深夜的演讲写作，以自己所独有的方式坚持她应该上床休息了（“女人，上床”），或者提醒她，“亲爱的，说真的，这又不是写《旧约全书》。”至少在表面上，他从未丧失属于他那个阶级和年代的丈夫施加在妻子身上的那种男性权威①。威利·怀特洛经常发现，当其他所有途径都不起作用时，平静地跟丹尼斯说句话就能使她明白道理。

事实上，首相府商住一体使他们俩都不再需要来回奔波，夫妻俩在唐宁街比婚后任何时间都要亲密。他们都是出色的主人，丹尼斯在支持与保护玛格丽特上无比娴熟，他善于跟那些撒切尔不能说或不想说的人讲话，转移那些企图垄断她注意力的人。在最重要的出国访问中，他都陪伴着她，扮演了具有非凡机智与技能的首相护卫的角色。他还坚定拒绝接受采访。新闻界，尤其是陪同首相出现国际峰会的旅行新闻媒体，在回国漫长的飞行中有充分的机会看到他喝几口烈酒便夸夸其谈的样子，但从不引述他所说的话，尊重他的隐私。

撒切尔夫人一贯对丹尼斯在她职业生涯所起的作用给予了慷慨的赞扬。显然，

---

① 不过，反过来也一样。罗尼·米勒回忆，有一次她把丹尼斯从一个聚会上拖走，告诉他：“你要是想让我煮荷包蛋，就快走！”到最后，只要有可能为他做早餐，她就一定要赶回唐宁街，尽管她自己只吃一个苹果，服用一片维生素。

早年他的贡献在物质上超过了精神上：他的金钱为她从事自己喜欢的法律及政治生涯提供了经济保障。他们过着非常独立的生活，这一点非常适合她，令人羡慕。但是他们的婚姻却是十分罕见的，随着时间的推移，感情越来越深厚。做首相的丈夫给他一份最理想的退休工作，他并没有明确界定的职能，但却发挥了一种重要的人性化作用，需要时随时到场。撒切尔夫人心烦意乱时，他让她心情平静，感到压抑时，他让她振作。与她关系最紧密的许多顾问都认为，造成1990年前她辞职的原因之一，可能正是丹尼斯患上了严重的疾病。

首相与白厅

用彼得·轩尼诗的话说，撒切尔夫人“以龙卷风般的力量袭击了白厅”。尽管许多官员对这个有自身想法、充满活力、并且在议会中拥有稳固多数席位政府的前景表示欢迎，然而，在工党领导下经过多年飘忽不定与勉强权宜应付日子之后，他们对新首相对整个公务员机构持有的强烈敌意并没有心理准备。这种敌意是从首相那里流露出来的，而她也鼓励大臣们表达这种敌意。根据她在教育部及养老金部工作期间的个人经验，撒切尔夫人上任时坚信，作为一种政治原则问题，公务员队伍应该对英国过去35年来的衰落承担很大的责任：公务员作为一个整体（除了一些个人外），并不能解决这个国家的种种弊端，反而是主要问题之一。她认为公共服务从根本上讲是寄生的，是国家创新及创造财富方面的负担，过于庞大，过于官僚，自私自利，自我保护，本能上属于社团主义，又自鸣得意，充满着失败主义。她决心大幅削减这一官僚机构，不但在观念上，而且在实际行动中。消息很快传遍整个白厅，撒切尔夫人的目的就是“剥夺”公务员的“特权”。

首先，在新一届政府许诺的公共开支方面的节约项目中，针对公务员的削减幅度最大。政府立即实施了招聘冻结并下调工资水平的措施。由此造成的愤怒情绪进而引起了一场规模空前的罢工，1981年地区办事处的关闭，造成了税务征收的拖延，给政府造成了大约5亿英镑的损失，最后问题才得以解决。所有直接涉及的人员都希望早点达成妥协，然而撒切尔夫人却决意显示政府在控制公共开支方面的决心，并相信政府削减工资可能是开始这一进程的最好途径。

其次，她在唐宁街设立了一个效率处，由德里克·雷纳爵士任处长，负责检查每个部的工作，研究节约成本的措施。到1982年年底，这个“雷纳突击队”进行了130项部门的检查，节约了1.7亿英镑，“减掉”16000个工作岗位。在撒切尔政府的头四年里，公务员人数减少了14%，在随后的6年里，随着对国有化行业的私有化改革使整个地区丧失了经济活力，随着行政职能从公共部门撤出，这个数字上升到 23%，而相对于私营部门，公务员工资下降得更多。与此同时，服务的核心职能也不可逆转地从政策咨询转移到管理，即高效执行政策与提供服务。那些喜欢写作优雅备忘录的高级官员觉得，他们的时间越来越多地花在目标、业绩指数以及现代商业方法的所有其他工具上。

新首相之所以能够按照自己的意志行事，靠的不是结构改革或撤换人员，而是纯粹靠性格的力量：让白厅明白到底谁是老板。一种方法就是不停地要求接到通知后立即提供数字或资料，就连低级官员都感到首相无处不在，不停地向管理他们的大臣们催要结果，并要求“贯彻到底”，不让一个问题溜走。另一种方式就是依次去各部亲自视察，这是任何一位前任首相都没有做过的事情。她考问公务员负责的业务范围，询问他们的工作态度，挑战他们的设想。在很大程度上，这种惊人的创新显示出撒切尔夫人提升存在感的决心，也反映出她意识到自己在除教育部外的各个部门均缺乏经验，反映出她对学习的真实渴望。事实上，这些视察具有两方面的显著特点。一方面，跟过去在教育部一样，她做得非常出色，跟下级工作人员谈话，对他们的工作表示兴趣，感谢并鼓励他们；而绝大多数大臣对自己私人办公室紧密圈子以外却很少关心。另一方面，她与大臣级官员的会面常常会造成伤害：她教训的多，倾听的少。这种做法只会加强而不是改变对她的成见。

在未来的 10 年里，人们经常指责她将坚定的撒切尔分子任命到高级职位，从而“政治化”了白厅。不过，她还没有到那么鲁莽的地步。撒切尔夫人对官员任命有着浓厚的兴趣，在填补空位方面比前任首相干涉得更为直接，不但在常务秘书这个级别上，还将手伸到级别更低的职位上。无疑，她提拔了她所喜欢的人，有时一个人写了份条理清楚、判断正确的情况简介就会引起她的注意，便得到提拔。因此，她在台上待的时间越长，她越能够按照她的喜好塑造公务员队伍。到了 1986 年，白厅整个的上层职位均被她任命的人占据了。

从原则上讲，这种做法没有任何错误，恰恰相反，这样做是非常明智的。一位激进的首相需要能够提供帮助而不是构成阻碍的积极官员，这是很自然的事情。在撒切尔夫人所做出的非常规选择中，她任命的大部分人士是十分优秀的，这种做法完全是值得称道的。但是，问题恰恰出在她的判断上，尤其是降低了标准的判断：她对人员的瞬时判断并不总是准确或公平的。官员们常常感到她靠第一印象对人做出判断，之后从不改变。然而，同样重要的是，公务官员的职责并不是像政治家一样思考问题。仅仅在这个意义上，可以指责她“政治化”了公务员队伍。说真的，她在未来 11 年里所做的，就是给公务员队伍打上个人的印记。然而，毫无疑问，其效果就是让公务员严重地丧失了道德。

第十一章

意愿的信号

经济

5月9日，星期三，新一届议会召开，重新选举议长。不过，在下周二举行议会开幕典礼，女王讲话正式公布政府的立法计划之前，下院不会再开会认真地讨论问题了。政府的立法计划由各式各样的议案构成。但由于强力推进政府的政治议程靠的主要不是立法的手段，所以这些议案的种类并不多。去年冬天一系列事件发生后，工会改革、责成地方政府销售市政房、放缓学校综合化步伐的议案已经迫在眉睫了。此外，政府宣布采取更严格的移民控制政策，取消对城市间巴士服务的管制，建立第二个商业电视频道。

然而，撒切尔夫人语言上所暗示的，远远超过了“彬彬有礼讲话”所承诺的内容。卡拉汉自鸣得意地预计，保守党这段统治只会成为工党继续前进道路上的“短暂中断”，而自由党领袖大卫·斯蒂尔则提醒撒切尔夫人，她赢得的选票是战后历届保守党政府中最低的。撒切尔夫人则针锋相对，她赞扬这次胜利是“分水岭式的选举”，标志着选民断然拒绝“全能的社团主义政府”。相反，她承诺要恢复激励机制与个人选择，特别是在住房、医保和教育领域。她曾经对出售市政房持怀疑态度，现在却认为购买市政房是人民的基本权利之一。政府采取措施强迫不情愿的工党地方政府出售其储备住房，因为，“我们认为购买市政房的权利应该属于每一个人。”她还警告说，“在医疗保健服务上，根本不存在免费服务这种东西。”

更为重要的是，她把工会问题放在法律与秩序框架内处置。不过，跟在选举期间一样，她仍然小心翼翼，不采取挑衅的立场。她特意强调：“在我们的经济复苏中，一个强大而负责任的工会运动必须扮演重要角色。”不过，也许害怕态度过于倾向妥协，她强调了个人对工会改革采取行动的承诺。“人们知道我，并不是因为我的目的或政策不明朗，”她让一位提问的后座议员放心，“我相信我在这个问题上的政策是众所周知的。”她认为这些政策，“得到这个国家绝大多数人压倒性的支持，人们认为，必须引入一项法律来解决有关就业必须具有工会会员资格的规定，解决纠察以及邮递投票等方面的问题。”然而，让保守党右翼失望的是，吉姆·普赖尔的就业法案年底最终公布时，竟然是一项非常谨慎的措施。尽管背着普赖尔，她对强硬分子表示同情，显然她并不希望在没准备好前就仓促投入与工会的战斗。因为当时政府最初的全部精力集中在制定一条新的经济路线上。豪的第一份预算是在6月12日形成的，距大选只有五周，而这已是能够推出预算的最早日期了。

首要的目标已经十分明确了，首相与她的经济大臣们组成的核心小组决心立即对公共开支发动进攻。然而，在处于反对党位置达成这一目标容易，而在执政党位置上却难了。大臣们一上任就发现，采取主要节支措施的空间受到严重约束，部分原因在于外部不可避免的因素，但也受他们自己的政治选择的制约。一方面，由于石油价格翻了三番，英镑已经处于较高的价位（这时英镑已成为一种石油货币），而且因美元疲软，市场对政府选举感到满意，英镑价值还在进一步上升。而英镑的坚挺又大幅增加了英国出口产品的成本，从而造成了失业，而失业既引起收入下降，又吞噬了大量的社会保障预算。由此，大臣们很想兑现选举期间的承诺，却无奈地被捆住了手脚。

在野期间铁娘子就支持北约要求每年国防开支增加3%的要求，从而名声大振。上台后，豪试图收回这一承诺，但撒切尔夫人却不肯动摇：在她的书里，强大的国防优先于包括削减公共开支在内的其他任何事务。她承诺大幅提高武装力量与警察的工资；保守党竞选宣言还承诺提供老年退休金。最后，担任影子内阁卫生大臣时，帕特里克·詹金曾迫使豪承诺对国民医疗服务（NHS）的开支至少保留3年。因为所有这些承诺，首相和财政大臣寻找重大节约开支措施的余地变得非常狭小。

事实上，豪从各种地方还是挤出了15亿英镑。他停招了公务员；对地方政府的开支实施了严格的限制；并于8年来首次提高了处方费，这也预示着今后10年内实际上每年都要提高；还削减了政府提供的学校伙食费以及乡村学校交通费。最重要的是，尽管在短期内提高了基本老年退休金，但切断了长期存在的退休金与平均收入之间的关联，这一改革也成了未来一项重要的节约开支措施。一笔预计为10亿英镑的资金结余将通过对各部门预算实施现金限制而实现，另一笔10亿英镑则通过出售公共部门资产取得（这项措施是沿袭工党已经开始的做法，曾受到在野时保守党的谴责）。6月份预算中宣布了金额为35亿英镑的开支节约，10月份又宣布另一项由削减政府行政费和大幅提高燃气和电价构成的6.8亿英镑的开支节约。

实施这些节支措施的主要目的是为大幅减税创造空间。最终，豪成功地将收入税的标准税率每英镑削减了3便士，从33%减少到30%，最高税率从工党实施的惩罚性的83%下降到较为温和的60%。这是新政府意图的大胆早期信号。但是，实际上只有让增值税翻番，才有可能实现政府的打算，而且将更多税赋从直接税转为间接税一直是保守党战略的一部分。但是，在大选期间，豪特地否认计划将增值税提高一倍。由于不能为削减收入税提供资金，豪决心在其他所有方面采取措施。撒切尔夫人非常担心大幅提高增值税对价格可能造成的巨大冲击。通货膨胀已经上升，她有理由感到担心：尽管计划已久，现在却是实施这一转变可能最不利的时机。在回忆录中，豪不无嘲讽地注意到，“当高尚的原则与《福音》传道落实到实际政治层面时，玛格丽特常常表现出非常矛盾的心理。”奈杰尔·劳森则直截了当地写道，她对采取这种措施造成的政治后果“感到恐惧”，“但杰弗里劝她说，如果我们抓不住首份预算这一瓶颈，以后就永远抓不住了。”撒切尔夫人本人也承认“杰弗里坚持自己的立场”，克服了她的疑虑。不过，上台三周内，政府便不得不做出的首个真正不受欢迎的决定，态度谨慎的首相被态度更为坚决的同事拖着越过障碍，这种事情是屡见不鲜的。

另一件事情就是废除外汇管制。这是撒切尔政府为践行其自由市场信仰而采取的最重要的步骤：政府取消了 1939 年以来对资本流动实施的限制，勇敢地让英国经济接受全球市场的判定。这是一种依照信念而采取的行动，可能造成灾难性的英镑挤兑问题。然而，结果却是废除外汇管制度产生了相反的作用：市场对政府的信心表示反应良好，坚挺的英镑只出现小幅下挫，之后持续上扬。

从长期方面讲，这一决策无疑是正确的；新政府上台仅仅几个月就做出这样的决策，的确属于勇敢的行动。然而，在短期内，它对政府的货币政策却造成一场浩劫。控制货币供应应该是政府新货币政策的关键。问题是在大选之前工党一直实施着非常有效的控制货币政策。约瑟夫、豪和劳森带着宗教般的信念拥抱货币主义，属于意识形态上的货币主义者，而丹尼斯·希利和财政部首席大臣道格拉斯·沃斯则不同，是“不情愿的货币主义者”。他们在国际货币基金的督促下，从实用主义的角度出发得出了结论：严格的货币目标是经济政策必需的一部分。不过，实际上，1979 年 5 月，货币政策并未发生工党或者政府喜欢对外宣称的那种剧烈变化。当希利谴责保守党的政策时，有时撒切尔夫人可以得心应手地提醒下院，“这位前工党财政大臣更像一位货币主义者，只是他现在不愿承认”。

豪的首份预算案是一项大胆的意图声明，冒着通货膨胀的风险，在早期减税方面进行一次巨大的赌博。人们习以为常的是，尽管财政大臣在唐宁街 11 号外边举着公文箱，政治意志却来自唐宁街 10 号。广泛报道说撒切尔坚持更大幅度地减税，超过了保证的开支节约金额，她要求增值税的涨幅超过她的财政大臣所主张的幅度。然而，实际情况却恰恰相反。

豪制定的 6 月预算造成的破坏性影响与批评人士预计的一样。增值税实际上翻番，削减了对国有化行业的补助，加上终止对工资及分红实施的控制，还有约翰·

诺特迅速废除价格委员会，所有这些措施几乎一夜之间让零售物价指数上升了 6%，不可避免地引起大量的薪金补偿索赔，而收入税的削减则促进了消费，进一步加剧了通货膨胀。对于上台时宣称把降服通货膨胀作为第一要务的政府来说，这是一个有悖常情的开端。在第一年里，为了抵消不断高涨的通货膨胀，豪制定的两份削减开支方案却不足以抑制政府借贷方面势不可当的增加。政府根除货币增长的唯一其他手段就是提高利率。6 月，豪已将最低贷款利率从 12% 提高到 14%。他警告说，在货币供应和公共部门借贷得到控制之前，这一利率不可能降低。然而，这一措施只能造成流入伦敦货币的大量增加。撒切尔夫人思考更多的是利率上升对抵押贷款的影响，而不是对工业造成的成本增加，她对不得不采取这样的措施感到愤恨。然而，货币主义却开不出其他药方了，因此她不得不咽下这枚苦果。“我们不会印钱，”她在“首相答问”中坚称，所以，“必须提高利率以降服通货膨胀。”因此，政府实际在两个战线上都取得了最差的效果：出台的第一批行动太多，同时又深入得太少，足以造成了巨大的痛苦，引起工业界、工会、房屋业主、教育家以及其他人士的愤怒；然而在削减开支与积极遏制通货膨胀方面却没有取得成效。撒切尔夫人和她的经济团队带着教条的药方上台，他们不为最不利的经济状况所挫折，要实行这一教条。然而，在几个月里，失业率和通货膨胀不断上升，利率水平创历史最高纪录，政府的货币学派实验被广泛斥责为教条主义的愚蠢行动。

然而，内阁的组成却避免了这些政策偏离目标。由撒切尔夫人、豪、约瑟夫、诺特、比芬组成的 5 人核心小组牢牢地控制着经济政策。普赖尔、伊恩・吉尔摩，彼得・沃克和迈克尔・赫塞尔廷这样的怀疑派人士，首先是从报纸上得知取消外汇管制的。虽然大臣们在捍卫各自部门预算方面多多少少地取得了一些成功，但组织协同一致的反叛行动依然为时尚早。立场最坚定的教义主义者是杰弗里・豪。如果说这个核心领导小组有人出现动摇的话，那一定是首相本人，但这并不是说她的目标感出现了动摇。每周二、周四在下院，在广播和电视访谈中，她坚持不懈地强调，国家必须学会量入为出；公共开支必须削减到创造财富的纳税人可以支撑的水平上；政府必须对国民收入少征税，少支出。在公开场合，她从来没有出现软弱的迹象，不过她对政治风险一直具有十分清楚的认识。正是财政大臣顽强地低着头，继续做着决心要做的事情，而劳森则从知识方面提供坚强的支持。每一项政策，如将增值税提高一倍、取消外汇管制、撤销价格委员会后提高利率，都既是必要的，又在政治上是可行的，然而担任首相这一职务让撒切尔夫人成为最后一位被说服并接受这些措施的人。尽管后来他们之间出现了意见不同，但在自传中撒切尔夫人对豪的坚韧不拔给予了应有的赞扬。事实上，没有豪，她不可能做到。尽管他们之间的关系后来出现恶化，但在撒切尔政府最初的两三年里，他们组成了强有力的结合，也构成了 20 世纪最成功的首相与财政大臣的伙伴关系。

初涉外交政策

他们之间的关系真正出现恶化，是在 1983 年 6 月豪任职外交部之后。那时，马尔维纳斯群岛战争①已经结束，第二任期连任已成定局，撒切尔夫人在外交事务方面的自信心已经成熟，她准备做自己的外交大臣。不过，1979 年时她意识到自己还相对缺乏经验，所以在很大程度上乐意将外交政策交给卡林顿勋爵负责。这是一种惊人的后退，因为她的主要目标之一就是恢复英国在世界眼中的“伟大”。像丘吉尔一样，她对英国作为美国全世界反共战争中最重要的盟友有着十分清楚的认识，她认为外交部是绥靖主义者的老巢。从 1959 年进入议会起，16 年来，她的几乎全部精力放在了国内责任上：退休金、能源、运输与教育。不过，1975 年担任反对党领袖后，她很快补上了这方面的缺陷，对苏联发动了一系列毫不妥协的言辞攻击，标志她已经进入世界舞台。在野的 4 年时间里，她一直避免任命一位具有自行做出政策方案资格的影子外交大臣，并在议会休会期间不知疲倦地到世界各地访问，自学提高，还会见了在执政时有望打交道的领导人。

不过，当选首相后，她认识到不是所有的事情自己都可以做。她的第一要务是经济。此外，她认为，恢复英国海外影响最根本的途径就是恢复国内经济。“一个负债的国家，”当选保守党领袖后不久，她在下院说，“就没有自尊，几乎对世界没有影响。”正因为如此，她告诉自己的助手，说她不愿在“所有这些国际事务上”浪费时间。于是任命了彼得·卡林顿为首位外交大臣，同时任命伊恩·吉尔摩为他在议会的副手，撒切尔夫人形成了一种心照不宣的默契，即将外交政策的细节问题交由他们处理，反过来这种安排也抑制了卡林顿对她的经济政策所持的怀疑。

然而，她很快发现，必须参加的国际会议密集地出现在工作日历上：欧洲理事会、由七个主要工业国家领导人参加的 G7 峰会，还有英联邦会议。她先是感到紧张，但又小心翼翼，不表露出来。她觉得自己经验不足，西德总理施密特、法国总统德斯坦等在她面前有高人一等的感觉，他们以贵族式的轻蔑态度待她，几乎达到毫不掩饰的粗暴程度。她比以往更急于做好充分准备，结果却发现他们所了解的情况远比她少。她最终发现，受人鄙视的这台外交部老爷车被她甩在了后面，他们中的任何人都不是她的对手。这时，她的自信才得到了明显增强。

---

① 马尔维纳斯群岛战争简称“马岛战争”。

碰巧，她的第一批被安排会见中也有苏联领导人。而苏联是她在野没有访问的主要国家之一。6 月底在前往东京参加峰会的途中，她乘坐的飞机必须在莫斯科停机加油。让她感到意外的是，柯西金总理带着半个政治局的人马出来见她，与她在机场大厅共进晚餐，这是事前并没有计划的事情。据报道，他们“非常好奇地”这次短暂的停留强化了她对苏维埃体制的轻蔑立场，但丝毫没有降低她有关苏联对西方构成挑战的认识。

然而，据卡林顿回忆，“她对外交部的不信任……从来不是深藏不露，除非给予娴熟的反驳，随时都可能在不耐烦的敌意气氛中爆发。”经常予以娴熟的反驳是卡林顿了不起的技能。毫无疑问，大家都有吵架的时候。但在撒切尔夫人首届内阁中，没有一个人能像卡林顿那样懂得如何对付首相。尽管信奉任人唯贤，撒切尔夫人却对真正的名人有着一种令人好奇的弱点：六世巴伦·卡林顿是位真正的人物。尽管他是特德·希思的一位亲密同僚，而希思是代表着撒切尔夫人最为鄙视的上层社会立场的，但卡林顿的世袭贵族身份使他有了一种特殊的豁免：与内阁中其他希思派人士不同，卡林顿对她的领袖地位并不构成任何威胁。1981 年当她的支持率跌到最低点时，实际上有过一阵猜测，说卡林顿可能放弃贵族身份，挑战撒切尔夫人。但是，卡林顿却坚定地粉碎了这种说法。他为到外交部任职而感到高兴，但没有更大的企图。此外，他具有一种自然而然的魅力，不拘礼节，不留情面，他能让她笑起来。有时，她会不停地给来访的外国领导人上课，这时他就会给她递张纸条，上面写着：“他从 500 英里外来这儿，让他说点。”又有一次，跟中国领导人华国锋在一起，情况却刚好相反。华一口气讲了 50 分钟，撒切尔夫人连一句话都插不进去。卡林顿递给她一个纸条，上面写着：“与往常一样，您说得太多了。”“恰好，”他回忆说，“她有个手绢，捂住脸，没有笑出来。”这段插曲成了外交部神话般传说的一部分，但后来的外交大臣没有一个人敢跟她开这样的玩笑。

不管她总体的意图如何，在外交政策的一个核心领域，撒切尔夫人将一直发挥主导作用。她上台执政，决心恢复英国作为美国反对苏联扩张主义战争中最可靠盟友的信誉。然而，她很快被拖入其他领域的两个重要外交问题之中。这两个问题分别是英国与欧洲委员会在预算捐款问题上的激烈争吵和罗德西亚由来已久的传奇，在她看来，对于首要的冷战义务而言，这些都是次要的枝节问题。因此，她急于尽早访问华盛顿，急于与吉米·卡特总统构筑特殊的关系。

撒切尔夫人的首相任期与她的知音、美国共和党人罗纳德·里根的总统任期几乎重叠，往往容易被人们忘记的是，其实里根是 1980 年 11 月才当选总统的。在唐宁街最初 20 个月里，她不得不与之打交道的是跟里根完全不同的民主党前任。她第一次见到吉米·卡特，是 1977 年在华盛顿，1979 年 6 月在东京 G7 峰会上再次见面，卡特对她印象不深。“一位难对付的女人，”卡特在自己的日记里写道，“非常固执己见，意志坚强，不愿承认在有些事情上她自己其实不懂。”此次会见以后，美国国务院将撒切尔夫人对美访问一直推到 12 月。出访之前，卡林顿私下怀疑“撒切尔夫人会不会成为卡特总统的伙伴。”不过，他们相处得比卡林顿预计的要好。回顾往事，尽管她严厉批评他“不擅长经济”，以及她所指称的对苏联威胁态度软弱，然而，当时他是自由世界的领袖，她决心与他友好相处。

50 名美国外交人员在德黑兰被扣事件发生后的第七周，撒切尔夫人抵达华盛顿。她最初并没有什么把握，起初想闭口不谈久拖不决的人质危机，认为那样做会撞到美国人的痛处。卡林顿和弗兰克·库珀（时任国防部常务秘书）不得不告诉她，此刻的美国对其他任何事情都不感兴趣，她必须给美国人以明确的支持。她答应了，但很勉强。然而，一旦接受建议，她就在白宫草坪上发表一份“动人的演讲”，这篇演讲立刻强化了 1975 年她作为反对党领袖访问华盛顿时给人们留下的印象。

“对一个迫切需要盟友安慰的政府及其人民来说，这次演讲就像一阵鼓舞人心的号角”，英国驻美大使尼古拉斯·亨德森爵士做了这样的记录。在其他方面，访问也取得巨大成功。撒切尔夫人听从亨德森的建议，注意在与卡特的会谈中不发生任何争论，但在后来对国会的演讲中，她抛开了所有的约束，慷慨激昂地讲了 10 分钟自由市场的美德，听众一片喝彩声，接下来她便不拘礼节、津津有味地谈到了其他问题，这种风格在以前来访华盛顿的领导人身上从来没有见过。甚至有好几个人邀请她接受共和党人的选举提名。第二天，她继续在纽约外交学会举行的有 2000 听众参加的集会上发表演讲，她直截了当传递的信息再次引起巨大轰动。她夸言道，俄国人管她叫铁娘子，“没错，我就是铁娘子。”从那一刻起，玛格丽特·撒切尔成了美国右翼眼中的女英雄。一年之后，里根入主白宫。

而仅在 10 天之后，苏联入侵了阿富汗。她立刻认为，入侵行动证明她关于苏联在全球推行扩张主义的警告是正确的，而古巴和东德对安哥拉和纳米比亚的干涉就是这种扩张活动的一部分，所有这一切都利用了西方所轻信的缓和。她决心让苏联人“为自己的侵略行为而接受惩罚并接受教训，尽管为时稍晚，而西方不但要谈论自由，而且应该做好为捍卫自由做出牺牲的准备。”在这种情况下，卡特不需要任何提示。圣诞节过后三天，他给在首相别墅的撒切尔夫人打电话，把苏联的这次行动比作 1968 年入侵捷克斯洛伐克。他告诉撒切尔夫人说。“这一事件可能对整个地区的稳定造成深刻的战略后果……他认为我们不能让苏联人的干涉行动不受惩罚。”撒切尔夫人同意他的说法，“并注意到，这种事情发生时，最重要的是必须从一开始就采取正确的行动。”她迅速承诺英国将支持采取经济及文化的制裁措施惩罚入侵者。他们尤其一致认为，能够对苏联人造成的最大伤害就是西方拒绝参加即将召开的莫斯科奥林匹克运动会。然而，让她感到愤怒的是，这种事情是她无法办到的。第二年夏天，尽管美国奥委会远离莫斯科，大部分英国运动员却拒绝首相的要求，拒绝放弃夺取奖牌的机会。

更严重的是，她发现自己对苏联入侵行动采取坚决反应的呼吁得不到欧洲其他国家的支持。入侵阿富汗事件强烈地凸显出美国人与欧洲人对冷战认识方面存在的鸿沟。与美国人和英国相比，以德国人为代表的欧洲人一直能够通过贸易与跨界合作，从缓和中得到更多的实际的好处，他们并不急于毁掉这些好处。撒切尔夫人的本能是坚定地站在美国一边，但她无法证明自己具有获得欧洲对重大制裁行动一致支持的能力，因而让华盛顿感到失望。

“血腥的英国问题”

在阿富汗问题上，撒切尔夫人无法让她的欧洲伙伴与她站在一起，部分原因是在英国对欧共体预算捐助问题上，她已经与他们为敌了。这个问题她不能留给外交部负责，与此相关联还有她所喜欢的爱国主义及内部管理两个主题。她认为，正是外交部为了做个好的欧洲人才放弃至关重要的英国利益，因而在这个问题上负有责任。这件事情及时提供了一个绝佳的机会，让人们看到在国际舞台上她在为英国利益而战，小报媒体一片喝彩，这是一个所有选民都懂得的简单问题。当时经济正在显示出难以驾驭的迹象，所以欧洲问题提供了一项更受公众支持的事业，可以显示她不妥协的决心，她也津津有味地抓住了这一机会。经过 5 年努力，最终取得了令人满意的结果。这场长期的战役确定了她的首相风格。同时，也让她与欧共体的关系有了一个坏的开端，这种关系之后再也没有得到恢复。

毫无疑问，一个真实存在的问题就是 1971 年特德·希思谈判英国加入欧共体最初条款遗留下的问题。1974 至 1975 年卡拉汉主导的谈判不过是种粉饰，问题未能得到解决。根本性不平衡的原因在于英国从共同体以外的进口额一直高于任何其他成员国，因而支付的进口税也高于别国，而英国的农业规模很小，所以从共同农业政策（CAP）中获得的利益也很少。在过去 10 年里，英国经济增长落后于其他国家，所以 1971 年确定的预算捐款已经上升到极不成比例的地步。到 1980 年，英国每年支出的金额比获得的金额高出 10 亿英镑。

布鲁塞尔承认存在不平衡问题。卡拉汉和他的外交大臣大卫·欧文一直在努力纠正这种不平衡的问题，但工党历史上对欧共体持有的敌意却捆住了他们的手脚。

人们期望新选出的对欧洲态度更为积极的保守党政府会降低达成协议的难度。卡拉汉在对下议院讲话中夸口："我们的步枪已经瞄准了目标，就等她扣动扳机。"不过，应该说，如果具有良好的意愿，通过欧共体的正常交涉程序，不采取激烈对抗，达成公平的调整方案并不存在很大困难。外交部认为，返还三分之二金额的目标，既令人满意，又是能够实现的。正是英吉利海峡两岸的政府首脑——一边是撒切尔夫人，另一边是施密特和德斯坦——为了在各自的国内哗众取宠，才将这一问题变成了一场政治力量的考验。

碰巧，大选后第一位来伦敦访问的国外领导人就是赫尔穆特·施密特，他们在唐宁街的会谈实际上非常顺利。尽管据说他是一位社会主义者，但撒切尔夫人对他健全的经济观点表示赞赏，而施密特（有点居高临下的）也告诉联邦议院，她的"知识、权威以及责任感给他留下了深刻的印象"。不过，她毫不含糊地让德国总理明白，她认为英国目前的预算捐款份额是不可接受的，希望得到一种返还。这一点是倒没错，也是合情合理的。然而，没过多久她就肆无忌惮地说，要拿回"属于我们的"金钱，好像这些金钱是被欧共体偷走的。在巴黎、伯恩和布鲁塞尔举行的这类会谈效果非常糟糕，因为会谈显示出人们根本无法理解欧共体的运作方式。

首先，欧共体并不承认所谓"属于她的金钱"的概念。各个成员国捐献的资金归欧洲委员会所有，应该由该委员会支配，用于欧洲委员会的整个利益。严格地讲，每个成员国的盈亏账户是不合法的。在这一大原则之下，当然存在英国支付超过了公平份额的事实，但如果撒切尔夫人要从法律角度讲的话，伙伴们会提出，早在 1972 年英国就签署了协议，不能因为出现不利于自己的情况就要求重写合约。同时，他们尤其不同情英国，因为现在北海石油已经改变了英国的财政状况，而其他任何国家却享受不到北海石油的好处。此外，在更大的欧洲贸易背景下，这一争议涉及的金额毕竟非常小。

其次，撒切尔夫人坚持认为，英国的预算返还要求应该被视为一个孤立的问题，而不应该按欧共体的正常方式，即作为更广泛的一揽子计划中的一部分加以解决。这种立场激怒了她的伙伴，尤其是负责达成协议的欧洲委员会主席罗伊·詹金斯。施密特与几位其他国家的领导人愿意帮助英国，但希望撒切尔夫人反过来在羊羔、渔业、石油以及欧洲货币体系等其他比较困难的问题上显示出灵活性和建设性。撒切尔夫人对此断然予以了拒绝。仅仅在 12 个月之前，在反对党位置上，她还不断指责工党对欧洲采取适得其反的阻碍政策。然而，她现在却要求必须首先解决英国不满的问题，之后才允许在任何其他问题上谋取进展。

6 月 21 日到 22 日，在斯特拉斯堡举行的欧洲理事会上，撒切尔夫人一开始就将预算问题摆在首要议程上，这当然让德斯坦感到生气，而其他国家的领导人则首次意识到他们将面临的棘手问题。当他们最终涉及这个问题时，撒切尔夫人“立刻变得不依不饶”，毫无必要地跟施密特吵了起来，“这一点做得很傻，因为她想得到希望的结果，施密特是至关重要的人物。”她本人却对自己的表现感到非常满意。无意中听到“一个外国政府官方的”评论，说“英国又回来了”，她感到非常高兴，“这句随便说出的话是记忆中最让我高兴的事情。”

她故意表示出难以对付的态度。不过，从 1974 年就开始执政并具有丰富经验的欧洲政治家德斯坦和施密特，本应该以高明的方式与她打交道。而且在与威尔逊和卡拉汉相处 5 年后，他们有充分的理由欢迎这个毫不含糊地坚持对欧洲承诺的英国政府重新执政。再说德斯坦特别欢迎英国对法国核威慑立场给予的支持，他们应该着手排除她的戒心。然而，在纯个人层次上，作为斯特拉斯堡主人的德斯坦却想尽一切法子冷落她，先是在午餐或晚餐上拒绝让她坐在他的旁边，后来又坚持先给他上菜，将自己国家元首的位子放在女士优先的通行惯例之上。法国式的殷勤本身要求对她体贴入微。她却认为，德斯坦的举止，“难以取悦于人，自负虚荣且相当粗鲁无礼。”年底，法国总统访问了英国，在唐宁街举行的宴会上，撒切尔夫人便故意安排他坐在尼尔森和惠灵顿全身照片的对面，报了一箭之仇。更为严重的是，这两位欧洲领导人（尤其是德斯坦）似乎得出结论，对付这位英国首相的办法就是把她打倒在地。

他们错误估计了他们面对的这位女人。一旦认定事情是对自己力量的考验，她就不会，也不可能低头。夹在这次交火中间的卡林顿则感到无所适从，他认为欧洲人对待她“非常愚蠢……目光短浅与自私自利达到惊人的地步”。在斯特拉斯堡会议开始之前，他们完全可以把她叫在一边，提出一份慷慨的庭外和解方案，不让政治砝码越加越重。结果，在斯特拉斯堡会议到 11 月份都柏林欧洲理事会这段时间里，撒切尔夫人做了充分准备，坚定了不妥协的立场。10 月在卢森堡纪念温斯顿·丘吉尔的演讲中，她以好斗的姿态地宣称：“我不能一方面对欧共体扮演慷慨大姐，另一方面却要求我的选民放弃改善医疗、教育、福利以及其他方面的要求。”在下院受到工党和反市场保守党人士的压力时，她大肆渲染期望在都柏林会议上实现的东西。她要求实现的是“我们的投入与所得之间一种广泛的平衡”。

而事实在那次会议上只向她提出了当年返回 3.5 亿英镑的方案。撒切尔夫人没有把这一方案当成讨价还价的起点，而是轻蔑地说那只是“三分之一块面包”，并立即给予拒绝。罗伊·詹金斯对紧接着发生的事情看得十分清楚。“在大部分时间里，”他后来回忆，“她说个不停，但不住地重复着。”“除她以外的每个人都清楚，她没有取得进展，而是在疏远他人。”

人们竟然都不屑跟她争辩，这让她感到无比愤怒。德斯坦摆着读报纸的架势，施密特则假装睡觉。尽管他们本人对她的无情攻势感到恼怒，但这种做法也许是不可宽恕的。不过，她所反对的不单单是这些大国，还无缘无故地“斥责……小国在核武器问题上的软弱立场”。只闪过一时的轻松。在有关“我的石油”和“我的渔业”的长篇大论中，她喊了一声“我的上帝，”有人大声插话：“嗨，这个也别说了！”

第二天早上，她继续朝同样的目标“频频射击”，但依然没有取得任何进展，后来詹金斯和卡林顿把她叫到一旁，在“以真正妥协的精神对待4月在卢森堡召开的下次会议”的基础上，劝说她同意延期讨论。

回到下院，她不断受到来自工党和保守党反欧人士要求彻底脱离欧洲的压力。但是，她拒绝了这种选择。无疑，她觉得自己对欧洲观念并没有感情或愿景方面的承诺；实际上她看到的欧洲机构越多，她对它们的尊敬就越少。她认为欧共体是建立在她本人蔑视的妥协及政治交易基础上的。然而，跟1961年麦克米伦首次申请加入欧共体后她曾经做的一样，她仍然毫无疑问地承认英国的地位是在欧共体内。不过，当受到压力时，她总喜欢在自己优先关注的防务问题的语境下，为成员国身份辩护。在大选后与撒切尔夫人的首次谈话中，罗伊·詹金斯不安地发现，“她一直认为欧洲共同体与北约是两个应该合并的机构，真是有点过分。”9个月后，她高兴地表示同意下院一位友好人士提出的观点，“欧洲需要团结起来，作为一个自由的欧洲保持团结，反抗苏联周围用钢条捆绑在一起的欧洲。”冷战构筑了撒切尔夫人的思维框架。

正是基于这一点，她才开始比较温和地亲近欧洲。都柏林会议召开前，在保守党大会发表的讲话中，她承诺要作为一个负责任的欧共体成员国来维护英国的利益，并断言：“半心半意地参加任何组织都是错误的。”她乐意承认，英国可以从欧洲学到许多有益的经验：“如果我们要想达到德国和法国那样的生活水平，就必须有德国和法国那样的工作标准。”她还说：“这个国家完全可以承袭大陆的许多做法，包括大陆人从不花没有挣到手的金钱的习惯。”但是预算争议很快暴露出她本能所隐含的对欧洲的敌意，以及一种令人反感的轻蔑欧洲人的态度。“都是些没用的家伙”，都柏林会议前她告诉罗伊·詹金斯，一如往常地在国防方面表示出对欧洲人的鄙视态度。“施密特、美国人还有我们是唯一在必要时能勇敢地站立起来进行战斗的人。”她相信英国人根本上具有优越性是基于两种思维。首先，是她对战争的记忆。战争期间，绝大部分欧洲地区被践踏与占领，不得不靠英国（还有美国人）来解放。“我们，”有一次她宣称，“不是打败就是挽救了半个欧洲，我们保护了半个欧洲的自由，否则这半个欧洲就会被套上枷锁……”而欧洲人不像她对美国人那样永远感激英国，这一点一直让她感到恼火。第二，她一直认为，从根本上讲，正义感是属于英国的（或者准确地说，属于英格兰的）特性，外国人对此并不理解。“欧洲没有一丝的平等或公平，”她在电视自传节目宣称，“他们就是想尽量多拿一点，这就是巨大的差别之一。”

接下来的欧洲理事会于 1980 年 4 月在卢森堡召开。这次会议向英国提出了每年 7 亿英镑的返还建议，约占争议部分的三分之二，詹姆斯认为这是一项“非常优惠的建议。”然而，撒切尔夫人再次予以拒绝，让几乎所有人感到震惊。与在都柏林会议相比，她“平静多了，不那么尖锐、生硬了”，但依然那么固执。詹姆斯说她犯了大错误，“她却用和蔼但十分坚定的口气说，‘不要试图说服我，你知道我认为劝说所起的作用刚好相反。’”欧共体法国委员克洛德·谢松认为撒切尔夫人乐意孤立。“她不但不介意孤立，”谢松回忆说，“而且为孤立而感到高兴。她非常渴望的目标是，英国就是英国，英国不需要盟国。英国可以自立。”早前马岛战争之前，她已经摆出一副丘吉尔的姿态了。

由于在政府首脑层次上再次陷入僵局，委员会现在只好把换汤不换药的解决方案提出来，并提交到定于下月在布鲁塞尔召开的外长会议——仍然是三分之二的返还，但再延续三年。卡林顿和吉尔摩根据他们的职权，接受了这一方案，并认为他们干得非常漂亮。在詹姆斯看来，与他的政府的首脑相比，卡林顿，“显然更为老练，更为理智。他知道到什么时候该达成协议，而她却不知道这一点。”这位外交大臣与他的副手飞回英国，直接开车到首相别墅，他们自我感觉良好。然而，假如他们期望得到祝贺的话，很快就会感到幻想破灭。“假如我们是派去没收家具的法警，”吉尔默写道，“也许会得到更好的接待。首相就像一串点燃了捻子的鞭炮，我们几乎只能听到噼里啪啦的声响。”他们非常口渴，但她连水都没有让他们喝，便“无休无止地”拿着“毫不相干的事情为幌子”痛斥他们，指责他们为了自己的私利出卖了国家。她发誓宁愿辞职也不接受这项协议。最终，他们逃回了伦敦。吉尔默并不理会首相的反应，向记者介绍了他们在外交上取得的重大胜利。第二天，报纸理所当然地欢呼这项协议的达成是撒切尔夫人强硬战术的又一次伟大胜利。撒切尔夫人一时为人算计，被迫咽下自己的反对意见，接受了这份协议，还安慰自己说，如果这不是问题的终结，则代表“政府在所继承的立场方面取得的巨大进步”。

“她所反对的，”吉尔默认为，“是达成协议这件事情本身，而不是协议所包含的条款。并不是因为我们在她以前失败的方面取得了成功，而是因为对她来说，不满的感觉比问题解决更有价值。”在她执政的第一年里，这场争议无疑是一件天赐的礼物，给她提供了一直需要的东西，一个可以显示她的强势性格并足以证明她的勇气的外部敌人。随着通货膨胀的不断上升和失业人数的惊人增加，贪婪的外国人企图占有英国财富，这一点为英国人提供了一个排泄爱国主义愤慨情绪的绝好出口，一个可以分散公众注意力的无价之宝。欧共体预算问题上的斗争造就了撒切尔首相的风格，在小报上树立了好战的玛吉抡着手提包，为英国挺身而出，与布鲁塞尔的阴谋做斗争的形象。当时，她不得不充分利用卡拉汉达成的临时性解决方案，同时拖延达成永久性的解决方案，直到 1984 年 6 月在枫丹白露宫理事会上才最后达成这一解决方案。在此之前，在布鲁塞尔闻名的“血腥的英国问题”一直破坏着欧共体在其他任何问题上取得进展的努力，毒化着英国与欧洲之间的关系。

后来，法国的弗朗索瓦·密特朗和德国的赫尔穆特·科尔都认识到，得不到要求的东西撒切尔夫人就不会安宁，她最后赢了。然而，她取得了胜利，却付出了相当大的代价。首先，无论她如何宣称英国是欧共体正式与平等的成员国，她对预算问题的特别专注都阻碍了英国在欧共体发展中发挥整体的作用，从而强化了工党设定的喜欢挑剔、若即若离的灰暗模式。其次，撒切尔夫人好战的言辞被《太阳报》和《每日邮报》兴高采烈予以放大，在大众中形成一种偏见：敌视欧共体以及它的所有工作。这种偏见在预算问题解决后仍然长期存在。第三，撒切尔夫人不达目的绝不妥协的做法，强化了一种信念，即不妥协是外国人唯一懂得的语言。

撒切尔夫人以这种方式开始破坏从麦克米伦和希思继承过来的保守党对欧洲的承诺，在 10 年的时间里造成了保守党党内的严重分歧，这种分歧最终摧毁了她，并妖化了她的继承人的政治生涯。罗伊·詹姆斯写道：“这是我们为 4 亿欧洲货币单位所付出的沉重代价。”

罗德西亚成为津巴布韦

相比之下，在结束罗德西亚殖民统治这一悬而未决的问题上，上台不久的撒切尔夫人很快就彻底改变了主意，修正了最初的直觉，并最后达成了解决方案。这个问题的解决反映出撒切尔夫人的灵活性与实用主义的立场。

与欧洲或者冷战不同，罗德西亚并不是她觉得需要真心参与的问题。她本能地同情白人定居者，英国报刊则喜欢称这些人为“我们的至亲”。丹尼斯在罗德西亚有生意上的联系，她不能忘记反叛的总理伊安·史密斯曾在二战期间在英国皇家空军服役。相比之下，她将非洲领导人视为恐怖主义分子。然而，就她所关心的核心问题而言，罗德西亚只是一个边际问题，一种令人厌烦的责任，她只想体面地摆脱这种责任。

史密斯非法地宣布从英国独立，1975 年，葡萄牙帝国在安哥拉和莫桑比克垮台，宣告了反叛的罗德西亚路线的终结。当时分别由约书亚·恩科莫和罗伯特·穆加贝领导的两个敌对的游击组织ZIPRA（津巴布韦人民革命军）和ZANU（津巴布韦非洲民族联盟）从邻国赞比亚和莫桑比克不断加强军事入侵行动，南非决定不再继续支持这个北面的卫星国，并开始向史密斯施加压力，要求他向不可避免的事实低头，接受多数人的统治。1977年，史密斯拒绝了大卫·欧文与美国国务卿赛勒斯·万斯提出的英美和平计划，而与更具包容性的阿贝尔·穆佐雷瓦主教举行谈判，达成了对白人非常有利的内部解决方案。卡拉汉及欧文，还有卡特，立刻宣布这一方案不可接受，并拒绝予以承认。

撒切尔夫人本能地支持史密斯/穆佐雷瓦方案，这种立场一直维持到举行大选为止。4月，她派前殖民大臣博伊德勋爵代表保守党观察罗德西亚大选。穆佐雷瓦主教赢得大选，理所应当地成为该国首位黑人总理，成为分享权力的联合政府的首脑。但是，由于恩科莫与穆加贝（这时已经联合，组成爱国阵线）抵制了大选，国际大部分舆论宣称大选毫无意义。博伊德却仍宣布选举公平有效，撒切尔夫人也接受了他的报告。在当选首相后在下院发表的首次讲话中，她热情赞扬这次选举标志着“一次重大的转变”，并承诺继续给予支持。6周后的6月底，在参加完东京峰会回国途中，她在堪培拉做了短暂的停留。其间，她再次暗示英国将承认穆佐雷瓦，从而引起了以澳大利亚总理弗雷泽为首的抗议风潮。弗雷泽警告说，这种做法会使英国在英联邦国家中陷入孤立，实际上也在整个世界中陷入孤立。卡特总统对选举结果已经表示拒绝，同时他还无视美国国会投票同意解除制裁的结果，宣布美国将继续维持针对罗德西亚的制裁措施。

回英国后，卡林顿劝她改变主意。他说，承认穆佐雷瓦不但使英联邦与大西洋联盟出现分裂，增强苏联在非洲的影响，而且还在经济上损害英国的利益。内部解决方案结束不了罗德西亚的战争，只会扩大战争。留下英国在联合国为冲突加剧承担名义上的责任。

同时，她也找到了改变主意的其他根据。她认定史密斯通过不公正划分选区得到的宪法在法律上存在缺陷，该宪法与英国赐予其他任何前殖民地的宪法都不同。撒切尔夫人一贯非常注重严格遵循法律。此外，万斯—欧文方案失败后，撒切尔夫人喜欢英国无须美国帮助单独达成解决方案的想法。“当根本上不存在任何问题时，我们该如何实现一个殖民地的非殖民化？”她问自己的顾问。“我们可以把所有各方召集到兰特斯特宫，”顾问们回答说，“他们会制定出适合于所有各方的宪法，然后依据制定的宪法举行大选，这样就可以说声再见了。”她最后说：“我们沿着这个路子走，看看会发生什么样的情况。”

鉴于以上所有这些理由，尽管她冷静思考整个想法时在最后一刻也出现过动摇，但8月份飞往卢萨卡参加英联邦会议之前，她已经打定了主意——唯一的解决办法就是达成一份各方参与的全面解决方案。实际上，7 月 25 日她已经传递出观点改变的信号，外交部成功地在她的讲话中写入措辞谨慎的声明：任何解决方案都必须得到国际承认。然而，很少有人注意到她讲话的含义：没人知道她本人是否完全认可这一点。卡林顿坚称，去卢萨卡之前，她已经确定下希望达成的东西。不过，人们仍然普遍认为，她将步入狮子窝，与英联邦其他国家所持的一致立场作对。她肯定为充满敌意的接待做好了准备。

尽管丹尼斯在非洲旅行过许多地方，但撒切尔夫人却与老的或新的英联邦没有任何联系：与卡拉汉和威尔逊不同，她对非洲的解放斗争感觉不到任何政治上的同情。相反，与特德·希思一样，她认为非洲领导人非常虚伪，难以接受，他们对他人大讲民主，自己却实施一党专制，一会儿大骂英国，过一会儿又要求英国增加援助。不过，她并不希望看到这个俱乐部出现崩溃。实际上，在一次英联邦会议轻松的气氛中，撒切尔夫人私下与他们相处，发现大部分非洲领导人比原来预计的更令人愉快，也少了许多马克思主义。卡林顿注意到，她尤其像一朵鲜花，“绽放在肯尼思·卡翁达友好性格的温暖气氛中。”在卢萨卡，她甚至与卡翁达一块跳舞，引发了令人难忘的外交突变：上牛津大学后，她一直是一位出色的舞者，与卡翁达跳舞的照片在化解紧张关系方面发挥的作用，超过了任何一份外交公报。

在很大程度上，在卢萨卡取得的成功应该归功女王，因为是女王创造了撒切尔夫人和卡翁达总统克服彼此之间怀疑心理的家庭气氛。不过，撒切尔夫人至少也应当得到同样的赞誉，她先是允许卡林顿改变她在核心问题上的想法；想法改变以后，她决心与马尔科姆·弗雷泽、迈克尔·曼利（牙买加总理）以及英联邦秘书长桑尼·兰法尔一道，制定出可以让穆加贝与恩科莫前往兰特斯特宫谈判的协议的主要内容。撒切尔夫人巧妙地利用了人们对她出其不意改弦更张所表现出来的惊奇，卡林顿对如此高明的技巧表示了敬意。她一直关心的问题是建立正确的法律框架，坚持罗德西亚必须首先回到殖民地的宪政状态，任命一位新总督以及英国统治的所有配套机构。作为交换，她同意英国派兵实施并监督停火。这是一项卡林顿事先并不准备承担的风险。但是，撒切尔夫人承认英国有责任派兵，并决定不让联合国参与。更为重要的是，正是英国的军事承诺才使爱国阵线放下武器。在南非、比邻的前线国家、英联邦其他国家以及美国一致的压力下，冲出各方的引诱，终于同意参加定于 9 月在伦敦举行的和谈。卡林顿对问题的解决仍然不抱很大希望。不过，他认为如果和谈失败，自己在外交部就无法继续干下去，所以在整整 15 周的时间里，他将外交部的全部重心放在达成解决方案上。既然在卢萨卡已经发挥了应有的作用，撒切尔夫人就让她的外交大臣主持会谈，自己几乎不再干预。卡翁达飞到伦敦，明确告诉恩科莫问题必须得到解决，莫桑比克的萨莫拉·梅切尔对穆加贝也施加了同样的压力。与此同时，撒切尔夫人的幕后角色就是明白无误地告诉白人，不要指望英国人会挽救他们出来。谈判气氛紧张，时间又拖得很长，随时都可能发生有人或有一派走开的情况。不过，在圣诞节前夕，终于签署了一份协议，决定新的一年里举行选举，十年内禁止土地转让，以先前对立的各派军事力量为基础，由英国协助建立一支统一的军队。克里斯托弗·索姆斯被任命为总督，负责监督选举，并带领新津巴布韦国家走向独立。

坦率地讲，撒切尔夫人不希望信奉马克思主义的穆加贝赢得大选。直到最后一刻，白人死硬派仍然希望她宣布大选结果无效。然而，撒切尔夫人却拒绝那样做，从而坚决平息了任何有关她可能承认一次军事政变的想法。撒切尔夫人是他们最后的希望，当她清楚地说出现实后，他们便知道，游戏已经结束。

在大英帝国其他剩余遗产——马尔维纳斯群岛、格林纳达及中国香港问题上，爱国主义情绪和地缘政治现实主义这两种截然相反的拉力重新得到了显现。与在中国香港问题上一样，在罗德西亚问题上，现实主义占了上风。从 1965 年起的 14 年间，这个殖民地一直是英国政治上无法愈合的伤口，每年一次有关维持制裁的投票尤其成了保守党分裂的根源之一，也常常让保守党难堪。1979 年，撒切尔夫人只希望体面地甩开这个问题。她是幸运的，刚刚上台，所有的外围环境条件都已成熟，具备了达成解决方案的可能性。不过，她抓住机会，改变初衷，施加影响，确保达成各方都认为过得去的解决方案，这一点却值得称道。在政府的国内经济记录苍白暗淡之时，罗德西亚问题的解决为她赢得了大量的国际声誉，不但在非洲，而且在华盛顿。经过 7 个月的艰难岁月，津巴布韦问题的解决无疑成了撒切尔政府的首项成功。

起步时期的结束

1979 年底津巴布韦协定签署时，所谓政府的蜜月期已经结束。兰卡斯特宫协定只是逐渐暗淡局势中的一点微光而已。女首相的新颖性很快丧失了。她善于说教、干脆利索、争强好斗而带有甜蜜感的风格已经确立。没有人再怀疑她担任首相的能力。尽管许多资深同事难以隐藏对她的怀疑，但她在内阁及政府机器中已经建立起自己的统治地位。虽然她在下院时常不得不面对无休止的质问和大声地打断喊叫，但她掌握细节，目的明确，实现了对下院的掌控。

11 月，撒切尔夫人完成了一次引人注目的政局变动，她史无前例地完全公开了有关杰出的艺术历史学家、女王照片收藏家安东尼·布伦特爵士的所有事实。布伦特曾是苏联间谍，1951 年放走朋友盖伊·伯格斯和唐纳德·麦克莱恩考，使他们成功逃往苏联，后来又在 1963 年放走金·菲尔比的“第四者”。从 1951 年起，布伦特的阴谋就受到怀疑，1964 年起安全部门已经掌握，但为了得到充分的罪证，历任内务大臣与总检察长隐藏了这一案件。而对一位新首相来说，对外披露这桩案件是一件很棘手的事情。但撒切尔夫人却非常沉着地处理了这一事情，引起了人们对她会在有关 MI5 及 MI6 机构（军情五处、军情六处）方面启动一种更为公开的机制的猜测。不过，这种猜测其实是不可能实现的。实际上，威利·怀特洛正在起草一份新的信息保护法案，替代 1911 年《政府保密法》中无所不包的条款；然而，揭露布伦特案件的记者安德鲁·博伊尔却断言，如果实施新的规定，他就不可能披露出这一案件，怀特洛的努力因此被废弃了。10 年后，撒切尔政府回头改革《政府保密法》，收紧而不是放松了这些条款规定。

撒切尔夫人在应对更多的爱尔兰暴行方面的表现也赢得人们相当多的钦佩。8 月底，印度前总督蒙巴顿勋爵和他的两位家人在爱尔兰共和国休假期间被炸身亡，同一天，18 位英国士兵在唐郡被杀。撒切尔夫人不但强烈谴责这些袭击行动，还在两天之后突访了北爱尔兰，显示她对恐怖主义分子的蔑视和对军队的支持。她在医院里探望了以前被北爱尔兰共和军炸伤的人，还在几位身穿夹克服的警察的护卫下，在贝尔法斯特市中心勇敢地走动，并在波塔当与陆军指挥官共进午餐。之后，她乘直升机飞抵克罗斯马格伦共和军的要塞，圣诞节前夕，她再次采取了同样的行动，并在未来 10 年里特意至少一年安排一次这样的活动。

10 月在布莱克浦，她出席了狂欢的胜利大会。会上，她感谢保守党在野期间保持信念，并大胆地期待“即将到来的保守党长期执政的日子”。在这次讲话以及其他一些讲话中，撒切尔夫人重申了解决相互关联着的四个问题的决心，这四个问题就是通货膨胀、公共开支、税收及劳资关系。然而，到 1979 年年底，政治评论家回顾政府头六个月的表现时，却发现新政府在这些领域里采取的首批行动，似乎使本来就十分糟糕的局势更加恶化。在好的方面，民调依然显示，公众对遏制工会行为表示出压倒性的支持，反对矿工及英国利兰汽车工人采取罢工行动的投票是对政府的进一步鼓舞。然而，尽管工党在大选后严重倒向左派，在民调中他们却再次领先。即使那些希望政府成功的人也感到紧张不安。

政府显然正驶入暴风雨海域。

第十二章
直面艰难

货币主义的失败

1980 年、1981 年两年，是撒切尔政府的关键时期。撒切尔夫人和她的财政大臣，面对内阁忠诚信徒支持的不断下降，顶着可怕的经济指数以及广泛的灾难预测，直面暴风骤雨，顽强地坚持着（在一定程度上可以这么说）他们预定的进程。而实际上，经济方面并没能完全按照计划进行。然而，在政治方面，人们认为撒切尔夫人并没有改变进程，她取得了彻底的胜利。正如她的批评者预计的那样，并没有出现公开的 180 度大逆转。相反，到 1981 年底，她已经清除了内阁中最固执的怀疑派人士，并为毫不动摇坚定立场的声誉打下了基础，正是这种坚定立场让她在唐宁街又干了 9 年。

所有正常的经济管理数据表明，1980 年期间，政府的表现令人沮丧。通货膨胀连续数月上升，5 月份达到 22%，直到年末才开始下降。年底，这一数字终于下降到 13%，但仍然高于保守党上台前的数字。

最糟糕的是英镑问题，1980 年 9 月已升值到 1 英镑兑 2. 4 美元了（1979 年 5 月为 2. 08）。英镑升值一方面是因为石油价格持续上涨，部分原因是美元贬值，另者则由于（有些经济学家认为这是主要原因）政府决意维持高利率的政策对市场造成的影响。不论是什么原因，英镑升值对英国制造业造成的影响却是灾难性的。数千家小型企业倒闭，甚至大型企业也在艰难地挣扎之中。工业界领袖齐声谴责政府。11 月，英国工业联合会主席特伦斯 · 贝克特爵士强烈呼吁对政府开展一场“赤拳格斗”。然而，从原则上讲，撒切尔夫人倾向英镑升值是一件好事。首先，她一直存在一种简单的爱国信念，认为货币是国家繁荣的标尺。其次，她认为英镑升值对工业造成的冲击是有益的，可以迫使工业为生存而提高竞争力。而面临倒闭的工业家却没有那么乐观。正如一位怀疑者告诉《观察家》的威廉 · 基冈的，货币主义者存在的真正问题，“是他们无法真正明白英国工业界的激烈抗议到底是好事还是坏事。”

批评者的理由是，尽管石油价格上升，世界经济衰退深化，撒切尔夫人和她的财政团队却坚持不改以前确定的策略，这实际上是在有意恶化已经出现的危机形势。“他们不顾世界经济衰退的前景，”伊安·吉尔摩后来写道，“在国内着手制造更为严重的经济衰退”，在这一进程中永远摧毁了英国一大部分制造业基础。相反，撒切尔主义者当时却认为，并且现在仍然认为，英国工业冗员严重，依靠政府津贴，需要来一次大的振荡；从老的制造业转向撒切尔夫人所称“未来工作岗位来源”的新的服务业，既是不可避免的，也是必要的。而 1980 到 1981 年的经济衰退只是加快了这一进程，这一进程又是经济复苏的先决条件。然而，凯恩斯主义者对这种说法的回答是：如此严重的经济衰退最终肯定是要出现某种复苏的，但这种复苏只会是部分的，而且会拖很久。

1980 年 3 月，杰弗里·豪引入了第二份预算，推出了后来被撒切尔夫人称之为政府取得成功之“基石”的方案，这就是所谓《中期财政战略（MTFS）》。这份文件的目的就是通过公布未来若干年（而不是一年一次的）的固定目标，降低公共开支，降低货币增长。这一战略是财政部财务秘书奈杰尔·劳森的独创，他以“用规则管理，准行”的口号成功地推销给豪。豪从实用主义角度出发，同意了劳森的观点，他坚持认为，《中期财政战略（MTFS）》“属于一种共识，而不具有革命性”。与经常被她过后吸收为自己的许多观点一样，撒切尔夫人起初是表示反对的。尽管理论上所有人都支持抑制货币供应。最终，她承认设定固定目标不但会给大量开支的大臣们设定上限，而且会使降低利率成为可能。但事实上，目标根本就没有固定。《中期财政战略》只是一份有关期望目标的声明。撒切尔夫人后来也认识到，它的效果基本上只是宣示性的。“它的可信性取决……于我本人的承诺，这一点我不会让任何人感到疑虑。我不会屈服于再次通胀的要求。”在此基础上，她将《中期财政战略（MTFS）》提升到了个人意志象征的高度。

事实上，严格意义上的货币主义从来没有行通过。不过，人们现在已经普遍接受了控制货币供应的重要性。尽管货币主义适用于两个政党在 1979 年以后掩盖事实，但从 1976 年起，希利却实施了一套相当成功的货币体制。豪与劳森面临的困难是如何衡量货币的增长，特别是取消外汇管制以后。正如比芬预期的那样，将货币控制提高到政策的核心图腾，政府是在作茧自缚。首相和财政大臣坚持认为，货币政策并不是某种“少数人痴迷于教义，为了教义而去盲目地实施；而是‘简单的常识’，很早就为瑞士和德国所接受”，在某种程度上这种看法是正确的。“货币主义，”她在下院坚称，“意味着诚实的金钱。货币主义就是金钱有货物及服务生产的恰当支持。”问题不在原则上，而在实践中。在各种各样可用的尺度中，他们选择了£ M3 作为流动货币的衡量尺度，£ M3 不但包括纸币及硬币，还包括银行存款。

尽管政府采取了最大努力，企图遏制£ M3 增加，但 1980 年期间£ M3 却上升了 18%，几乎是 1979 年前的两倍，这种情况让他们感到非常难堪。

政府公开将自己的信誉赌在这一指数上，结果指数却无法控制，形成令人难堪的局面，在唐宁街与英格兰银行之间造成严重的摩擦。撒切尔夫人本人对货币控制各种细节的兴趣超过了所有前任首相。然而，对于这个问题的内在不可靠性，她却缺乏一种接受过训练的经济学家的感觉。相反，她具有一种科学家本能的认识，认为货币作为一种有限的物质，一定是可以测量的。杰克·布鲁斯·加戴恩注意到，结果“引起意志特别坚定的首相与特别难对付的行长之间的一场个性冲突”。戈登·理查森是 1973 年由特德·希思任命为英格兰银行行长的，是 20 世纪 30 年代蒙塔古·诺曼之后最重要的行长。他反对像对待一位出现加法错误的男学生一样对待他。最严重的冲突发生在 1980 年夏天，当时撒切尔夫人正在瑞士作短期休假。英国的£ M3 仅在 7 月份就上升 5%，8 月份又上涨 5%。撒切尔夫人感到了愤怒，在咨询了许多瑞士银行家之后，她一回国就指责副行长爱迪·乔治无能透顶。尽管唐宁街坚持说首相，“并不感到紧张，但他们承认，她需要一些实实在在的保证。”然而，这种保证却是她从最喜欢的货币学派大师艾伦·沃尔特斯自美国发来的回信中得到的。沃尔特斯告诉撒切尔夫人，不要理会£ M3。他说，“英镑的价值显然太高了。但这只能说明英镑稀缺。”他建议委托另一位货币学派学者、伯尔尼大学的尔格·尼汉斯提供一份独立的报告，尼汉斯支持沃尔特的诊断，给了豪放松货币紧缩无可挑剔的权威。尼汉斯提供的报告认为，“过去两年来英镑升值主要是一种货币现象”，也就是说，原因并不在石油。

理论是正确的，但在实施中却出了错，他告诉约翰·霍斯金。“如果政府继续执行目前的货币紧缩政策，你们得到将不仅是经济衰退，而且是暴跌。”11 月最低借贷利率削减了 2%，1981 年的预算又对以前确定的货币目标进行了谨慎的修改，这才让英国中央银行感到欣慰。1981 年初，艾伦·沃尔特斯正式搬到唐宁街，担任首相的私人经济顾问。

因此，最终让 1982 年春通货膨胀回落到个位数并不是货币控制，而是在公共开支、提高间接税赋、降低信贷方面的巨大压力，结果造成近 300 万人失业。换句话说，《中期财政战略（MTFS）》只是一个百叶窗，一种旧式通货紧缩的时髦烟幕而已。

豪制定的 1980 年预算又从 1980 年到 1981 年计划的公共开支中砍掉了 9 亿英镑，主要从社会服务方面实施削减。疾病及失业福利需要缴纳所得税，儿童福利费的提高幅度低于通货膨胀率，处方费再次翻番，涨到一次一英镑，为一年前的五倍。高等教育费用方面的削减力度最大，大学经费被大幅削减（但不平衡），并且规定海外学生必须缴纳全部学费。所有这些措施激起了受影响人群的愤怒抗议。7

月，内阁达成另一项一揽子计划，但好几位开支大户，包括帕特里克·詹金领导的卫生和社会事务部以及最主要的弗朗西斯·皮姆领导的国防部，却成功地降低了计划对其部门的影响。皮姆以辞职作为威胁，还安排参谋长联席会议成员运用各自的权力找首相，捍卫国防预算。然而，政府需要削减的项目越多，社会保障费用增长得就越快。她不得不为失败找借口，指出 1979 年到 1980 年的实际开支还略高于一年前，“这一点可以揭穿那些指责我们进行无情削减的人士散布的谎言。”1980 年 10 月她承认，修改后的政府目标仅仅是把开支维持在现有水平上，不过她仍坚持说，由于一些开支项目一直在膨胀，不可避免地要在其他地方采取节约措施。

然而，至少有一半内阁成员认为，在失业率不断上升的情况下采取削减开支的措施是错误的。不但是那些上层的“湿才”，甚至一些以前被认为的“干才”也因政府政策造成的社会后果而出现退缩。引人注目的是约翰·比芬，作为财政部首席秘书，他曾挥舞财政部削减开支的砍刀，然而他很快得出结论：没有一项主要的削减项目是可行的。不到 10 年前失业人数达到 100 万时，希思政府被迫扭转自己制定的经济战略。问题并不是保守党人表达过失业率将不得不上升这样的警告。相反，像所有反对党一样，他们投机性地谴责工党的就业纪录。1975 年以来，工党曾发出警告，许多保守党人也在私下说，严格实施货币主义必定造成工作岗位的减少，基斯·约瑟夫或许也承认这一点。不过，撒切尔夫人和她的经济团队似乎没有真正预计到他们一上台失业率便出现直线上升的情况。不断上升的失业数字让他们感到惊慌。他们争辩说，正在采取一切可能的减税及其他刺激措施，鼓励新的行业及企业创造新的工作岗位。撒切尔夫人将自己的政治声誉押在了绝不重演希思 180 度政策逆转上。她认为，抑制通货膨胀必须成为第一要务。无论各个政治派别持什么样的经济观点，如果她被认为逆转了自己的政治主张，她的信誉将毁于一旦。因此，无论是出于政治需要，还是因为具有非同寻常的胆量（还有许多运气），撒切尔夫人以拒绝改变航程转为目的，努力让人们用从相反的角度去看待常识，实际上几乎将失业本身转变为了对自己有利的事情。

每月最新经济数字发布后，她在下院就会面临一片愤怒的喊叫：工党议员谴责她制造了“工业沙漠”，刻意利用失业迫使工会屈服。她的答复夹杂着愤怒的报复，提醒人们工党执政时失业率也曾翻番，还耐心地讲解经济生活中的各种事实。

她坚持认为，世界上不存在不痛不痒的药方。只有具备竞争力，才能在新的工业里创造新的工作岗位。削减公共开支，根本不是在恶化就业，实际上是将资源投放到生产率更高的私人部门，以减少失业。“工作岗位将来自私营部门。”随着经济不景气的持续与恶化，她越来越多地接受政府在推行企业开发区、培训计划和新技术，“缓和变革的严酷影响”方面应负的义务。但是，当发现无法阻止失业人数的无情增长时，撒切尔夫人找到了将失业痛苦转变为自己的优势的途径。她巧妙地抓住只有女首相才能拥有的最积极角色模式，将自己描绘成一名护士，有时候是位医生，正在打理着难吃的药物，医治着这个国家自找的疾病。

在整个70年代里，通货膨胀持续恶化，罢工此起彼伏，失业不断增加，前途一片黯淡，现在公众中至少有一半人愿意相信，医治这个国家疾病的有效药方一定是痛苦的，而且这些人有点受虐狂一样地准备忍受这种痛苦。尽管保守党根本没有根据这样的纲领从事竞选，同时民调也显示政府的支持率在不断下降，但激烈的内部权力斗争（显然左翼赢得了胜利）却让工党越来越无法集中精力，越来越被边缘化。1980年11月，卡拉汉辞职，工党选举喜欢多愁善感的老左翼分子迈克尔·富特，担任党的领袖，自此该党正式摒弃严肃的反对党追求。选民超过了民调，似乎在更大的程度上实际接受了杰弗里·豪断言的“别无其他选择”的说法。这句话原来是财政大臣说的，但是TINA（“别无他法”的首字母缩写）的绰号很快被加在首相头上。在1980年7月下院休会前的信任案辩论中，撒切尔夫人宣称：“这个国家选举我们，就是要我们现在这么做。政府有勇气坚持到底。”

三个月后，在布莱顿举行的保守党大会上，她对那些呼吁政策逆转的懦夫们进行了最为精彩的反驳。“想转向的话，你们转吧”，她告诉兴高采烈的代表，他们笑了起来，她停顿了一下，突然想到一句妙语。“不该逆转的女人。”① 在私下，她对工作人员已经做了同样的保证。不管政策从经济上正确与否，不管到底有没有其他选择，撒切尔夫人坚定不移的风格已经传递到整个国家，赢得了人们不大情愿的敬佩。经过威尔逊—希思—卡拉汉时代多年的摇摆与妥协之后，撒切尔夫人全然无所畏惧的风格成了勇敢而大胆的表现，它让批评失去了方向，或者至少暂时停顿下来。

轻点，再轻点

然而，撒切尔主义的核心并不在货币主义。货币主义只是一种经济理论，大臣中很少有人完全懂得，更不用说评论员或公众了。对撒切尔夫人来说，货币主义本质上是一种工具，而不是一种信条，如果起不到作用，就应该予以抛弃。她的真实目的更多的是在政治上：通过鼓励企业创业替代补贴与管制，削减（尤其是在公共

---

① 这句话出自克里斯托弗·弗莱1948年的戏剧《不该受火刑的女人》的标题。撒切尔夫人可能在与丹尼斯热恋期间看过这出剧。

部分）过于臃肿的人员和限制性做法，从经济中清除她所称的社会主义成分，最重要的是，根除过于强大的工会权力。

工会权力是一条具有代表性的巨型恶龙，撒切尔夫人当选首相就是要屠掉这条恶龙。在 1972 年到 1974 年期间，正是工会羞辱并最终摧毁了上届保守党政府，而工会造成的无政府状态又成了 1979 年让保守党重新执政的最重要原因，保守党得到清楚的授权，要收拾这些恶霸。

然而，这又是一个撒切尔夫人需要谨慎从事的领域。事实上，撒切尔夫人对行业工会改革的处理方式，提供了一个谨慎战胜直觉、理智高于感情的范例。首先，她需要普莱尔留在首届内阁内。普莱尔倡导以双方认可为基础处理劳资关系，他在这方面投入了很大的精力，并拥有威利·怀特洛及彼得·卡林顿等其他希思旧党的支持。1979 年 5 月，除了确认他担任就业大臣以外，她几乎没有其他任何选择。一旦任命了他，就不能随意撤换，所以她不得不按照他的方式行事，但这样做让议会中她的后排狂热支持者感到沮丧。

与此同时，她认为，1971 年希思企图用一项综合法案来改革整个劳资关系，结果招来了灾难。现在的政治气候比那时更为有利。不过，精明的观点认为，应该采取渐进的办法，让公众意见与政府保持一致，让工会得不到任何敏感的理由组织集会。因此，她的策略技高一筹，她选择不与工会发生直接对抗，越过那些不具有代表性、被时代扭曲的工会领导人，直接求助于在 5 月大选中以前所未有的选票支持保守党的基层普通工会会员，民调显示他们绝对支持改革。她始终不变的主题是，滥用工会权力不但让公众遭殃，而且殃及普通的工会会员。她认为，这些普通会员之所以投票支持保守党，是因为，“我们的政策代表着他们对自己未来以及对自己家庭、更高生活水准以及更好工作岗位的愿望。”政府改革的目的就是要鼓励那些投票支持保守党的工会会员，支持他们从好战分子手里夺回属于自己的工会组织。

她对工会贵族置之不理，使他们进一步边缘化。英国劳工联合会（TUC）秘书长莱恩·默里抱怨说，撒切尔夫人，“拒绝工会作为社会中有效机构的思想……即使你不喜欢工会，你也摆脱不了，不得不与之达成某种协议。”在她看来，应该坚决拒绝他们自认为有权充当的那种角色，回避任何形式的薪酬政策，拒绝介入劳资纠纷，让经济现实以及不断上升的失业代价来教育工人群众，切断与好战分子的联系。

立法在这一进程中只起辅助作用。继 7 月份发表一份咨询文件之后，普莱尔在 1979 年 12 月公布了自己的《就业法案》。法案涉及的范围并不大，只是提出保守党竞选宣言中所承诺的内容。二级纠察，也就是在争议中不直接涉及的工作场所实施的纠察行动，成为非法活动，但二级罢工仍属于合法。对拒绝参加工会的雇员增加了针对必须参加某个工会组织这项规定提出诉求及要求补偿的权利，但并没有禁止这条规定自身。第三，政府提供资金鼓励工会举行无记名投票。《议案》没有提及保守党右翼要求的任何更为严厉的措施，如削减罢工者享有福利的权利，让工会资金承担自己行为引起的民事赔偿责任，或者强迫希望投票支持工党的人“选择”支付政治献金，而不是要求那些不希望支持工党的人“选择退出”。所有这些差不多都明确地留给沿着这个道路走下去的未来《就业法》。

果然不出所料，这种做法的高明之处表现在工会方面夸张的反应上。劳工联合会（TUC）发誓“完全反对”默里所称的对工人权利的“根本性的打击”，其结果只强化劳工联合会一条没有思考能力的恐龙的恶名。普莱尔设计的完美策略，目的就是要显示工会领导人脱离工会会员。1980 年 5 月，劳工联合会呼吁参加“行动日”，企图恢复人们对当年成功反对希思《劳资关系法案》的记忆，结果只有数千活动分子离开工作岗位，行动遭到惨重的失败。

直到 1980 年 1 月底，撒切尔夫人一直坚定地维护普莱尔的“温和而明智的”法案，认为它是一个“非常好的开端”。即使在钢铁工人开始激烈罢工，抗议英国钢铁公司行业整顿计划以后，她还特别排除了“立即”对二级罢工以及罢工者福利采取行动的计划。然而，2 月份形势发生了转变。首先，钢铁行业的争议得以蔓延，对私营钢厂采取的二级纠察引发了与上年冬天一样的暴力活动。同时，在“《快报新闻》对麦克沙恩”这一重要的试验性案例中，上院裁定，应该免除工会组织对其成员采取的行动所造成的后果的责任。这些事件增加了政府在扩大普莱尔法案适用范围方面所面临的压力。新闻报纸把这些问题鼓噪为首次对政府勇气的关键考验。

撒切尔夫人必定做出反应。由此她压普莱尔增加一条新的条款，宣布次级行动非法。由于这一条款对钢铁工人罢工不会立刻起作用，她同时要求迅速通过一个单项条款议案，立刻禁止二级纠察，而不用等候《就业法》通过所有规定的程序。但普莱尔对这两条建议均表示抵制，他在内阁内得到一批势力强大的资深大臣的支持。撒切尔夫人上午在内阁受到抵制，下午就在“首相答问”中直接宣布，削减罢工者福利的计划将继续进行，而且削减罢工者福利的条款也将顺理成章地列入豪六周后提出的预算案中。

与此同时，在普莱尔的法案列入法典之前，就强迫他发表一份绿皮书，预示将进一步遏制要求雇员必须工会组织这种做法，并出台其他措施。但是普莱尔仍然坚定地反对终止工会合法豁免权的做法。撒切尔夫人利用一切机会重申将采取进一步的行动。但是，显然采取下一步骤一定要等到新的就业大臣上任，而现在她仍然没有足够的实力撤换普莱尔。

通过这种方式，她在两个方面均取得了最好的效果。一方面，她实施了意义重大的第一步改革，并没有激起工会组织的激烈反对，从而为下一步采取措施扫清了道路，同时又得到了态度温和、保持内阁完好如初的美誉。另一方面，她与核心支持者一道，努力保住了激进改革者的声誉，要不是受到同事的束缚，她一定会做得更多。她公然诋毁普莱尔的行为，是后来成为一项熟悉战术的早期例证，凭借这种战术她让自己与所领导的政府保持距离，从两边讨好。这是一种聪明的政治技能，但从根本上说是两面派行为，对那些认为不需要依赖她支持的同事是一种背叛。从短期来看，这种高超的含糊战术帮助她在同事中树立了权威，这些人中的许多并不是她天然的支持者。然而，随着时间的推移，这种做法却玷污了少数“真正信徒”对她的忠诚，破坏了她领导的政府的凝聚力，最终造成了她的下台。

从 1979 年到 1990 年，遏制工会权力也许是撒切尔夫人最没有争议的成就，终结了严重摧残企业的制度性权力滥用文化。在此前的 10 年里，这种权力滥用曾先后使三届政府（有保守党政府，也有工党政府）垮台。政府的立法之所以取得成功，部分原因是当时的高失业率削弱了工会的力量，使工会会员人数在 10 年内从 1300 万下降到 1000 万，同时还因为立法是分步累进实施的，让工会失去了所有采取抵抗立场并受公众支持的理由。这种结果证明，普莱尔的渐进主义是正确的，也说明撒切尔夫人支持普莱尔时采取的谨慎态度是正确的。

约瑟夫备受煎熬

撒切尔夫人要对付的第二条巨型恶龙就是经济中的国有化部门。政府在这方面最早采取的措施又一次让最热心的支持者感到失望。大规模的私有化发生在 1983 年以后，但在 1979 年的竞选宣言中并没有任何预示，这一事实让人们有理由相信，私有化并不在撒切尔夫人上台时政府的议程上，后来的私有化只是一种机会主义的事后之见。在这方面有足够的事实使这种说法成了一种辛辣的讽刺，但这并不是事实的全部。

企业经济愿景的核心部分一直是国有化部门的消除，如果不能完全清除，则至少应该进行大幅削减。撒切尔夫人从本能上热心于私有化，其热心程度远远超过了希思。她认为，公共部门天生效率低下，是私营部门创造财富的企业的一种拖累。但直到 1979 年以前，她首要关切的是尽量避免采取会被贴上“极端”标签，让公众感到震惊的立场。

毫无疑问，私有化是在 1983 年之后才开始起飞。然而，这并不是说，从一开始起寻找削减公共部门的途径就不是优先问题。在担任首相的首次讲话中，撒切尔夫人就讲到开始“缩小公共部分的规模，扩大私营企业的作用”，还强调指出：“公共部门需要削减”；几周之后，她承诺要提出“尝试减少公共部门所有权，增加私营部门所有权”的建议。她所说的话始终表明，她并不认为这是一件容易办到的事情。早期她说的主要意思是出售“英国石油”等国有公司的股份，拆散由工党政府“国有企业局（NEB）”转为国有的许多公司构成的大杂烩组合。她尤为关注的首先是在这些企业中工作的人们的利益，以便使“这些在工业部门工作的人员……朝着成为真正的资本拥有者方向迈出大步伐。”在这一阶段，无论是她还是其他任何人都没有预见到出售整个行业的事情，其主要原因是他们关心更多的是提高竞争力，而不是所有权。

政府的早期努力主要集中于出售国有化行业中具有盈利能力的附属机构，如燃气及电力展室，英国铁道酒店及跨英吉利海峡气垫船业务。他们不懂得核心的公共事业本身如何出售。“在这些行业中，”1981 年 11 月撒切尔夫人在下院说，“我们必须确保采取其他压力来替代市场的缺失，以获得更高的效率。”尽管她十分清楚实现这一目标的有利条件，但一直仍然保持谨慎态度，一直在说“尽可能地”“尝试实施非国有化，并强调存在的现实困难”。

尽管如此，1979 年到 1982 年已经有了实质性的开端，只是与后来相比，这个时期做的事情显得微不足道罢了。交通大臣诺曼·福勒出售了“全国货运公司”，还开放了长途客运市场，创建了可以与国有铁路竞争的新的私营竞争环境。国有企业局（NEB）旗下好几家大型控股公司均被成功出售。能源大臣大卫·豪威尔开始了将英国石油公司（BNOC），即北海石油采油公司，改造成 Britoil 的进程，这是实现 BNOC 私有化的第一步。约翰·金是撒切尔夫人最喜欢的商人之一，在他充满活力的领导下，也制定了出售英国航空的计划，但由于一些商业原因不得不推迟实施。最有意义的是，约瑟夫拆分了邮政局，创建了一个分立的通信公司（英国电信），最初是为了吸引私人资金，为开发新技术提供资金保障。他还给一家名叫“水星”的私营电话公司颁发营业许可证，其目的就是在通信业务中引入一些竞争。

除 1983 年到 1990 年这段幸运期之外，无论是按照任何标准，上述私有化行动都创造了惊人的纪录。此外，1981 年 11 月，劳森宣布了“除非存在积极并具压倒性的国有化理由，任何行业不得继续留在国有体制之内”的原则。1983 年大选前，私有化势头已经锐不可当。保守党在此次大选宣言中确定了出售英国电信、英国航空以及英国钢铁、英国造船以及英国利兰公司中有盈利能力部分的目标。不过，大臣们本人并没有意识到，革命性的大规模私有化即将来临。

然而，在某种程度上，由于没有触及政府的核心问题，所有这些行动都是在边缘上打转。政府面对的核心问题是国有化部门中那些制造巨额亏损的巨鳄：英国铁路、英国钢铁、国家煤矿局以及一直处于挣扎状态的汽车制造商英国利兰公司。尽管撒切尔夫人与基斯·约瑟夫非常希望摆脱这些公司，但他们被这些巨兽缠住了。从1979年到1981年，他们的宏伟目标限定在削减公共借贷部分，削减这些企业的成本，减少这些企业每年亏损造成国库资金的流失。为此，约瑟夫对各个企业实施了严格的现金限额，希望这些企业在财政纪律的框架下，尽可能与商业化公司一样运作，在规定的时间内实现企业的财务目标。与此同时，政府显著后撤，宣布拒绝印发货币收买罢工，拒绝冲销更多的亏损。1981年，注册公共关系专家提出一项由外聘工业家组成小组监督国营行业的方案。随后立刻着手从私营部门寻找作风强硬并具有商业头脑的新一代经理，替换老派的公司老板。

然而，约瑟夫发现，不干涉主义实际做起来要比理论上困难得多。作为个人，一个讲求实际的政治家，对于整个产业垮台，他不能推卸责任。无论长期亏损多么严重，他不能轻易关闭英国钢铁、英国利兰或贝尔法斯特造船厂。因此，他感到非常痛苦，但不得不违背自己的原则，最终花了纳税人更多的钱。后来约瑟夫对不得不违背自己的原则感到耻辱。

撒切尔夫人对他也感到绝望。他既是她经济方面的导师，又是最卖力地为她打通走上首相道路的人。在私下她仍然听从他的建议；但是他优柔寡断，无可救药。"最终，"吉姆·普莱尔写道："一切都成为不可能，基斯被调到教育部。"

对约瑟夫来说，第一次重大的考验是1980年初发生的钢铁工人大罢工。罢工最明显的起因是薪金问题，不过薪水问题的背后是英国钢铁公司的重大重组计划，也就是说，缩减这家企业。1979年上半年，英国钢铁巨亏1.45亿英镑，到年底每周亏损达到700万英镑。这种情况显然不能再继续了。约瑟夫为英国钢铁设立的目标是到1980年底削减赤字。1979年11月底，该公司宣布关闭部分工厂，裁员5万人，占全部职工人数的三分之一。与此同时，未被裁减的公司员工涨薪仅为2%。两个主要的钢铁工会均号召从1月2日起实施罢工，随后，工会与公司管理层都没有采取行动，等候政府给予更多的资金支持。但是，约瑟夫拒绝予以介入。钢铁工业的长期罢工对其余工业部门存在灾难性的潜在影响。撒切尔夫人感到担忧，她本人主持了一个由政府大臣和文官组成的特别小组，密切注视事态发展，但她坚定地表示，政府不会屈服。她决心教训钢铁公司，必须自立。

最后，双方同意进行一次老式调查，由前工党政府内阁大臣哈罗德·利佛牵头负责。撒切尔夫人对此深表怀疑。果然不出所料，利佛在英国钢铁公司最后方案与工会提出的要求之间进行了撮合，建议按照包括生产率协议在内16%的数字达成解决方案，撒切尔夫人的疑虑得到证实。（当时的通货膨胀约为20%）劳资双方均表示接受这一方案，4月初，罢工结束。

从表面上看，这一事件的解决并不能视为政府取得了多大的胜利。然而，面临其他工业行业的巨大压力（还有来自内阁大量的压力），约瑟夫与撒切尔夫人却成功地做到了不介入，让公司管理层和工会达成他们之间的协议。政府真正取得胜利的意义在于，在提供工资借口下，英国钢铁关闭工厂的做法被人们接受了。在这个基础上，约瑟夫同意为该公司再提供一年的补贴。经过长期寻找，最后以高薪从拉扎德投资银行聘请来伊安·麦格雷戈——68岁的麦格雷戈出生苏格兰，但已非常美国化，是一位作风强硬的经理人，以成功击败罢工而闻名。

麦格雷戈对得起自己的薪水。在两年之内，他将英国钢铁从一家效率最差的公司转变为欧洲最好的钢铁公司之一，几乎实现了盈利，但付出的代价就是裁减了近一半的员工。五年后，这个已经瘦身的公司成功地实现了私有化。这正是撒切尔主义工业政策所要实现的目标，也是对1980年初政府坚持坚定立场的长期回报。具有讽刺意味的是，除了失业工人外，这次改革的牺牲品还有私营钢铁公司，英国钢铁公司通过补贴获得了盈利能力，而私营钢铁公司却被迫关闭。

在短期内令政府很不满意的是必须对英国利兰公司继续提供财政支持，实际这件事情让一个承诺不再扶持跛脚鸭的政府感到非常尴尬。利兰代表了英国工业存在的所有弊端：严重超员、生产率低下、备受非正式罢工的煎熬，这家曾经是主要汽车制造商的企业越来越失去了与欧洲和日本对手进行竞争的能力。这里应该是新政府自由市场哲学首选的对象：假如约瑟夫恪守自己的信念，他会拒绝向利兰提供补贴，并立刻关闭利兰公司。第一年政府本应该做的事情当中，最清楚的莫过于向其余工业企业发出信号。然而，出于两方面的考虑，却没有这样做。首先，利兰是政治上处于边缘状态的西米德兰兹郡的主要雇主，关闭利兰将招致灾难性后果。其次，利兰新任董事会主席，南非出生的迈克尔·爱德华兹充满活力，正在切实努力解决该公司的劳工问题，这一点对撒切尔夫人特别具有吸引力。

1979年12月，利兰又得到3亿英镑的资金支持，但同时受到警告，如果最新的《公司规划》被工会好战分子扰乱，将停止所有的资金支持。然而，1980年上半年，该公司又亏损9300万英镑。到了年底，爱德华兹再次申请9亿英镑的资金，实施1981年到1982年重组计划。同样的观点仍然适用。在圣诞节前夕举行的内阁委员会上，约瑟夫依然赞成支持。实用主义的撒切尔夫人也非常清楚，出于政治而非经济原因，“必须支持利兰。”

在电视上，撒切尔夫人形象地说明继续资助利兰的决定是一个时机问题。随着生产率的提高，新的模式——地铁——很快即将推出，她用偶然到嘴边、让人意想不到的话解释说，还不到说“不，我要从长筒袜顶端齐根儿砍掉”的时候。这种说法是对非常容易被视为政策逆转的勇敢辩护。事实上，从长远角度看，这次救助最后证明是正确的。在克服一些暂时性的困难后，这时已名为路华汽车的利兰公司最终于1987年出售给也已私有化的英国航天公司。这时，撒切尔夫人很高兴地甩掉了利兰。

迈克尔·爱德华兹和伊安·麦格雷戈这两位精明的经理为政府继续资助英国利兰与帮助英国钢铁渡过难关的提供了借口。然而，第三个逆转却没有什么遮羞布可用，这一逆转真实地说明，在实施制订的工业战略过程中，政府的决心实际上并没有口头上说的那么坚定。这次挑战仍然是来自工会运动先锋的矿工。1972年和1974年两次矿工大罢工羞辱并随后摧毁了前保守党政府。撒切尔夫人明白，在所有工业丛林中的野兽当中，全国矿工联盟（NUM）是政府在某个时间点上不得不应对而且必须打败的劲敌。新政府一上台就制定了对付煤矿罢工的详细规划。然而，1981年2月到了与NUM摊牌的时候，撒切尔夫人却退却了。她的能源大臣已经做好了毫不妥协的准备，而她未与内阁协商，就决定否决他的立场。当然，三年之后，情况已经迥然不同。1984年到1985年史诗般的对抗，标志着她已经彻底击溃了工会。从1985年的角度看，早期的撤退只能看作一种战术。不过在当时看来，撤退行动似乎显示撒切尔夫人已经汲取了特德·希思的教训，即最好别与矿工纠缠。

与1984年一样，事情的起因是关闭没有经济效益的矿井。国家煤矿局宣布关闭23口矿井、削减13000个工作岗位的计划对该行业前途构成了根本性的恐慌。面对罢工威胁，撒切尔夫人最初态度坚定。迈克尔·福德在下院质问撒切尔，是否需要重新考虑关闭矿井的决定，以免最后被逼着那么做，她毫不畏惧地回答说："不会的，先生，许多事情强迫我是没有用的。"关闭矿井是国家煤矿局的事情。"我并不领导那个行业。"然而，她吃惊地发现国家煤矿局并没有对抗罢工的应急计划，多余的煤炭在井口大量堆积，但是需要用煤的电厂的储煤却下降到历史最低水平。对权力现实的直觉立刻让她认识到，这是一场政府无法获胜的争议。

然而，全国矿工联合会洋洋自得，撒切尔夫人支持者难以掩饰的沮丧，对她来说一定是非常难以忍受的。在保守党与矿工的长期斗争中，1981年是一次代价沉重的胜利，撒切尔夫人不光彩的撤退只会坚定她在时机成熟时采取果断报复行动的决心。

另一群工作人员就是文官队伍，不过，对付他们，撒切尔夫人却毫无顾虑。任何决意削减公共开支的政府肯定都要从自己的文官队伍开刀。然而，撒切尔夫人的明确意图就是"废除"文官队伍的"特权"，这一点却更为重要。尽管她对个别文官表示钦佩，但她认为，整个文官机构对她正在创建的文化构成了障碍。1979年杰弗里·豪采取的首批行动包括在未来5年内削减10万名公务员的目标。1981年初，豪宣布为地方政府已经设定的6%的现金限额同样也适用于中央政府。九个文官工会对提出的7%立刻表示拒绝，并开始选择性罢工。这是一项非常有效的行动，罢工目标选在国内税收、海关及关税征收、车辆牌照以及其他政府机构，还包括设在切尔特纳姆的秘密情报监控中心（GCHQ）。

最让撒切尔夫人感到愤怒的莫过于最后一个部门。然而，三个月后，政府的税收损失变得越来越严重。负责文官事务的内阁大臣是刚刚从津巴布韦总督职位上载誉归来的克里斯托弗·索姆斯，他利用自己丰富的经验，试图通过谈判达成一项解决方案。结果他取得了成功，提出了7.5%的条件，只稍微增加了一点；但撒切尔夫人却不愿接受。无论付出多大的代价，她都要显示政府坚持其制定的现金限额的决心。实际上，几周后的7月底，她听从了别人的劝告，接受了以前拒绝接受的数字，同时决定由一名高等法院法官主持进行一次调查。这次首相为顽固性格付出了高昂的代价，估计对政府造成的成本在3.5亿到5亿英镑之间。不过，当时仍在财政部工作的奈杰尔·劳森却认为值得这样做，而杰弗里·豪则觉得“我们必须坚守的界限并未选好。”跟往常一样，她过后采取了报复行动。在9月份进行的内阁改组中，索姆斯遭到了解雇。此外，文官部本身也被撤销了，该部常务秘书提前退休，文官管理遭到拆分，分别并入财政部和内阁府。这件事情不但事关公共开支，而且成为撒切尔夫人让白厅屈服的关键标志。

1981年预算与“湿才们”的彻底溃败

执政的头两年半至关重要，其中关键的拐点是1981年3月杰弗里·豪提出的第三份预算。这是一个决定成败的时刻，越来越受到围攻的首相和她顽强的财政大臣一道，置整个传统经济常识与政治见解于不顾，毫无疑问地显示出坚持他们根本战略的决心。而时机是非常重要的，政府上台快到两年的时间，以前许多届政府以宏大的目标开始，就在这一关头被经济现实碰得头破血流。尽管撒切尔夫人在保守党大会上无所顾忌地宣布了自己的决心，但人们广泛怀疑撒切尔夫人的经历却会是另一码事。

撒切尔夫人对这种批评非常敏感。她认为政府的激进立场一直被“湿才们”散布的不满的闲言碎语所破坏。事实上，持不同意见的大臣们不但私下表达保留意见，包括吉尔摩、皮姆和沃尔克在内的几位大臣还毫不退让，公开了他们的反对意见，这些意见几乎是直接的批评。因此，在1980年圣诞节期间，撒切尔夫人决定改组首届内阁。

然而，唯一的受害者却是下议院议长诺尔曼·圣·约翰·史蒂华斯，他是“湿才”中最容易下手的目标。撒切尔夫人想除掉弗朗西斯·皮姆。皮姆曾经成功地反抗过对自己管辖的国防预算的削减，而且他用撒切尔夫人自己的论点反驳撒切尔夫人，让其处境难堪。但皮姆资历过深，难以轻易除掉，而下院议长却提供了体面的横向职位变动机会，适合这位前议会总督导。就这样，史蒂华斯成了替罪羊，被干掉了。

只解雇了一个人，撒切尔夫人就同时实现了意义重大的内阁力量重新平衡。除了将皮姆从国防部调走外，约翰·比芬也从财政部被调走，因为他在财政部首席秘书位置上态度软弱，令人失望。比芬被调往了贸易部，而约翰·诺特则被派去整顿国防部。变动的总体效果显示整个政府稍微向右翼倾斜。

然而，仍然需要某些更为激烈的措施。1981 年的最初几周，英国利兰公司得到了救助，政府在与全国矿工联合会的对抗中撤退。2 月底，伊安·高警告撒切尔夫人，“我们的后排议员出现了严重士气衰落。”在这种气氛下，豪即将提出的预算案就显得意义尤为重大。尽管在强调重点上存在差异，首相和她的私人顾问们基本上一致同意豪和他的财政部团队提出的意见，即首要任务是加大对公共借贷的打击力度，维持对通货膨胀的压力。他们争论的问题是如何削减借贷需求以及削减到什么程度。替代战略，即战后各界政府所遵循的正统凯恩斯主义方法则提出，相反，在失业率不断上升时，必须允许公共开支增加。如果跟内阁协商的话，那么这种替代战略一定会成为三分之二内阁成员拥护的政策。问题是并没有与他们进行协商。

撒切尔夫人将自己的信誉抵押在必须削减借贷这一问题上，然而到目前为止，借贷却仍在一直上升。她希望从预算得到的东西，首先是强烈地对外显示这位女人不会逆转。1979 年所得税削减之后，她和豪都决心不再提高。最终的解决方案由保守党长期税务专家考克菲尔德勋爵提出。考克菲尔德建议，通过冻结个人津贴，冻结税收起征点的一般上调，财政大臣可以达到同样的效果，而不会引起政治上的憎恶。

实际上，1981 年的预算标志着抛弃了严格意义上的货币主义，转而采用所谓“财政主义”。然而，这份预算却对已经处于低迷状态的经济构成了巨大的通货紧缩压力。在豪向下院提交前仅仅数小时，预算在内阁内公开，引起了“湿才们”的震惊。预算也成了 364 位大学经济学家一致批评的对象。相反，预算编制人却认为，这份预算根本不是货币紧缩，只是对政府无法控制公共开支这种现象的一种不可避免的反应。如果真的有话要说，那么这份预算应该算作通货膨胀性预算。

伊恩·吉尔摩是这些“湿才”中最有脑子的人，他对这种说法表示拒绝，正如他拒绝撒切尔主义的整个哲学思想一样。吉尔摩坚持认为，“家庭主妇”经济学的粗俗类比是完全错误的，因为政府削减了开支，也就等于削减了收入，只是在更低的经济活动水平上平衡了报表。1981 年所发生正是这种情况。在短期内，这份预算真的进一步抑制了经济增长，或者可以这么说，假如政府抓住所持的货币主义枪支不放的话，一定会抑制经济增长。然而，这年夏天对个人信贷控制的放松却引起了需要的增长，经济复苏出现端倪。事实再次证明，这份预算与其说是一种经济管理行为，倒不如说它是一种政治意志行为。然而这份预算严格意义上的效果到底如何，迄今仍然存在争议。豪和劳森坚持认为，预算为 1983 年以后以惊人规模起飞的经济复苏打下了基础；而吉尔摩则反驳说，从 1979 年到 1981 年年间被英国政府行为加剧了的经济衰退走向复苏是迟早都会发生的事情，实际上经济复苏还被这份预算拖延了。这是一个永远没有答案的争论。然而，无可争议的是，这份预算标志着撒切尔夫人打击“湿才”的行动进入了决定性阶段。

正如撒切尔夫人轻蔑讥笑的那样，“湿才”们立场的真正弱点在于，他们没有实际上或原则上的替代方案。他们明白自己不喜欢通货紧缩的政策以及高失业率，害怕造成不良的社会后果；当结果证明货币供应并非货币主义者此前谎称的魔法时，他们感到庆幸。然而，他们的批评最多只能算作一种警告，认为在当前环境下政府采取的措施过于严厉。作为保守主义者，他们原则上承认公共开支占 GDP 的份额过大，应该予以削减，他们只是担心在经济不景气条件下削减公共开支会带来不良的后果。不管是对是错，首相和她的财政大臣一直遵循的是一种积极的战略，这种战略所表现出的坚定信念赢得了人们的敬慕。相比之下，“湿才”们痛苦的嘀咕很容易被描绘成软弱的表现。

有关预算的多数新闻评论都持激烈的批评观点。即使在 364 名经济学家发表声明讨状之前，“灾难性的”、“固执错误”和“经济上的白痴”这样的词汇已经比比皆是。据说大部分保守党议员感到迷惘与不安。不过，这些不受欢迎的措施，正是那些担心政府迷失方向的人们一直寻找的东西。月底，在加地卡召开的保守党中央理事会上，她用典型的个性化措辞，引人注目地重申了占领道德高地的决心。“我并不特别在乎人们说我什么……这是一条本人决心要走的道路，一条必须走的道路。”之后全场起立，对她报以了热烈的掌声。勇气就是自身的奖赏。

撒切尔夫人其实已经整治了“湿才们”，她在下院一直斥责迈克尔·福德，提醒人们注意福德含有卡拉汉及希利有用语录的发言记录，揭穿了他凭空而来的愤怒情绪。然而，在预算公布后的几周里，又发生了两件更为棘手的事情。3 月底，工党最终出现分裂。由于工党内部出现左翼倾向，罗伊·詹金斯（刚从布鲁塞尔回来不久）领导的亲欧洲右翼和三位前内阁成员（雪莉·威廉姆斯、大卫·欧文和比尔·罗杰斯）感到幻想破灭，辞职组成了新的社会民主党（SDP）。新的政党立即与自由党人结为同盟，在民调中获得较高的支持率。7 月，在对该党首次选民的考验中，社会民主党党魁詹姆斯以不到 2000 票的优势夺得了工党原以为非常保险的沃林顿席位。尽管社民党对工党形成直接挑战，但是新联盟的巨大吸引力对忧心忡忡的保守党人发出了可能丢失中间阵地的危险警示。于是有一位保守党议员改变立场，参加了社民党，整个夏天，便谣传更多议员也将步其后尘。

其次，先是 4 月份在布里克斯顿，7 月份又蔓延到利物浦、伯明翰及其他城市的衰落地区，爆发了一系列令人恐惧的骚乱与抢掠事件，达到了维多利亚时代以来从未有过的规模。普莱尔和吉尔摩曾经预料，如果人们认为政府对失业问题关注不够，就会出现内乱，现在真的出现了这种内乱。骚乱似乎印证了常规的分析，即失业人数达到 250 万时政治就无法持续，忧心忡忡的后座议员要求改变政策的压力得到增强。

撒切尔夫人以典型的个人风格应对着两个挑战。她鄙视那些社民党的叛逃分子，指责他们不在工党内死命反抗却逃之夭夭。在她的信念政治里，没有任何中间党派的位置。虽然这一联盟无疑对政府构成难以预料的选举威胁，能够激起公众对好战的工党和撒切尔保守主义的“极端作为”的憎恶，但缺乏明晰的政治特征；而立场明晰是撒切尔夫人的主要资本。社民党只是另一帮“湿才”而已。

在两个层次上，骚乱动摇了撒切尔夫人。首先，她对暴力以及财产的破坏程度感到震惊。她不同情任何形式的骚乱，也对引起一般情况下安分守己的人群发生反叛的原因不感兴趣。她决心纯粹按法律及秩序问题处理这一事件，但她仍然同意内政大臣怀特洛指派一名具有开明思想的法官，对当地黑人与警方之间的紧张关系展开调查。

第二波骚乱 7 月 3 日从利物浦开始，在三周的时间里蔓延到曼彻斯特、伯明翰、布莱克本、布拉德福德、利兹、德比、莱斯特和伍尔弗汉普顿，参与的有白人青年和黑人，局势变得更为严重，这一事件不仅可以解释为当地紧张局势的一次爆发，而且对中央政府构成了政治挑战。这时撒切尔夫人的震惊也上升到了另外一个高度。在电视上她异常紧张，显示出了她所采取的法律与秩序的反应措施存在许多局限性。两天后，她视察了布里克斯顿警署，在伦敦警察厅指挥室待了一整夜，表现出她对警方的支持态度。回到唐宁街，她便催威利 · 怀特洛立即给警察紧急配置美国最新的防暴装备。

事实上，撒切尔夫人非常幸运。那年夏天的骚乱就像爆发时一样，来去匆匆，迅速融入 7 月 29 日威尔士王妃戴安娜 · 斯宾塞夫人“童话婚礼”引发的温暖的爱国气氛之中。尽管 1985 年 9 月再度爆发了骚乱，但在 1990 年爆发反对人口税示威活动（这些示威活动对摧毁撒切尔夫人的政治生涯起了推波助澜的作用）之前，针对政府的政治暴力已经销声匿迹了。1981 年，她竭力把对自己领导的政府构成的破坏潜在性危机转变成为一种证明，证明她本人对社会所做的分析是正确的。同时，警察部队装备了最先进的防暴技术：盾牌、警棍、车辆、橡皮子弹和水枪。在 1984 年到 1985 年政府与矿工的对抗期间，这些装备与煤炭储备一样，发挥了关键的作用。

那年夏天，撒切尔夫人真正感到了担心。7 月初，从华盛顿来伦敦访问的尼古拉斯·亨德森发现，首相“个性鲜明，充满活力，但却为爱尔兰发生的事件和英镑下跌感到忧心。”亨德森认为，即使曾将撒切尔夫人视为“真正信仰的灯塔”的美国共和党人，现在也把她当成一种可怕的警告。不过，她的活力与意志对亨德森仍然留下了深刻的印象。他最后说，形势最终会好起来，但肯定需要时间。“因此，还不到对她丧失信任的时候。”

不过，一些迄今一直支持她的人士却失去了信心或者耐心。包括党的主席彼得·桑尼克罗夫特在内的一些资深保守党人开始呼吁改变方向。7 月，反叛活动抵达内阁。“湿才”们从 3 月失败中设法得到了一种妥协，保证未经事前警告，内阁决不应该再次突然地将预算案扔给他们，应该允许提前进行广泛的经济战略协商。撒切尔夫人勉强地同意了这种妥协，作为对杰弗里·豪的一种安慰。豪认为，普莱尔和吉尔摩感觉被排除在“秘密的货币主义集团”之外是有“一定道理的”。他相信，如果采用更多的学院派风格，他就能够说服他们，除了他提出的政策之外，别无选择。豪信任自己所具有的倡导能力，这一点也为他赢得了分数；但撒切尔夫人的政治感觉却更为敏锐。对新的公开性的首次试验证明，她以前感到担心是完全正确的。

豪与列昂·布里坦提出了 1982 年到 1983 年进一步削减开支的一揽子计划。他们得到了基斯·约瑟夫的支持，但却未能得到其他任何人的支持。实际上，整个内阁中所有的其他成员一起反叛了。在撒切尔夫人看来，最为严重的是，她最早的两位“真正的信徒”约翰·比芬及约翰·诺特也背叛了她。尽管从长期信念上讲，比芬是一位货币主义者，但他一直存在气质上的怀疑倾向，并且一段时间来一直在制造令人沮丧的噪音。最让首相感到失望的是诺特的叛逃。迄今为止她一直视他为下一任财政大臣。现在她感到诺特受到国防部“大把花钱文化”的感染。诺特和比芬的背叛让首相和财政大臣处于危险的孤立境地。

在这场潜在危机中，威利·怀特洛的立场至关重要。作为内政部长，他承受了夏季骚乱的全部冲击；他并不认为这些骚乱与政府的政策没有关系。其实，在缓解政策方面，这正是他可以施加自己影响的时候，不存在不忠的问题。然而，他却始终如一，徒劳地敦促内阁其余成员保持忠诚。在他的保护下，撒切尔夫人结束会议时拒绝做出任何退让，并承诺秋季继续进行这种讨论。

然而，内阁再也没有召开会议。7 月份的反叛让她确信，必须施行自己的权力，不然就会失去对政府的控制。两年之后，她可以合法地甩掉 1979 年不得不容纳的人士。因此，夏季假期过后的 9 月，在党的大会召开之前，她出手了。不过，在挑选牺牲品时，她再次表现出谨慎的态度，只挑出了“湿才”中党内追随者最少的几个人，吉尔摩、索姆斯以及教育大臣马克 · 克莱尔。

然而矛盾的是，这次内阁改组造成最大的牺牲品却是留在内阁的吉姆 · 普莱尔。显然，他已经被打上了必须变动的记号，原因是撒切尔夫人决意要在工会改革上采取另一项措施。整个夏天里，唐宁街对外传出消息，说普莱尔将负责北爱尔兰事务。普莱尔则反过来告诉媒体届时他会予以拒绝。但撒切尔夫人决定跟他摊牌了。到了这个地步，他已经无法拒绝北爱尔兰这个有毒的圣餐杯，不然就被认为是懦弱。撒切尔夫人对普莱尔的胜利，超过了解雇吉尔摩和索姆斯，让那些尚在内阁中的“湿才”们明白，她才是真正的老板。

与此同时，撒切尔夫人利用自己创造的空缺，将内阁平衡移向右端。在范围广泛的重组中，三位新进成员具有特别重要的意义。奈杰尔 · 劳森去了能源部，给天然气私有化增添了新的动力，确保下次矿工们威胁罢工时政府有所准备；诺曼 · 特比特接手就业部；普遍让人感到意外的是塞西尔 · 帕金森得到提拔，从贸易部一个较低职位上提拔，接替彼得 · 桑尼克罗夫特担任党主席，并兼任主计大臣。此外，帕特里克 · 詹金被调到工业部，诺曼 · 福勒开始了卫生与社会保险部为期 6 年的工作，大卫 · 豪威尔从能源部调到交通部接替福勒，而撒切尔夫人挑选珍妮特 · 扬则接替索姆斯担任上院议长。

这个由 22 人组成的内阁第一次有了多达 9 到 10 名撒切尔夫人“真正的信徒”。不过，那个秋天却很少有喘息的机会。在危机气氛中，保守党也开始了布莱克浦大会。构成危机是有诸多因素的：民调显示政府的支持率下降到战后历届政府最低水平；股市出现崩溃；利率再次上涨（重新回到 16%）；还有特德 · 希思强烈的干预。当时许多人一致呼吁实施全国经济复苏计划以对付失业，希思对这种呼吁表示支持。然而希思的呼吁却因为豪的有力答复遭到了冷遇。“当时通货膨胀只有现在的一半，如果这种说法当时没错，”他争辩道，“那么今天就是双倍的正确。”豪赢得了全场的起立鼓掌。

两天以后，撒切尔夫人发表的讲话却透露出非同寻常的和缓气氛。不过，她并没有说出所涉及的根据。她重申不会以通货膨胀为代价，通过印发货币来购买虚幻的就业岗位。“这并不是固执，”她坚称，“而是纯粹的常识问题。政府不得不采取的强硬措施，是我们取得胜利必须具备的最起码的前提。我不能为了追求支持率就加以改变。”如果说这次讲话比前一年更温和一些的话，那么讲话仍然清楚地表明，这位女人依然不会逆转。她同样得到了热烈的欢迎。

10 月底下院复会时，人们同样可以感觉出少许缓和的口气。工党立刻提出不信任投票动议。撒切尔夫人毫不费力地废除了福德主张全面实施凯恩斯主义的通货再膨胀的激烈要求。“他开的处方就是多开支，多借贷，少征税，全然不顾由此造成的后果。他什么都想要，”她嘲讽道，“他还要降低利率！”不过，面对保守党批评人士，她同时首次承认，公共开支并没有下降，实际上还比政府最初计划高出 3 亿英镑。“指责我们缺乏灵活性绝对是胡扯，”她宣称，“我们已经增加了公共开支，但没有达到铺张浪费的程度。”其结果是，她最后断言，“我相信在这种表象之下企业精神开始出现突破了。在这个国家里，企业精神已经沉睡了太长的时间。”

反对派联盟掀起的浪潮势头迅猛，政府在全国的局势依然岌岌可危。自由党先赢得了西北克罗登，政府在补选中首次失利。一个月之后，雪莉·威廉姆斯推翻了保守党 18000 的多数票，为社民党赢得克罗斯比富庶的兰开夏郡的席位。这是一次方向完全不同的压倒性胜利，说明保守党的所有席位都不保险。12 月份的盖洛克民调显示，反对派联盟支持率为 50%，而工党和保守党各占 23%。政府的支持率下降到 18%，而撒切尔夫人个人支持率则下降到 25%，她现在成了民调开始以来支持率最低的首相。诚然，迈克尔·福德更不受欢迎。然而，现在有三分之一的势力首次严肃地提出希望替代工党或保守党的寡头垄断。对政府来说，要确保撒切尔夫人再次当选，需要的就不仅仅是一般的回摆。

实际上，1981 年年底撒切尔夫人的民望可谓跌至了谷底。尽管 1 月份失业人数达到 300 万人，但已经出现了某些经济复苏的迹象，产出正在增加，通胀继续下降，利率再次回落，民调也有所反应。“我们已经度过了最为艰难的时刻。”她在年终讲话中说。到了春天，反对派联盟的势头已经出现衰退，三个政党的支持率不相上下，均在 30% 到 33% 之间。正因为如此，有人认为在马岛战争改变所有局势之前，政府已经得到一些恢复。显然，在一定程度上这种说法并没有错误。反对派联盟的支持率在 12 月份达到顶峰，然而已不可能继续维持在这个水平上了，但是，就在阿根廷出兵马尔维纳斯群岛仅一周前的 1982 年 3 月，罗伊·詹金斯在希尔黑德的格拉斯哥大获全胜，反对派势力重新得到鼓舞。因此，没有理由认为反对派联盟会逐渐消失。三党政治对选举前景引入了不可预测性，所以不能说没有马岛战争，保守党就没有赢得第二任期的可能。然而，最大的可能性却是，在 1983 年或 1984 年大选中，任何一个政党都不会取得多数席位。1981 年年底，撒切尔夫人的支持率也许真的到了谷底，经济可能已经开始恢复，但她领导的政府依然在困境中拼命挣扎，直到南大西洋事件让整个英国的政治版图出现颠覆性的变化。

● 第十三章 ●

大西洋的拯救行动

马尔维纳斯群岛问题

1982 年 4 月 2 日，阿根廷对马尔维纳斯群岛实施收复军事行动，这是撒切尔夫人迄今面临的最严重的危机。近三年来，失业不断增加，公司破产创纪录，公众骚乱前所未有，撒切尔夫人成了人们记忆中最不受欢迎的首相，如果仍然存在某种连任希望的话，她还得攀爬巨大的山峰。不过，就算没有取得别的成绩，她至少教会了公众，让他们视她为铁娘子：她首先将自己表现为一名强大国防的捍卫者，一位英国利益及英国荣光的坚定卫士。所以，如果无法阻止一个恶劣的南美军政府夺取英国领土，她的政治生涯便会轻而易举地结束了。然而，在接下来的十周里，她将可能的国耻变对自己有利的东西，取得了意想不到的军事胜利，捍卫了她的首相地位，并将自己推上了能在选举中战无不胜的位置，因此，之后八年里，她从这个位置上再也没有倒下来。

然而，这一胜利却具有强烈的讽刺意味，如果前两年她所领导的政府不犯严重的错误，这种胜利完全是没有必要的。撒切尔夫人从自己失误所造成的灾难中夺得了胜利，而她本该因这种失误接受议会相关过失罪的质询。非但如此，她的军事行动让英国无限期地背上了代价昂贵而十分繁重的责任，而这种责任曾是历届政府一直采取对应措施企图卸掉的。对这场战争引起的政治后果所做的理性分析全都显示，马岛战争是一种适得其反的愚蠢行为。不过，这是一种英雄般的愚蠢，一种可以编造神话的愚蠢。这种愚蠢非但没有结束她，反倒造就了她。

数百年来，马尔维纳斯群岛的主权一直在西班牙、法国、英国与阿根廷之间存在争议，到现在依然值得商榷。撒切尔夫人的立场是捍卫英国主权：她在维护该群岛岛民自决权方面拥有更为有利的条件。马尔维纳斯群岛离阿根廷本土只有 300 英里，而离英国本土则有 8000 英里，它是帝国冒险主义留下的异常遗产；自然，阿根廷应该提出领土要求。然而，令人尴尬的现实是，1833 年以来，这些岛屿一直被英国移民所殖民，这些移民建立了一种英国的生活方式，并且对英国旗帜产生了一种强烈的忠诚，同时也完全依赖英国纳税人生活。

撒切尔夫人上台时，外交部赞成的解决办法是一种“回租”方案。按照这项方案，英国把主权移交阿根廷，作为交换，应该获得为期 99 年的租借权，以保护群岛上的英国生活方式。撒切尔夫人本能地不喜欢把英国臣民交给外国人统治的想法。不过，如果岛上居民同意，她就必须同意实施这一方案。不幸的是，负责做说服岛民工作的国务大臣却是缺乏外交策略的尼古拉斯·里德利。1980 年 7 月，岛民们将碰了钉子的里德利赶回家。里德利企图在下院兜售自己的方案时，岛民们又动员他们在下院的强大游说团猛烈抨击这一方案。于是撒切尔夫人不需要更多的提示就枪毙了这一方案，彼得·卡林顿也没有必要去强制推行。

事实上，除非英国愿意通过武力捍卫群岛，某种形式的“回租”实际是唯一明智的解决方案。然而，被派到国防部专门实施皮姆曾经抵制过的节支措施的约翰·诺特却断定，20 世纪最后几十年英国可能面临的冲突中，海战可能性最小。因此他提议，并得到撒切尔夫人的批准，报废一艘名为“赫耳墨斯”号的航空母舰，另一艘“无敌号”则准备出售给澳大利亚（只留一艘已老化的“卓越号”航母）。后来，这两艘航母竟成为 1982 年夺回马岛军事主力的核心。

战争结束后，撒切尔夫人宣称，这次胜利归功于她强大的国防政策。“由于我们没有削减自己的防务，”她在自己选区的一次讲话中说，“我们做好了准备。”这种说法完全是错误的，实际情况只是她所确定的削减措施还没有生效而已。不过，这些削减措施给布宜诺斯艾利斯发出了清楚的信号，即英国缺乏长期保卫这些岛屿的意志。让这一信号更为清晰的是，诺特同时宣布从南大西洋撤回流冰监视船“坚忍号”。正如卡林顿极力辩称的那样，这艘船的撤出，实际上对阿根廷发出了邀请。但撒切尔夫人却支持诺特。与此同时，英国南极调查机构宣布，关闭南乔治岛无人居住附属地上的工作站。最让这些岛民感到痛苦的是，1981 年夏国会通过了新的《英国国籍法》，剥夺了马岛岛民的英国公民权。几乎没有人能够猜想到，仅仅几个月后，撒切尔夫人就又宣布，马岛岛民是与马盖特或曼彻斯特居民一样的英国人。

与阿根廷的谈判在纽约的联合国继续进行。然而，由于谈判议程中并不涉及主权问题，外交部没有任何牌可打。看到了这些信号后，以莱奥波尔多·加尔铁里为首的新的阿根廷军政府经过算计得出结论，1982 年夏末迅速夺取这些岛屿，一定能把夺回岛屿主权变成事实，因为英国海军力量已经削减，在南大西洋冬季最严酷的气候条件下，即使英国人想重新夺回这些岛屿，他们也根本没有能力做到。

最终结果可能是为数不多的外交抗议，也许还有虚情假意的联合国制裁措施。这样的羞辱一定会迫使撒切尔夫人辞职，但是任何继任者都不会试图扭转这种政局的巨大变化。从 1 月份起，阿根廷人就在紧锣密鼓地筹划军事行动。然而，计划的时间表通常被意外事件打乱。三月初，一位拥有拆除南乔治岛上废弃英国捕鲸站合同的阿根廷废旧金属商人，在没有得到特许的情况下登上了南乔治岛，工人们出去工作时，他突然竖起了阿根廷国旗。卡林顿劝说撒切尔夫人，只要“坚忍号”存在，就可以阻止这种事情的发生，撒切尔夫人便同意派“坚忍号”与20名海军陆战队员，从斯坦利港出发，赶到南乔治岛，驱逐这些人。这次行动反过来促使阿根廷加速了战争准备。

周六的辩论

撒切尔夫人真的被阿根廷出兵马岛事件激怒了。首先，尽管阿根廷人喜欢自吹自擂，她却不相信他们实际上会诉诸军事占领这种粗暴无礼的行为。其次，让她感到尤为愤怒的是，竟然有人敢占领英国领土，并认为这样可以不了了之，这是英国在世界地位衰落的一个指标，像加尔铁里这样的人也竟敢蔑视英国，撒切尔夫人上台执政就是要扭转这种衰落。第三，想到在外国占领下这些岛民每天所遭受的屈辱，她立刻产生了同情心。所有这些反应自然表现在随后几周里，她高调号召人们投身为英国战斗的伟大事业中。她准备战斗，不仅仅为了1800个岛民，而是为了支持民族自决及民主，不仅仅是为了恢复英国国家的荣誉，而且为了恢复国际法的法治精神。

撒切夫人的所有这些情感，震惊、愤怒、耻辱与同情，无疑是深厚而本能的。但是，从3月29日阿根廷人军事意图突然明朗的那一刻起，她就十分清楚，无法阻止群岛丢失将会对她的个人职位以及她领导的政府的生存构成极为严重的威胁。有两天时间，她非常担忧。在与卡林顿在一起前往布鲁塞尔参加欧共体会议的途中，她同意派三艘潜艇立即南下，因为这些潜艇需要10天时间才能到达，如果出发太晚，就不能起到阻吓作用。事实上，潜艇出发的消息只能鼓动阿根廷人继续采取行动。撒切尔夫人别无出路，只好求助于美国人。卡林顿首先求助于国务卿亚历山大·黑格，后来她本人又亲自求助于里根总统，请他们设法说服阿根廷人住手。4月1日，里根总统与加尔铁里将军进行了50分钟的电话会谈，但却未能让加尔铁里将军改变立场。布宜诺斯艾利斯大街上已经出现了狂热的示威者，为时已晚了，军政府无法后退。第二天，阿根廷的旗帜便飘扬在了斯坦利港的上空。

不过，到了这个时候，派出一支海军特遣舰队的决定已经做出。3月31日，在下院首相室召开的一次著名会议上，撒切尔夫人听到了她很希望听到的建议，即只要有政治上的意志和决心，海军便有能力重新夺回群岛。提出这条建议的人甚至还不应该参加此次会议。在海军参谋长亨利·里奇子爵前来告诉大家完全不同的情况之前，军事方面的建议一直比较悲观。里奇曾强烈反对削减海军，但国防部内部斗争却未能占上风；但马岛危机也成了他证明自己论点的天赐良机。他擅自前来参加在下院举行的秘密会议，穿着制服走到会场。里奇告诉首相，尽管存在许多困难，一支海军特遣舰队还是可以在一两天内完成组建的，如果岛屿真的被占领的话，这支舰队完全有能力重新夺回。

撒切尔夫人要生存，正好需要里奇提出的建议。当然，还不能肯定海军有没有能力实现里奇承诺的目标，因此派遣一支军队重新夺回群岛将是一场巨大的赌博。如果真的要打仗的话，问题就成了能否提供足够的空中掩护，顶着敌人的反抗实现登陆的关键在于，撒切尔夫人手上有了积极的消息要在自 1956 年苏伊士战争后首次在周六召开的下院会议上宣布。会议在上午召开，当时阿根廷的军事行动已经得到确认。

在情绪激昂的气氛中，下院召开会议，撒切尔夫人的情绪同样激昂。就连普遍被认作伤感的老牌和平主义者迈克尔·福德①也要求采取军事行动，抹掉国家屈辱的污点，当然撒切尔夫人也不甘落后。阿根廷的行动，她直言道，“既没有丝毫的道理，也没有一点点的合法性。”因此皇家舰艇“无敌号”将作为主舰，星期一就可以离开港口。

一支海军将在 48 小时内启程的消息，就连最激动的政府批评人士都没有想到。宣布这次行动让撒切尔夫人重新获得了主动权。她把道德上的愤怒与毫不妥协的好战立场结合在一起，实现了与下院及全国情绪的完美融合。持不同政见的保守党人希望危机能消灭她，他们当中依然存在相当多的焦虑，还有一些人在嘀嘀咕咕。4 月 5 日，在爱德华时代的热情气氛中，最终由 100 艘战舰与 26000 人组成的首批特遣舰队从普斯茅斯出发。从这一刻起，撒切尔夫人就与“我们的小伙子们”实现了感情上的认同，并巧妙地驾驭着沙文主义及民族团结的浪潮。

不过，虽然说宣布出兵让她恢复了主动权，下院却仍希望找只替罪羊，以清除国民的耻辱感。首先，约翰·诺特在会议厅的辩论中情绪紧张，然后，在楼上的一个委员会会议室里，彼得·卡林顿遭到一群散发着血腥气味、狂怒不已的后座议员的围攻。卡林顿不习惯下院议员的这种粗暴行为，便决定辞职。卡林顿的自我牺牲有点堂吉诃德的精神，不过却准确地取得了所希望的结果，满足了某个人必须承担责任的需要。这样，政府和国家就能在这支军队背后实现团结。

---

① 实际上福德根本不是一位和平主义者。他曾经是一位激情的年轻记者，是《罪人》的作者之一，这本书是对张伯伦政府 1939 年未能做好战争准备提出了有名的控诉。

无论如何，失去了自己喜欢并且信任的卡林顿（尽管她并不总是听从他的建议），对撒切尔夫人是一种打击，而又让她焦心的是，必须提拔她最不喜欢的弗朗西斯·皮姆接任卡林顿。皮姆的升迁颇具讽刺意味，并不是因为她不喜欢也完全不信任他，而是因为正是皮姆 1980 年曾反对过削减国防开支，而撒切尔夫人本人却决意削减。不过，现在她成了女皇战士，而皮姆却被认作不光彩的绥靖策略的代表。

战争中的大不列颠

撒切尔夫人发现自己意外地投入了一场既没有接受过训练，也没有做任何准备的战争，她非常明智地征询着意见。周日，她邀请弗兰克·库珀爵士到唐宁街 10 号楼顶房间用午餐。库珀回忆："我们喝了杜松子酒，她问我：'实际上应该如何指挥战争？'"

我说："第一，需要有一个小型的战时内阁；第二，无论发生了什么事情，都要召开例行会议；第三，周围不需要太多官员。"

为此，撒切尔夫人组成了一个小型的战时内阁处理危机的军事及外交事宜，其正式名称为海外及国防委员会（ODSA）南大西洋分会。组成人员有国防大臣皮姆、外交大臣诺特、副首相威利·怀特洛，第五位是保守党主席塞西尔·帕金森，选他的主要原因是他在电视上具有娴熟的表现技能，还是首相可以依靠的支持者。杰弗里·豪被排除在外，因为战争的费用并不是考虑的因素。再加上海军上将特伦斯卢爵士（国防参谋长）、弗兰克·库珀和其他官员。

不过，随着冲突的加剧，从派遣海军特遣队开始，撒切尔夫人非常注意每次重大行动都得到全体内阁的认可，避免受到批评与攻击。这是一种非常难得的场合，她绕着桌子清点各位的表态情况：只有约翰·比芬会公开表示不同意见。事实上，正如彼得·轩尼诗描写的那样，在整个危机过程中，撒切尔夫人本人"在向内阁和下院介绍细节方面，几乎跟丘吉尔的风格一模一样。"她甚至引入了第二次周会，在每星期二战时内阁会议结束后召开，会上向全体内阁通告事态最新进展。

这个精干的指挥机构运作异常顺利，其主要原因是撒切尔夫人与军界高层关系十分融洽。1982 年 3 月以前，她与武装部队几乎没有发生过联系，只有 1980 年 SAS（空军特种部队）结束伊朗大使馆围困的一幕，曾让她对他们的能力有了为时短暂但却激动人心的了解①。不过，只要不再担忧他们的费用，她就非常欣赏他们的奉献精神与专业精神。她信任军方，军方也相信在行动过程中她不会让他们失望。他们也忘不了苏伊士战争的经历。

撒切尔夫人不但敬慕军界上层，还与那些参加实际战斗的人们建立了更了不起的亲密关系。她认同那些被她称为“我们的人”的郊区家庭业主的愿望，心中也同样喜欢、接受并理想化这些坚强的年轻士兵、水手和航空兵，后来他们成为她所称的“我们的小伙子们”。军队认为“玛吉”是位非凡的政治家，一位像他们一样的战士，她对军队的了解超过了潜在的调停者。调停者寻求的是一种外交解决方案，目的在于防止在重新夺回群岛过程中发生不可避免的牺牲。军方长年从事训练，目的绝对不是放弃难得的行动机会。对战斗在南大西洋的军队官兵来说，“玛吉”不仅仅是位拿他们的生命玩弄政治的平民首相。她是一位他们愿意用“激情与忠诚”自豪地为之战斗的领袖。

从十多岁起，撒切尔夫人就非常崇拜丘吉尔。她显示出一种对“温斯顿”的充分熟知（其实是毫无根据的），因而时常招来嘲笑，也激怒过丘吉尔家庭。无论是勇敢地面对苏联，还是蔑视内阁中的“湿才”，她都毫不回避用丘吉尔的语言描绘自己所从事的斗争。1981 年在预算案辩论中，她就朗读过丘吉尔战时讲话，并对着她的工作人员背诵这些演讲，用以坚定自己的立场。不过，她永远不曾梦想将来有机会在现实中重新扮演温斯顿的角色。但马岛事件给她提供了这一机会，尽管规模比二战小得多。像一生都在为这一刻进行训练一样，她接过丘吉尔的语录，为了自由英国愿意孤军奋战，英国会勇敢地面对独裁者，一切都必须服从胜利这个唯一的目标。尤其引人注目的是，她以自己信念的力量和水手、战士表现出的英雄主义一道，唤起了 1940 年的精神，而她自己并未辜负这种精神。

一方面，缺乏战争经验成了撒切尔夫人的明显优势。实际上，所有参与马岛战争的资深政治家、军事家和外交家都深信，也许除了丘吉尔以外，任何男性首相都不可能像撒切尔夫人那样做事：命令军队出发，支持他们重新夺回群岛，如果开战，接受人员伤亡的事实。在撒切尔夫人周围工作的绝大多数男性都有个人的战争

---

① 1980 年 4 月 30 日，6 名要求伊朗南部自治的武装恐怖分子占领了在肯辛顿的伊朗大使馆，扣留了 20 名人质，包括一名警官和两名 BBC 记者。内务大臣威利・怀特负责为期 6 天的警察行动，结束了围困。不过撒切尔夫人密切关注着此事，并清楚地表明不与恐怖分子进行实质性的谈判，不能让恐怖分子的行为得逞。恐怖分子开始射杀人质时，撒切尔夫人立刻批准了怀特洛派遣 SAS 冲入大楼的决定，事件在“银行假日”（Bank-Holiday 银行假日，即银行放假不营业的日子，是英国公共假日的别称。——译者）的茶点时间在电视上直播，SAS 击毙 5 名恐怖分子，抓住了第六名。之后，撒切尔夫人和丹尼尔亲自去摄政公园 SAS 总部，向突击队表示祝贺。

经历，怀特洛和皮姆获得过十字勋章，即使表情严肃的诺特也当过专业士兵。他们都认为，男人对战争的意义有着更为生动的认识。海军上将列文警告撒切尔夫人将会出现人员伤亡。当然，她憎恨这种想法，但只要海军与陆军认为这种风险与实现的目标相称，她就会接受这种必然性。毕竟，军队，就是为了战斗。

不过，当发生人员伤亡时，她的感受也许比男性同事更为深切。5 月 29 日，就在对保守党妇女大会发表讲话之前，她得知英国皇家海军“谢菲尔德号驱逐舰”被击沉的消息，当时罗尼・米勒跟她在一起。她感到非常紧张，掉过头，紧握着拳头，竭力控制自己的情绪，默默地流着眼泪，然后自己静下来，继续讲话，她镇静而富有尊严，但只讲了 20 分钟。

她特意给所有牺牲士兵的家庭亲自写信。后来，她宣称，那年早些时候，马克在撒哈拉沙漠中走失时她所感到的焦虑，使她对马岛母亲们所经受的痛苦有了更深入的了解，说话的口气没有一丝挖苦的味道。她周围的老朋友，不光是 1943 年到 1945 年曾在意大利服役的丹尼斯，都得不时地安慰她，说人员伤亡是不可避免的事情。不过，一旦伤亡事件发生，只能使她更加坚定完成这项任务的决心。

实际上，撒切尔夫人的性别并无关要紧。除了她指挥下的军队的素质和很大程度上的幸运之外，让她成为成功战时领袖的，是她十分清晰的目标。她对实现自己的目标毫不动摇，专心致志，有一种异常简单的信念，即她的事业是正确的，而正确的事业一定会取得胜利。跟在经济方面一样，在战争中，正是这种道义上的坚定不移，而不是她的性别，让她不同于她的男性同事，使她敢于承担他们可能望而却步的风险。在战时内阁中，权衡风险是同事们的责任，尤其是外交大臣皮姆的责任，他应该寻求一切可能避免战争，目的就是让整个世界舆论站在英国一边。撒切尔夫人认识到，得不到马尔维纳斯群岛的主权，加尔铁里将军就不可能撤退，而她更不可能接受他们持续占领的事实。因此，撒切尔夫人坚定地认为，除战争外别无选择，事实也证明她的判断是正确的。

不过，假如参谋长们不告诉她重新夺回岛屿在军事上是可能的，或者他们认为风险太大，那么无论她的意志多么坚定，也不可能夺回岛屿。他们承担着真正的责任，撒切尔夫人的角色就是做出并维持这样的政治判断，即如果军方认为是可能的，那么就应该做下去。凭着自己信念的力量，她赢得了胜利，并得到了内阁对她坚定不移的路线的支持。正是这种判断让她的同事们怀疑，如果 1982 年台上是另一位首相，会不会出现同样的事情。结果，她赢得了战争，解放了被占领的岛屿，而付出的人员牺牲代价却相对较小，算起来还是划算的。不过，还是有 255 名英国人丧生，6 艘军舰沉没，和其他方面的损失，可见保护未来并不确定的群岛需要付出高昂的成本，而且非常容易变得更高。事实上，这是一次险胜。特派舰队的全部力量都达到了能力的极限，容不得半点失误。阿根廷人投降时，斯坦利外的一些部队只剩最后 6 轮弹药。所以调停者寻找一切可能防止撒切尔夫人的惊天豪赌的做法也是应该的。

战争外交

整个四月，一直到五月初，随着海军特遣舰队缓慢向南行驶，撒切尔夫人的地位变得非常微妙，因为尽管她个人坚决不同意除完全掌握英国对马尔维纳斯群岛的主权以外的任何方案，她不得不表现出愿意接受合理的解决方案的姿态（如果可以通过谈判的话）。她认识到，为了争取世界舆论，尤其是美国舆论来支持英国立场，她必须保持外交解决渠道畅通，尽管对于美国为何未能支持最忠实的朋友，反对在她看来可以明确认定的无端侵略，表示难以理解。事实上，1981 年初上台的里根政府的最初直觉反应是保持中立。因为有一个强大游说势力，其中最有力的代表就是直言不讳的美国驻联合国大使珍妮 · 柯克帕特里克，他们认为美国与拉丁美洲保持良好关系，比迎合英国的帝国怀旧心理更为重要。于是 4 月 6 日里根总统说，美国与英国和阿根廷都是朋友。让撒切尔夫人感到愤怒的是，正是基于美国与英国和阿根廷都是朋友的立场，美国国务卿亚历山大 · 黑格开始设法促成一项双方平手的解决方案。

并不像人们经常设想的那样，由于撒切尔夫人与罗纳德 · 里根之间存在特殊关系，后来的几周里美国才从感情上站在英国一边。真正发挥了重要作用的是在外交部经常被忽视的两位游侠式人物，是他们在老式外交方面的出色表现。这两位大侠就是英国驻纽约联合国大使安东尼 · 帕森斯爵士和英国驻华盛顿大使尼古拉斯 · 亨德森。此外，至关重要的还有美国国防部长卡斯帕 · 温伯格，他主动给予了英国需要的关键军事合作。这些事情发生在白宫正式宣布放弃中立立场之前很长时间，尽管美国军方认为重新夺回岛屿是“徒劳无望的努力”，不会取得成功。也因为这种超过职责范围的帮助，战后温伯格被授予荣誉骑士勋章。

安东尼 · 帕森斯引发了非凡的政局大变动，马岛事件发生仅一天之后，他就说服联合国安理会通过了第 502 号决议，谴责阿根廷的军事行动，要求阿根廷首先撤出占领军，然后通过谈判解决问题。为了获得必需的三分之二的多数票，他不得不给多哥、扎伊尔、乌干达、圭亚那和约旦等国施加压力。他千方百计地说服了前 4 个国家，又让撒切尔夫人亲自给侯赛因国王打电话寻求支持。她的电话显然起了作用。阿根廷人从未想到英国能动员联合国支持一项含有帝国主义性质的决议。跟在罗德西亚问题一样，撒切尔夫人非常希望在没有联合国参与下单干。不过，在整个世界眼里，第 502 号决议给了英国在声张自由、自决及国际法方面价值无量的合法性。在接下来的几天里，亨德森在华盛顿跑了多家电视台，向美国公众介绍英国的事业。最为关键的是，法国对已经购买飞鱼导弹的国家冻结了这种导弹及零部件的出口。撒切尔夫人因此一直感谢总统密特朗及时与无条件的支持。在马岛事件发生的一周后，加尔铁里和他的军政府发现，不但英国拿起了武器，而且世界绝大多数国家都反对他们，情况比他们预估的一些象征性的抗议活动严重得多。

但是，获得这种令人欣慰的支持的前提是英国仍然愿意随时准备谈判。海军特遣舰队抵达南大西洋需要 6 周的时间，因此有足够的时间寻找一种和平解决方案。为此，黑格在伦敦与布宜诺斯艾利斯进行了穿梭式的访问。即使在敌对行动开始后，里根一直还在请撒切尔夫人接受停火。事实上，撒切尔夫人几乎单枪匹马，出色地跟英美的整个外交政策机构进行周旋，确保所有这些善意的和平斡旋不会取代军事胜利，她认为英国唯一能够接受的结局就是军事上的胜利。然而，她同时又意识到，不显示出灵活性，就会丧失国际上的支持。

黑格最初建议，阿根廷先从群岛撤军，然后成立一个临时联合政府，同时通过谈判达成一份永久性的解决方案。在后来两个月里，围绕这三条核心立场，提出了各种不同的方案。然而，在所有这些往来磋商中，撒切尔夫人坚持两点不可动摇：第一，在考虑一切方案之前，占领军必须首先撤出；第二，在任何最终解决方案中，岛民意愿必须是“至高无上的”。然而，加尔铁里和他的同事们同样坚定地认为，群岛主权属于阿根廷，得不到最终的主权承诺，他们不会让出已经到手的东西。在这两种关键立场之间，其实没有多少妥协的余地。不过，由于安东尼·帕森斯爵士取得的外交胜利，撒切尔夫人得到了联合国对英国立场的支持。第 502 号决议不但呼吁阿根廷撤出，保障自决权；《联合国宪章》第五十一条还支持对侵略采取自卫的权利。因此，只要她在一些假设细节上表现出愿意妥协的态度，《联合国宪章》就会拥护她的基本要求。

起初，坚持她的路线并不存在很大的困难。然而，让她感到厌恶的是，4 月 23 日，皮姆屈服于美国强大的压力，同意提出被撒切尔夫人形容为“有条件投降”的方案。像往常一样，在关键的内阁会议上，撒切尔夫人提前说通了威利·怀特洛，从而避免了出现这种必要，怀特洛总是不会让她失望的。诺特则建议不要让皮姆对黑格直接予以拒绝，而是建议黑格先将这一方案提交给阿根廷人，预料他们会予以拒绝，事实也果然如此。“这场危机始于阿根廷率先采取军事行动，”她告诉下院，“必须以阿根廷撤军而结束。”这一点是相对容易的。第二天就传来重新夺回南乔治岛的消息，几天以后，美国政府正式站在英国一边，承诺给予英国物资及情报上的支持。“现在我们得到美国的全力支持，”她宣布说，“这是我们所期待的，我想也是我们应有的结果。”

前面的道路却困难得多。5 月 2 日，英国潜艇“征服者号”击沉了阿根廷巡洋舰“贝尔格拉诺将军号”，388 人丧生。第二天，作为报复，阿根廷空军击沉了“谢菲尔德号”驱逐舰，舰上 23 名船员丧生。突然之间，战争成为现实，国际社会要求英国保持克制不让争端升级的压力进一步增加。战时内阁同意击沉“贝尔格拉诺将军号”所引起的争议超过了在马岛战争中其他任何问题。英国已于 4 月 12 日宣布马尔维纳斯群岛周围 200 英里为海上封锁区，警告进入该区域的所有阿根廷船只都将被击沉。但是，5 月 2 日，“贝尔格拉诺将军号”处于英国宣布的区域以外，根据后来得到的消息是，该船只正驶离马尔维纳斯群岛。在这种情况下攻击该船似乎是一种无端的战争升级行动，甚至是一种战争罪行。实际上，从军事角度看，采取这样的行动是有充分理由的。在海上行驶的阿根廷舰队已经接到攻击英国舰船的命令，前一天，他们发动了飞鱼式导弹进攻，但没有取得成功。在列文看来，“贝尔格拉诺将军号”和护卫它的两艘装备飞鱼式导弹的驱逐舰当时行驶的方向“完全不重要”。特遣舰队司令桑迪·伍德沃德怀疑，他们正在做“典型的钳形运动”，因此请求允许予以击沉。列文支持了他的请求，战时内阁也毫不犹豫地同意这一请求。到 5 月 2 日，最初宣布的禁区已经改变，他们警告阿根廷人，从 4 月 26 日起，任何作业在特遣舰队区域内的船只都将被击沉。撒切尔夫人次日告诉下院，“贝尔格拉诺将军号”对我们特遣舰队的人员构成严重的威胁。“假如我们置之不理，将很快错过时机，我可能不得不到这里宣布我们舰船被击沉的消息。”后来，她一直坚持认为，这项决定完全出于“必须反击我们有责任不能忽略的、清楚的军事威胁”这种军事需要。此外，即使批评人士也不得不承认，从结果来看，这一行动是有道理的，因为在整个冲突过程中，阿根廷海军一直不敢驶出港口。

其实认为击沉“贝尔格拉诺将军号”是故意破坏秘鲁总统提出的和平计划的说法是不成立的。相反，正是“贝尔格拉诺将军号”和“谢菲尔德号”的击沉才使贝劳德总统提出的和平建议取得了进展。现在双方都向对方显示了自己一方所做能够做到的事情，国内外越来越强烈地要求制止进一步的杀戮行为，实现停火。5 月 4 日，撒切尔夫人认为，必须寻求全体内阁的支持，可这次她却没有得到支持。贝劳德的方案与黑格的建议基本相同，是“戴着斗篷的黑格”。显然，阿根廷人仍然坚持，只有在主权最终属于阿方的前提下才愿意商谈临时政府的事宜。但是，首相绕会议桌走了一周，发现只有迈克尔·赫塞尔廷和昆汀·海尔什姆勋爵坚持不妥协的路线。第二天，撒切尔夫人不得不宣布，对秘鲁提出的建议，“我们做了一个非常具有建设性的应对方案”。

她又一次得靠阿根廷人来拒绝这不值钱的东西，而加尔铁里又一次没有让她失望。然而，这是4月2日以来撒切尔夫人第一次允许自己承诺接受一种妥协方案，用某种形式的国际共管或联合国托管代理简单的英国主权。全体内阁极其详细地讨论了范围很广的不同选择方案，撒切尔夫人再也不能以威胁辞职的方式自行其是。这时，假如阿根廷军政府有意识地抓住时机，就可能实现分享群岛治理的权利。如果那天晚上副外交大臣哥斯达·门德斯给纽约联合国秘书长传话，英国就不可能不顾美国及世界的舆论而一意孤行。

然而，此刻倒计时进程已经加快。5月8日，特遣舰队从阿森松岛向南进发。诺特和其他人曾经一直认为，这是至关重要的转折点，过了这一点，目标得不到彻底实现就不可能召回舰队。同一天，战时内阁批准了伍德沃德制定的作战计划，定于5月21日从圣卡洛斯湾东马尔维纳斯群岛西侧实施两栖登陆。5月12日，被征用的"伊丽莎白号"货轮载着第五步兵旅的3000名士兵（威尔士及苏格兰卫队）离开了开南安普敦港，支援实行首次冲锋的海军陆战队和空降团。5月13日，在下院会议上，撒切尔夫人对继续谈论和平感到愤怒。"我能不能特别澄清，"她对一位保守党提问者回答说，"我们正在努力争取和平解决方案，但绝不是和平的出卖。"当里根打电话督促继续谈判时，她实际上对里根很不客气。

第二天，5月16日，星期天，撒切尔夫人在首相别墅召开了一整天的内阁扩大会议，研究英国最后谈判立场的措辞形式，实际上也是一份最后通牒。没有人期望这种立场能够得到对方接受：撒切尔夫人的心思集中在即将面临的考验上。不过，帕森斯和亨德森仍然十分谨慎，希望形成一份尽可能和解的文本，显示英国愿意做出最大限度让步以避免战争。首相则旗帜鲜明地大讲民主、侵略、自决以及美国支持英国的道德义务，对他们予以无情的批驳，在他们喜欢外交含混的地方，她却坚持清晰地申明立场。

3天后，撒切尔夫人在下议院明白无误地为战争扫清了障碍。她指责阿根廷人破坏了谈判达成和平解决方案的所有努力，她以一种难以掩饰的放松，宣布和平努力已经结束。英国提出了多种合理的建议，包括接受在阿根廷撤出后联合国对马尔维纳斯群岛临时行使行政权，然后在"不对谈判结果做出事前判断"的条件下进行长期谈判，然而，阿根廷却"一味地寻求混淆并拖延谈判，同时维持对该群岛的非法占领。因此，她宣布，英国现在决定撤回提出的建议。

胜利及胜利之后

4天后，一旦发出了反击的命令，撒切尔夫人就没有多少可以进一步发挥的作用：跟所有其他人一样，她只能等待消息，相信军队有能力实现 7 周前里奇与列文急急忙忙承诺的目标。战争失败的风险依然是非常真实的。没有足够空军掩护（海军没有机载的早期预警系统，只有 40 架海鹞式战斗机与阿根廷 180 架飞机作战），圣卡洛斯湾的登陆行动打破了战争的所有准则。在恶劣天气的帮助下，突击队的行动未被发现，很快就抵达圣卡洛斯湾水域（阿根廷人预计登陆可能选在更靠近斯坦利港的地方），成功地夺取了滩头阵地。5 月 21 日，4000 名士兵成功登岛。然而，在后来 4 天争夺制空权的战斗中，两艘护卫舰（“热心号”和“羚羊号”）和“考文垂号”驱逐舰却被击沉，还有几艘船只遭到严重破坏。如果阿根廷炸弹成功爆炸的话，损失将会更为惨重；不过，这些损失迫使伍德沃德让“赫尔墨斯号”和“无敌号”停留在比原计划更远的距离范围，从而降低了海鹞式战斗机的作战能力。

从军事上讲，最严重的事件是 5 月 25 日“大西洋运送者号”运输船沉没，损失了特遣舰队总共 4 架切努克中的 3 架，按照原计划，这些飞机将运送海军陆战队和伞兵越过岛屿，直接到达斯坦利港。现在他们不得不肩扛沉重的设备，全部步行，“艰难地跋涉”。幸运（令人费解）的是，阿根廷人没有在英国军队撤离之前轰炸滩头阵地。幸运的还有，海鹞式战斗机的表现比预计的更为出色，对阿根廷空军造成的损失超过了布宜诺斯艾利斯空军司令们愿意接受的程度。幸运的还有，阿根廷潜艇全部滞留在港口，他们的陆军力量尽管人数上超过英国一倍，但全部是从阿根廷温暖的北部招募来的不愿作战的士兵，与英国经过北冰洋训练的专业士兵相比，无论在体质上还是心理上都不适应严寒的马岛冬季气候。一旦海军陆战队和伞兵开始向斯坦利港挺进（分道到鹅原），毫无疑问，他们一定会到达目的地。不过，假如阿根廷人组织更为坚决的抵抗，伤亡肯定会更加惨重。事实上，对英国军队最后的打击是 6 月 8 日“加兰哈德爵士号”在菲茨罗伊被击沉，51 名威尔士卫兵丧生。在菲茨罗伊组织掩护不足的登陆，其实是一次非常危险的行动，也悲剧性地出现了问题，但幸运的是没有拖延对斯坦利发动的最后进攻，不过从中人们可以看到完全可能发生的另一种局面，令人不寒而栗。6 天以后，由铁皮屋构成的定居地被团团包围，阿根廷司令官投降，避免了最后的屠杀。

在战事最高潮的三周时间里，特遣舰队和撒切尔夫人政府的命运可谓悬于 8000 英里以外那无法控制的事件上，她一直生活在不安之中，几乎无法入睡，不耐烦地等候消息，但仍然要尽最大可能，履行正常的责任，从事正常的活动。在圣卡洛斯着陆的那一天，按照计划她将在芬奇利出席一间仓库的开启仪式，这个日子已经被她取消过一次。在去教区的路上，她得知行动开始并不顺利，三位直升机飞行员牺牲。记者拍到她爬进汽车的照片，脸上充满泪水，不过这张照片从来没有发表过。回到教区办公室，她休息了一个半小时，才得以从事另一个活动。但还没离开教区，她又得到消息，圣卡洛斯湾的滩头阵地已经建立。

晚上回到唐宁街，她像又换了一个人似的。“这些日子真让人紧张不安，”她告诉当时集结在那里的人群，“但是我们有了不起的作战部队，大家都在支持他们。我们正在为一个正义事业而战，我祝他们好运。”

对她来说，接下来的日子里更为艰难。位于诺斯伍德的军事行动指挥部，她只去过两次，一次是 4 月 23 日，那时南乔治岛行动正在进行之中，她的支持与决心给人们留下了深刻印象；另一次则是在战争快要结束时，她和诺特前往察看最后几小时的战役。在后来阶段，她非常激动，用战争内阁一位成员的话说，她“狂热到危险的地步”：5 月 25 日，她不得不克制自己，没有命令对阿根廷航空母舰发动进攻。在这个阶段发动对这艘航母的攻击，将被世界舆论视为无端挑衅，严重程度远远超过击沉“贝尔格拉诺号”舰艇。同时，美国人与联合国又施加压力要求停火，增加了她的焦躁不安。拿下圣卡洛斯滩头阵地后，特别是重新夺得鹅原后，美国人敦促英国，既然已经达到目标，继续进攻只会造成对阿根廷的羞辱。但这一点上撒切尔夫人却不存在问题。她在自己的回忆录上写道：“从军事胜利的嘴里叼来的却是外交失败，这是完全错误的。”另外，她不能让自己的部队滞留在通往斯坦利港口中途条件极为恶劣的地带。因此，当 5 月 31 日里根再次打电话给她，请求她践行丘吉尔“胜利中的宽宏大量”时，她感到“沮丧”和“震惊”。在她看来，战争仍未取得胜利。

6 月 4 日，帕森斯不得不动用英国的否决权，阻止安理会通过一项呼吁停火的决议（而美国人却表演一种侮辱性的“来回翻转”游戏，结果不得不在两方面上同时应对）。与此同时，在凡尔赛举行的七国集团首脑会议上，里根提出了新的建议，由联合国组成一个由美国参与的维和政府，防止阿根廷人通过这一渠道向岛上大量移民。这时，外交部和国防部都为对即将让英国无限期地背上保卫马尔维纳斯群岛义务的军事胜利的含义感到震惊。6 月 6 日，亨德森甚至发现，撒切尔夫人本人也有点愿意考虑一个不再完整恢复殖民统治的解决方案。不过，她意识到还存在一个问题，就劝告自己，说答案在于群岛的经济发展。她还考虑过一种方案，即组成一个包括阿森松岛、圣赫勒拿岛和南乔治岛等属地的南大西洋英国属地联邦，在美国的保护下吸引拉丁美洲的投资；然而她仍然憎恶为取得美国支持而不得不显示灵活性的做法。

6 月 14 日，星期一，撒切尔夫人终于得到了属于自己的胜利。4 月 2 日那场让人感到十分痛苦的周六辩论会仅仅过了 72 天，她就可以告诉一片欢腾的下院，白色的旗子已经飘扬在斯坦利港上空了，尽管阿根廷正式宣布投降才刚刚过了几个小时。之后，她返回唐宁街，在那里，民众高声唱着《大不列颠颂》，这是撒切尔夫人首相生涯的决定性时刻。尽管她十分谨慎地将胜利归功于那些制定作战计划的司令官们和英勇的“我们的小伙子们”，但是毋庸置疑的是，她决心为她本人和她领导的政府争取最大的政治红利。后来，还是由资深文官佛兰克勋爵担任主席、由资深枢密院委员与公务员以恰当的比例组成的调查委员会，调查了事件的整个过程。但是，令人难以置信的是，第二年 1 月提交的调查报告却对获得胜利的政府提出了严厉批评。他们认为撒切尔夫人从 4 月 2 日的耻辱中夺得了国家及个人的胜利；她投下了危险的赌注，却中了政治大彩，现在任何人都无法从她的手里夺走战利品。在阿根廷投降后的几周甚至几个月里，她毫不顾虑地利用属于自己的胜利，捞取了全部有价值的东西。

玛格丽特·罗伯茨曾经是一位挥舞英国旗帜的爱国者。从 1949 年作为年轻的保守党候选人在达特福德开始自己的职业生涯起，她的演讲一直充满着恢复英国“伟大”的雄心壮志。30 年后，她进入唐宁街，满怀激情致力于逆转国家的“衰落”感。她珍视为了英国利益在都柏林和斯特拉斯堡与欧共体其他成员开展的斗争，她憎恨在罗德西亚降下英国的旗帜。然而，只有马尔维纳斯群岛给了她用国旗将自己包裹起来的机会。军事领先的象征意义和语言给她的爱国主义注入了新的活力。有着真正的敌人、忠诚的军队、击沉的军舰与失去生命的战士的战时首相，是和平年代的他或她永远无法企及的国家领袖。大多数其他当代英国政治家对战时领袖感到不舒服，而撒切尔夫人却全力拥抱这个角色，她热情地认同“我们的小伙子们”，毫无愧色地在战斗中美化英雄主义与战争牺牲。胜利给了她国徽般的标志性地位，这是除了丘吉尔以外所有前任都不曾拥有的。

同时，战争胜利也改变了她的政治前景。仅仅在 6 个月以前，她还是民调记忆中最不受欢迎的首相，她领导的政府出现分裂，在反对派双管齐下的攻击下，她的政党面临被消灭的危险。尽管 3 月份曾出现某些回升，但是马岛事件仅一周之前，罗伊·詹金斯在希尔黑德补选中获胜，社民党势头仍然不减，选民支持依然在政府、工党及联盟三者之间平分秋色。在战争中，两个政党均陷入艰难境地，尽管工党的批评越来越强烈却囿于最初福德对特遣舰队表达的支持立场；虽然大卫·欧文做了最大的努力，联盟似乎依然软弱无力，处于无关轻重的位置。到了 7 月，撒切尔夫人个人的支持率翻番了（达到 52%），保守党也将其他两个政党远远地抛在了第二位，并在这个位置上一直维持到 1983 年 6 月。实际上，撒切尔夫人不但确保了第二任期，而且经过与同事长达 3 年的斗争，她在党内的权威忽然间变得无法撼动。

马岛战争成为国内政治的分水岭，造成的直接结果是在未来的 8 年里，撒切尔夫人确定了自己前所未有的统治地位。除了极大地增强她的权威与自信以外，战时领导层的经验还刺激并鼓励了迄今为止仍然受到抑制的专制倾向。尤其是小型内阁运作的速度与便利，越来越多地引导她越过全体内阁，通过钦点的专门委员会与个人顾问做出决策。与此同时，她深信，是她自己坚定的立场赢得了胜利，这种观点激励并加强她的信仰——拒绝妥协是外国人唯一懂得的语言。

马岛战争给了撒切尔夫人成为一位真正国民拥戴的领导人的独特机会。马修·帕里斯是一位保守党议员，他希望撒切尔夫人现在能够作为“一位更伟大的人物”出现；“学会宽恕怜悯，找到典雅风度”。不幸的是，马岛战争产生了刚好相反的效果。南大西洋的胜利加剧了她最差的个性，却没有弘扬最好的个性。1982 年以后，她利用得到扩张的权威，更加自以为是，以更大的热情追求她自己拥有的独特的英国社会愿景，践踏拥有不同愿景的团体、机构与传统。她收拾了外部敌人，很快就在内部寻找敌人，从他们身上可以领略同样的感受。

这场战争无疑提高了英国在世界上的威望，尽管并没有撒切尔夫人所希望的程度那样。无疑，战争肯定了英国武装力量高度的专业声誉：美国人坦率地拿马岛行动的成功与他们的军队在黎巴嫩和伊朗的拙劣表现做比较，世界范围内到处都需要英国军事顾问训练军队。战争还增加了撒切尔夫人个人在国际舞台上的知名度：她成为一个超级全球明星，每到一处人们都蜂拥而至，她的地位反映了英国的信誉，至少增强了人们对英国的兴趣。不过，全世界对英国重新夺回马尔维纳斯群岛准备的时间长度与距离长度，既感到惊奇，也感到印象深刻。撒切尔夫人激发了捍卫民主与勇敢地面对独裁的美好原则，在这场战争中她投入了高度的全球象征意义，这种象征意义在柏林、直布罗陀以及其他受威胁的飞地大行其道。然而，对其他许多地方的人来说，马尔维纳斯群岛是一项太可怜的小事情，不值得花费那么多的生命与财富。

当然，这是很不成比例的。最后统计的伤亡人数实际低得惊人——255 名英国军人丧失，777 人受伤（其中大约十分之一永久残疾）。实际上，这个数字比北爱尔兰的那场“麻烦”头 5 年死的人还少，不过仍然是很高昂的生命代价，这个代价稍不留神可能会变得更高①。物质上的损失是 6 艘战舰和 20 架飞机。直接的财务成本无论如何也在 3.5 亿到 9 亿英镑之间，更换损坏的战舰、大炮及器械则需要花费近 20 亿英镑。另外，未来 3 年里扩建斯坦利的跑道、提高群岛的防御力量需要 2.5 亿英镑的费用。此外，还有在可见的未来里在马尔维纳斯群岛驻军的费用。战争的费用以及随后各项事宜的总成本大约为 30 亿英镑。这场危机起源于国防部削减国

---

① 事实上，比这个数字要高得多。据 2002 年披露，战争结束后自杀的马岛战争老兵比战争期间死亡的士兵还多。

防开支，结果却具有讽刺意味。此外，这些削减措施本身也不得不逆转。向澳大利亚出售“无敌号”的计划被取消，海军护卫舰和驱逐舰补充到 55 艘。通过夺回马尔维纳斯群岛，海军自身得到拯救。但从英国的战略防御政策的全球角度来看，这场战争是对理性的灾难性偏离。其结果就是以大幅度增加费用为代价，永久性保留这个包括撒切尔政府在内的历届政府一直希望卸掉的畸形包袱。

马岛战争是一场本来不应该发生的战争。从政治及外交上看，战争起因于一系列的误判。精算下来，这是一种谬误。然而，一旦外交失误为战争制造出不可阻挡的势头，就会发现，战争本身是伟大的，但战争的起因可能非常可笑。

撒切尔夫人认为，重新夺回马尔维纳斯群岛事关荣誉，她个人的荣誉以及国家的荣誉。既然决定接受挑战，她和她的军队就要坚持到底，这种风范是一种意志、勇敢、技术和即兴而作的惊人壮举，是国家荣誉的正统来源。一般来说，撒切尔主义是一种功利主义哲学，它将国家生活中的每个方面都投入了严格的会计计算之中，贬低那些无法计算成本的东西。然而，马岛战争却是一个很大的例外，为了一种理念、一种义务和一种荣誉感，可以毫无吝啬地大把花钱。许多人可能喜欢为离家较近的其他事业打开金钱的保险柜。但总的来说，公众是同意这么做的，他们认为这场战争与登上月球一样，是不得不做的事情，可以不计成本，他们为非常出色地完成任务而感到骄傲。毫无疑问，这是撒切尔夫人最美好的时刻。之后，她再没达到过这种道德的辉煌高度了。

第十四章
马岛效应

撒切尔主义的兴起

马岛战争胜利结束后，撒切尔夫人的地位彻底改变了。现在，几乎可以肯定，无论她选择何时举行大选，她都会赢得连任。有人猜测她会利用胜利的喜悦，在秋季举行一个快速的咔叽选举（即“非常时期大选”）。然而，在《每日快报》的一次采访中她却对乔治·盖尔说，这种猜测，“基本上是错误的。马岛事件是民族自豪感的事情，我不会用作政党的政治目的。”这种说法显然是在说谎。事实上，她毫无顾忌地宣称，战争胜利是保守党，实际上就是撒切尔主义取得的成就。

不过她意识到，迅速举行选举会被人们讥笑为机会主义，而且结果可能适得其反。此外，这样做也是没有必要的。她已经最终获得支配一切的地位，为什么要缩短第一任期？她可以按照自己的愿望继续坚持到 1984 年的春天。她暗示自己倾向于坚持到 1983 年秋，这样就会得到另一个完整的议会年度来收获增强的权威带来的政治成果。同时这种安排令她有足够的时间更明晰地展示前三年的痛苦所孕育出的经济成果。

然而，经济复苏的步伐却非常缓慢。尽管杰弗里·豪宣布，经济衰退已于 1981 年第三季度正式结束，但 1982 年的经济增长率仍然只有 0.5%，工业产出成为 1965 年以来最低的年份。就业部几番修改失业人数的计算基准，但失业率仍然在继续升高。许多分析人员估算，真实的失业人数应该已接近 400 万了，而不是政府宣称的 300 万。在内阁里内部，吉姆·普莱尔也在继续警告，认为现在的失业水平已经难以持续，并称采取“一些”无须涉及政府增大开支的“额外活动”，就可以轻而易举地缓解局势。与往常一样，豪和撒切尔夫人以坚定的态度对这种警报予以了拒绝。

另一方面，通货膨胀得到持续的下降。通货膨胀是政府喜欢使用的衡量成功与否的指标。1982 年底通胀率下降到 5%，使豪能够持续地削减利率（到 11 月为 9%），从而提升了有工作的人们的生活水平和富裕感。大量裁员以后，生存下来的制造企业的生产率得到了提高，同时由于英镑汇价下降，整个工业的形势得到缓解（主要原因还是石油价格下跌），最终又迫使豪12月份再次提高利率。在维持整体开支紧缩格局的同时，豪实施了一项富有想象力的供应经济学政策的计划，这项计划由放松管制与目标刺激构成，包括开放更多的港口，企业产业区数目增加一倍，提供贷款担保方案，对引入计算机的企业提供资助。由于这些原因，经济指标终于开始缓慢上升。按照撒切尔夫人的承诺，战争费用从应急准备金中支付，而未在公共开支中列支。这样一来虽然公共开支占GDP的比例仍然高于1979年，但也得到了控制，到了1983年春天，豪就可以在可能成为选举年的年度预算中，出台一些温和而又非常及时的减税措施了。

到1983年6月撒切尔夫人举行大选时，政府就可以振振有词地对那些批评人士宣称，政府的经济战略正在发挥作用：通货膨胀正被从经济挤走，道路已经十分清晰：建立在健全基础上的经济复苏，将很快带来真正的就业机会。怀疑论者反驳说，相反，英国其实经受了比欧洲其他地方更为严重的经济衰退，政府吹嘘的经济复苏是肤浅和零散的，主要集中在英格兰南部，而苏格兰、南威尔士和英格兰北部制造业集中地区却遭到永久性的破坏。从经济上看，政府政策效果的严重不平衡显然是不可否认的。然而，政治方面的事实却是，政府已经赢得了这场辩论。人们认为撒切尔夫人坚忍不拔的立场正在显示效果。人们发现，迄今一直被认为无法支持的失业水平毕竟还是可以容忍的：没有再出现骚乱活动。与此同时，随着政治世界调整到撒切尔可能的连任上，一系列具有鲜明“撒切尔主义”的政策便开始形成。

首先，诺曼·特比特拿出了第二轮政府工会改革方案。特比特因享有右翼强硬派的声誉，1981年9月便被任命为就业大臣，其明确目的就是实施普莱尔曾经成功抵御的政策。事实上，他做事的风格更为巧妙，与他激烈的言辞相去甚远，他制定了另一份经过仔细判断的方案。与“董事学会”、与右翼后座议员一直要求的东西相比，该方案的惩罚性大为降低。

特比特于1982年1月提出的《就业法案》的核心内容，就是取消工会享有的对因非法劳资纠纷引起的民事行为免责的规定，同时压缩了构成合法行动的定义，因此工会组织必须对次级和同情性罢工造成的损失承担责任（最高可达25万英镑）。今后法律只承认工人组织与其雇主之间在工资、工作岗位以及劳动条件上的争议。这是至关重要的一步，结束了1906年给予工会的特殊法律地位，正是凭借着这种不正常的法律地位，才有了20世纪60年代以来工会权力滥用的整个历史。

特比特法案同时还强化有关雇佣员工必须加入工会的限制，使业主辞退那些一贯捣乱的员工更为容易；同时提供政府基金，资助工会投票。不过，仍不要求在正式罢工之前举行投票，没有试图禁止基本服务方面的罢工，也没有触及保守党最古老的不满——工会的政治献金问题。政治献金的规定仍然要求工会会员向工党捐款，除非他们特意选择退出。1983 年 1 月又发表了一份绿皮书，预示出有关罢工投票及废除政治征费方面的规定，但这些措施的实施留给特比特的继任者汤姆 · 金，列入金 1984 年提出的第三阶段改革之中。

这又是一种精明的战略，通过仔细算计的温和态度解除了反对派的武装。像往常一样，工会和工党领袖们一道，愤怒谴责提出的法案。但民调却显示，公众舆论以压倒多数支持特比特法案；更重要的是，绝大多数的普通工会会员也表示支持。通过温和而坚决地遏制了过去 15 年来的权力滥用，人们认为政府正在兑现其最清晰的承诺之一，而正是凭着类似的承诺，选民才选举了本届政府。

此外，失业也进一步削弱了工会组织，严重削减了他们讨价还价的能力。1982 年发生了两次长时间的公共部门罢工，一次是铁路罢工，另一次是国家保健服务（NHS）工作人员罢工，即使不采用政府新的立法，两次罢工也都以工会明显的失败而告终。撒切尔夫人强烈谴责罢工者。特比特提出的法案实际上对已经处于下风的工会又踢了一脚。1979 年以后，工业气候已经发生转变。工会在施行非生产人员过剩、推迟新技术引进等方面的权力已被打破，而管理层的管理权力正在恢复。因此前面仍然面临一些重大的战役，但到了 1982 年，这只曾让威尔逊、希思和卡拉汉蒙羞的恐龙，却已经受到致命的重创。

1982 年开始成形的具有明显撒切尔主义色彩的第二项政策，就是大规模的私有化。从一项有限的资产处置计划实现突破，推广到整个产业的出售，实际上是许多因素汇集一起造成的结果，但它的到来却相当突然。首先，帕特里克 · 詹金任职工业部，奈杰尔 · 劳森任职能源部，这样就给基斯 · 约瑟夫和大卫 · 豪威尔提议但却未能实施的政策提供了新的动力。后来，经济衰退的缓和又提供了更为有利的经济环境。在马岛战争之后兴奋愉快的气氛中政府可能赢得连任，潜在的投资者有了购买私有化公司股份的信心，他们不再担心重新执政的工党政府会对这些公司重新实行国有化。也许最重要的原因是，新成立的电话公司——英国电信迫切需要巨大的资本投入，为新的数字技术提供资金。撒切尔夫人对私有化是否具有现实性还存在一些犹豫，但她听从了别人的建议，最后给詹金采取行动开了绿灯。

对不列颠石油公司（前英国国家石油公司）进行私有化，也需要对撒切尔夫人做一些劝说工作。她这次的保留态度主要出于爱国情感，反映了人们广泛的感觉，即北海石油是国家资产，应该一直在国家控制之下。劳森的方案是将该公司的生产部分与贸易部分开，只出售前者，为政府保留“黄金部分”，防止公司落入不适合的人的手中（也就是外国人手中）。因此，1982 年不列颠石油公司 51% 的股份上市了，尽管石油价格出现意外下跌，承购人蒙受了的巨大损失，但销售行动却为财政部筹得 3.34 亿英镑的资金，使其成为当时最大的私有化项目。而更大规模的英国电信（BT）的私有化，在 1983 年大选前还没有准备好，必须在下届议会中重新启动。

1983 年的竞选宣言中她适时地将英国电信、英国航空、英国钢铁“很大一部分”、英国造船公司、英国利兰公司，外加英国天然气公司的海上业务，作为第二届政府私有化的目标。结果，在出售英国电信取得出人意料的成功的基础上，政府比竞选宣言走得更远，对整个英国天然气公司实施了私有化，又把目标转向电力和供水。

1983 年以前，她热情拥抱的大众资本主义形式是出售市政房。在 1980 年的《住房法》里，迈克尔·赫塞尔廷已将以很大的折扣“购买的权力”奉若神明。到 1982 年 10 月，按照这项立法，37 万户家庭已经购买了属于自己的房屋。尽管政府在对公共事业私有化方面仍在谨慎探索，但撒切尔夫人现在明白，由于出售市政房，她成为选举中的赢家。说这 37 万个家庭（选举时已经达到 50 万）一夜之间从工党倒向保守党也许过于武断：在 1979 年的时候，他们中的许多人就已经实现了关键的转变。然而，在野时承诺、上台后大规模推行的这一简单举措，却超过其他任何东西，使撒切尔夫人获得了大批传统上支持工党的工人阶层选民，并巩固了这一局面，使其成了她受到大量支持的象征。

激进主义的限制

出售市政房、工会改革及开始私有化是改变英国政治版图的主要行动。不过，在这三个领域之外，令一些撒切尔最热心支持者感到失望的是，她发誓激进的政府在第一届里却拿不出更多的东西。

部分原因在于，她根本分不出时间来考虑社会政策：在这一阶段，经济、工会和国有化行业是她在国内政策方面需要优先考虑的问题。其实，她对这一领域真的不是非常感兴趣：在担任大臣期间，她已经初涉过社会保险与教育，现在能逃到更宽阔的领域，她感到很高兴。不过，她对处理国家福利方面的政治危险非常小心谨慎，尤其是国民保健服务，尽管它已经显露出许多不足，却根植于大众支持的感情之中。结果，医疗保健、社会保障、教育及公共部分住房，或多或少地都受到削减开支的挤压，这对首相的直觉悄悄地产生了实际的影响。然而，这仅仅是一种修修补补而已，并不是保守党希望看到的那种激烈动摇。

最大的问题是国民保健服务（NHS）的资金来源。几乎从 1948 年建立国民保健服务体系起，保守党的决策者就一直在寻找各种途径，企图将国民保健服务的资金来源从一般税收转移到保险方面，至少部分地转到保险方面。然而，人们总会发现保险方案效率更低，更不切合实际。不过，豪和詹金仍然热心探索保险选项，1981 年，詹金设立一个部级工作小组，研究替代性融资方案。撒切尔夫人对此则表示同情，因此在担任首相的首次下院演讲中，她说，“不存在免费健康服务的事情。”她永远不会忘记，全民医疗费用落在了公共资金上，她认为有承担能力的个人应该承担自己的保险费用，而不要依靠国家。作为一种原则，同时作为一种节约手段，她热心鼓励私营健康保险。1979 年以后，由于美国医疗保健公司的大量涌入，私营医疗保健迅速兴起，私营医院到处兴建，而且在 NHS 系统的医院中有了更多的私营床位。亚当・斯密研究所与社会事务研究所在当时是自由市场的智库，他们提出的想法给大众形成的印象就是保守党计划实施国民保健服务的私有化，连工党也刻意助长着这种印象。但是，说到正题上，政府却缩了回去。

社会保障不像医疗保健那么神圣不可侵犯，其主要原因是保守党选民很少使用社会保障，在激进改革上没有可以比较的禁令。但是这方面的政策也在推进，其主要形式是各种小的削减项目的集合而不是一种连贯的计划。所有的短期福利，失业福利、住房福利、甚至儿童福利，根本没有按通货膨胀予以上调，因此这些福利贬值的速度更快。

根据 20 年前担任退休金部初级大臣的经验，撒切尔夫人仍然保持这样的信念，即福利制度是一种把勤快人的金钱流转到懒人手中的浪费机制。至少，当时她的职责是面对大量个案的现实情况，因此她只看到福利制度对财政部形成的巨大成本，以及对企业与自立精神构成的抑制。撒切尔夫人认为，按照美国的术语说，那些有工作的人所创造的繁荣，具有“滴渗”作用，可以提高所有人的生活水准。英国有数百万贫穷的家庭，假如有工作机会，这些家庭中的顶梁柱一定会拼命工作，而撒切尔夫人却看不到这一点。除了在复杂的青年培训计划方面投入比以往更多的资金以外，在第一届任期内，政府在福利制度改革方面没有做任何认真的尝试，而投入培训的大部分资金也用在了错误的方向上。

最明显的是在住房方面，政府以牺牲穷人的利益为代价为富人获取好处。住房政策的核心是出售市政公房。然而，虽然把最好的房子以慷慨优惠的条件卖给那些有固定工作、比较富裕、能买得起的租户，但是通常在最不理想的地段的其他房子的租金却大幅上涨。新建市政房工程完全停止。由于禁止地方政府利用出售市政房所得的收入更新住房储备，结果在这个 10 年的末期，到处都可以看到无家可居者。撒切尔夫人真的相信，住房又是一种根本不该国家提供的服务：她的政府的目的，就是要鼓励并奖励自置居所。因此，在削减对租赁市政房人士补贴的同时，她决心保护、甚至延长购房者抵押贷款利息享受免税的措施——这是一种对中产阶级的不正常补贴，财政部一直希望废止，而她却率直辩称，这是对“我们的人民”当之无愧的回报。

作为1979年到1981年期间的教育大臣，马克·卡莱尔的职位并不令人羡慕，财政部要求他大幅削减预算，而撒切尔夫人又逼迫他去惩罚她以前待过的部门。不到10年前，她因取消小学生的免费牛奶曾受到诋毁，不过最终却成为一位闻名的扩张主义教育大臣，宣布了雄心勃勃的教育计划，尤其是学前教育计划，只是这些计划因1973年的石油危机而夭折。然而，作为首相，她对复兴这些计划也并不感兴趣，感兴趣的只是对“夺走牛奶的人”的记忆。卡莱尔被迫削减学校的膳食供应，削减乡村学校的交通服务，但后者因上院出现反对声音，在这事件的后半段也得到了逆转。财政削减伤害最重的是大学，在后来3年里资金被削减了13%。由此开始了高等教育界长达10年的混乱、道德下滑以及水准下降。

“我们是一场真正的和平运动”

令人不解的是，政府对第二任期议程思考得却非常少。考虑到严重经济衰退背景下推动企业经济所面临的巨大问题，1983年以前政府在主要社会机构改革方面努力不够是可以理解的。然而，在马岛战争的胜利改变了政治局面，提高了她的权威之后，撒切尔夫人未能抓住机会为未来的道路制定激进的计划，这一点却让人难以解释。显然，她自己也觉得难以解释。在自传中，她把责任推给了杰夫里·豪。

真实的情况是，政府的能量来自于政府首脑。就连撒切尔夫人也承认，马岛战争结束的夏末，她也感到有点累了。在议会休会前，她承认希望“过了这个意义重大的一年”后好好度一个假，不过很快她又说（恐怕被人看作疲倦的迹象）：“我想，再过10多年就不会有到目前这样的情况了。”实际上她到瑞士去了10天，接着又住了院，做了静脉曲张手术，当然时间很短，也没有对外公布。紧张的马岛战争过后，她对突然名声大振也许没有做好心理准备，也真的不知道下一步该做些什么。一年以前，她几乎不敢谈另外10年。1982年秋天的撒切尔夫人给人的感觉是，尽管只有57岁，她却需要换口气，靠在自己的船桨上休息一会儿，然后再去习惯继续拼搏的想法了。

由于缺乏新的政策公布，保守党中央总部准备凭借多届保守党政府寻求连任时经常使用的口号去迎接即将到来的选战：“生活在保守党领导下得到改善，不要让工党毁了它。”1983年真正应该说的是，在保守党领导下，生活正在变好。人们承认，国家度过了三年的艰苦期，但现在的回报变得越来越清晰：通货膨胀和利率都在下降，经济活力正在增强，而失业率这个政府的阿喀琉斯之踵，随着繁荣的回归，很快就会开始下降。不过，还是同样的警告，工党重新执政会丢掉来之不易的成果。

赢取这场大选只需要的一份平庸的竞选宣言，不给人留下听天由命的感觉就好。工党那边严重分裂、领导不力，被斥之为具有极端倾向，而社民党与自由党联盟会被人们指责为混乱不清，所以他们对撒切尔夫人的必然回归无法构成严重的挑战。然而，未能提出一份积极的第二任期计划，除了对民主不诚实以外，也让政府在选举后失去了方向，为今后意外事件的发生埋下隐患，随着下一届选举的临近，又不得不用一些草率的建议设法弥补。

问题在于工党提出了一个过于容易实现的目标。从1981年出现社民党背叛之后，工党依然深陷严重的内讧之中。强硬的左派夺取了对该党内部安排的控制权，包括竞选领袖的机制、挑选候选人以及政策的形成。此外，随着大选的临近，工党又背负了一整套不受欢迎的左翼政策包袱，其中任何一项都足以让工党落选：全面的国有化、大规模的公共开支、恢复工会的特权、从欧洲撤军以及单方面的核裁军。如果说保守党的竞选宣言是含糊不清的，那么工党的宣言却是令人吃惊的具体。杰拉尔德·考夫曼形容其为“史上最长的自杀遗言”，这种说法一时广为人知。在所有这些自杀政策中，最具有破坏力的障碍就是福特情绪激昂地承诺单方面核裁军。

半个世纪以来，主要政党在国防政策问题上从来没有发生如此大的分歧。1945年以后，议会朝野双方前排议员在核武器问题上一直维持着一种广泛的共识。在某种程度上左派一直煽动单方面核裁军，但历届工党领袖都坚定地认为，必须保留英国独立的核威慑力量。现在，工党选举了一位终生单边主义者作为领袖，又恰逢支持核裁军运动复兴，以前达成的共识终止了。核武器问题首次成为即将到来的大选中的一个主要问题。在马岛战争胜利凯歌般的余晖中，再没有其他任何议题比核裁军更适合撒切尔夫人了。

自从1975年当选保守党领袖后，在维持北约防御力量并使之现代化抵御苏联核武器威胁上，撒切尔夫人一直坚持强硬路线。她有关苏联扩张主义危险的直率警告，让苏联报界给她以铁娘子的称号，她以无所畏惧的自豪顶着这份恶意侮辱。她根本对“和平共处”等客套的陈词滥调不感兴趣，认为西方与苏维埃政权进行的是一场你死我活的生死搏斗，虽然无法预见到取得胜利的时间表，但她相信西方最终会赢得这场斗争。在下院，她承诺要“尽我的最大可能，发动这场意识形态上的斗争”。

这就意味着苏联入侵阿富汗后实施制裁，劝说英国运动员抵制莫斯科奥运会；意味着支持1981年开始的波兰团结工会开展的斗争，对苏联违反赫尔辛基人权承诺迫害持不同政见保持压力；意味着兑现在野时的承诺，将英国对北约捐款提高3%。最重要的是，这就意味着坚决拒绝核裁军的诱人呼吁，以部署导弹对付苏联的导弹部署。

保守党刚刚上台，就必须做出工党此前已经推迟的一项决定，决定是否更换英国已经过时的北极星核威慑系统。与历届政府在核问题上制定决策的方式相同，这一决策只能由首相、她的副首相、外交大臣、国防大臣以及财政大臣组成的小型专门委员会制定。他们很快决定，在10年内以50亿英镑的价格，购买美国生产的潜艇发射三叉戟系统。问题的关键是，只有在其他地方削减支出，才能支付这笔资金。不过，撒切尔夫人对此毫无疑虑。她热心信奉核武器，认为核武器不但维持了欧洲30年的和平，而且只要维持威慑力平衡，欧洲和平将继续得到维持，同时核武器自身也是具有积极意义的好事情。不过，更重要的是，核武器是国家实力、声誉与独立的象征。有些观点批评英国“独立的”核威慑实际完全依赖美国人的零部件和维护，在任何可预见的条件下，没有美国同意就不能够使用，但撒切尔夫人从不与这种批评打交道。

后来，美国人通过开发新的、版本更为复杂的三叉戟系统改变了这种算计。1982年1月，政府不得不重新决定，是否花更大的价钱购买升级后的D5型，更换原来的C4型三叉戟系统。撒切尔夫人感到担忧，但她仍然定下决心，不管价格如何，英国必须具有最好和最新的系统。这次她动员了整个内阁，人数上压倒持怀疑态度的人。同时，她利用与里根总统的特殊关系，劝他让英国以特别优惠的条款购买D5型三叉戟，她还让下院放心，“花这笔钱提高的威慑力量要比花同样的钱购买常规武器得到的威慑力划算得多”。

同时，撒切尔夫人急于在英国军事基地上部署美国的巡航导弹，以对付苏联针对西方部署的SS-20s导弹。在几个欧洲国家部署巡航导弹的建议，是西德国总理赫尔穆特·施密特首先提出的，这是将美国人与欧洲防御捆绑一起的一条途径，旨在消除害怕美国人届时会走开的担心。撒切尔夫人强烈支持此项建议，其目的不但在于让美国人继续保持承诺，而且为了显示欧洲人分担自身防卫负担的意愿。当德国人和其他欧洲国家政府面对反核示威开始表现出软弱态度时，撒切尔夫人对此表现出一种咄咄逼人的轻蔑。同时，她珍视再次向美国表明英国是美国唯一可靠同盟的机会。1979年，英国同意在伯克郡格林汉康芒和莫尔斯沃思剑桥郡，英国皇家空军基地部署巡航导弹，宣布这项决定几乎没有引起任何骚动。但是，在接下来的三年里，随着部署时间的临近，人们的情绪发生了变化。随着超级大国之间竞争的加剧、阴魂不散的新式核武器竞争以及西方对苏联提出的几项动听的裁军建议的拒绝，这几大因素共同作用之下，全欧范围内再次引发了核战争的恐惧。同时，人们普遍认为，罗纳德·里根是个好战的牛仔，动辄想使用核武器对付他所称（1983年3月）的“邪恶帝国”，这种看法也对核恐惧起到推波助澜的作用。在英国，从60年代早期开始已经偃旗息鼓的核裁军运动（CND）突然死灰复燃，吸引大批民众参加游行、集会与示威。此外，核裁军运动得到反对党官方的支持。

撒切尔夫人欢迎在这个问题上进行战斗。首先，她认为防御问题比经济问题更关乎国家的根本；其次，她认为单方面裁军原则上是绝对错误的，只会让核战争更容易发生；其三，她相信整个国家都会支持她。民调反映公众对具体的武器系统感到担忧。不过，涉及整个核防御问题，公众压倒性的意见是希望保持英国独立的核能力。跟撒切尔夫人一样，对选民来说，保留核弹是底线，事关国家荣誉和国家认同。1980年6月，她在下院说：“任何单方面裁军的政策都是单方面投降。”在欧洲，当前华沙条约核武器对北约的优势是3∶1，同年7月她指出。“那些寻求欧洲无核化的人应该首先将努力放在苏联一方。”只要苏联拥有核优势，她对勃列日涅夫提出的暂停建议就不屑一顾。她完全支持裁军，但必须是建立在平等基础上的裁军。

对那些担心核武器升级威胁的人来说，撒切尔夫人对最新核武器的热情咄咄逼人，令人震惊。紧接着一次她在下院谈论部署巡航导弹时，有人对她喊：“战争贩子。”对这种指责，她反复强调，核武器并不会引起战争，实际上是防止战争最可靠的途径。

1983年2月赫尔穆特·科尔访英，在访问结束时举行的联合记者招待会上，撒切尔夫人找到了能概括她表面上自相矛盾的信念的语言。“我们本身实际上是真正的和平运动，”她宣称，“我们倡导真正的裁军，我们赞成全面的裁军，但是必须是建立在平衡基础上的裁军。”她总喜欢借用工党的口号，为自己所用。在整个大选期间及大选之后，“我们才是真正的和平运动”成了她最喜欢重复的语句。

撒切尔夫人意识到，有关国防，尤其是有关核武器的辩论会将成为下届选举的关键战场。1983年1月，她利用约翰·诺特打算离开政界的机会，免去了他的国防大臣职务，代之以更为好斗的迈克尔·赫塞尔廷。她尽管不十分信任赫塞尔廷，但她承认他具有直面核裁军运动组织（CND）的天赋。后来证明，这次任命是她最成功的任命之一。在临近大选的几个月里，赫塞尔廷在电视和电台演播室激烈反驳主张单方面裁军的人士，丝毫没有辜负撒切尔夫人的期望。尽管工党同时存在许多教义上的其他问题，但主张单边裁军却是他们的最大负担，赫塞尔廷充分地利用了这一点。这与夺回马尔维纳斯群岛形成的对比是不言而喻的。

1983 年 6 月：一边倒的胜利

选举结果不存在大的疑问，但选举的时机到最后一刻之前却仍然没有确定下来。撒切尔夫人的所有习惯性谨慎都倾向坚持到秋季。但是，她面临保守党领导人的强大压力，他们要求在 1983 年 2 月新的选举注册法生效之后尽快举行大选。重新划分的选举边界预期将为保守党多得 30 个议席。这个诱惑力是很大的，因此党主席塞西尔·帕金森和中央总部要求尽快举行大选。

不过，她仍在寻找各种借口为自己优柔寡断的态度辩护。第一次她辩称答应了里根总统，要在 5 月底出席在弗吉尼亚州威廉斯堡举行的七国集团首脑会议，因此，在选战的关键阶段她不得不出国。人们却劝她说，人不在国内这一点也可以转化为竞选优势，媒体报道会强调她作为世界政治家的地位。后来，她又担心竞选宣言没有准备好，但帕金森告诉她，几个小时之内就可以准备好，之后她可以立即开始修改。跟往常一样，她要在作出决定前先去睡觉。终于，第二天她还是按照安排，觐见了女王。选举日期也定在了 6 月 9 日，星期四。

这次选战几乎完全沿袭 1979 年大选成功的模式。每天早晨参加完新闻发布会后，她乘飞机或直升机去全国各地参加选举活动，搭乘她的竞选大巴车，视察闪闪发光的新工厂或深入购物中心，这些地点都是精心挑选的，以便给当地媒体和全国电视新闻提供好的图片。她主要去保守党选区，提前只通知当地的保守党成员，确保得到热情的迎接，最大程度减少敌对示威的风险。她只发表了少数几次重要的讲话，讲给经过仔细审核过的、挥动米字旗的保守党支持者。此外，她在两家友好的报纸上作了两次访谈，还作了两次重要的广播采访，五次重要的电视采访，其中两次接受并回答听众问题，三次接受重量级记者采访。

在整个竞选过程中，她几乎没有提出多少新的或积极的东西，而是集中精力在她所称的“根本性问题”上无情地攻击工党，这些问题包括国有化、劳资关系，还有最重要的防御问题。极具特色的是，通过抨击工党 70 年代的表现，她掩护了自己最弱的侧翼——失业问题。“到了最后，工党总是在逃避，”5 月 19 日在芬奇利接受提名的演讲中，她讥笑工党：

> 他们逃避保卫国家的需要……逃避早就该进行的工会改革……逃避欧洲问题……还有，最重要的是，在失业的真实挑战面前，工党选择了逃避。

工党承诺创造数百万个就业岗位，她坚持说，“只不过是为了回避实际问题。”真实的工作岗位，只能通过逐步建立可以盈利的产业、具有竞争力的经济的途径来获得，这些产业必须在世界上占有自己的地位。“我们保守党人信奉人性的本质，信奉利用经济刺激措施鼓励人民，我们信奉的不是用太多的控制措施对人民实施过分的监管。”“快速疗法，”她用自己喜欢的另一种构词法多次强调，“就是江湖疗法。”

保守党“唯一的弱点，就是人们普遍认为政府有一份秘密计划，要对国民保健服务实行‘私有化’，或者在某种程度上废除这种服务。”撒切尔夫人反复宣布，国民保健服务“在我们手上是保险的”，但她必须不断重复这一承诺，直到最后不得不按照自己的意愿，以最强的免责措辞驳斥废除国民保健服务的说法：“我根本没有解散国民保健服务的打算，”她在爱丁堡宣布，“就像我无意废除英国国防力量一样。”

像主宰自己的同事一样，她将电视采访人也降低到唯唯诺诺的小人物。罗宾·戴伊原是一位非常难对付的提问者，可这时他感到首相的气势压过了自己，让观众失望；在以往所有的采访经历中，他从来没有被如此对待过。他习惯于向政治家提出一些他们都会尝试回答的问题：撒切尔夫人却对提出的问题置之不理，只注意把自己要说的话解释明白，这种新的技巧使罗宾·戴伊感到毫无准备。“在所有由她设定的遭遇战中，”迈克尔·科克雷尔写道，“就连最顶尖采访者几乎也没办法套住她。她只说自己已经准备好的，其他的不说。”相比之下，福特和詹金斯都显得笨拙、守旧，处于下风。

唯一让她感到不安的是一位名叫戴安娜·古尔德的普通选民，她是一位地理老师，在 BBC《全国报道》栏目里质问撒切尔夫人有关击沉“贝尔格拉诺”舰的问题。她抓住首相在回答当时该舰只驶离还是驶向英国特遣舰队问题出现的差异，穷追不舍。“没有一个专业人士会如此明目张胆地挑战首相，”马丁·哈里森在有关选举的纳菲尔研究报告中写道，“正因为对方是位普通选民，撒切尔夫人不得不赶紧掩饰自己明显出现的愤怒情绪。”下了电台节目，她恼羞成怒地威胁撤销 BBC。“只有 BBC 才会质问一位英国首相，为什么会采取行动对付对我们的小伙子们构成威胁的敌船，并保护我们的舰船。”她愤怒斥责道，却忘记了提出这个问题的并不是主持人，而是一位听众。“他们有了解我们全部经过的奢侈权力，”她告诉卡罗尔，“而我当时焦虑不安的是如何保护‘赫尔墨斯号’和‘无敌号’上我们的人，保护待在南行船只上的人民。”

然而，有关马岛战争的指责对撒切尔夫人并没有造成伤害，只能让选民记住她的辉煌，并不需要保守党的自吹自擂。工党知道，马岛战争不是对他们有利的领域，所以尽可能地躲开这个议题。但是，两个主要人物都很难自我克制。首先是丹尼斯·希利，在伯明翰的一次讲话中，他说撒切尔夫人用英国国旗将自己包裹起来，“在屠杀中得到荣光，”第二天，他就不得不为此表示道歉，解释说自己本来应该说，“在冲突中得到荣光。”然后是工党负责教育的发言人尼尔·金诺克，他在电视上对一位高喊“至少撒切尔夫人还有勇气”的提问者更为粗鲁。金诺克反驳道：“遗憾的是为了证明这一点，人们不得不把自己的生命留在鹅原。”在公开场合，金诺克仍然固守己见，但他不得不写信给战亡士兵的家属表示道歉。这些荒唐的指责只能对工党带来伤害。试图贬低马岛战争中取得的成就是行不通的，尤其反对党当时也是支持战争的。这种吹毛求疵只能让人民确信，撒切尔夫人指责工党没有勇气将任何事情进行到底，并没有说错。

与往常一样，撒切尔夫人从芬奇利开始自己的选战，也在这里完成竞选。在自己的人当中，她总是最温和、最谦卑的一位，从 1959 年选举开始，她一直是名模范的选区成员。在担任保守党领袖及首相期间，只要顾得过来，她从来不会错过选区的任何活动。除非不在国内，她一直坚持周五晚主持日常活动，通常先是会见商人或访问当地的学校与医院，然后与选区的官员共进晚餐，或者举行支部会议。她坚持参加这些约定活动的结果就是与唐宁街 10 号的持久战斗，而这种战斗对她的时间安排有更为迫切的要求。她牢牢占据着芬奇利，所以当报纸报道透露她准备在格洛斯特郡寻求更加保险的议席时，她感到非常愤怒。20 多年来，芬奇利一直是她的政治基地，她喜欢这里的一切一直保持原来的样子。

当正式宣布保守党获得的第 326 个席位时，阿拉斯泰尔·伯内特在独立电视新闻公司的新闻节目上宣布：“撒切尔夫人回到了唐宁街。”“没有，我还没有！”她在电视屏幕上大喊：“我还在亨登市政厅。”最终，她战胜工党，获得的票数比以前略有增加，联盟排第三位，其余党派则不值一提。

撒切尔夫人立即赶往中央总部，对那里的党务工作者表示感谢，照片上她与选战胜利的设计师塞西尔·帕金森一起，从一楼窗口挥手致意。她取得了胜利，从表面上看，这是一场巨大的胜利。

进入第二任

第二任期既已到手，个人威信坚不可摧，撒切尔夫人面前展现出几乎史无前例的政治机会。在保守党内部，她的对手已经被彻底折服。她第一次有权任命属于自己的内阁。不过，她仍然几乎没有做任何大的变动。1983 年 6 月主要是肯定在竞选中打拼的团队。实际上，只有三个人成为牺牲品，其中最为重要的是弗朗西斯·皮姆。她从来不想让他担任外交大臣，可 1982 年时她别无选择。她对自己处理外交政策的能力越来越自信，所以真正希望能从自己的党翼中找一位比较听话的外交大臣，最好没有传统的外交部背景。她心中的理想人选是塞西尔·帕金森，可以作为对他策划组织这次选举的奖赏。然而，在选战获胜的关键时刻，周五上午早些时候，帕金森在中央总部对她承认与前秘书长期有染，那位秘书还怀着他的孩子。她很不情愿地做出结论，认为在这样的丑闻笼罩下，他不适宜担任外交大臣，但她认为应该给他安排一个较低的不太显眼的位子。就这样，帕金森被派到工贸部。后来，她把外交部交给杰弗里·豪，但心里仍感到有些顾虑。

后来在写自传时，撒切尔夫人认为这种安排是错误的。在财政部期间，杰弗里·豪所表现出的平静的决心，在渡过政治风暴和增强撒切尔夫人个人坚定的意志方面具有不可估量的价值。相比之下，在外交部期间，豪的观点，尤其是他对欧洲问题的看法，却越来越背离她的观点。与皮姆一样，他顽强的外交作风和耐心而理智的风格，让她感到恼怒。同时，她确信豪有替代她的野心。实际上这是一项出色的任命。在撒切尔夫人整个第二任期内，在国际峰会及国际谈判中，在世界舞台上，撒切尔夫人与豪构成高效率的组合，在品质方面互相补充，豪则英雄般地忍受着她时常发泄的怒火。

担任新财政大臣的热点人选是帕特里克·詹金。然而，撒切尔夫人却自信地挑选了名声更为显赫的奈杰尔·劳森。如果豪是第一任完美无缺的舵手，那么劳森有点摄政的风格则代表了第二任期较为平静环境下出现的繁荣与增长的完美形象。在未来 4 年里，这种组合的效果也相当不错，但与豪比起来，劳森则一直更为独立与自信。

除了这两个关键的任命，其余的内阁组成在很大程度是同一班人马的不同组合。威利·怀特洛离开了众议院和内政部，担任枢密院议长兼上议院议长。在这个职务上他可以更好地发挥作为副首相跨部门的作用，不过这种安排却替换下了扬夫人，结束了撒切尔内阁第二位女士任职的短期试验，此后再也没有出现过另一位女士。替换怀特洛内政部职位的是撒切尔夫人最不成功的任命人选之一。里昂·布里坦在财政部担任首席秘书时干得不错，似乎成了一颗冉冉升起的新星。然而，他当时还资历太浅，又过于聪明，还应该说过于犹太化，难以满足保守党人对一位内政大臣的期望。在这个职务上他一直不能令人信服，两年后便被调换到了其他岗位。

这是一个新的团队，是 1979 年来已经带来变化的一项标志，内阁已不再根据用途分为“湿才”和“干才”两类。在第二届任上，对撒切尔夫人统治地位唯一可能提出的挑战来自迈克尔·赫塞尔廷毫不掩饰的野心。

第十五章 大众资本主义

如日中天

隔着25年回头看，第二届撒切尔政府似乎达到撒切尔主义的顶峰。毕竟，这是一段经济复苏期，当时的经济，至少在英格兰南部，最终摆脱了20世纪80年代初以来的衰退，进入后来被人们称之为“劳森繁荣”的疯狂扩展期；这是一段私有化的英雄时代，成功地出售了首届政府未曾梦想过的整个公共事业部门；这是伦敦金融城的放松管制期，即所谓“大爆炸”时期，突然之间，穿着红色吊带裤、被新闻媒体称为“嬉皮士”的年轻人可以大把大把地挣到快钱；对能够享受到的幸运的多数人来说，这是一个减税、廉价贷款以及购买力迅速增加的年代，造成一种令人兴奋的消费繁荣。在激动人心的对英国经济“奇迹”的赞颂声中，这种消费繁荣又将政府送入第三任期。市场作为一台创造财富、高效提供社会服务的发动机，在道德上和实际上所具有的优越性无可争辩地得到确认，批评市场的人已经降低到无足轻重的地步，而保守党的领袖则成为释放国家能量的永不疲惫的化身，在这位战无不胜的领袖的领导下，只要这位领袖愿意，保守党似乎会永远掌权。

不过，当时的感觉却并非如此。在许多最热心的首相支持者看来，1983年到1987年是一段飘摇不定和浪费机会的时期。如果准确地说没有脱离航向的话，那么当时一系列殊死的政治斗争和集中发生的意外事件，至少让政府无法专心致志地实施保守党的长期目标。这些斗争和事件削弱了政府的能量与权威。玛格丽特·撒切尔超积极的个性，无疑占据着政治舞台的主导地位，但她的支持率却在稳步下降。尽管第二年她最终轻松获得连任，但她的优势却从来不像那些即时神话制造者煞费苦心向外显示的那么稳固。

撒切尔政府第二任开始之初，出现了一系列被新闻媒体描述为“香蕉皮”的难堪事件。1984年至1985年是第二任期的第二年，在这一年的大部分时间里，政府被笼罩在与保守党的老克星——全国矿工联合会尖锐对抗的阴影下。这次对抗在双方都唤起了激情，使国内许多地区几乎进入内战状态。政府最终占了上风，但为此付出了大量的政治精力与政治资本。与此同时，在废除大伦敦市政委员会问题上，政府经受更为严酷的战斗，其严重程度超过了预期；而地方政府支出的水平上，政府与全国范围内工党控制的地方政府发生了更多的争斗。1983 年，首批美国巡航导弹运抵格林汉康芒时，政府又面临事件对公共秩序构成的严重挑战；1985 年 9 月，伦敦、伯明翰和利物浦部分地区爆发了新一轮的骚乱；而在 1986 年的大部分时间里，在伦敦码头，警方与试图阻止澳洲大亨鲁伯特·默多克在报业引进新技术的印刷工会发生激战。因此，一系列安全争议让政府进一步处于守势。

1984 年 10 月，在布莱顿，爱尔兰共和军放置在保守党全国大会酒店的炸弹夺走了 5 个人的生命，两名内阁成员严重受伤，撒切尔夫人本人差点毙命。1986 年 1 月，一场由韦斯特兰直升机公司未来前途引起的政治危机，使政府处于更为严重的动荡状态，两位资深大臣辞职，一度还威胁到首相本人。穿插于这些事情之间的还有几次突然的内阁重组，打乱了各部门的团队。此外，撒切尔夫人的注意力越来越多地从国内问题转移到异常苛刻的外交政策议题上：不但有欧共同体问题，还有中国香港问题、南非问题、英爱有关北爱尔兰问题的谈判、美国格林纳达军事冒险后的风波、利比亚和黎巴嫩问题，再有苏联出了一位大有希望的领导人，结束冷战有了可能，所有这一切，都让精力过人的撒切尔夫人也疲于应付。她没有时间规划未来。

结果，她并没有像外表显示的那样，处于绝对的统治地位。1983 年大选后，迈克尔·福特立刻宣布辞去工党领袖职务。该党用了三个月的时间才选出继任福特的领袖，但选举结果却不存在任何疑问。尼尔·金诺克十分年轻（只有 41 岁），缺乏经验（连低级公职都没有担任过）。他来自该党的左翼：跟福特一样热心奉献于单方面裁军运动，但对欧洲少了许多敌意。不过，他形象新颖，富有理想，口若悬河（但啰啰嗦嗦，不可救药）；他十分清楚，要获得选举胜利，工党就必须做出改变，不久就表示愿意抛弃不受欢迎的左派意识形态包袱。从他接手的那一刻起，工党的命运开始出现转机。当然，证明取得成效仍然需要很长的路要走，但到 1984 年的夏天，在马岛事件之后两年，反对派的支持率首次在民调中领先。

与此同时，社民党领袖罗伊·詹金斯被更年轻、更具活力也更为时尚的大卫·欧文博士所取代。欧文与自由党领袖大卫·斯蒂尔的关系一直不好，但在两位大卫的双头领导下，联盟的地位迅速得到了恢复，从 1984 年底开始在民调中一直保持 25% 到 33% 的支持率，而且跟 1981 年至 1982 年的情况一样，在补充选举中取得了一连串的重大胜利。撒切尔夫人对保守党的控制并未受到严重挑战，但资深的持不同政见者对政府及其政策一直保持着强大的批评势态。与集体的记忆相反，撒切尔革命并非势如破竹，即使在 1983 年到 1987 年之间。

“香蕉皮”

新的议会刚刚召开，首个“香蕉皮”事件（难堪事件）就开始折磨政府。议会开会的第一天，在选择新议长问题上，撒切尔夫人遭到粗暴的拒绝。她对乔治·托马斯退休感到遗憾，但错误地对外透露出自己不赞成副手伯纳德·韦瑟里尔接替托马斯的想法。她原本希望将这个体面而尊贵的位子交给弗朗西斯·皮姆，如果皮姆谢绝任职，则可以交给已经辞退的她的前大臣中的一位。但下院十分珍视自己的独立性，保守党与工党的后座议员一起支持韦瑟里尔。

紧接着又发生了两起遭议会粗暴拒绝的事件。7 月 13 日，政府提前给新议会提供了辩论重新引入死刑的机会。由于议会新进了大量新的保守党议员，包括首相在内的绞刑支持者希望这一次可以体面地恢复 1979 年未通过的死刑刑法，至少对从事恐怖暗杀以及屠杀警察的杀人犯恢复死刑。然而，恢复死刑的议案仍然遭到绝大多数议员的拒绝，让人感到意外。

议员工资问题则打响了第二记耳光。政府拒绝了“顶层人士薪俸审查机构”提出的将议员工资提高 31% 的建议。“我们认为大臣们的工资也不可能有那么大幅度的增加，”撒切尔夫人解释说，“我们相信议员们也会持相同的看法。”然而政府提出的提高 4% 的建议引起下院双方的愤怒。最后，约翰·比芬谈判达成一种妥协：对 1983 年的议会议员每年提高工资 5. 5%。这一事情再次证明，撒切尔夫人在议会扩大的多数席位并不一定能够顺从她的意志，至少在涉及他们利益的问题上。

就在夏季休会之前，劳森宣布 5 亿英镑的紧急支出削减计划，显示他已掌管了财政部，实施这些支出削减的目的，是向伦敦金融界显示，货币政策不会出现松动。大部分支出削减项目落在国防和国民保健服务上，因而激起了保守党右翼与反对派的共同反对。大选刚刚结束，人们尤为愤怒的是削减保健支出。在选举中撒切尔夫人曾保证说，有保守党在，国民保健服务制度（NHS）就是“安全的”。

9 月，她先访问了荷兰和德国，然后出访美国和加拿大，回来刚好赶上新的头疼事——《私人侦探》披露出塞西尔·帕金森私通的丑闻。撒切尔夫人竭力挽救帕金森，但最终帕金森仍然被迫辞职。她坚持认为帕金森应该回到妻子身边，被人们看作为婚姻的圣洁而战。实际上，她是为自己的人而战。帕金森不但是她个人喜欢的人，而且是她选中的继承人，她一直为最终接班而栽培他。帕金森辞职以后，撒切尔夫人仍然热衷于尽快安排他回来工作。

帕金森一倒台，就必须改组内阁。诺曼·特比特被调到工贸部；汤姆·金执掌就业部，尼古拉斯·里德利最终到了运输部，接替金任交通大臣。此外，在保守党大会召开前撒切尔夫人已经采取了预防措施，她任命一位新的党主席：年轻的轻量级政治家约翰·塞尔温·古默。她的理由是保守党需要一位年轻人（古默只有 40 岁）对抗金诺克、斯蒂尔和欧文，但古默不很成功，在这个位子上只干了两年。

最令人难堪的事件是美国入侵英联邦国家格林纳达，而事前几乎不与英国进行任何协商。前一天，杰弗里·豪还在下院充满信心地排除了美国采取行动的任何可能，撒切尔夫人本人吹嘘与里根总统保持着特殊关系，特殊关系受到质疑，而他们两人都受到公开的羞辱。“香蕉皮总是有的，” 5 月她告诉 BBC 的约翰·科尔，“但你不一定非得要踩上。”然而，6 以来，她似乎总是没法躲开这些香蕉皮。

从破产到繁荣

尽管存在这些小的尴尬事件，政府核心的政治战线却一如既往地在经济方面：现在已经出现明确的经济复苏迹象。经合组织发表的一份报告显示，英国的经济增长速度为全欧最高。在某种程度上，经过长达 4 年半的努力，现在的局面只能算作一种有限的成功。但她指出，这一成绩“是在工作人数少了 170 万的情况下”取得的。换句话说，虽然失业率升高了，但劳动生产率也提高了。她坚称，随着新的工作岗位得到创造，失业率会迅速出现下降。

财政大臣奈杰尔·劳森具有与撒切尔夫人一样的能力，能够给人们注入乐观向上的精神。她与劳森的关系跟她与杰弗里·豪的关系存在很大的区别。尽管她常常对豪平淡无奇的工作方式很不耐烦，明白豪跟她一样，都不是经济学家，但她对劳森专业知识的尊敬却几乎达到敬畏的程度。从长期来看，这就是造成麻烦的根源，因为他们之间的观点分歧将会越来越大；不过，撒切尔夫人当时乐意纵容劳森。

劳森 1984 年提出的首份预算让她感到高兴。尽管当时仍然不可能削减基本利率，但新财政大臣却大胆地显示出税务改革家的雄心壮志。首先，通过提高个人门槛，把豪实施的从直接税转为间接税的改革又向前推了一步，85 万低收入者被排除在应征所得税的范围之外，弥补的办法是提高消费税以及扩大增值税征税范围。更重要的是，他削减了公司税，废除了向投资性收入征收的 15% 附加税，实现了豪所确立的逐步淘汰国民保险附加费（所谓“在岗工作税”）的目标。

然而，人们越来越强烈地呼吁对失业采取行动，然而，聪明的税务改革却在这一方面起不到任何作用，至少在短期内不起任何作用。“马岛因素”现在成了一把双刃剑：人们不禁要问，如果撒切尔夫人为夺回并保卫南大西洋几座几乎无人居住的岛屿，愿意花数亿英镑的金钱，那么为什么不能把同样的坚定信念用在征服家门口这一庞大的社会邪恶上？现在她拥有绝对的多数席位，经济衰退已经正式结束，经济应该处于复苏状态，然而失业率却依然在上升。她已经没有了任何借口。就在夏季休会之前，面对金诺克当选工党领袖以后首次提出的不信任案动议，撒切尔夫人被迫做出一个不同寻常的防御性答复。

“创造新的工作岗位是我们这个时代面临的主要挑战”，她承认。但是，政府是通过解决失业的“根本原因”，而不仅仅其表象，来对付失业的。正是由于豪和劳森采取的“稳健的财政政策，”她坚持说，“我们才赢得了通货膨胀降低这种奖赏，现在我们不能置之于危险境地。稳定价格依然是我们的最终目标。”新的就业岗位将会来自新技术，但她接受了“通过慷慨的经济补偿措施，通过再培训，通过帮助创立新的企业”减轻转型期困难的义务。

这种说法倒没有错误，但是对 320 万无情上升着的失业数字却不起大的作用。8 月，撒切尔夫人迫于必须对外显示正在采取行动的压力，任命人力资源服务委员会（MSC）的大卫·扬负责内阁办公室新成立的“企业处”的工作，伯纳德·英厄姆鼓励新闻界使用“创造就业岗位大臣”名称。他的任命不可避免地让就业大臣汤姆·金感到失望，因为扬闯进了他的领地。但撒切尔夫人听不得任何反对她最新欣赏的人的话。

10 月份，在爱尔兰共和军大饭店爆炸案的阴影下，保守党在布莱顿召开大会。在讲话中，撒切尔夫人谈论了失业问题。“对外显示……我们不关心失业，具有很深的伤害作用，也是绝对错误的。”她拒绝“凯恩斯主义”要求政府刺激经济的观点，并断言，凯恩斯的现代信徒误解了凯恩斯真正信奉的东西。“一切都写在‘1944 年有关就业的白皮书’上……我经常阅读，”她宣称，“第一页上就写道，创造‘就业岗位’不能靠议会立法和政府的单独行动。过去如此，现在依然如此。”她说，白皮书充满有关通货膨胀危险以及创业重要性的“基本真理”。

她罗列出一些政府已经通过“谨慎的预算”找到了资金的项目：M25 号高速公路，英国铁路的电气化、1979 年以来 49 家新的医院建设项目。“当然我们还在研究新建发电厂等各种各样的事项。在经历一年的干旱之后，我们正在研究加大供水方面的投资。”但是，最重要的信息是十分清楚的：不可能为就业而大幅开支。相反，在秋天里，她特意反复强调，通向繁荣的道路在于减税。

因此，批评人士组成的大合唱迅速高涨。有皮姆、希思、沃克尔等通常的异见人士，12 月，90 岁高龄的哈罗德·麦克米伦也加入了批评队伍。显贵们发出的警告，又被英国现代史上即将首次出现制造业贸易赤字的消息所放大，加上美元走强，造成英镑价值急速下滑。为了表明政府不让英镑继续下跌，劳森将利率提高

2%，之后又不得不继续提高，直到利率达到14%；与此同时，撒切尔夫人一边私下劝说里根总统从美国方面给予支持，一边又在电视上公开“力挺”英镑，她坚持认为目前的英镑价值过低（美元价值过高）。这一药方果然奏效。到了3月，英镑重新升值到1.25美元，劳森可以再次下调利率。

因此，压力没有丝毫松懈的迹象。在撒切尔夫人的坚持下，劳森不得不给1985年预算贴上“创造就业岗位的预算”的标签。实际上，创造就业并不是他的首要任务。他的首要任务是英镑，而他的真正兴趣在进一步改革税制。他希望削减中产阶级的税务优惠（不但有按揭利息免税，而且有私人养老支付免税），为继续降低基本利率提供资金支持。劳森原则上信奉逐步淘汰多年积累的胡萝卜加大棒政策，奉行一种“中性的”税务政策。但撒切尔夫人却不愿听这种东西。“我们的人民不容忍这种东西。”她告诉劳森。其次，劳森想把增值税扩展到报业、杂志以及儿童服装业：后者明显会丧失选民，首相坚定地予以反对，她坚持认为，还不到与新闻界对抗的时候。劳森能够到的只有削减对“国民保险”的捐款，将4亿英镑投入青年培训计划与社区计划，他显然对这样做缺乏热情。12个月以前，他的第一份预算赢来一片喝彩，而毫无生气的本次预算计划却无法取悦任何人。

那年春天，从马岛战争前到现在，第一次有人谈到要在秋季对保守党领袖提出挑战的事情。弗朗西斯·皮姆组成一个名为“中锋”的新的保守党的持不同政见者组织。事实上，这个组织也完全算不上法人团体。但是，出现的不满证据，足以迫使撒切尔夫人在5月24日一次广播访谈中承诺，如果一年内失业率不出现下降，政府将采取进一步的措施。在新成立的全方压力集团“就业研究所”，不满的情绪也许得到更为有效的关注。

传统上应对党内紧张局势的措施就是内阁改组。因此，9月初，撒切尔夫人重新安排她的班子，引入一些新的面孔。这些新面孔主要来自党内的希思派。而首先，她安排大卫·扬在就业部任职，让喜欢喧闹的肯尼思·克拉克去下院代表扬，然后她安排花言巧语的肯尼思·贝克到环境部接替帕特里克·詹金；最后她把诺曼·特比特从工贸部调走，接替古默任党主席。另一项受欢迎的举动是任命百万富翁小说家、前保守党议员杰弗里·阿彻为保守党副主席，协助重新鼓动各个选区保守党忠诚者的热情。撒切尔夫人一直不十分信任阿彻，但她认为他不会造成严重损害，而且作为啦啦队队长，也许可以鼓舞士气。

接替特比特任工贸部大臣的是里昂·布里坦，他是从内政部调来的，这次调动也对他造成了伤害。道格拉斯·赫德办事则更为可靠，他受到提拔，新任内政大臣，而汤姆·金则接过北爱尔兰事务。1979年以来，老的“湿才们”已经被彻底铲除，到1981年9月，撒切尔主义的真正信奉者已经接过了“湿才们”的职位；

1985年9月则标志着撒切尔内阁进入了第三阶段，新一代人已经成长起来，虽然他们乐意为撒切尔服务，但本能上却并非撒切尔主义的支持者。仅仅4个月之后的1986年1月，韦斯特兰事件造成的错综复杂局面迫使她再次进行内阁改组。围绕撒切尔夫人人事快速更迭，使人们更多地将注意力放在了她本人身上。

1985年的秋天并没有带来任何轻松。从9月到10月初，又爆发了新一轮骚乱。失业引起的绝望情绪，显然是其中最根本的原因。不久以后，上院的一个精英委员会发表一份报告，对1979年以来工业产能无可挽回的损失提出了警告，并对政府认为发展服务业可以填补这一差距的观点提出挑战。服务业无法弥合即将出现的国际收支赤字，原因其实非常简单，因为服务业是“无法出口的”。在保守党大会上，撒切尔夫人再次宣称，失业问题超过了所有问题，“占据了我大部分的思考时间。”然而，失业数字还在上升。

在金融政策上，首相与她的财政大臣之间也开始出现重大分歧。10月，在对伦敦金融城的一次讲话中，劳森暗示将放弃以前的货币主义。纯就形式而言，在实施“中期财政战略”时，货币目标£ M3曾经“既是法官又是陪审员”。劳森曾经认为，达到这些目标后，紧接着必然是低通货膨胀。不过，现在他对£ M3已经失去了信心。1982年以来，尽管£ M3已经远远超过目标值，但通货膨胀却出现下降。为了寻求更加可靠的指标，他开始将目标放在汇率上，相信稳定的英镑汇率能让通货膨胀处于控制之下。

1985年英镑创伤性的暴跌与恢复，让劳森转变了想法，他认为加入欧洲货币体系的汇率机制（ERM）的时机已经成熟。最初，他对国际合作持怀疑态度，但在G7财长会议上他着迷于一种谄媚性的错觉，即要少数几个非常聪明的人就可以管理货币市场。这种国际行动的最初成果就是《广场协议》。根据这份协议，美国同意美元贬值10%。作为这一进程的一部分，劳森准备建议撒切尔夫人，英国应该签署ERM。劳森得到了所有高级官员的支持，也受到他的前任，转任外交大臣的杰弗里·豪的支持。但是，撒切尔夫人却对此坚决表示反对。

“我知道他们联合起来对付我”，后来她在电视上宣称。因此，11月13日，她召开了由她精心挑选的、指望能支持她的同事参加的会议，这些人员包括：里昂·布里班、诺曼·特比特、约翰·比芬和威利·怀特洛。然而，与她期望的相反，布里班和特比特都支持劳森。像往常一样，这种情况让怀特洛支持他认为的共识。面临着高级幕僚的一致反对，撒切尔夫人直言不讳地告诉他们：“我不同意。如果你要加入ERM，别管我，你们去加入吧。”劳森想要不要提出辞职，但怀特洛和特比特都劝他放心，如果他继续坚持，首相最终会改变主意。跟过去在许多其他问题上一样，她最初表示反对，最后却改变了主意。事实上，正是在这个问题上，她从来就没有动摇过，直到1990年10月下台。

尽管她把自己反对的理由归于时机与判断，但实际上她是从原则上坚决反对的，或者说基于经济和爱国两个原则反对的。一方面，她认为作为自由市场经济哲学的一部分，汇率不可能固定，政府试图抵制市场是愚蠢的。另一方面，在某种程度上有点矛盾的是，在英镑价值问题上，她本能地反对为了固定汇率而牺牲任何主权，或者牺牲英国政府设定自己利率的权利，这种权利实际上可能是一种虚幻的东西。在随后五年里，劳森和豪越来越强烈地决意加入ERM，撒切尔夫人一直激烈地维护着这两条反对理由，而它们则成了政府核心位置的一颗定时炸弹。意志坚决的首相与同样顽强的财政大臣之间存在的这种根本分歧，最终毁掉了他们两人。

1986年，劳森的经济管理终于开始显示效果。2月，撒切尔夫人被迫承认，在下次大选之前，失业率可能不会开始下降。事实上，大卫·扬的培训计划终于开始产生效果了，10月，1979年以来，标题失业数字首次出现下降。年初，石油价格突然下跌，劳森实现预算所列的大幅削减收入税的计划破灭，不过，他千方百计地仍然使标准税率下降了1便士（使其成为29便士）。石油价格的下降却带来意想不到的好处：英镑兑其他欧洲货币汇率下降，在整个年度内给了英国出口相当于汇率贬值16%的好处，而且没有形成与正式贬值相伴的政治鸦片。似乎突然之间，经济进入一种“良性循环”。低通胀与低利率叠加，造就了3%的经济增长，而更快的经济增长也意味着失业率下降和税收增加。理所当然，从1986年秋季开始，民调重新回到支持政府一边；理所当然，到了春天，保守党在民调中再次领先。

这一戏剧性转变的关键是人口中的多数，即在工作岗位的2500万人，有了更多的金钱用于消费，从而刺激小型企业及服务业出现爆炸性发展，新的商店、饭店及酒吧，电子消费品，温室花园及各类家庭装饰等行业生意兴隆。到处都可以看到经济增长的景象，伦敦金融城一片繁荣，突然之间，出现了令人陶醉的乐观与机会气氛。保守党一直承诺，实施放松管制与激励机制就会实现这种局面。

然而，即使“劳森繁荣”起飞，持怀疑观点的批评者仍在发出警告，他们认为这种繁荣不但是部分的和失衡的，而且本身也是脆弱的。这是一种建立在疯狂消费支出上的繁荣，是超过通货膨胀率的工资增长、廉价贷款以及石油收入与私有化收入支付的减税刺激造就的繁荣，并未建立在长期投资或国内生产增加基础上。

简而言之，“劳森繁荣”包含着通货膨胀重现和下一轮经济衰退的种子。抛弃了货币主义的过分限制，他转向另一极端，释放出选前急速支出狂潮，类似于1963年和1973年的巨额支出，然而他却自行剥夺了前任财政大臣用来遏制过热的传统工具：收入政策、信贷控制和外汇控制。劳森显示出赌徒般的自信，快活地承认并不担忧贸易逆差不断增大，并坚持认为制造业不再是重要的行业。坦白地说，他的首要任务就是赢得选举，然后再进行所有必要的调整。

撒切尔夫人本能地持更为谨慎的态度：1986 年秋天，她已经觉得有点不对劲了。劳森要她不要担心，但她的直觉却是正确的。撒切尔夫人本人并没有根据自己的直觉采取果断措施。一方面，她仍然着迷于她的财政大臣更为丰富的专业知识。另一方面，她对民调中出人意料的好结果表示感激，被普遍存在的兴奋情绪冲昏了头脑，而这种兴奋始终围绕着她所称的“大众资本主义”。

具有讽刺意味的是，据说“大众资本主义”是迈克尔·赫塞尔廷 1986 年 1 月从内阁走出之后不久发明的词汇。一年前，劳森称赞英国电信的私有化标志着“人民资本主义的诞生。”撒切尔夫人首次使用这一词汇是在 1986 年 2 月 26 日，当时她宣布：“我们已经得到了我所称的大众资本主义。”之后，她将这一词汇变成自己的专有。3 月 15 日，在保守党中央理事会上的一次讲话中，她把这个词汇作为自己政治工程的定义口号。这是一次至关重要的讲话，她试图将韦斯特兰危机置于身后，出来为自己的政治生命而战。首先，她回顾过去，列出了她的政府迄今为止取得的主要成就：驯服了工会，遏制了通货膨胀，开始拆除公共部门。

拥有资产的民主

“大众资本主义”是英国经济生活中三次不同革命的撒切尔式速写，这三次革命分别是，更广泛地拥有房产、更广泛地拥有股权以及“企业革命”（其主要特点是更多的小型企业与更多的人自谋职业）。撒切尔首届政府执政期间，第一次革命进展顺利，1983 年前，大约有 50 万公房已经出售。但是第二和第三次革命在第二任期间才刚刚开始。第一次革命简单而不可逆转，是一次重大的社会变革。第二次革命的意义并没有当初宣称的那么大，至少就个人而言。第三次革命是经济领域最重要的革命：尽管它由政府的供给学派改革引发，起初又与难以持续的“劳森繁荣”美誉联系在一起，但这一变革却代表了英国对普遍的趋势——全球化与电脑化——的反应，代表了经济态度及经济行为上一种不可阻挡的转变，超越了撒切尔时代，一直轰轰烈烈地进行到 2008 年，在一场“信贷紧缩”中轰然倒台。

出售公房是一场英国独有的社会革命，反映了国民对拥有房子的痴迷。基于偏见与原则的结合，撒切尔夫人认为公共部门修建房子的做法实际上应该予以废除。她深信市政地产是滋生依赖思想、肆意破坏公共财物和犯罪的领域。她对努力改善市政房屋不感兴趣，因为她原则上认为，住房不是政府应该提供的商品，对老年人及残疾人等特殊人群提供住房除外。在自传中，她毫不含糊地写道，国家应该“尽快而且尽可能远地”从建房与管理住房领域撤出。然而，在位期间她无法按照这种原则采取自己理想的果断措施；不过她的确是在尽可能地缩减公共部门，而对那些因环境所迫不得不住市政公房的人却很少提供帮助。

撒切尔夫人认为，无论从经济上讲，还是从社会上上讲。出售公房都是件纯粹的好事。她特地参加了出售第 100 万套房子的交接仪式。到 1990 年她下台时，出售房子的总数已接近 150 万套，为财政部带来了 280 亿英镑的收益，按照西蒙·詹金斯的观点，财政部对照公共开支，将这笔资金进行了“重复计算”。分摊到 11 年里，出售公房成了最大的私有化项目，超过了出售英国电信、英国天然气以及英国电力的总和。然而，好处并不像她认为的那样纯粹。

首先，一些被说服自己购房的家庭，尤其是在那个 10 年末期在银行廉价按揭贷款诱惑下购买房子的家庭，随着通货膨胀的上升并受 90 年代初经济衰退的打击，很快发现背上了无法为继的还债义务。房子价格回落到更为现实的水平后，许多人发现自己房子的价值还不够抵押贷款，出现了“负资产”。拥有自己住房的许多美妙梦想，5 年后结束于房权被没收的噩梦。

其次，销售的房子自然是最好的和最理想的，是数量很少的单元房。这些房子被更为富有、在社会阶梯上更容易向上移动的住户买走。留下的是不太透气的高层房子，成为失业及问题家庭的住所。撒切尔夫人出售公房减小了社会融合的空间，迫使更多的住户依赖福利。因此，她认为没有好的房子的断言，最后自我应验了。

再次，由于房子的不可替换性，市政住房储存量的必然下降，80 年代后期私营部门房价的爆炸性上升，再加上当时仍然有近 300 万人失业，所有这些因素造成低价住房的极度短缺，进而造成该 10 年末出现数量惊人的无家可归人群，他们睡在伦敦与其他大城市的街道上。这是一项受欢迎的政策造成的最严重的消极后果，对此，撒切尔夫人却断然视而不见。

变卖家产

大众资本主义的第二次“征服”就是私有化。当然，1979 年小心翼翼地开始以后，私有化一直在进行之中。到了撒切尔夫人的第二任期，私有化才作为一个滚动的进程，真正起飞。这时，私有化忽然成为政府的“宏伟思想”和撒切尔主义的核心支柱，成了她 1975 年以来一直谈论的逆转社会主义进程的象征性体现和实际上的实现。先从英国电信开始，政府逐步推出了 1945 年以来一直为英国提供基本服务的主要国有公司。还在几年前，除了少数的自由市场经济狂热分子外，几乎没有人可以想象这些服务能由政府以外的任何人运营。这些服务包括：电话系统、煤气和电力、国内航空、机场，甚至还包括供水。势头已经形成，并在撒切尔夫人本人下台后得以继续，最终一直触及公共部门的两只巨兽——采煤业与铁路。这是经济版图未曾预料到的巨大转型。每项连续性的私有化都遭到反对党、工会以及在受影响行业工作的大部分人的反对，民调显示也受到公众的反对。然而，每项私有化只要发生，都会作为一种不可逆转的既成事实为大众、甚至工党所接受。更重要的是，私有化进程本身实际上产生了一阵大众的兴奋情绪，热心的媒体又从中推波助澜，连大臣们都感到惊奇。关键的是以低廉的价格直接向公众出售股份。

时任唐宁街政策研究处主任的约翰·雷德伍德回忆说，突然之间，问题不再是“公众会不会购买？”而成了“我们如何在技术上实现？”劳森记得有一次跟商业银行家用餐，所有人，只有一人例外，“都严肃地声称（英国电信的）私有化是不可能的：根本没有那么大的资本市场来吸收它。”解决的办法就是绕过银行家，通过邮政订单、电视及报纸广告，直接将股份卖给公众。撒切尔夫人对“各种可能性”都感到兴奋，给予雷德伍德所需要的支持，以说服财政部与伦敦金融界。

民众反应超过了事前的所有预期：申购人数达 200 万。1984 年 11 月第一期出售时，提供出售量仅为申购量的四分之一。超过 100 万小投资人申请购买，包括英国电信 95% 的雇员，他们不顾工会的劝告，坚持申购。这些人大部分以前从来没有买过股票，不过销售方式经过了加权处理，对申购数量最少的人予以照顾。处于政治原因，股价被故意压低，每股只有 130 便士。从政府的角度看，销售一定得取得成功。最后，这笔出售筹资接近 40 亿英镑。该公司利润大幅增长，到 1985 年底，对于那些一直持有股票的买家，每股价格已经涨到了 192 便士。

出售英国电信取得成功立刻变成了十分清楚的事实，撒切尔夫人急于重复这样的成功。下一个明显的候选项目就是英国天然气公司。现在，整个伦敦金融界都渴望参与这一行动，罗斯恰尔兹公司赢得了这场“选美赛”，主持这次销售活动，450 万人竞相购买股票。股票价值再次被低估，申购量再次远远超过出售量，首个交易日股价就猛涨 50%。工党愤怒地谴责政府对国有资产玩世不恭，标价过低，用公众的金钱贿赂公众。然而，政府却实现了以前从来没有实现的目标，让拥有股份为大众所拥护。

第二任期内第三次高调的私有化项目是英国航空，但收益却远远比不上出售英国电信和英国天然气公司。在撒切尔夫人喜欢的商人约翰·金爵士的领导下，英国航空实现了盈利，于 1987 年 2 月售出。这家“世界上最受欢迎的航空公司”现在成了成功的国际领导者，投资人都热心于买入。这一次申购量为出售量的 17 倍，开价日股票大涨 82%。1971 年，在一片争议中，这家公司被希思政府国有化。这段私有化进程中唯一出现问题的是在英国石油公司的出售上，1985年上市时正值石油价格下跌。数百万份股票没有售出，但是损失由承销商而非政府承担。不过，政治上的难堪至少驳斥了那种认为资产股票价格设定过低的指责。

私有化取得了成功后，政府的核心主题，亦是撒切尔夫人心中的热切渴望，就是保持继续行进的势头。这时，已被伊恩·麦格雷戈大幅瘦身并恢复盈利能力的英国钢铁公司已经走上正路。1987年保守党竞选宣言中将电力及供水作为下一个目标。然而，电力和供水都存在特殊的问题：一方面是核能问题，另一方面则是商业化供水对公众健康的影响。不过，她依然决心继续推进。与此同时，她并没有抛弃谨慎小心的习惯。她不是理论家，而是精明的政治家，预见到铁路私有化只会带来麻烦。她高兴地看到英国铁路被迫卖掉有盈利能力的资产——酒店、轮渡、气垫船以及铁道两侧未开发的土地资产，但这些措施只能让其余部分的私有化更加困难；但撒切尔夫人有着良好的感觉，不要试图出售轨道或者火车。

基于类似的原因，她以女王对皇家邮政的喜爱为借口，没有触及“邮政署”，也没有触及遭受矿工罢工创伤后留下的煤矿。事实上，玛格丽特·撒切尔凭借时机及运气，成功地驾驭了第一次私有化浪潮，完成了所有相对容易的出售项目，尽管最初公众意见表示怀疑，但很快就接受了私有化的好处，而真正困难的部分却留给了继任者。

毋庸置疑，私有化为消费者和国家财政产生了实实在在的效益。向消费者提供的服务水平无疑得到提高。不过可以说，这一点反映了更加商业化的文化得到普遍推广以及工会权力遭到损失，而不是简单的所有制变化。例如，英国钢铁和英国航空效率提高的主要部分是在两家公司仍然属于公共部门那段时间实现的。不过，主张私有化的人指出，关键的因素是去掉了公共资金所提供的安全网。迄今为止，这种安全网像无底洞一样消耗着公共资金。

结果，财政部不再无休无止地补贴亏损，实际上现在还可以从利润中获得收益。对劳森和撒切尔夫人应该提出的真正批评，是他们将忽然得来的巨大财富用在了短期消费上，而没有投入已经破破烂烂、亟须修缮的国家基础设施上。

同样，政府夸口的另一项伟大成就，即私有化创建了一个由小资本家构成的国家，事实证明却是一种幻觉。从理论上讲，持有股票的人数必然得到大幅增加，从1980年的300万到1990年的1100万。但是，持有大量股票的人却很少，与1984年到1986年那段激动人心的日子里受到诱惑而进入股市的人数相比，持大量股票的人的确不多。能够建立不同公司股票投资组合的人少得令人失望，因此私人拥有股份的比例实际上是下降了。

最后，人们对私有化感到的失望，主要集中在私有化并未在新近实施了私有化改革的行业当中，推行真正的竞争；集中在这样一种事实上，价格仍然没有恰当地服从于市场，仍然受到政府任命的许多不负责任的机构的监管，实际上仍然敏感于政治压力。这也许是私有化推进方式上的一种不可避免的功能，因为私有化就是以实用主义的态度和投机的心理，按照头疼医头、脚疼医脚的方式推进的。有愿望，但却从来没有制定过清晰的蓝图，跟与40年前实行国有化时的情况有过之而无不及。尽管如此，私有化成为一项杰出的政治成功（至少在撒切尔夫人的年代），存在的问题竟然在紧接着10年中才浮现出来。

一个企业的社会？

与此同时，从伦敦金融城到各个地区的大街，在所有的经济层次上都出现了真正的文化变革的迹象，这是对几十年来阻碍英国经济表现的所有态度与习惯的一种实实在在的解放。在很大程度上，这正是政府采取的放松管制、增加激励、遏制工会以及普遍开放劳动市场等“供应派战略”刻意造成的结果。然而，同样重要的是，所有这一切正好赶上一次新技术的大爆炸，其中最重要的是通信技术，即所谓的“第三次工业革命”。这场革命推动小规模的消费驱动型服务业取代以前大量用工的重工业，迅速淘汰了旧的方式。在这一方面，撒切尔主义仅仅是反映并促进了世界进步的进程。不过，英国生活方面的革命却是显而易见的。

首先，1986年10月发生的“大爆炸”改造了伦敦金融城，接受外国经纪人和证券交易商，用全球标准的监管标准替代了原来的君子协定（即“我说的就是我的保证”——“一平方英里”迄今为止为之骄傲的原则），一扫几个世纪以来的传统。塞西尔·帕金森在担任工贸大臣的短暂时间里，曾与奈杰尔·劳森联合推出过的一种技术规定，伦敦金融城现在的变革实际上就是对这种规定的迟到认可。其实，从1979年废除外汇管制可以自然而然地推论到“大爆炸”，然而与当时废除外汇管制一样，撒切尔夫人最初态度非常谨慎，担心在制造业受到重创的情况下，人们会认为政府介入是为了挽救金融城中的朋友。然而，政治压力是非常短暂的，而结果却是惊人的成功，它及时地让伦敦具有与东京、法兰克福和纽约进行成功竞争的能力，让伦敦全面加入新兴的计算机化的世界经济。

私有化利润丰厚，不但为那些承担风险的商业银行，而且给大批从事新业务咨询、广告以及公共关系公司带来巨额的回报。“大爆炸”的影响与劳森的减税以及私有化的回报叠加一起，几乎突然之间，让金融城充满了魅力。与以往任何时间都不同，20世纪80年代中期，只有金融业以及相关产业，而不是工业或其他行业，才能够赚到大钱。新的财富体现在林立的巨型新玻璃钢大楼上。不过，最能激发公众想象的现象是新的电脑化年轻才子阶层，他们被称为象征着向社会上层升迁的“雅皮士”，现在突然间成为现实，住进了财神的宫殿。

然而，不但在金融城能赚到金钱。在离开金融城的实体经济，形势也正在发生变化。放松管制、容易得到贷款以及个人计算机的快速普及，创造了一种小企业可以繁荣的气候，从 1983 年到 1990 年，总共创造了超过 300 万个新的工作岗位（主要是在服务行业），填补了年代初期制造业损失的工作岗位。与过去相比，更多的人离开了雇主，在小型桌面企业里创造出属于自己的事业，寻找并填补市场空白。到 1989 年，有占整个劳动力 11% 的 300 万人成为自主经营者。企业不但在英格兰南部出现繁荣，也在英格兰北部和苏格兰出现繁荣，与政治分野无关。

不但雅皮士比以前有更多的钱可花，每个有工作的人都能从中受益。1983 年到 1987 年之间，随着所得税的下降，平均实际工资增长每年超过 20%。同时，1982 年，租与购的限制取消了，金融界放松管制导致信贷出现空前的繁荣，银行和建筑社团竞相抛出更为廉价的贷款。在可支配收入的增加创造了各种各样改善住房的需求。首先，高工资与廉价的贷款刺激了房地产的繁荣。只要这种状况能够得到维持，大家似乎都成了赢家，那些以折扣价购买公房的人则成为最大赢家。几年之后，起初以 1 万英镑购买房子的人发现他们房子的价格是过去的 4 倍。

所有这一切正是撒切尔夫人和她的财政大臣们所梦想实现的。然而，与此同时，大量的人却被排除在外。失业造成的破坏主要集中在旧的制造业地区。从 19 世纪起，棉纺厂、工厂、矿山以及钢铁厂就一直是这些地区的生命线，随着厂矿的消失，这些地区受到严重的摧残。

除了正式登记为失业的人以及他们的家庭之外，还有许多人永远无法进入成功的良性循环，这些人包括靠不断缩水的国家退休金为生的老人，单身父母，为数越来越多、无依无靠的少年辍学者，失业、无家可归、家庭破裂、毒品的受害者，还有各种不幸因素叠加在一起的受害者。换句话说，就是所有依赖国家福利的人，随着生活成本的升高，这些福利的实际价值不断减少。在这 10 年里，尽管家庭平均收入增长了 38%（社会顶层 10% 的人群家庭平均收入增长 62%），而最底层人群家庭的平均收入却下降了 17%。一夜间从英国城市中心走过的每一个人都会清楚地看到，在日益增长的财富当中，贫穷也在增加，造就了一个永远被社会排除在外的新的底层阶级。

撒切尔夫人竭力否认，随着财富的增长，贫穷也在增加。她坚称所有的人都从不断增长的繁荣中得到了好处。在她心灵深处的某个部分，她真的认为，自己的目的就是让更多的人拥有财富，从而创造一个她在自传中所称的“‘有产的’社会，而不是有产阶级”。她认为公房出售和股票的广泛持有正在制造这种效果。但同时她又认为，不平等现象不但是不可避免的，而且是必要的，实际上是积极而有益的，它对企业是一种刺激，对成功是一种奖励，对失败或不努力是一种惩罚。她从心底里相信，除非是自己的过错，任何人都不会长期处于贫困状态；只要辛勤工作，并有一点进取心，任何人都会取得成功。

真实的情况是，撒切尔夫人几乎不了解那些与她的生活经历完全不同的人。她喜欢那些被她称为“我们的人民”的人，那些勤奋工作、拥有房子、缴纳税费的中产阶级，她称他们为英格兰的骨干；与此相应的是，她不喜欢那些懒惰、不负责任或缺乏自尊的人，那些满足于住在补贴房子或者靠福利为生的人。然而，自相矛盾的是，这种建立在勤俭与自我完善基础上的严格的道德框架，也同时意味着她对从不认错的贪婪文化感到很不舒服，而这种文化实际上是与撒切尔主义密切相关的。事实上，她对以她的名字命名的消费主义哲学抱有异常矛盾的心理。

撒切尔主义的核心矛盾是，撒切尔夫人主持并为之欢呼的是一种狂热的物质主义文化，充斥着“享乐、贪婪与金钱”，这种文化从本质上与她自己保守、守旧和清教徒式的核心价值观是完全矛盾的。她信奉节俭，却鼓励创纪录的负债率；她称赞家庭是一个稳定社会的根本基础，却创造出一种激烈竞争的经济和社会分化的气候，这种环境下家庭更容易出现分裂，这种环境下的税收及福利制度绝对歧视婚姻。她反对颁发性执照，反对公开展示那些淫秽材料，但却推动了一种毫无约束的商业主义，这种商业主义释放出了色情浪潮，有印刷品的，有电影的，这在几年前是无法想象的。

最重要的是，她充满激情地信奉英国在所有国家当中所具有的独特性。她依然相信英国负有“教导世界各国如何生存”的使命。事实上，她几乎相信，个人的职责并不是通过追求私利而服务于大众利益（正统的亚当·斯密的观点如是说），而是服务于国家。“重要的不是你是谁，你的家庭都有谁，或者你来自什么地方，”她在 1984 年保守党大会上说，“重要的是你是什么样的人，你给你的国家都做了些什么。”然而，市场力并不尊重边界。尽管她为英国擂鼓呐喊，撒切尔夫人统治下却经历了国际主义的空前扩展——不但在欧共体（在她执政的最后 3 年里，她试图放缓进一步一体化的进程），更重要的在于美国引导的全球资本主义的剧烈扩张，不但在英国，而且在全世界淘汰了经济主权，同化了地方认同。

撒切尔夫人乘着自由化的浪潮，然而，她却对违背她心灵最深处的价值观的后果视而不见。她释放了中产阶级的能量，取得了巨大的政治成功。她的具有革命性的发现是，中产阶级，包括那些渴望成为中产阶级的人，组成了人口中的绝大多数。工党曾经认为，如果得到合适的动员，工人阶级会成为社会的大多数。同样，以前保守党政府习以为常的观点是，如果失业人数超过 100 万，任何政府都没有希望获得连任。相反，撒切尔夫人却表明，只要中产阶级感到了繁荣，政府可以不理会失业者，仍能取得选举胜利。基于这种分析，她根本不是一位真正的自由派，而是一位阶级战士。自由市场政策加上作为调和剂的抵押贷款利息免税（一种公然的贿赂）是她用作社会回报的方法；她将社会的重点从集体供应转移到个人满足，通过这些途径，她代表她的同类发动了一场阶级战争，并取得了战争的胜利。尽管她否认个人主义只是自私的享乐主义的掩护，但她在规定新的中产阶级如何花钱方面却无能为力，更不用说控制国际资本不道德的力量了。

撒切尔主义悖论以辛辣的方式体现在撒切尔夫人本人的家史上。回头想想在格兰瑟姆开杂货店的阿尔弗莱德·罗伯茨，一位小城的店主、爱国者及传道士，他节俭地使用地方税纳税人的分分厘厘，抚养自己聪明的女儿过上基督教礼拜、勤奋与节俭的生活。再朝后面看看未来的马克·撒切尔爵士，一位没有任何能看得到的本领、资历或社会良知的国际“商人”，从英国到德克萨斯再到南非，到处被各种法律诉讼、税务调查以及连续不断的丑恶声誉追踪，那么到底又是阿尔弗莱德的什么品德造就了马克？众所周知，作为老一代的商人，丹尼斯并不看好儿子的商业活动。然而，对他的母亲来说，马克是不会做错事的。他从中获得神秘财富的世界就是她所缔造的，他代表的价值观正是她所推行的。撒切尔夫人揪扯在虔诚地乞灵于神圣般的父亲与拼命袒护花花公子的儿子之间，她成了两种截然不同的道德体系之间的纽带，这两种道德体系不但反映了她本人个性的两面性，也是 20 世纪英国的写照：从弗莱德·罗伯茨到马克·撒切尔，历史仅仅走过三代。

• 第十六章 •

铁娘子 I：特殊关系

撒切尔夫人与外交部

1983 年 6 月第二任期开始时，在外交事务方面，撒切尔夫人已经远比 1979 年更为自信了。1979 年，她还是国际舞台上一位新到的姑娘，必须承认自己缺乏经验，打交道的所有主要盟国的首脑都是资深的领导人，有华盛顿的吉米・卡特，波恩的赫尔穆特・施密特和巴黎的吉斯卡尔・德斯坦。但到了 1982 年 10 月，施密特已经被赫尔穆特・科尔替代，撒切尔夫人可以在自己的选区吹嘘，说自己现在是西方最有资历的领导人。她在位时间越长，越有能力利用在自传中所称的“知名于全世界政治家和普通民众这一巨大的集合优势”。在津巴布韦，她取得了显著的外交成功，在欧洲预算问题上取得部分成功，而在马岛战争中又取得了惊人的军事胜利。

从这时起，她广泛游历，将自己世界名人的身份用到极致。然而，她旅行总是有目的的，要推行她的观点，要争取英国的利益，绝不是像在野时那样，仅仅为了增长见识。所到之处，她总是把马岛战争胜利作为在她有力领导与坚强意志下英国在自由事业中得以重生的象征，作为已证明的英国强大军事实力的象征。

像所有长期担任首相的人一样，她越来越想当自己的外交大臣。很快她就将弗朗西斯・皮姆换成比较听话的杰弗里・豪，委托给他的事情都是一些令人厌烦的外交细节，而她处理的全部是重要的会谈。她喜欢与外国政府首脑直接打交道，但不禁忌接待外国的外交部部长或更低一些的特使，像审问自己手下的大臣一样对待对他们，充分享受着其中的乐趣。作为一位女性，大部分外国领导没有与女性政治家打交道的经验，而她能够对他们说出任何一个男性首相都难以说出的话。

撒切尔夫人坚信，名称为外交及英联邦部的外交部软弱无力，致力于放弃英国的切身利益。1979 年以后她的经历更加强化这种看法。马岛战争以后，她任命任驻联合国大使期间表现突出的安东尼・帕森斯爵士为她在唐宁街 10 号的私人外交政策顾问。帕森斯说，他的重要职责之一就是预测危机，让撒切尔夫人再不会“像在马岛问题上那样毫无准备”。克拉多克爵士是位中国问题专家，最初参加过有关中国香港问题的谈判，直到 1990 年，他一直是撒切尔夫人的外交政策总顾问。撒切尔夫人出访外国，越来越不愿意带外交部的任何人员，重要的出访她只带私人随行人员。到任期的后期，她通常只带鲍威尔和英厄姆。

她继续从外交部以外的独立学术专家方面寻求有关外交政策的建议。尽管在一定的程度上，这些人喜欢告诉她希望听到的东西，或者更准确地说，她选择了那些会告诉她希望听到的东西的顾问，但值得称道的是，她力图超越官方建议的狭窄圈子。尽管如此，她的两个特别顾问帕森斯和克拉多克都是前外交部的人员，最具影响的是 1984 年起担任顾问的查尔斯·鲍威尔，具有讽刺意味的是，鲍威尔本人就是一位出类拔萃的外交部人士。

40 岁刚出头的鲍威尔是一名职业外交官，1984 年 6 月，他接替约翰·科尔担任撒切尔夫人外交事务私人秘书，并立即与她建立了独特的友好合作关系。这种关系的基础是鲍威尔杰出的写作才能：他具有出色的才能，无须生编硬造就能找到人们可接受的外交语言，准确表达撒切尔夫人想说的意思。其次，跟撒切尔夫人一样，他也几乎用不着睡眠，精力充沛，始终陪伴在她的左右。此外，他具有一种通过非正式的个人外交方式做成事情的技巧，他会背着外交部直接去华盛顿或巴黎，用一两句妥帖的话完成撒切尔夫人交办的事情。

按照白厅的惯例，每过三到四年，鲍威尔就应该换个职位，但是撒切尔夫人却拒绝让他离开。然而，实际上他待的时间越长，他的观点对撒切尔夫人的影响就越大。在任首相的最初几年里，撒切尔夫人被压倒性的亲欧洲意见所包围，然而从大约 1986 年起，鲍威尔的欧洲怀疑主义越来越多地鼓励她听从自己固有的反欧共体、反德国偏见，从而对撒切尔夫人和英国造成了严重的后果。

不过，在津巴布韦、中国香港、北爱尔兰、东欧问题上，还有第二任期内在欧盟问题上，其实她仍然听从了外交部的建议。尽管为了马尔维纳斯群岛她走向了战争，但她清算了大英帝国在全世界范围内的大部分最后遗留问题；尽管她是英国首相，她却接受了与新一代苏联领导人打交道的建议；尽管从本能上她属于联邦主义者，她也承认北爱实现和平的唯一机会就是都柏林参与其中；尽管从本能上表示反对，她却采取了决定性的步骤，让英国加入了一体化的欧洲。

按照自己确定的目标判断，她在外交方面取得了“巨大的成功”。首先，她与罗纳德·里根巧妙周旋，恢复并最大限度地发展了与美国的“特殊关系”；后来，她发现并鼓励米哈伊尔·戈尔巴乔夫，在戈尔巴乔夫与里根之间成功地扮演了中间人的角色。最后，她结束了在欧共体财政预算问题上的吵闹，进而设定了推进引入欧洲单一市场的步调。在中国香港问题上，她实现了希望能够达成的最好解决方案。她不顾世界反对，遵循自己确定的结束南非种族隔离制度路线是正确的。尽管她喜欢强烈地表达自己的观点，她毕竟与几乎所有人保持着良好的关系。总之，最新一部历史著作做出结论，她“完全改变了英国在世界上的地位与声誉”。

罗恩与玛格丽特

撒切尔夫人外交政策不可动摇的基石是美国。无论在世界发挥多大的主导作用，英国只能作为美国的头号盟国，对此她深信不疑。丘吉尔首相之后，没有任何一位首相能像撒切尔夫人这样毫无疑问地相信，“讲英语的人民”负有领导并拯救世界其他地区的义务。但是，她对谁是高一级伙伴并不存在幻想，也不否认英国依赖美国的现实。正是美国，在英国的帮助下，把欧洲从纳粹的暴政下解放出来；1945 年以后，又是美国的核保护保卫着欧洲免遭苏联的侵略。

此外，她越来越相信，确保西方自由生存不仅靠美国的军事实力，而且靠美国式的资本主义，它是西方自由的卓越典范。她羡慕美国社会的活力与乐观主义，他们心悦诚服地信仰资本主义，拒绝指望国家解决各种社会问题。她希望英国在各方面都能越来越像美国。尽管她对英国光荣的历史感到骄傲，但是在 20 世纪末她从某种意义上更像美国人。每次访问美国，随行人员几乎都能感到她所得到的实在感染力。

英国自由派公开的反美立场令她感到痛心和气愤，这些人士认为，美国人与俄国人之间几乎没有区别；令她痛心与气愤的还有那些主张核裁军的人士，他们认为美国对和平的威胁超过了苏联。她更为强烈地鄙视那些学术界人士，他们滥用个人的自由权利，把独裁等同于自由。她的世界观是非常简单的黑白观。“本党是亲美党，”在 1984 年保守党大会上她公开宣布。不管在具体事情上她与美国人存在什么样的不同，她决心在所有场合下显示英国对大西洋联盟的绝对忠诚。如果她本人不能成为自由世界的领袖，那么，最好的就是做这位领袖的中尉。

在敌人方面，撒切尔夫人比较幸运。然而，让她感到异常幸运的是，主政唐宁街 11 年的大部分时间，正好遇上里根总统，她可以在联盟内发挥比罗斯福和丘吉尔时代以后任何首相更大的作用。在执政头一年半的时间里，她努力培养与吉米·卡特之间的良好关系。然而，尽管她对卡特的职位深表敬意，她与这位充满善意但在她看来却是思想糊涂、不可救药的民主党人，并没有建立起良好的关系。然而，1980 年 11 月罗纳德·里根当选美国总统后，局面彻底改观。这并不仅仅是因为里根是她意识形态上的知音，凭借保守势力的反击才当上总统。跟她当年上台的情况几乎一样。但是，意识形态上的对称并不能确保能够建立良好的关系：而且往往容易就此变成对手。比相同意识形态更为重要的是他们在政治人格方面的差异。

里根在性情上刚好与撒切尔夫人相反，他是一位比较随和、有点粗枝大叶的政治家，从不假装自己掌握政策的复杂细节，乐意接受别人（有时也包括撒切尔夫人）的引导甚至欺负。性别上的默契强化了他们两人之间本质上相同的价值观纽带。出于他与大多数外国领导人交往的深度，如果仅仅是因为她说同样的语言的话，那么里根懂得他与撒切尔夫人友谊关系的程度：他理解她，喜欢她，敬慕她，所以信任她。作为一名政治家，里根显得尤为自信坦然。与撒切尔夫人不同，他不必赢得每一场争论：他知道自己的观点，但不希望与人发生对抗。他们两人在风格方面的强烈对照掩饰了华盛顿与伦敦在实力方面的差距，在长达 8 年的时间里让英国与美国之间的“特殊关系”这种令人欣慰的神话几乎成为现实。

撒切尔夫人以高超的技巧以及缺乏特色的手段，充分利用了属于自己的机会。在私下，她对里根总统的局限看得十分清楚。“没有多少脑子，是不是?”有一次她说。然而，她却听不得别人批评一句。对于里根，她一直忍受着一种装模作样的无知，换成其他任何人她根本无法容忍，部分原因是里根是美国总统，是自由世界的领袖，部分是因为里根这种和蔼的模糊给了她影响美国政策的机会。

撒切尔夫人与里根之间伙伴关系早在 1975 年就有了基础，当时，她刚被选为反对党领袖，就有人谈到这位前加利福尼亚州州长可能成为总统候选人的事情。很快他们就发现彼此持相同的看法，后来彼此都为对方的当选感到高兴。不过，各自执政后他们之间的关系还是经过一段不长时间的发展。里根宣誓就职以后，撒切尔夫人成为第一个访问华盛顿的主要外国人，这并非巧合。

他们之间的工作关系实际上开始于 1981 年 7 月的渥太华七国峰会。这是里根在世界舞台上第一次露面，而撒切尔夫人则相对富有经验：不论是个人上还是政治上，里根对她给予的支持都表示感激。她对里根起了陪伴与保护的作用，她在有效地解释美国政策上的本领超过了里根本人。一方面，美国主张用市场的办法对付全球性经济衰退，而其他领导人大都赞成更多地采用政府干预；另一方面，美国坚定地支持部署巡航导弹，而面对反核示威，欧洲领导人却开始撤退。与此同时，她私下告诫里根，美国对欧洲“中立主义”的批评存在风险，可能引起完全相反的反应，而这种反应是美国力图避免的。

后来，里根给撒切尔夫人写信，首次称她为“亲爱的玛格丽特”，感谢她在“我们的磋商中所发挥的重要作用。要不是因为您，我们可能还处在起草公报阶段”。反过来，她也首次称他为“亲爱的罗恩”。9 个月后，马尔维纳斯群岛危机造成了临时的小麻烦，虽然里根总统最初比较犹豫，但很快就给予英国撒切尔夫人认为应该得到的全力支持。之前里根总统已经计划在6月凡尔赛峰会后访问英国。这次访问是在撒切尔夫人国内支持率跌至谷底低时做出的计划，目的就是为了支持身陷困境的盟友。结果，访问在阿根廷投降前的几日里成行，正值撒切尔夫人军事胜利的高潮。除了在唐宁街举行会见外，里根总统还与女王一起在温莎大庄园骑马，在皇家画廊对议会两院议员发表讲话。尽管他对欧洲其他国家的访问被反核示威中断，他在伦敦受到的热情接待显然将这种“特殊关系”提升到一个新的高度。

在随后举行的峰会上，里根明确地将撒切尔夫人视为自己的主要盟友。他尤为感到高兴的是1983年6月选举期间，她仍然抽时间参加了威廉斯堡峰会。白宫文件显示，里根的工作人员与撒切尔夫人的工作人员密切协作，推动共同的议程，过后里根对她的帮助表示感谢。里根与撒切尔夫人构成一对强大而精心排练的表演搭档。

从这时起，一有问题，她就主动到华盛顿来。1983年6月，刚刚获得连任，她就要求到华盛顿“与里根总统继续进行双边磋商”。“她要直截了当地谈英国的利益，”美国驻伦敦大使警告说，“并期待着我们跟她一样直截了当地会谈。”从此以后，直截了当就成为美英关系的基础，撒切尔夫人在自传中明确承认：“作为交换，我对里根总统强烈的公开支持换来的就是私下直接与他和他的政府成员谈事情的权力。”

如果作为外人撒切尔夫人具有如此大的影响力，那是因为与白厅相比，白宫是高度非集权型的机构。美国政府并不是不同机构之间持续争斗，国务院、五角大楼、国家安全顾问、中央情报局以及其他机构都在争着向总统进言。在听取英国大使馆精心准备的情况介绍后，撒切尔夫人了解到在每个问题上不同观点的平衡情况。在这些平衡当中，只要应用得比较明智，她的介入就可能产生决定性的影响。众所周知，里根不喜欢跟她吵架，所以在某个特定论点上站在她一边的美国总统顾问们就想方设法，动用她帮助解决问题。1983年夏接替奥尔·黑格担任国务卿的乔治·舒尔茨回忆说，他一直发现撒切尔夫人对里根的影响“非常具有建设性”。因此必要时，他还“不知羞耻地”请她帮忙。不过，其他人则认为她的干涉让人恼火。

如果不能亲自来华盛顿，她就会写信或打电话给里根。她经常给里根报告她对旅行中遇到的其他领导人的看法，提出她认为美国在中东或其他出现麻烦的地方应该采取的行动的想法。有时候他们之间的信件纯属个人问题，如相互之间的生日问候，祝贺对方连任，或者对另一方险些被暗杀表达震惊与宽慰。在1984年矿工罢工高峰期间，里根不止一次地写信给他的朋友，表示鼓励。

两年后，轮到里根陷入麻烦之中。他的政府违背公开宣布的政策，参与了以武器交换伊朗人质的交易，事件披露后对政府造成了严重的伤害。撒切尔夫人立刻出来公开为里根辩护："我毫无保留地相信，总统在这个问题上是完全清白的。"她在华盛顿一次记者招待会上说。第二年，伊朗门丑闻进一步发酵，美国笼罩在一种令人沮丧的反思气氛中，第二次连任选举刚刚结束，撒切尔夫人再次来到华盛顿，走动于电视台之间，极力否认里根在政治上已被削弱，极力捍卫他的荣誉。

每次去华盛顿，她都要重复这些令人生厌的赞颂之词，而美国媒体则欣然接受。然而，在国内，这种赞颂经常受到对手的谴责，对手指责她过分奴颜婢膝，屈服美国。然而，真实的情况是，在与华盛顿的私下交往中，她从来没有表现出任何奴颜婢膝。从马岛事件到核裁军，在所有问题上，如果她与美国人存在不同意见，她都会极力地斗争到底。

1981 年波兰实施戒严法后，美国对苏联实施了制裁措施，对英国公司的利益造成了影响，撒切尔夫人的首个战役就是在这个问题展开的。她强烈支持波兰团结工会运动，完全赞成西方采取一致行动，防止苏联像对待捷克斯洛伐克和匈牙利那样，扑灭波兰的自由之光。但是，美国人选择的制裁是停建从西伯利亚到西欧的一条石油管线，美国人提议通过对欧洲公司制裁的办法，实施提出的制裁措施。这些公司中包括已经签订了合法施工合同的英国约翰·布朗公司。撒切尔夫人反驳说，这种制裁对欧洲人的伤害超过了对俄国的伤害，连美国做出类似的牺牲也无法与之比较。因为美国实际上终止了对苏联的粮食禁运，禁运只伤害美国中西部农民的利益。她还反对美国人将美国法律强加于在美国境外营业的英国公司的做法。

她再次替欧洲说话，反对美国。实际上，她是在争取英国的利益，不过，跟往常一样，她能在国家利益上包裹一层原则的外衣。她还坚决地捍卫主权，捍卫法治，反对美国傲慢的治外法权。英国政府告诉约翰·布朗公司，不要遵守美国的禁运规定。

不过，她主要关心的仍然是防止对联盟造成损害。"美中不足的，"9 月她告诉温伯格，"就是约翰·布朗这件事。""她热切希望"温伯格电报告诉里根，"美国所做的事情影响最小，这样她就可以置之不理。她迫切需要某种挽救面子的解决方案。"跟惯常一样，她对助长反美主义的可能性表示担忧。"撒切尔夫人说她存在严重的就业与破产问题，不希望她的人民怪罪她最亲密的朋友美国。"

情况往往就是这样，她知道自己在华盛顿有盟友。在这个事情上，她施加的压力帮助新任国务卿乔治·舒尔茨取消了管道禁令，转而采取一揽子的联合措施，限制对俄国进出口技术。11 月 12 日，里根告诉了撒切尔夫人自己做出的决定，并对她，还有皮姆以及英国驻美大使奥利佛·莱特表示感谢，感谢协助达成这样的共识。特殊关系在行动。

不过，20 世纪 80 年代中期，她每次访问美国，都觉得必须向美国人提出大量的“长期的经济烦恼”，波兰管道问题只是其中的一个。首先是英国航空公司与弗雷迪·莱克独立航空公司湖人航空公司（Laker Airways）之间的价格战，1982 年，这场价格战将这家依靠降价竞争的新兴航空公司挤出了市场。尽管撒切尔夫人非常敬慕莱克公司，称之为模范企业家，但她担心美国司法部对英航公司所采取肆无忌惮的办法进行调查会阻碍这家国营航空企业即将实施的私有化。1983 年 3 月，她“以个人名义迫切地”请求里根总统暂停调查，并再次威胁说这种调查“会对英国航空造成最严重的后果”。她还警告说，如不停止调查，“我们之间的航空关系会受到破坏，而且危害会扩大”。里根的工作人员建议总统不要干涉司法程序，里根十分遗憾地回答说：“在这种情况下，我感到自己没有权力对您所关心的问题采取相应的措施。”然而，7 个月后，里根却制止了调查，“这种几乎史无前例的干涉”让司法部感到“震惊”。1985 年 3 月，里根再次介入，劝说英航的最大债权人达成庭外和解，从而为 1986 年开始的私有化扫清了道路。

在更为敏感的马岛前途问题上，撒切尔夫人的不妥协立场让美国感到恼火。美国人带着某种疑虑最终表示支持英国。战争一结束，华盛顿首先考虑的问题就是尽快修复与阿根廷（以及整个南美洲）的关系，继续寻求长久的和平解决方案。甚至在祝贺撒切尔夫人取得胜利的贺词里，里根也明确指出：“正义的战争需要正义的和平。我们期待着与您协商，协助建立这样的和平。”几天之后，她收到访问华盛顿的邀请，可以明确地表示为此提供了一个讨论如何实现这一目标的机会。

然而，撒切尔夫人感兴趣的并不是一种正义的和平。在她看来，她冒着非常大的风险，付出了相当大的牺牲，打败了阿根廷，因而她不愿意通过谈判失掉她的军队赢到手的东西。她无所畏惧地说：“我们派英国军队，花费英国金钱航行 8000 英里，目的不是为了建立一个联合国托管区。”

首次考验她的灵活性的事件，是那年秋天几个拉丁美洲国家支持联合国通过一项决议，呼吁重新谈判，结束他们所称的马岛的“殖民局面”。撒切尔夫人立刻打电报给里根，要求美国反对这项决议。然而，乔治·舒尔茨和里根政府中的其他人士却认为，美国应该支持这项决议，因为联合国的全部宗旨就是促进争议的和平解决。舒尔茨最初担心里根会支持撒切尔夫人的立场。“但我发现他对撒切尔夫人在这个问题上所持的专横态度也有点厌烦。”总统同意柯克帕特里克夫人支持这项决议的立场，然后写了一封措辞微妙的信函，解释采取这种立场的原因。尽管如此，里根决定支持联合国的决议仍然刺痛了她。这项决议得到大多数成员国的支持，只有 10 多个英联邦国家与英国一起表示反对。

撒切尔夫人对举行任何涉及主权的谈判继续坚决予以拒绝。不过，一年之后，布宜诺斯艾利斯成立了民选政府，国务院“证明”阿根廷具有继续购买美国武器的资格，迈出了关系正常化的关键一步。里根向撒切尔夫人保证，这一决定只是结束了 1982 年实施的禁运。“资格认定并不意味着武器销售。”宣布决定故意推迟了一天，以免她在下院出现尴尬局面。在随后的 3 年里，里根尊重她的敏感反应，没有出售任何武器。

1983 年 10 月，8 年伙伴关系出现了最严重的公开分歧，当时美国派兵进入格林纳达，镇压左翼政变，推翻莫里斯主教领导的民选政府。1979 年以来，古巴想尽各种办法企图动摇莫里斯主教领导的政权。但是，格林纳达是一个英联邦国家，其国家元首是英国女王。外交部对岛上发生的事件表示震惊，但无能为力，因为格林纳达是一个主权国家。然而，出于对自身安全的担心，几个邻国希望采取某种行动，于是向华盛顿求援。美国人的反应是分派一些船只到岛上去，表面是为了撤离数百名美国学生，实际上是推动一场反政变。他们这么做并没有咨询甚至通知撒切尔夫人，直到最后，行动无法停止。结果，这一事件表明，撒切尔夫人所吹嘘的与华盛顿的特殊关系实际上并没有那么亲密，她受到了羞辱。

她对美国入侵消息的反应，大西洋两岸都有生动的描述。根据丹尼斯写的《卡罗尔的生平》里记录，里根打电话时撒切尔夫人正在出席一次晚宴，具有讽刺意味的是恰好就在美国大使馆。她回到唐宁街就给里根回电话，对他发泄了几分钟的怨恨，有的版本说足有一刻钟。

外交情况交流所反映的事情却稍微有点不同。10 月 23 日星期天，华盛顿收到东加勒比海国家组织（OECS）的求助呼吁，该组织由强势人物多米尼加总理尤金妮·查尔斯夫人领导。同一天，贝鲁特发生了自杀式攻击，造成在黎巴嫩执行多国维和任务的 300 名美国士兵丧生。两个事件之间没有逻辑联系，然而毫无疑问，在英国人看来，美国决心在格林纳达迅速采取行动是贝鲁特暴行引起的：在格林纳达组织反击比在黎巴嫩更容易一些。里根和他的军事顾问们几乎立刻接受 OECS 的请求，以最高机密策划行动。周一下午 4 点，在回答丹尼斯·希利有关美国可能干涉格林纳达的质询时，豪真诚地告诉下院，他并不知道存在这样的意图：美国军舰出现在该海域，只是为了必要时撤出美国公民，英国派出皇家舰艇“安特里姆”号也是出于同样的目的。在一位工党议员的追问下，他向下院保证：“我们与美国政府保持着最为紧密的联系，有理由认为，不存在美国军事干预的可能性。”

然而，在不到 3 小时后的 6：47，撒切尔夫人正在唐宁街主持一个招待会，里根发来电报，通知她他正在认真考虑 OECS 的请求。他向她保证，如果采取入侵行动，军队一成功登陆，英国总督将成为任命临时政府方面的关键人物。他还明确承诺：“如果我们的军队参加了拟议中的集体安全部队，或者我们计划从事的任何政治或外交努力，我承诺……会提前告诉您。令人感到欣慰的是，我们知道，在如此重要的问题上，我能够得到您的支持与建议。”

撒切尔夫人在出门参加宴会前就接到这份电报，但是，考虑到美国承诺进一步磋商，她认为不需要立刻予以答复。然而，仅仅 3 小时后的晚上 10 点，就来了第二封更为简短的电报，在电报中，里根总统突然通知她：“我已经决定积极回应他们的请求。”

两份电报清楚地表明，美国人完全了解英国在格林纳达的首要责任，但他们习惯地认为，撒切尔夫人一定会支持美国的单边行动。然而，如果他们认为她对提前几个小时得到消息心存感激的话，他们就犯了严重的错误。她感到非常愤怒，首先，美国人应该认识到他们侵犯了女王的领地，与马岛事件一样，触动了她的爱国主义神经；更有甚者，他们不应该瞒着她采取行动。毫无疑问，她个人感到非常失望。但是，她没有立刻打电话。她先跟豪与迈克尔·赫塞尔廷连夜开会。他们达成一项正式的答复，表明英国反对军事行动，督促美国人停止行动。

在发表了英国理由充分的反对意见之后，伦敦时间凌晨 2 点，撒切尔夫人打电话给里根。不幸的是，没有留下电话笔录。不过，有关撒切尔夫人斥责里根总统的事情，豪在自传中的描写与当时撒切尔夫人的说法存在矛盾。她只是请里根仔细考虑她在电报中提出的建议。这就是所谓给里根“一次严厉的训斥”。

几个小时后，即伦敦时间快 7 点，华盛顿时间不到 2 点，美国军队登陆前 3 小时，来了里根的回复，他彬彬有礼但毫不妥协。他感谢撒切尔夫人“很有见地的信函”，声称已经权衡了她提出的问题，但仍然坚持己见，他理解军事行动存在潜在的危险，不过“比较而言，我觉得两种风险中，这种选择风险较小”。他强调在格林纳达存在苏联影响的危险，认为除了干涉以外别无选择，并重申希望“随着我们与东加勒比国家联盟合作的推进，我们会得到女王陛下政府的积极合作，期望在建立过渡政府时得到总督的支持”。

当天下午，豪不得不在下院解释为何前一天无意出现疏忽，误导了下院。他依然宣称，在周末与美国总统“保持着紧密的接触”，确认他和撒切尔夫人都反对军事干涉，但他不能否认美国采取军事行动前没有及时征求他们的意见，随后提出的建议也受到忽视。他既不能支持美国的行动，又不能谴责这次行动，成了丹尼斯·希利讽刺挖苦的对象。希利抨击政府给人留下“可怜而无能的印象”。“这不是第一次”，他攻击说，撒切尔夫人允许“对里根总统逆来顺受”。

第二天，在一场令人不快的下院辩论期间，里根打来电话，就自己对撒切尔夫人造成的难堪表示道歉。这一次电话记录显示，撒切尔夫人一反常态地简短而不客气。然而，军事行动已经在进行之中，她希望行动能够取得成功。

在下院，轮到她回答问题时，对所受的羞辱，她不得不尽量装作若无其事的样子。她的特殊关系已经破产，工党感到兴高采烈。面对工党的挑衅，她回顾1965年美国采取过完全相同的方式出兵干涉，在多米尼亚恢复了民主，这是对美国行动所做的最好解释。尽管如此，她仍然感到非常生气。“什么样的人！”她斥责道。“我对他做了那么多的好事，他竟然不问问我。”在深夜《BBC世界广播》听众热线电话直播节目中，一位打来电话的美国听众指责她没有与美国站在一起，她利用这一机会发泄了自己的愤怒：

> 我们西方国家，西方民主国家，利用我们的军队来保卫我们的生活方式。我们不使用军队进入别人的国家，具有独立主权领土的国家……

美国人对撒切尔夫人的态度感到迷惑不解。他们不明白她对英联邦的敏感，认为美国的行动与撒切尔夫人在马岛问题上采取的行动没有多大区别。里根政府的高级官员感到气愤，他们在南大西洋给予了英国支持，而英国却没有给他们同样的支持。里根对发生的争议感到遗憾，但他并不感到后悔，因为他认为撒切尔夫人“明显是错误的”。后来的结果清晰地显示，这次入侵与美国其他一些军事干预不同，在有限的目标上取得了完全的成功，撒切尔夫人本人后来也感到，她反对这次入侵行动是错误的。至少，她很快将这段插曲放在身后，确保最重要的国际关系不受到持久的伤害。

英美这段紧张关系很快就过去了。尽管如此，撒切尔夫人在格林纳达问题上最初所持的反对立场清楚地显示出她最优先考虑的问题。尽管她倾向于顺从美国的领导地位，她本能地排斥任何对她所认为属于英国（这次事件中为英联邦）的主权的侵犯。假如当初与她磋商的话，她会同意采取联合行动恢复民主。她希望成为美国的伙伴，而不是条仅供观赏的狮子狗。里根没有跟她磋商深深地伤害了她，不过她从中得到的教训就是，下次美国人需要她的时候，她一定不能让他们失望。

1986年4月，考验来临了。当时欧洲发生了一系列针对美国游客和军队的恐怖主义袭击事件，据判定是利比亚特工干的，这让华盛顿大为恼火。从里根入主白宫后，利比亚古怪的总统卡扎菲上校一直令他十分讨厌。1986年，里根非常希望收拾卡扎菲。4月2日，一架环球航空公司的飞机在希腊上空被炸，3天以后，5位军人在柏林一家夜总会被杀，里根总统决心采取报复措施，轰炸的黎波里。美国计划使用在英国基地上的F-111战斗机，部分原因是为了行动的准确，部分是想把欧洲盟国拖入行动之中。然而，当里根请求撒切尔夫人提供帮助时，正值她的政府受到韦斯特兰危机的严重削弱。法国和西班牙已经拒绝美国飞机飞越领空，撒切尔夫人知道，如果允许美国战机从英国基地起飞，将会引起一场政治风暴。英国同样遭到利比亚恐怖主义的危害，其中闻名的就是1984年伦敦女警察遭到射杀的事件。毫无疑问，军机五处认为利比亚应该为最新的一系列袭击事件承担责任。不过，撒切尔夫人再次担心拟议中的行动的合法性。仅仅3个月前，在对伦敦的美国记者的讲话中，她明确反对对恐怖主义采用报复措施。“我必须明确地告诉你们，我所信奉的并不是违背国际法的报复性打击，”她宣称，“一旦开始越界行动，就没有完结的时候……我坚决捍卫国际法。”此前，她曾拒绝支持以色列对巴解组织在突尼斯的总部实施打击，她问加勒特·菲茨杰拉德，“如果英国空袭了爱尔兰邓肯多的爱尔兰共和军”，美国人会怎么想？同时，她拒绝与美国一道对利比亚实行石油禁运。

但是，当4月8日晚间里根总统请求她同意使用英国基地时，她觉得除了同意以外别无选择。尤其是在格林纳达事件之后，她感到在马岛战争后不能拒绝美国人认为他们有权得到的这种回馈。在她看来联盟就意味着给予这种支持。美国人也是这种观点。经过简短的磋商后，她回函美国，要求给予时间考虑，要求了解有关拟袭击目标的更多情况，并警告袭击可能造成平民伤亡，美国可能被视为违反国际法，除非可以根据联合国宪章第51条有力地证明这项行动属于“自我防卫”。

第二天，她召开了包括总检察长迈克尔·哈维斯等有关大臣参加的多个专业委员会会议。所有出席会议的人都不高兴，但他们的疑虑只能更加坚定撒切尔夫人的决心。查尔斯·鲍威尔回忆说：外交部全力反对，认为如果允许美国使用英国基地，我们驻中东地区各国的大使馆都会遭到焚烧，我们在那里的全部利益都会遭到损毁。但她知道这样做并没有错，她只是说句：“这是联盟应该做的事情……如果有人需要帮助，就应该得到帮助。”对她来说，这似乎只是一件非常简单的事情。

不过，她当时支持美国空袭的主要原因是显示她本人与懦弱的欧洲人不同，她是一位可靠的盟友；在这一方面，她取得了重大的胜利。在华盛顿，撒切尔夫人反对格林纳达行动所引起的疑虑被大量的赞扬与感激淹没。“在美国的艰难时刻，与美国坚定地站在一起的朋友不多”，她写道，“这样一种事实强化了‘特殊关系’。”那年夏天，她得到回报。在克服爱尔兰裔美国人多年的阻挠后，美国国会最终批准了一项新的引渡条约，堵塞了爱尔兰共和军恐怖分子基以逃避引渡的法律漏洞。迫于里根总统的压力，参议院批准了这项新条约，因为里根明确地将美国4月份采取的行动与英国的支持联系在一起。这是从特殊关系中取得的一项明显收益。

掐灭冷战的导火索

然而，这些都是一些侧面的表现。大西洋联盟的核心目的是抗击苏联，正是在这个方面历时 8 年的撒切尔—里根伙伴关系经历了最剧烈的活动。1989 年柏林墙突然倒塌，两三年后苏联自身垮台，事态的发展出人意料，事前根本没有人预测到。不过，里根与撒切尔夫人一直努力的目的，正是这种结果。事后看来，80 年代他们实施的双轨战略，在实现这一结果方面取得了惊人的成功。

撒切尔夫人希望取得冷战的胜利，其途径就是推动苏联垮台进程：鼓励俄罗斯人民和受他们统治的东欧人民，通过自己的努力，甩掉枷锁，实现自由。她对波兰出现的团结工会运动感到兴奋，但雅鲁泽尔斯基很快就发布了戒严令，团结工会运动受到严重打击而逐渐平息，让撒切尔夫人感到失望。在反希特勒斗争中，俄罗斯人民曾表现出英雄般的牺牲精神。她从来没有忘记铁幕背后的普通人民。

这时，冷战似乎进入了最严酷的阶段。为应对苏联部署的 SS-20 导弹，北约正在欧洲部署巡航导弹。被欧洲人普遍形容成“好战牛仔”的里根总统，已经开始实施美国核武库现代化的宏伟计划。

不过，就在这个时刻，撒切尔夫人开始对苏联示好。1982 年 11 月列昂·尼德勃列日涅夫去世后，她渴望与年轻而表情严肃的新任总书记尤里·安德罗波夫及早建立联系。1983 年 6 月以后，她开始认真寻找突破口。

9 月 8 日在首相别墅，她与一些学术专家就苏联问题开了整整一天的会议，研究存在的各种可能性。一个需要紧急考虑的事项就是必须承认国防开支不能无限制地增加。英国国防开支占 GDP 的比例（5.2%），已经远远高于法国（4.2%）和德国（3.4%）。里根总统可以指望美国军费开支始终超过苏联，但撒切尔夫人手中却没有这样的资源。她需要一种新的方法。因此，三周后在华盛顿，之后两周又在保守党大会上，她的讲话中有了一种基于现实主义和平共处的新基调，令听众们感到颇为意外：“我们不得不与苏联打交道，”她断言道，“我们生活在同一颗行星上，不得不继续共同拥有这颗行星。”

她采取的下一个步骤，就是作为首相首次访问铁幕背后的国家。1984 年 2 月，她访问了匈牙利。她挑选匈牙利，是因为这里是苏联的边缘地带，相对自由一些。她与匈牙利资深领导人卡达尔·亚诺什举行了长时间的会谈。与往常一样，她将自己的感受通报给白宫：“我越来越相信，”她对里根写道，“如果东西方之间能够建立一种更广泛的互相理解的基础，我们就更有可能在具体的核武器控制谈判中取得了进展……这是一个漫长而渐进的过程，在这一过程中，我们永远不能降低自己的防卫。不过，我相信必须做出这方面的努力。”

从匈牙利回国刚过几天，安德罗波夫去世了。撒切尔夫人立刻决定参加葬礼。在葬礼上，她不但见到安德罗波夫的继任者，年长而多病的康斯坦丁·契尔年科，而且见到了明显是将来接班人的米哈伊尔·戈尔巴乔夫。她巧妙地抓住了机会，主动邀请苏联政治局中最年轻的成员戈尔巴乔夫访问英国。

第二年 12 月，戈尔巴乔夫来到英国。这时，他还不是苏联领导人，撒切尔夫人得由她的几名同事陪同；但在首相别墅举行的午宴上，两位勇士很快就抛开议程，直接争辩起来，他们的辩论无边无际，译员觉得十分费力。第二周在戴维营，撒切尔夫人告诉里根，戈尔巴乔夫是“一位不寻常的俄国人，他很少受到约束，更有魅力，更乐意公开讨论与辩论，并不恪守提前准备的文字。”“我发现自己喜欢上了他。”在自传中她写道。事实上，撒切尔夫人珍视愿意与她辩论的对手。显然，与她一样，戈尔巴乔夫也对这次交流感到高兴，当然，在她的领地，大部分时间里他必然处于守势。尽管戈尔巴乔夫与撒切尔夫人之间存在着根本性的不同，但在性情上，他们却十分相像：相互都认为对方属于国内的激进派，在各自的国家里都在与习惯势力作斗争。

撒切尔夫人勇敢面对苏联的表现无可挑剔，所以她有关戈尔巴乔夫是位不同类型苏联领导人的说法，无疑给美国人留下了深刻印象。时任里根白宫办公厅主任、后来担任财政部长的詹姆斯·贝克作证说，撒切尔夫人对美国人对俄罗斯的看法“产生了深刻的影响”。真实的情况是，至少从舒尔茨担任国务卿开始，美国人已经开始重新评价他们自己的方式，而里根本人与撒切尔夫人一样，也热衷于与苏联领导人保持接触。从担任总统起，他向对应的莫斯科领导人发出了一系列亲笔信函，试图展开个人交往。从勃列日涅夫到安德罗波夫，他只收到正式的官方答复，但他并没有放弃。当撒切尔夫人告诉与戈尔巴乔夫会谈的情况时，他“感到非常惊奇”，因为他发现撒切尔夫人采取的路线跟他前一年秋天会见苏联外长葛罗米柯时所采取的路线几乎完全一样。可以说，撒切尔夫人对戈尔巴乔夫明确的公开赞扬协助白宫让美国公众意见相信，里根总统本人与苏联领导人开始打交道时，也不会采取软弱的立场。另一方面，尽管戈尔巴乔夫对美国的“星球大战计划”怀有疑心，她仍然让戈尔巴乔夫相信里根的诚意，并鼓励他参加 1985 年的日内瓦峰会。然而，一旦里根与戈尔巴乔夫直接会面，她的调解作用就不可避免地降低了。

里根对于被称为“星球大战”的战略防御计划（SDI）的高度关注和投入，是一个十分微妙的问题，需要撒切尔夫人以高度的敏感和技巧予以处理。“星球大战”是一种未来计划，期望最大限度利用美国的空间技术，开发一种针对飞行弹道导弹的防御盾牌，最终希望将使战略核武器成为无用之物。1983 年，在没有提前告诉英国或其他北约国家的情况下，里根宣布了这一项目。盟国立刻感到震惊。首先，他们对这项技术表示怀疑，怀疑战略防御计划到底会不会百分之百地发挥作用，替代现有的威慑力量。其次，他们害怕美国的这一计划违背 1972 年签订的反导条约，会引发一场空间军备竞赛，破坏达成进一步裁军协议的机会。第三，他们担心战略防御计划（SDI）会让美国脱离北约：如果美国人在自己的盾牌下感到安全的话，他们会从欧洲撤出核保护设施；如果苏联人也紧随美国，成功地采取同样行动，英法的威慑力量将变成过时无用的摆设。

撒切尔夫人也同样存在这种担心，但她不想公开批评美国的倡议，她知道里根坚定地致力于这项计划。里根的大多数顾问都认为，SDI 只不过是武器库中一件高新技术玩具而已，里根却与他们不同，他真的相信废除核武器的梦想。此外，撒切尔夫人也对这种技术感到兴奋，40 年前拥有化学学位的她相信，她与“外交部那些懒散的通才们不同”，“牢固地掌握所涉及的科学概念。”她热情支持这项研究计划，因为“科学是无法阻挡的”。但是，部署却是另一回事情。她比任何人都担心“联盟的稳定会遭到破坏”，担心苏联人会以此为借口，退出核裁军谈判，担心美国可能退回孤立主义。她在购买三叉戟上投入了太多的政治资本及金钱资本，不愿看到它被报废。最重要的是，她认为废除核武器的想法是一种危险的幻想。

1984 年，她越来越担心，决心带头向美国人积极表达欧洲的担忧。11 月 8 日，她写信询问是否可以在回国途中，在加利福尼亚的“西部白宫”拜会里根总统，时间就在圣诞节之前。里根回答说，过了圣诞节他才会到加州，于是她主动提出访问华盛顿。这是她对自己（以及工作人员）提出的最令人精疲力尽的时间安排。周日她与戈尔巴乔夫在首相别墅举行会谈，周一晚间启程赴中国，周三在北京签订协议，周四到中国香港，再飞越太平洋及美国，赶到华盛顿，周六晚上乘直升机到戴维营，然后连夜返回伦敦。这次绕地球一周的旅程历时 5 天半，飞行时间达 55 小时。除了漫长的空中飞行时间以外，这次旅行毫无疑问让她成为一周内在三个大洲与俄国、美国及中国领导人举行实质会谈的唯一领导人。

然而，她看上去没有受时差影响的迹象。首先，她向里根转达了她对戈尔巴乔夫的良好印象，不过，她还转达了戈尔巴乔夫对战略防御计划（SDI）挑衅性的反应。“告诉你的朋友里根总统，”戈尔巴乔夫对她说，“不要研制太空武器。”如果他坚持那么做，“俄国人要么开发自己的太空武器，要么将开发优于 SDI 的新式进攻型系统，而研发后者的可能性更大。”里根向她保证，“‘星球大战’计划并不是在他的任期，明显也不是他心里想的东西。”如果此项研究成功，他实际上已经承诺要分享技术。“我们的目标是减少并最终销毁核武器。”撒切尔夫人重申支持美国的研究计划；不过，当舒尔茨以及国家安全顾问“伙伴”麦克法兰加入里根时，她表达了自己对 SDI 的担忧。

她认真对待戈尔巴乔夫的报复威胁。“我们不希望我们增加安全的目标造成苏联核武器的增加。”不过，她真正担心的是 SDI 会削弱核威慑力量，她强烈地认为，正是核威慑才保证了 40 年的和平。此外，针对里根认为 SDI 最终可行的乐观看法，她承认“她个人持怀疑态度”。麦克法兰试图说服她，但她仍表示怀疑。最后，他问“能否派人到伦敦给她做一次顶级美国技术介绍。”里根“点头表示同意，并说该吃午饭了”。

在午餐之前、期间及之后，撒切尔夫人喋喋不休地大谈英航及莱克航空的反托拉斯案，之后又讨论了美国经济和中东问题。这一切都是为了给查尔斯·鲍威尔足够的时间起草一份她马上就可以发表的声明，声明中包含会谈结束后她希望向新闻界公布的四项保证。“我们在以下四个问题上达成一致”，声明说：

(1) 西方和美国的目标并不是取得优势，而是根据苏联的势态发展，维持平衡；

(2) 考虑到条约义务，与战略防御计划相关的部署应该成为谈判的内容；

(3) 总体目标应该是增强而不是削减威慑力能力；

(4) 东西方谈判的目标必须是在两方削减进攻性武器系统的基础上实现安全。

这是一项精彩的外交突破。里根的同事们因为以这种方式被顶了回去感到不快，但总统愉快地接受了她提出的四点意见，说“他希望这样可以平息有关我们之间出现分歧的报道”。因此，作为她公开表示支持这项研究的回报，她得到了，并立即对外公开了，美国不得做出单方面部署 SDI 与不放弃威慑力量的保证。当然，她知道舒尔茨和美国政府中的其他人也存在和她一样的疑虑，对她的支持表示欢迎：她单枪匹马是肯定做不到的。但是，她准确地知道自己想要的东西，并巧妙地得到了。几周之后，里根给盟国领导人发去篇幅很长的电报，阐述了美国对日内瓦恢复裁军谈判中即将采取的立场，电报特别包含了撒切尔夫人提出的四点内容，不过，他仍然强调了他个人怀有最终彻底销毁核武器的梦想。

两周之后，她在伦敦得到由 SDI 主任做的“全面介绍”。但她仍然不愿意放松。2 月，她再次飞抵美国，在“有关实质性问题上”寻求再进行“集中磋商”。在机会难得的对国会两院讲话中，她引用了 1952 年丘吉尔对美国两院讲话中的精彩语录，当时核武器尚在初级阶段。“最为重要的是，一定不要大意，”这位老战士警告说，“除非确信并绝对确信保持和平的其他手段掌握在自己的手里，否则不要放弃核武器。”她婉转地拒绝了里根有关一个没有核武器世界的观点，强调目标“不仅是防止核战争，而且是防止常规战争”，而核武器仍然是实现这一目标最可靠的方法。

在与里根的会谈中，她提出一个新的忧虑，她回国后又提醒里根：

> 有关战略防御计划，希望我能够向您解释我最为关注的东西，不要让人们形成一个没有核武器的未来已经临近的印象，不要减弱我们为部署巡航导弹、升级三叉戟在英国争取支持的努力。在未来的几年里，我们必须为建立在核武器基础上的威慑能力申明理由。

7 月，她又回到华盛顿，劝白宫召开一次由里根、舒尔茨、温伯格以及所有美国高级要员参加的军控研讨会。在午餐期间，在里根热心消除整个核武器的影响和含义方面，她直接与总统发生冲撞。“如果按您的逻辑得出隐含的结论，”她告诉他说，“您会暴露出常规武器方面的严重失衡，难道不是这样吗？难道我们不得不以巨大的代价恢复这种平衡吗？”麦克法兰回忆说，里根，“直瞪着她的眼睛，说：‘没错，这正是我所想象的。’”

实际上，除了里根以外，美国政府中也没有相信他无核未来的天真愿景。尽管里根从未承认，但 SDI 的实际意义在于，它是一种巨大的讨价还价工具，将技术投入提高到在苦苦挣扎中的苏联经济所无法企及的地步。戈尔巴乔夫认识到了这一点，所以他千方百计地煽动西方民意反对这项计划。撒切尔夫人最初并没有认识到这一点，她更为关心的是俄国人将会应对美国人的挑战，将欧洲置于危险之中。但是，她关注的重点是英国公司能从这项研究计划得到什么的实惠，这种方式可以舒缓自己的焦虑。麦克法兰在她面前炫耀，预期每年有价值 3 亿美元的合同，她回答说：“是啊，里面可能还是有点东西。”事实上，英国根本没有从 SDI 中得到她所希望的商业好处，1987 年的合同额还不到 2400 万英镑，并非国防部 1985 年乐观估计的 10 亿英镑。不过，在写自传时，她意识到自己当时的担心的确属于错置。尽管在柏林墙倒塌之前 SDI 从来没有取得试验成功，更不用说实际部署，它却让俄国人确信自己一方没有能力开展核竞赛，同时迫使他们回到谈判桌，同意大幅削减核武器，SDI 实现了没有对外公布的目标。她赞扬里根以自己质朴的方式，“本能地抓住了问题的关键。”他启动战略防御计划，“将了苏联人一军。他们在这种游戏中失败，毫无疑问他们懂得这一点。”

不过，这种启示还在前头。1986 年 10 月，里根在雷克雅未克与戈尔巴乔夫举行的会谈中单方面提出，在5年内不但将战略核武器削减一半，而且要在10年内全部消除核武器，撒切尔夫人感到尤为震惊。事情已经过去了：戈尔巴乔夫过高地估计了自己的实力，还企图让里根放弃他所心爱的战略防御计划。这是里根不愿意做的，因为他消除核武器的梦想就是建立在SDI的成功上。不过，当撒切尔夫人听到里根曾经愿意达到的程度时，她感到非常糟糕。

让人感到震惊的不仅是她认为关于废除核武器的会谈是一种乌托邦式的幻想。更为直接的原因是，里根在两边谈判中轻率地提议消除所有武器，完全无视英国的三叉戟与法国独立的威慑力量。不言而喻，三叉戟也不得不报废：英国决不能继续购买一种美国人自己已经抛弃的武器。但是，任何报废三叉戟的建议都会对过去5年来撒切尔夫人花大量精力对抗的英国和平运动带来直接的好处。1983年，保持英国的威慑力量是她打败迈克尔·福特单边主义乌合之众的王牌。现在下届选举临近，工党构成了严重挑战，她在白宫的朋友却在无意中威胁要销毁这种威慑力量。报道雷克雅未克会谈的大部分英国报刊，指责里根拒绝放弃“星球大战计划”，阻止了历史性协议的签署。撒切尔夫人更为担心的却是里根曾经表示愿意放弃的东西。

这样，11月15日，她立即又赶到华盛顿，主动去戴维营作短暂访问。美国人急于帮助她，认为她正处于“选举前阶段，”而工党的单边主义“会严重打击北约”。“撒切尔夫人的首要焦点将是英国公众如何看待她的表现的，”一位助手说，“我们的利益在于确保会谈成果支持美国坚定的朋友与盟友。”尽管如此，白宫工作人员认为1984年他们被撒切尔夫人袖筒中带的文件顶了回去，他们决心这一次不让这样的事情再发生。“我们发现，”波因德克斯特注意到，“联合声明通常是妥协的产物，即使与撒切尔夫人这样的朋友，那种联合声明也不符合我们的政策利益。”这一次他们十分谨慎，提前准备了自己的文件文本。

舒尔茨对里根解释说，美国的目标，首先是，“……在同一时间框架内，通过协调您承诺的在10年内消除进攻性弹道导弹的目标与撒切尔部署英国三叉戟的承诺，加强联盟的凝聚力；第二，找到一个双方都能接受的公式（这里有5－6个单词被涂掉）①，只要欧洲存在常规武器及化学武器上的不平衡现象，大规模削减核武器……是不可取的；第三，确保英国对美国政策的支持。”显然，美国的真正目标在于最后一条。跟两年前在SDI问题上一样，撒切尔夫人得到了希望得到的保证：核威慑依然是北约政策的核心，三叉戟计划将继续进行。这一点被英国报刊演绎为撒切尔主义外交取得的又一伟大胜利。然而，实际情况却颇为不同。

---

① 被审查掉的文字可能是“以满足撒切尔夫人的观点，即……”不过，为何要删除这几个词汇？人们只能猜测，这些词汇包含的赞扬成分不及诸如“撒切尔夫人的痴迷主张”这样的说法。

美国人乐意让撒切尔夫人宣称取得胜利。然而，真实情况却是，这次她拿去挥舞的文件却是白宫起草的。她得到的保证是“对新闻界公布的一致声明”中的一部分，这份声明明确支持里根在雷克雅未克提出的目标以及大部分具体的建议，包括5年内战略武器削减一半，大幅削减中程核力量（这些都是撒切尔夫人所不喜欢的），以及禁止化学武器。还有，继续进行战略防御项目的研究。只是巧妙地省略掉在10年内逐步废除所有核武器这一条。

撒切尔夫人仍然对美国的政策走向深感忧虑。在她看来，讨论未来废除核武器会对西方防御的姿态起到危险的破坏作用。正是这种恐怖平衡，即“双方之间肯定毁灭”，才保持了欧洲40年的和平。废除核武器不但是愚蠢的，更为愚蠢的是想象世界可以废除核武器。“不可能像核武器从来没有发明一样”，1987年，她告诉美国采访者芭芭拉·沃尔斯特。“制造这种东西的知识是存在的。”新的国家正在全力获取这种知识。“如果你不能肯定所有人都没有这种东西，那么你自己就得有这样的东西阻止他人。”她毫无悔意的热情在国内和美国都引来谴责，人们指责她是一位核武器狂热支持者。相反，她却坚称，她是一位现实主义者。“人类不能不发明核武器，”她告诉《每日快报》，“就像不能不发明炸药一样。”她说的没有错，不过她是以某种令人不安的津津乐道提出这种论点的。

里根在雷克雅未克采取的手段，曾一时动摇了她对美国联盟的信心。但是，这种动摇只持续了很短的时间。至少在目前，由于她已经得到了所追求的保证，撒切尔夫人大幅提高了对北约的承诺。她仍然对美国削减中程核力量（INF）以及短程战术武器的推进速度感到震惊。她担心俄罗斯人会巧妙地引诱美国达成削弱西方核威慑能力的协议；同时，里根愿意私下与戈尔巴乔夫达成交易，这一点仍然不断给她带来噩梦。然而，让她感到欣慰的是，1987年7月她告诉CBS采访记者，“他们没有达成协议……这种事情没有发生。”她决心永远不让这种事情发生，但是，她在自己的自传中承认，在核威慑不可动摇的重要性上，“我知道不能指望里根政府会坚持稳健立场”。

与此同时，自相矛盾的是，她与米哈伊尔·戈尔巴乔夫的特殊关系却得到迅速发展。其中最重要的是1987年她对莫斯科进行的胜利访问。这是一次赤裸裸的选前表演，目的是在国内电视上树立良好的形象，把首相塑造成一位受白宫和克里姆林宫同样欢迎的世界领导人。

首先，她与戈尔巴乔夫又举行了一次长达7小时的正式会谈，外加若干次与社会各界人士的会见。跟过去一样，他们的会谈涉及广泛的领域，从共产主义与资本主义的相对优点到地区冲突和武器控制，再到核武器的未来。戈尔巴乔夫再次有得有失，他拒绝了撒切尔夫人对苏联在非洲和中美洲颠覆行为的批评，以英国存在的不平等现象为理由，回应她在人权方面的教训。但是，当撒切尔夫人重申反对废除核武器，指出废除战略武器只能让俄罗斯人在欧洲保持常规武器上的优势时，戈尔巴乔夫承认他们存在相反的担心，即苏联无法与美国在军费开支相匹配。

不过，跟她与戈尔巴乔夫会谈具有同等重要性的是，她还被允许私下会见大量杰出的持不同政见者，其中最有名的是原子物理学家安德烈·萨哈罗夫和他的妻子叶连娜，他们这时都支持戈尔巴乔夫的改革。此外，还有大批被拒绝移民的犹太人，他们可以证明苏联限制移民。苏方还允许她前往莫斯科 54 英里的扎戈尔斯克，参加俄罗斯东正教的活动。她在那里对一些信徒发表讲话，再次点燃了象征自由良心的蜡烛。最重要的是，她被破例允许接近苏联公众。主要电视频道给了她 50 分钟不加编辑的黄金时间，她出色地抓住这一机会。她没有直接对着摄像机讲话，而是坚持接受访谈，这样人们就可以直接看到她与她的 3 位采访者进行辩论的情景，就像与戈尔巴乔夫辩论一样。采访者尽职尽责，遵循党的路线，质问她为什么支持核武器，她再三打断他们，予以反驳，还以俄国自身遭受侵略与战争的经历说服他们。“二战中，苏联损失数千万人的生命。”她提醒他们：

> 苏联拥有大量的常规武器，但却未能阻止希特勒的攻击。常规武器根本不足以制止战争。由于我们已经有了核武器，对核武器的恐惧使任何人都不敢冒险地挑起战争。

同时，她直言不讳地告诉他们，苏联拥有的核武器比其他任何国家都多。正因为苏联部署了 SS-20 导弹，西方才被迫采用可以与之抗衡的潘兴式导弹及巡航导弹；在 20 世纪 70 年代正是苏联引导美国研发反导弹激光防御系统。三位采访者就像喜剧中的配角演员，根本不懂得如何应对这种进攻。她的自发性表现取得了轰动性的效果。

最后，她走进莫斯科一个住宅区，做了史无前例的走动活动，与蜂拥而来见她并与她接触的普通俄罗斯民众见面、谈话。“一些压根不喜欢她的记者们从莫斯科回来也说，从来没有见过那样的场面。”几乎可以肯定，她 1987 年的访问是促成苏联体制 3 年后垮台的一个因素。为此，戈尔巴乔夫也同样值得称赞。

毫无疑问，撒切尔夫人对 1989 年到 1991 年冷战的突然结束发挥了一定的作用。退休以后，她把力挺戈尔巴乔夫作为自己最大的成就之一。然而，她究竟具有多大的影响却值得疑问。苏联发生的事件有着自己固有的趋势和原因，就连戈尔巴乔夫也无法控制。无疑，她让戈尔巴乔夫确信，苏联不可能在军备竞赛中取胜，里根也不可能放弃“星球大战计划”，但他要求进行均衡裁军的态度却是认真的。她与里根的关系，以及在较低程度上她与戈尔巴乔夫的关系，使她有能力在世界上挥舞拳头，或者至少看上去在挥舞拳头，超过了英国的实际分量。在20世纪80年代末那段令人兴奋的日子里，撒切尔夫人似乎实现了二战期间罗斯福、斯大林和丘吉尔三巨头政治的重建。然而，不应过分夸大她所发挥的作用，跟1945年一样（其实还不如1945年），英国一直是次等伙伴。一直说了算的是美国人，乔治·布什接替里根后，这种平等的瞬时幻想立刻被暴露在光天化日之下。

与此同时，她对美国的爱恋却拉大了英国与欧洲之间的距离。

第十七章
铁娘子Ⅱ：欧洲与世界

欧洲良民

在撒切尔夫人的第一任期内，她与欧洲伙伴之间的关系被英国在欧共体预算上无休无止的争吵所毒化。后来的第三任期又被她对更加紧密的经济一体化进程越来越激烈的反对立场所占据。不过，尽管她强烈偏向美国，她的第二任期（1983 年— 1987 年）却成为与欧洲改善关系的序曲。结果证明，这只是两场风暴之间一段暂时的平静期。不过，随着 1984 年预算问题在枫丹白露得到最后解决，在一段时间里，英国在欧共体事务上实际上发挥着领导作用，撒切尔夫人成了迅速实现欧洲单一市场化的主要倡导者。

然而，即使在态度最积极的时期，她也没有对欧洲未来或英国在未来欧洲的地位进行长期的思考。她认为，成立像美利坚合众国一样的欧洲合众国的想法只是一种幻想；认为她自己有关欧共体未来形式的设想，即自由贸易区加主权国家之间松散合作的论坛，自然最终会占上风。结果，由于对其他观点没有产生富有想象力的共鸣，由于没有她习惯上的充分准备，她并没有认真对待这样一种事实：大多数其他欧洲国家对欧洲的发展持有完全不同的概念。他们对如何实现自己目标的思考，远远超过了撒切尔夫人对如何防止这种趋势的思考。

1981 年，资深的社会党人弗朗索瓦·密特朗接替高傲、目中无人的吉斯卡尔·德斯坦，成为法国总统，撒切尔夫人与其欧共体伙伴之间的关系得到了很大的改善。从表面看，密特朗与撒切尔夫人风马牛不相及，实际上他们之间的关系却非常好。首先，密特朗是个很性感的男人，有将撒切尔夫人当成一位女人对待的信心。跟经常应对性方面的挑战一样，她懂得如何应对密特朗。比与里根关系更为明确，她与密特朗关系上存在一股色情的潜流，这让她先喜欢上了他。

第二，她很快就发现，密特朗虽然名义是位社会党人，可实际上却是一位“爱国的”社会党人，但“与我们的社会党人不同”。密特朗比德斯坦大 10 岁（而德斯坦则比撒切尔夫人年龄稍小一点），曾参加过抵抗运动，依然对战争中英国给予的支持表示感激。与撒切尔夫人坚定地致力于英国核威慑力量一样，密特朗坚定地致力于维持法国独立的打击力量，因此，密特朗同她一样，对里根的“战略防御计划”以及里根的雷克雅未克双边谈判感到震惊。

第三，在他们关系的初期，密特朗迅速而毫不含糊地支持英国的马岛事业，赢得撒切尔夫人至死不渝的感激。她从来不能忘记这种及时支持。在那个 10 年的其余时间里，撒切尔夫人与密特朗之间一直存在一种强烈的互相尊敬，这种尊敬超越了他们之间的政治分歧。

与此相反，她对 1982 年接替赫尔穆特・施密特担任西德总理的赫尔穆特・科尔，却一直态度冰冷。她高兴地看到施密特离开，就跟她看到德斯坦走开一样；但她认为科尔单调乏味、笨拙土气，一直就没有高估过他。开始，她待他一副屈尊纡贵的样子（就像德斯坦和施密特对她一样）。然而，随着科尔政治地位的提高，越来越多的作为欧洲主导人物对她构成挑战，他执政时间越长，她越是不喜欢他。科尔努力向她示爱，但她不为所动。

对她来说，为了捍卫英国利益，她与贪婪、狡诈的外国人进行的战斗，而每次欧洲首脑会议都是这场旷日持久战争中的一次战役。除此之外，她蔑视妥协、交易及敷衍的整个风气，而欧共体正是在这种风气中运作的。然而，由于无视欧共同体流行的办事规则，她实际上降低了自己的有效作用，并损害了英国的利益。

1984 年 6 月，经过长达 5 年的角力，撒切尔夫人最终以自己满意的方式解决了预算问题。在此之前，她连续阻止了欧共体在所有其他方面（在增值税支付及共同农业政策的改革）的进展，直到达到自己的目的。由彼得・卡林顿在 1981 年签署的 3 年协议即将到期。最终，她达成的协议并没有她所想要的那么多，为 66% 的预算返还，而不是先前“远远超过 70%”的目标。她还接受了每个国家支付给欧共体金额从增值税返还的 1% 增加到 1. 4% 。关键的事实是密特朗希望在法国总统领导下达成解决方案。撒切尔夫人知道这是她最好的机会，并明智地接受这一方案。其他国家则因“血腥的英国问题”最终得到解决终于可以松口气了。

预算争议最终解决之后，英国肯定愿意发挥更具建设性的作用。其他欧共体国家也准备掀开新的一页，其标志是任命了一位充满活力的欧共体新主席——前法国总统密特朗的财政部部长雅克・德洛尔。事后撒切尔夫人斥责德洛尔是一位典型的法国社会党人。然而，她在很大程度上支持他的任命，她否决了法国提出的首位候选人克洛德・谢松。德洛尔给英国人留下的印象就是强硬与实际：他曾经负责废除了密特朗基以当选的许多左翼政策，实施了被豪称之为“我们的政策。”德洛尔确实既强硬又实际，但撒切尔夫人很快发现，他也是一位欧洲空想家。

1985 年 1 月上任后，德洛尔很快将欧共体下一步重大发展步骤定在形成单一市场上。他首先观察了其他领域，如共同防御政策、单一货币进程以及欧共体机构的改革，但在任一领域里均无法达到充分的一致意见。因此，他把目标定在货物、服务、资本及人员的自由流动上。撒切尔夫人乐意跟随这方面的努力，因为这种提法似乎符合她有关欧共体的想法。在她看来，欧共体从根本上讲应该是一个自由贸易区，一个真正的共同市场，在欧洲范围内推进撒切尔主义放松管制、自由企业经济思想的一个机会。她陶醉在欧共体撒切尔化的愿景之中，却并没有意识到德洛尔、密特朗、科尔以及几乎所有小国却认为，单一市场是更大范围内欧洲一体化进程的一部分。

不过，开始进展得十分顺利。她任命亚瑟·考克菲尔德作为新欧共体委员会两名英国委员之一。考克菲尔德不失时机地发表了一份题为《完成内部市场》的详细计划，列出了 1992 年以前要实现的 292 条具体放松管制措施。撒切尔夫人感到高兴，认为英国终于实现了对欧共体的领导，这正是自麦克米伦提出加入申请以来亲欧洲的人士所渴望得到的，同时又可以将英国自由企业的好处扩大到管制过多的欧洲大陆。但是，情况并没有那么简单。撒切尔夫人不了解，创建单一市场不但必然涉及放松管制，而且涉及欧共体范围内规则的协同一致，而后者对迄今为止属于国家政府特权的产生必将造成严重影响。在撒切尔夫人看来，考克菲尔德对她任命负责的项目有着牧师般的热情，在一体化的禁区里走得太远，从而背叛了她。实际上，像被任命到布鲁塞尔任职的所有英国政治家一样，他“有点天真幼稚”，接受了一种准联邦主义的观点。尽管欧共体其他国家认为考克菲尔德取得了令人瞩目的成功，撒切尔夫人却拒绝在第二任期继续任命他。

与此同时，为了在单一市场方面取得进展，她意识到她不得不在默许其他方面的进展，后来她后悔这种做法。作为推进欧洲一体化进程的主要举措，德洛尔提出了所谓“单一欧洲法”，旨在将加权多数投票扩大应用到新的领域，增加欧共体委员会与欧共体议会的权力。撒切尔夫人害怕建立单一市场的事业会被具有否决权的其他国家阻挠，所以主动给伙伴施加压力，要求在这一领域接受多数投票表决。

对她认为乌托邦成分最高的建议，她尽量予以阻挠，而对实施单一市场必需的实际措施，她尽量推动达成一致，她认为新条约的更大含义只不过是一些混乱不清、终成泡影的愿望而已。尤其是她认为自己修正了对 1972 年由希思、勃兰特和蓬皮杜最初签署的经济与货币联盟（EMU）的“不可撤销的承诺”，代之以强调经济及货币“合作”的含义；同时，她还在所谓“卢森堡妥协方案”下，保留各国在边界控制、关税及毒品政策等敏感领域，在成员国实际上认为至关重要的任何领域，所拥有的否决权。

结果，有了这些保证，“单一欧洲法”在议会最终得以通过，几乎没有听到反对的声音。工党正在扭转自己以前反对所有欧洲事务的立场，而保守党中的欧洲怀疑派（这是后来给他们起的名称）则相信，撒切尔夫人跟他们一样，反对任何联邦主义的含义，相信她的警觉，所以接受了她所称的没有任何东西可担心的保证。事实上，不管她和外交部怎么认识，布鲁塞尔诠释的“单一欧洲法”，实质上极大地扩大了欧共体委员会和斯特拉斯堡议会的权力，从逻辑上构成了 1992 年的“马斯特里赫条约”以及最终的单一货币。

事实上，1985 年撒切尔夫人“放弃”的主权超过 1973 年希思或 1992 年梅杰的所为。后来，她宣称被其他领导人欺骗，他们背弃了向她做出的保证。然而，所有了解她的人知道，认为在所有人当中，只有撒切尔夫人在签署之前没有仔细阅读这个法案的说法，是经不起推敲的。从 1987 年起就担任欧共体总干事长的大卫・威廉姆森回忆说，撒切尔夫人特别告诉他说：“我逐字逐句阅读了‘单一欧洲法’。”那么，她为什么要签署？伯纳德・英厄姆认为她实际上知道自己所做的事情：“我认为她当时知道自己在冒险……她是在冒一个经过仔细算计的风险，心里明明白白。”德洛尔确认这种说法，他回忆说，她曾犹豫了一会儿，要求在签署之前多给几分钟的思考时间。

与平常一样，她指责别人，其实只能责怪自己。她被自己信念的力量所蒙蔽，不懂得其他领导人维持经济、政治及社会一体化的意志具有同样的力量。她认为坚定地拒绝加入欧洲汇率机制就能保留英国根本的独立性，并且相信自己有能力继续这样做。既然得到了自己想要的单一市场，她认为可以将议程的其他内容退回去。

然而，具有讽刺意味的是，实际上是撒切尔夫人批准了一项具有欧洲一体化强烈象征意义的行动，建设一条海峡隧道，实现英国与欧洲大陆实体性连接的古老梦想。早在 20 世纪 70 年代初，作为特德・希思政府的一员，她就强烈支持这一工程。1974 年工党政府撤销该工程时，她谴责他们目光短浅、锱铢必较，指出这个国家的生存不单靠面包与黄油，而且也需要“远见卓识的思想”。这种指责在某种程度上有点反常。现在作为首相，她依然喜欢“宏伟工程”的想法，但她坚持认为，这项工程必须全部由私营企业融资建设。最初，提出这种条件似乎足以让这项工程泡汤。

1981 年，撒切尔夫人与密特朗初次会谈，两位领导人都热情地谈到原则上需要建设一条隧道。然而，只有经济情况改善后这种说法才成为一种认真的可能。后来，她喜欢的许多商人对此项目开始产生兴趣。国民威斯敏斯特银行率先说服工贸部，隧道工程融资可以无须政府担保。有了这一基础，撒切尔夫人的热情得到谨慎地增强。从意识形态上讲，她热衷于给私营部门一个显示自身能力的机会，同时这样一项大型工程能创造大量工作岗位，她也看到其中的政治红利。

1984 年 12 月，撒切尔夫人到访巴黎，参加双边峰会。她和密特朗一致同意，对各种选择方案的研究增添“一种新的紧迫性”。最初两人都赞成建设一条公路，而不是轨道连接：密特朗想建设一座桥梁，而她则希望修建一条公路隧道。但轨道连接明显造价最低，也更实际。第二年，许多公司参加这项工程的投标，最终，英国驻美国大使（之前还担任过驻法国大使）尼古拉斯·汉德森率领的“海峡隧道集团公司”赢得了首相的关注，得到这份工程合同。

英法隧道 1994 年正式开通。今天，这项工程已经成为撒切尔夫人统治时期少数几项实实在在的遗产之一。对于前往欧洲大陆的旅行者来说，这项工程是一种既定的成功。但是，如果作为一项私营企业能力的展示，这项工程的成功却是十分模糊的。没错，正如撒切尔夫人坚持的那样，这项工程在英国方面是由私营资本融资的，但那些接受劝说投资这项工程的股东却赔了钱。这是一项不赚钱的项目。伦敦到福克斯通高速铁路项目是整个隧道服务中必不可少的一部分，不过，后来的私营企业却不愿为计划的这项工程投资。工程比计划推迟了数年时间，最终还是用了纳税人的金钱。与许多私有化经验一样，从这个案例中得到的教训就是，没有公共资金就无法建成如此重大的基础设施项目。

在中国香港问题上的实用主义

在欧洲与冷战等主要舞台之外，在世界其他偏远的角落，英国依然面临后帝国时代遗留的麻烦问题。在第一任期内，撒切尔夫人面临两个这样的帝国残留问题，一个在非洲，另一个在南美。尽管采用的方式完全相反，两个问题都得到成功解决。在第二任期内，她面临一个比前两者都棘手的问题：英国在香港 100 年的租期即将到期，香港必须在 1997 年交还中国。在马岛问题之后，香港问题给她造成了，“许许多多的心理煎熬。”

然而，两种情况下的事实却是完全不同的。首先，从法律上讲，中国追索自己的领土是不可辩驳的，撒切尔夫人深刻地信奉法律的神圣。同时，没有人保证香港岛的经济自立。另外，中国拥有绝对的军事优势，香港岛无论如何都是无法设防的：中国只要切断供水就可。反抗不能成为一种选择。

因此，除了以较弱的地位进行谈判，通过外交方式争取可能最好的结果以外，英国别无选择。尽管现实令人不快，但撒切尔夫人承认这种现实。不过起初她仍然希望用香港岛主权换取在中国名义统治下英国继续对香港实施管辖权：换句话说，就是最初为马尔维纳斯群岛设计的“回租”思路。

1984 年 9 月，她在北京见到邓小平时，却发现邓小平不肯妥协。她相信保持香港繁荣符合中国的利益，提出割让主权以换取英国的连续治权。但是，邓小平知道所有的牌都掌握在他的手上，于是就跟她摊牌。跟撒切尔夫人在马岛问题上的立场一样，邓小平认为主权不容谈判。他警告说，如果英国制造麻烦，中国将在 1997 年直接接管香港。

1983 年 3 月，她向中国总理写信，表达了一种更为积极的方式。具体地说，她不仅考虑，而且“建议”以妥协的行为以换取对香港未来的某些保证。这封信为杰弗里・豪在邓小平的富有特色的“一国两制”公式基础上展开与北京的谈判扫清了道路。他以一种平静的技巧坚持并最终于 1984 年达成了协议，确保 1997 年后 50 年内香港在中国之内享有“特殊的地位”，还在护照、空中旅行以及土地所有等方面达成协议。撒切尔夫人不得不承认，这是能够得到的最好解决方案。1984 年年底，她再次飞往中国，签订了这份协议。这是一种现实主义的解决方案，也是她能做到的最好结果。

南非及英联邦

尽管英联邦的重要性远远不及大西洋联盟及欧洲共同体，但它依然是撒切尔夫人不得不维持的另一套关系体系，每两年举行一次的国际外交论坛给她带来很大的麻烦。在第一任期之初，在解决罗德西亚、承认新成立的津巴布韦问题上，她出人预料表现出实用主义的立场，赢得大量的赞誉。然而，这种成功却让一种公然冒犯多种族组织良心的行为变得更为突出，南非当局顽固坚持白人少数统治便代表着这种公然冒犯。没过多长时间，撒切尔夫人断然拒绝对比勒陀利亚当局实施经济制裁，从而浪费了她在罗德西亚问题上获得的信誉。结果，在英联邦内，她很快陷入比在欧洲内形势更为严峻的围困之中，她被大部分其他国家视为种族主义的盟友与保护者，而她则认为自己是种族主义最为现实的对手。

与在其他所有地区问题上一样，撒切尔夫人认为尽管南非存在种族歧视，但仍然是西方的一部分：信奉基督教，实行资本主义体制，遵守法制并从原则上讲是民主的。南非受苏联支持的黑人解放运动的威胁，而这种运动的目的就是动摇经济、破坏自由传统并将南非推向苏联阵营。她反对主要黑人政党非洲人国民大会（非国大），该党由奥利弗・坦博领导，大部分领导成员流亡国外（曼德拉和其他领导人则受到无限期监禁）。事实上，只要非国大被禁止投票，就不存在政治斗争的合法渠道，但撒切尔夫人不理会这样的事实，她坚持认为，解决南非问题方案的任何前提必须是停止暴力活动。

毫无疑问，英国在南非的巨大利益影响了她的观点。英国是南非最大的投资国，是南非第四大贸易伙伴。英国的工业，尤其是国防工业，严重依赖南非的矿业。她不断提醒左翼人士，制裁不但破坏英国的利润收益，而且造成英国就业岗位的损失。此外，跟葡萄牙有义务接受从安哥拉和莫桑比克大量涌进的前殖民者一样，大约 80 万被迫逃离南非的南非人具有移居英国的权利。跳上制裁战车上的其他国家，并不存在英国这样直接攸关的经济利益。

总之，她认为反种族隔离运动存在大量的虚伪成分与简单的道德义愤。正如她在《索韦坦报》一次采访中所阐述的那样，她的目的就是结束种族隔离政策，但这一过程不能破坏南非的经济。

防止出现这种结果的途径，不是减少贸易，而是增加贸易。“这个国家所需要的是对外开放，最不需要的就是进一步自我封闭。”她认为，将南非视为独一无二的邪恶予以妖魔化，不但是不公平的，而且必然产生相反的作用。“目前制裁措施所起的作用，”她在 1986 年对挪威的访问中宣称，“只会对人口众多的黑人带来饥饿、失业和更多的苦难……我认为，坐在这儿或任何其他地方，说我们决定应该带来的结果，这从道德上是令人厌恶的。”南非的一些著名反种族隔离人士赞同她的观点，这让撒切尔夫人更加怀疑，非国大要求制裁的目的就是要破坏南非的资本主义经济。

撒切尔夫人坚信自己的分析是正确的，她只身反对英联邦和欧盟在已经实施的制裁措施上增加其他制裁措施，如禁止体育交往等等。同时，她试图在幕后从内部影响比勒陀利亚政府。她宣称自己是博塔总统坦诚的朋友。1984 年 6 月，她邀请博塔来到首相别墅，对他讲了一些“非常坦诚的话”，从而不可避免地引发了示威活动。她敦促博塔释放曼德拉，停止骚扰黑人持不同政见者，停止轰炸非国大在邻国的营地，并准予纳米比亚独立。在随后 5 年里持续不断的通信中，她不断施加压力。不过，所有这些工作都是在私下做的，在公开场合，她拒绝加入要求释放曼德拉的呼吁，因而在反种族隔离运动方面没有得到多少信任。博塔对她的友谊表示感激，但无视她的公正要求。只要他继续掌权，南非便不会出现重大的进步。

撒切尔夫人对南非的态度更富有原则性，也更为高尚，超出了她的批评者所能认可的程度。与此同时，由于她在从内部反对种族隔离过程中出现严重误判，她的积极作用没有得到充分发挥。首先，她坚持把非国大归为恐怖分子，却完全忽视了这样一种事实，即与她本人一样，曼德拉和非国大其他领导人深深根植于西方民主价值观、人文主义、《圣经》和莎士比亚之中。跟她几乎完全一样，曼德拉是在同样的赞美诗、祈祷与诗歌声中成长的一位卫理公会信徒，不过在罗本岛强迫性休闲之后，曼德拉对英国文学和历史有了更深刻的认识。

后来，她积极支持一个更“温和”的亲西方替代组织，更不愿意承认非国大。她对祖鲁首领曼戈苏图·布特莱齐领导的卡塔党给予了过多的支持。世界注意力越是集中在曼德拉，她越是顽固地称赞曼戈苏图·布特莱齐酋长是“南非最大黑人部族的代表”，是“南部非洲最大民族的首领”。她还赞扬他是自由企业的朋友和“暴力起义的坚定反对者”，然而她却不知道比勒陀利亚为了对抗非国大，正在秘密武装因卡塔组织。采取如此偏袒的立场，撒切尔夫人是在玩火。

1985年，她首次只身直接对抗世界良知。那年夏天，南非各地发生暴力起义，国家濒临内战，博塔总统宣布进入紧急状态。美国银行和瑞士银行感到震惊，纷纷收回贷款，并拒绝继续提供贷款，南非兰特出现崩溃性挤兑。迫于美国公众压力，里根总统不情愿地承认，必须赶在国会通过更为严厉的制裁措施之前，加强美国实施的制裁；法国和其他欧共体国家也开始施加压力，要求采取协调一致的欧共体行动。9月，撒切尔夫人成功地否决了欧共体提议的制裁措施，10月英联邦政府首脑在巴哈马首都拿骚召开会议时，她明显受到孤立。

在推迟进一步制裁方面她唯一能做到的，就是建议派遣一个由“杰出人士（EPG）”组成的代表团前往南非，对地面的实际情况做出评估。1986年春，博塔总统允许EPG代表团进入南非，并允许他们会见包括曼德拉在内的非国大领导人。曼德拉给他们留下深刻印象。然而，在他们就释放曼德拉的方式快要达成协议时，博塔却轰炸了非国大在赞比亚、津巴布韦和博茨瓦纳的基地，破坏了他们的努力。代表团立刻放弃使命，不久便提交一份令人沮丧的报告，报告得出结论，“南非政府方面在消除种族制度方面没有真实的意愿”，并建议加强制裁。

撒切尔夫人私下警告博塔，由于他重新实施的“全面镇压”政策，她已经很难坚持反制裁的路线。在幕后，她督促博塔答应全世界反对种族隔离人士的要求：释放曼德拉、解除对非国大的党禁，不失时机地开展谈判。由于她本人强烈反对制裁，她需要博塔表示一些自愿改革的诚意，却遭到博塔的拒绝。

在公开场合，撒切尔夫人傲然独立。她在白宫有一位重要盟友。“跟您一样，”里根总统写信给她，“我仍然反对惩罚性制裁措施，因为这些措施只能使那里的局势走向极端，对黑人造成最大的伤害。”然而，里根也发现自己压力巨大，必须做出让步。

美国参议院如期以84∶16的绝对多数批准了一揽子全面经济制裁措施。6月，欧共体也同意实施进一步的制裁。这时，撒切尔夫人除了默许以外别无选择。不过，在8月在伦敦举行的英联邦特别会议上，她仍然拒绝合作。因此，在英联邦历史上，伦敦会议第一次推翻了英国的反对立场，同意实施制裁。

1987 年，撒切尔夫人采取了自己最积极的措施，任命一位新的驻南非大使。罗宾·伦威克在制定津巴布韦解决方案中发挥了主导作用，后来写了一本书，说明经济制裁从来不起作用。1987 年 7 月，撒切尔夫人派他到南部非洲，在比勒陀利亚从事他所称的“非常规的外交活动”。在公开场合，仍然要求他反映撒切尔夫人对布特莱奇的夸张信任。但与此同时，暗地授权他与非国大建立接触。他后来写道，在随后的 3 年里，他“从撒切尔夫人得到了全力支持”，支持他发挥重要作用，通过谈判释放曼德拉并最终实现向多数人统治的和平过渡。

1989 年，博塔总统身患中风，极不情愿地被迫下台，至关重要的开放机会终于到来了。乍看上去，博塔的继任者 F. W. 德克勒克并不会有很大的改进。然而，伦威克已经认识到，德克勒克是位真正的改革家，他从罗德西亚问题中吸取了教训，愿意抓住时机与负责任的黑人领袖举行会谈。撒切尔夫人从他身上捕捉到南非戈尔巴乔夫的影子，希望这时比勒陀利亚会发生某种变化。

1990 年 2 月，德克勒克宣布立即释放包括曼德拉在内所有政治犯，解除包括非洲人国民大会和南非共产党在内所有政治组织的禁戒。撒切尔夫人认为这一点证明她所开展的孤立斗争是正确的。在释放曼德拉第二天对下院的讲话中，她坚称：“我认为制裁并没有取得了任何成效。”她立即解除了英国可以单方面撤销的制裁措施，并敦促欧洲领导人和英联邦领导人采取同样的措施。而当曼德拉在全世界媒体蜂拥而至的镜头前第一次发表讲话，重谈有关社会主义及国有化运动的所有“陈词滥调”时，她却感到非常失望。她曾经希望曼德拉本人远离非国大的立场，但她应该明白，那是曼德拉最不愿意做的事情。

7 月，曼德拉访问伦敦，在唐宁街拜会了首相，撒切尔夫人与曼德拉最终实现了会面。曼德拉巧妙地承认撒切尔夫人以自己的方式反对种族隔离政策，感谢组织释放他方面所做的努力。他还感谢她在津巴布韦以及改善东西方关系方面发挥的作用，不过仍然敦促她对德克勒克保持压力，通过谈判达成解决方案。撒切尔夫人则敦促他放弃武装斗争，与布特莱齐举行会谈，放弃非国大对国有化的承诺。

在南非问题上，撒切尔夫人显示出自己最好的和最差的一面。她坚持原则，富有勇气，同时却固执己见，自以为是。她反对制裁的理由很好，但没有得到人们对她的观点的支持，她喜欢教训人，而不是试图说服他们，因而疏远了潜在的盟友。更有甚者，她似乎喜欢傲然孤立，好像被孤立这一事实本身证明她是正确的一样。

撒切尔夫人是正确的吗？结果也许表明，她没有错。但是，绝大多数支持制裁的人士仍然认为，制裁是最终迫使南非实现转变不可缺少的压力的一部分。毫无疑问，她在说服德克勒克迅速采取广泛行动方面发挥了作用。1990 年 2 月，德克勒克在发表历史性的讲话之前，他通过伦威克向撒切尔夫人传话，说她一定不会感到失望。然而，不应该过分夸大她的作用：有更大的力量在发挥作用。正如她与俄国的戈尔巴乔夫之间的关系一样，她很幸运，在恰当的时刻，出现了一位她似乎可以施加影响的领导人。

中东

到了 20 世纪 80 年代，英国在中东已经不存在剩余的直接责任，不过中东依然是世界的一部分，撒切尔夫人对中东抱有浓厚的兴趣。像对待南非一样，她认为以色列从根本上讲是西方的一部分，拥有繁荣而富有创新的经济，被周围充满敌意的国家包围着，受到巴勒斯坦恐怖主义的威胁。她本能地将巴解组织视为与爱尔兰共和军和非国大一样的恐怖组织。不过，与此同时，以色列本身就是靠恐怖主义建立的国家。她不能忘记的是，当前在台上的以色列总理梅纳赫姆·贝京就是当年伊尔贡组织（Irgun gang）的头目，这个组织曾在 1946 年轰炸过耶路撒冷大卫王酒店，造成 91 名英国士兵丧生，她发誓不与贝京握手（尽管她最终与他握手）。同时，她承认以色列 1967 年使用武力占领了巴勒斯坦领土，并且无视联合国决议一直维持占领。作为以色列的一位朋友，她认为以色列只有放弃占领的一部分领土，才能得到和平。正如在南非问题上一样，她希望鼓励“温和的”巴勒斯坦人站出来，与以色列开展谈判。

无论何时访问本地区，或者在伦敦会见中东领导人，撒切尔夫人一定要向里根总统报告会谈的内容以及对她留下的印象。例如，1981 年访问海湾国家后，她向里根总统发去报告，这份报告被里根的工作人员形容为“一份相当严峻的评估文件，反映了她最近与各类阿拉伯高级政治人物会谈中得到的各种观点”。理查德·艾伦请总统阅读信件的全部内容，不过仍为他总结了其中主要的观点：

> 一种失望与疏远情绪现在占据了阿拉伯温和派对美国的看法。
> (阿拉伯人在直接向我们表达他们情感的真实力量方面顾虑重重)
> 流行的看法是我们一边倒地承诺以色列，但无视巴勒斯坦人。

一位助手注意到，这份信函“呼吁采取行动”。不过，随后又来了两封信，白宫着手写了一份回信，信中里根总统感谢她，“向我提出了非常真诚的见解。”

> 我理解您信中隐含的阿拉伯领导人对和平进程的看法。全面解决中东问题

依然是我们的目标。我完全同意，除非巴勒斯坦问题得到解决，任何目标都无法实现。

第二个月，里根向她保证，以色列结束占领必须成为“西岸及加沙解决方案的基本前提”，这一点是里根于1982年9月提出的解决方案的前提。然而，撒切尔夫人一直认为，美国人没有向以色列施加足够的压力。第二年，她再次给华盛顿发去“她对在伦敦与侯赛因国王会谈内容的解读……强烈地建议总统与阿拉伯领导人进行磋商，再次证明我们对9月1日提出建议的承诺”。她批评1982年以色列对南黎巴嫩发动的血腥入侵，但同样怀疑派往贝鲁特以美国人为主的多国维和部队的价值，她将英国派兵人数限定在100名这种象征性贡献范围之内。1983年10月，300名美国及法国士兵被自杀式炸弹炸死，这一事件证明了她的观点——这些部队成了既定目标。她劝里根总统不要采取报复措施，撤出多国部队。第二年，里根撤出了多国部队。在自传中，撒切尔夫人把美国在黎巴嫩的干预描述为一次没有清晰、可实现目标的军事行动，是一种愚蠢的教训。

1982年2月，南黎巴嫩发生难民大屠杀事件之后，撒切尔夫人对以色列越来越失去耐心。“无论什么时候，只要出现问题，”她告诉卡斯帕·温伯格，“几乎全是以色列吞并企图得到的东西。她敦促应当对以色列的政策重新进行评估。”后来，伊扎克·沙米尔领导的强硬派利库德政府被工党—利库德集团联合政府（由西蒙·佩雷斯和沙米尔轮流担任总理）所取代，机会出现了。圣诞节前在戴维营她告诉美国人，“她本人十分了解并看好以色列新总理。佩雷斯总理希望发挥具有建设性的作用，如果我们想在中东问题上有所作为，就应在他任总理期间做出努力。”

1985年9月，她访问了埃及和约旦，鼓励穆巴拉克总统和侯赛因国王继续推动和平进程。“我觉得我和穆巴拉克总统之间彼此了解”，她写道。她承认自己“部分地表示认同”穆巴拉克所持的“美国人并不十分积极”的观点，认为侯赛因国王一直冒着“一种真正的风险”，努力推动和平倡议，但一直对美国感到失望。第二年春天，她作为首相首次访问以色列，佩雷斯再次给她留下深刻印象，但她对沙米尔感到失望。沙米尔曾经也是位恐怖主义者，拒绝任何有关放弃约旦河西岸犹太人定居点换取和平的问题。

1986年，沙米尔接任总理。撒切尔夫人第二年访问华盛顿时，发泄了自己对以色列不妥协政策的不满，并指责美国默许这种政策。

她对戴维营协议签署以来西方没有提出重要倡议表示遗憾；并注意到里根总统1982年的演说非常出色，但遭到贝京的拒绝；她将佩雷斯和侯赛因形容为可以尽可能推动和平进程的两位正面人物，值得支持；……并反问能否及时推动召开一次国际会议以推进和平进程。

舒尔茨回答说没有利库德集团的支持，推动新的倡议没有好处：美国的做法是“寻求让沙米尔与利库德都能参与的途径”。

撒切尔夫人质问舒尔茨国务卿，他认为沙米尔有意谈判约旦河西岸及耶路撒冷问题，还是实际上按照沙米尔的观点，《圣经》上所指的以色列全部属于现代以色列。如果是后者，沙米尔就是在绑架整个世界，就绝对不会有任何谈判……

她形容沙米尔的这种立场是虚伪的，因为它拒绝了阿拉伯人的基本权利，抵消了以色列作为唯一中东民主国家的信誉。

尽管在中东问题上没有取得任何进展，但撒切尔夫人的努力是值得称赞的。尽管她本能地羡慕以色列，并在实际上依赖芬奇利大量的犹太选票，但她认为，只要美国各届政府害怕得罪强大的美国犹太人游说团，就不会有足够的压力迫使以色列谈判。她也以习惯性的坦诚告诉美国人她的看法，但在这方面美国人不会听从她的意见。以色列人非但没有从占领的领土上撤走，而且还在西岸与加沙地带继续设置定居点。

援助及武器出售

撒切尔夫人戴着冷战的眼镜，将整个世界看作与苏联冲突的战场，一场应该通过包括政治、经济以及军事等各种手段获得地缘政治优势的斗争。无论不同国家当地具体的环境如何，她认为英国在世界各地的角色，就是支持那些被美国认作西方朋友的政权，不管这些政权多么缺乏民主，多么专制。与此同时，她扮演了一位知名全球传道士的角色，推行自由企业创造财富的教义。在发展中国家中，她利用两种实际的手段来施加影响：提供援助与销售军事装备。她对前者持怀疑态度，所以执政期间英国外援大幅下降。但她对后者却抱有很高的热情，英国武器销售占世界的比例得到大幅增加。

撒切尔夫人对援助所持的态度，反映了她在国内怀疑福利国家的观点。20 世纪 70 年代后期，国际上达成的开明共识促成了“南北委员会”的建立，威利·勃兰特担任该委员会的主席，撒切尔夫人无视这一国际共识，认为富国向穷国提供援助只会支持腐败的政权，使依赖永久化，相反，推进自由贸易和企业精神可使欠发达国家自身得到发展，实现经济繁荣。撒切尔夫人远远没有达到所有工业化国家（美国和瑞士除外）同意的将援助预算提高到国民生产总值 0.7% 水平的目标，而容许英国外援从 1979 年占国民生产总值的 0.51% 下降到 1989 年的 0.31%，而且英国给予的大部分援助均与英国的贸易挂钩。

她坚决反对协调一致的国际行动。1981 年 10 月，在墨西哥坎昆举行由墨西哥总统和皮埃尔·特鲁多共同主持的世界峰会，提出了撒切尔夫人决意粉碎的希望。撒切尔夫人出席会议，还劝说里根出席。她认为十分重要的是他们一道在会议上为自由市场辩护，这是她出席会议的唯一原因。具体地说，她急于阻拦将国际货币基金和世界银行置于联合国控制下的提议。她与里根特地参加会议，就是为了确保这次会议不会施加新的承诺。按照这种标准，她高兴地宣布这次会议“非常成功”。

一石二鸟，一种特别有效的方式就是将援助与武器销售挂起钩来。通过这种方式，她可以增强英国的一个重要行业，同时支持地区盟国，帮助抵御苏联影响。武器交易是她关注的两个主要问题的最佳结合。特别是在马岛战争之后，撒切尔夫人对国防工业产品有了浓厚的兴趣。充当英国军火商同时给了她进入第三世界国王与总统们圈子的入场券：她有他们希望购买的东西，她喜欢通过领导人对领导人的方式，以国家实力与象征亲自做这种交易。在一般情况下，谈判达成这些交易的活动中，国防大臣是在前面出现的主角。然而，据迈克尔·赫塞尔廷回忆，撒切尔夫人的角色却“十分显眼”。她在达成与沙特阿拉伯、海湾国家以及马来西亚的武器贸易中发挥的作用被广泛报道，赫塞尔廷发现她一直非常积极。

1985 年，在撒切尔夫人的支持下，赫塞尔廷以前所未有的高薪任命自己军火贸易公司的执行董事彼得·列文为国防部武器采购主任。在 20 世纪 80 年代，英国军火销售从世界第五位上升到仅次于美国的世界第二位。不过，撒切尔夫人本人促成了许多金额大、争议大的武器交易，包括与约旦国王侯赛因、印度尼西亚总统苏哈托将军、智利奥古斯托·皮诺切特将军达成的交易。在这些交易中，她通过软贷并积极利用出口信贷，顺利达成这些交易。对于纳税人来说，这些交易并没有取得最初表面看上去那么好的效果。许多所谓由约旦、伊拉克（可能还有其他国家）采购的武器，从来就没有掏过钱。即使在海湾战争干预之前，尼古拉斯·里德利就承认，伊拉克欠 10 亿英镑，真实的数字可能接近 23 亿英镑。实际上，撒切尔夫人是用公共资金补贴英国的公司，这是她在其他行业上不愿干的事情。

她最大的成就是与沙特阿拉伯达成的巨额 Al-yamamah 军售合同。合同分两部分，分别于 1985 年和 1987 年达成谈判，据说是史上最大的武器交易，价值接近 400 亿英镑，卖方为英国航空工业公司与其他英国公司，部分用石油支付。1985 年，撒切尔夫人至少见过沙特阿拉伯法赫德国王的侄子、国防部长的儿子班达尔王子两次。在公布第一部分交易时，赫塞尔廷告诉记者，撒切尔夫人所做的贡献“再夸大也不算过分”。1988 年，在前往澳大利亚途中，在百慕大停留期间，她拿到了第二部分。不过，考虑到她通常喜欢夸耀自己成就的习惯，她的自传中没有提到这笔交易，令人颇为不解。

最明显的原因是很快就出现了有关巨额佣金的报道，令人难堪。这笔资金达数百万英镑，支付给了中间人，其中就有她的儿子马克。1984 年，马克的商业利益已经引起人们的关注，当时提出的疑问涉及在阿曼建设一座大学的巨额合同，那份合同是撒切尔夫人本人 1981 年在访问阿曼中拿到的，当时马克就在场。主要涉及的公司是 Cementation 有限公司，马克当时在这家公司担任“顾问”。马克没有相应的资质或经验，他唯一可能的价值就是他的关系，特别是他的名字。“我们的确给了他钱，”该公司承认，“我们利用他，因为他是首相的儿子。”在下院和电视上，撒切尔夫人愤怒地否认存在任何不当的事情：她是“为了争取英国利益”，不是为了任何具体的公司，而马克的活动则是他自己的事情。事实上，Cementation 有限公司是投标该大学项目的唯一一家英国公司，所以这种辩护是不真诚的。撒切尔夫人一定知道，如果 Cementation 拿到合同，她的儿子会得到利益，尽管如此，她不应该为此游说。然而，马克依靠其母亲爱国的推销术自己发了大财，这种指称一直存在。5 年之后，Al-Yamamah 军售合同涉及数额更大的资金，据说作为“推动者”角色的马克拿走了 1200 万到 2000 万英镑的金钱。毫无疑问，他在这段时间莫名其妙地成为巨富，还有，他和他的合作伙伴在武器贸易及中东地区非常活跃。然而，只有间接的证据，因为国家审计署有关 Al-Yamamah 军售合同的调查报告从来没有对外公开过。

对撒切尔夫人热心军售的第二个批评，是这种做法扭曲了援助预算的分配，这种指责突出表现在马来西亚 Pergau 大坝项目的曲折经历上。1985 年 4 月，撒切尔夫人访问了马来西亚，当时她与马来西亚总理马哈蒂尔医生关系融洽。三年后，她重访马来西亚，事先不与外交部协商就谈判了一桩交易，由英国融资在马来西亚北部建设一座经济上不可行、对环境有破坏作用的水电站，以换取马方购买价值 13 亿英镑英国军事装备的协议。后来，一个亲第三世界的压力团体将政府告上法庭，指责政府为了商业目的，不恰当地分流“援助”资金，1994 年高等法院判定这项交易非法，压力团体赢得了这场官司，当时担任梅杰政府的外交大臣道格拉斯·赫德不得不从财政储备金中拿出 6500 万英镑，偿还援助预算。

Pergau 水电站项目事件让人们可以隐约看到撒切尔夫人在援助问题上的随便态度。1994 年 12 月，赫德被迫透露，另有三个分别在土耳其、印度尼西亚和博茨瓦纳的援助项目也违反了 1980 年《海外开发及合作法》规定的准则。在 Pergau 项目上浪费的资金超过了英国同期付给索马里、埃塞俄比亚和坦桑尼亚援助资金之和，而富有的阿曼得到的英国“援助”却比埃塞俄比亚得到的援助还多。此外，结果发现，根据《援助及贸易条款》支付给第三世界国家的几乎一半资金所资助的项目合同，被少数几家特权公司拿走，所有这些公司都是保守党的主要捐款人。总之，英国的援助资金又循环到首相国内外的朋友和支持者手里。

针对撒切尔夫人热心追求军售的第三项指责，是这些交易的大部分是在秘密中进行的，违犯了政府宣布的政策。最明显的例子就是在 8 年两伊战争中向萨达姆·侯赛因统治下的伊拉克提供军事装备，而当时英国本应该限制武器流入交战双方。1990 年萨达姆入侵科威特，英国和盟国发现跟他们作战的国家正是仅仅几周前他们还忙着武装的国家，武器交易成了一种严重尴尬事件。不过，这是一种武器贸易的职业危害：1982 年与阿根廷也发生了大体同样的事情。真正的丑闻是秘而不宣，是口是心非，过去 10 年政策就是在这种气氛中实施的。

西方官方对 1980 年由伊拉克军队入侵伊朗而引发血腥消耗战保持中立：直到 1985 年，英国还在不加区别地为双方持续培训飞行员并提供低级装备。不过，实际上，美国和英国都在暗地支持伊拉克。萨达姆是位令人厌恶的暴君，但是他是一位为人们熟知并与之相处的暴君，而在另一方，伊朗狂热的阿亚图拉·霍梅尼似乎却更为危险。由于美国人心中仍然有伊朗人质危机造成的伤痕，伊朗超过了卡扎菲，成为华盛顿的“头号公开敌人”。此外，战争提供了一个诱人的机会。伊朗国王统治期间，英国是伊朗的武器主要提供国。然而，霍梅尼革命关闭了那里的市场。英国的制造商此时却热衷于进入伊拉克市场。他们的美国同行受到美国国会的约束，因为美国国会不但对交战双方实施了贸易禁运，实际上还严格执行了这种禁运。因此，里根政府乐见英国秘密向伊拉克提供武器。毕竟，欺骗英国下院比欺骗美国国会更容易一些。

在正式场合，英国紧随美国之后，禁止向交战双方出口“致命”武器。然而，1981 年 1 月 29 日，由撒切尔夫人主持召开的内阁海外及国防委员会（OD）会议同意“尽可能地灵活”定义关键词汇的含义。这年年底之前，国防部负责军火贸易的下属机构“国际军事处（IMS）”拿到在伊拉克南部巴士拉建设一个综合性武器体系的合同。这仅仅开了个头，在接下来的 4 年里，“大约 10 倍于向伊朗出口的军事装备被出售给伊拉克”。

不过，1983 年到 1984 年期间，伊朗似乎将取得战争胜利，外交部担心这种偏向伊拉克的“倾斜”不明智，于是开始构建更为均衡的中立立场。1984 年 11 月，理查德·卢斯提出了更为详细的“准则”，限制向任何一方提供武器。1985 年 10 月豪向议会公布时，这些准则已经实行了近一年。

关键的问题是，这些准则从未得到真正落实。1990 年在审判马特利克斯·丘吉尔公司案件中，艾伦·克拉克出庭作证，他以典型的直率指责这些准则“无聊而烦人”，是“白厅的化妆品而已”。准则措辞故意含糊。只有最终武器才被列为“致命的”。其他的军事装备，从飞机零部件激光测距仪，还有更为重要的是制造炮弹的所有车床，都可以自由输出，不存在任何困难。出口武器是由许多公司完成的，但所有这些公司都与国防部关系密切，也不用掩饰自己的目的。最为积极的公司之一是设在考文垂的马特利克斯·丘吉尔公司，实际上该公司1987年就被伊拉克政府的一个附属机构收购，目的就是为了绕过英国刚刚签署的禁止向第三世界出口弹道导弹技术的协定。当时，马特利克斯·丘吉尔公司已经在开发射程为1000公里的秃鹰2型导弹，而且可以携带核弹头。众所周知，伊拉克对这一方面非常感兴趣。在议会有人提出了质问，却受到副大臣们驳回。

1986年12月2日，当有人提出改变这些准则时，查尔斯·鲍威尔致函外交部，说撒切尔夫人在回答下院质询时认为这些准则“非常有用”，所以不愿意改动。两天之后，撒切尔夫人对鲍威尔的意义给出一个完美的例子，她告诉下院，“英国有关对伊朗和伊拉克武器销售的政策是欧洲最为严格的政策之一，尽管政策对英国工业造成很大损失，但仍然得到严格地实施。英国一直谨慎而连贯地维持着这一政策。”或许这种公式符合她对这些准则的解读。然而，现实情况却与给议会留下的印象截然不同。

难道她有可能并不知道实际上正在发生的事情？毫无疑问，在所有相关部门中，有些个人已经知道情况。但是当时撒切尔夫人知道吗？她非常自豪的是没有任何一位首相像她那样了解白厅各个角落发生的事情，此外，情报部门的涉入也是她充分了解情况的最明显的表示。丑闻爆发后，由约翰·梅杰成立的斯科特调查委员会（Scott Inquiry）在牵涉撒切尔夫人方面，集中在调查她是否知道1985年准则在两伊战争结束时在1988年被秘密地放宽。但是，这是一个很小的问题。更重要的是，绝对的证据表明，她知道，而且她一定知道，1985年以后这些准则已经变得毫无价值。

首先，她收阅季度报告，报告上边按国家列出全世界所有的武器销售，她还明确地批准向伊拉克出口的实际（以及未公布的）水平。当然，那些暗中的交易可能没有列在这份清单上。然而，她同时接收情报部门的报告，我们知道，她通常是如饥似渴地阅读这些情报报告的。更为具体地讲，斯科特引述了1988年3月29日的情报摘要（在这些准则被改动之前）。该报告综述了英国机床行业参与伊拉克武器制造的情况，并列举出了“积极参与”武器制造的马特利克斯·丘吉尔公司。这份摘要有撒切尔夫人草签的字样。

还存在这样一种事实，即大量英国武器装备是通过其他国家，尤其是约旦，间接进入伊拉克的。在向斯科特调查委员会提供的证词中，撒切尔夫人宣称，自己发现这种“（斯科特所称的）明显的漏洞”后感到十分震惊。她重视英国与约旦的关系，为自己与侯赛因国王达成 3 笔大额武器交易而感到自豪，但对这样一个小国来说，巨大的武器交易金额令人怀疑。其他大臣也附和着她宣称，说他们自己对大量武器最终运往伊拉克并不知晓。然而，跟往常一样，总有例外存在。艾伦・克拉克告诉斯科特，当时国防部都在传言，说“伊拉克购买的材料，一半以上交约旦托收”。1983 年有一件事情东窗事发，当时皇家海关截获通过约旦运往的一批数量为 200 支冲锋枪的货物，三个人受到指控与处罚，但后来对他们的定罪被撤销了。然而，撒切尔夫人并不需要海关告诉她所发生的情况。1985 年 10 月，“联合情报委员会”散发了一份题为《利用约旦设施向伊拉克转运战争物资》的机密文件；同时，斯科特委员会还得到 1986 年到 1991 年期间有关同一问题的另外 25 份情报报告的细节。难道首相可能没有阅读过其中任何一份报告？1990 年 7 月，撒切尔夫人从内阁办公室收到一份题为《伊拉克记录》的文件，文件追溯了向伊拉克出口的历史，上面写道：“伊拉克系统地利用约旦作为购买武器活动的掩护，几乎可以肯定，这种做法得到约旦政府高层人物的默许。”在此之前，撒切尔夫人肯定知道武器销售的事情。第二个月她说自己对此事感到震惊，这种托词显然是不真实的。

在撒切尔夫人首相生涯的最后几个月里，向伊拉克出售武器的丑闻才被揭露出来，斯科特调查委员会（Scott Inquiry）主要集中在她是什么时候知道 1988 年以后的情况。然而，秘密武装伊拉克早在 1981 年已经开始，在她的第二任期内形成规模，当时英国制造商得到各种各样的鼓励和帮助，积极地将武器直接和间接（通过约旦）卖给伊拉克，这种情况与政府公开宣布严格限制的政策形成令人怀疑的矛盾。充分的证据表明，撒切尔夫人不但了解这种政策，而且鼓励这种政策，要是她不知道那才令人诧异呢！那么，她为什么要这样做？一般情况下她不会见利忘义，她为自己的高尚道德水准而感到自豪。所以，答案应该是两方面的。

首先，她真的认为，每个国家都有权购买军事装置来保卫自己，武器的自由贸易会促进和平，而不会促进战争。如果英国不卖武器，其他人还会卖。其次，她的摩尼教世界观赋予她“我敌人的敌人就是我的朋友”这种危险的教义。如果伊朗是西方的敌人，那么帮助武装伊拉克就符合英国的利益。尽管在议会难以为这种政策辩护，但她心里认为这样做是正确的。因此，对经常骗人的议会所做的不得体事情，她关闭了自己的大脑，或许也在欺骗自己。然而，毫无疑问，既然决意实现目的，她就不在乎方式。这种政策源自同样坚定的世界观，这种世界观适用于她的外交政策的各个领域，从马岛战争到核裁军，从轰炸利比亚到结束种族隔离。在伊拉克问题上，要实施她的政策，就必须在 8 到 9 年的时间内让议会受到系统的误导。这是她执政记录上的一大污点。

第十八章
家门内敌/祸起萧墙

需要敌人

作为政治家，玛格丽特·撒切尔最明显的特征之一就是需要敌人。推动她职业生涯的就是进攻，而为了维持这种进攻，她总是要找新的敌人，先对敌人进行妖魔化，然后与之对抗，最后击败它。这种性格是不寻常的，因为在全世界范围内，政治家的本能是寻求一致，化解矛盾，寻找共识。英国保守党的传统爱好一直是强调围绕共同价值观实现民族团结，所以对该党来说，对抗的滋味尤其是十分怪异的。相比之下，撒切尔夫人却故意鄙视共识：她需要的就是一直战斗并获得胜利。在她的眼里，世界是对立势力——善与恶、自由与暴政、“我们对他们”——的战场。而在英国国内，则是保守党与工党之间的对立以及更大范围的根本分歧，一方是诚实、勤劳、守法的“我们的人”，主要为中产阶级或渴望成为中产阶级的纳税人、消费者以及家庭业主，而对立的另一方则是由偷懒者、乞讨者、工会会员、“湿才”、自由派人士、同行的知识分子以及和平运动者等构成的杂牌军。所有这些反社会分子都必须予以应对并彻底打败，从而为撒切尔主义创造一个安全的世界。

第二任期是她该对付国内对手的时候了。在第一任期的大部分时间里，她一直处于守势。然而，一旦马岛战争帮助她渡过头三年的危机，撒切尔夫人回到首相宝座，最清晰的意图就是采取攻势。在选举中，她收拾了工党，但社会主义依然在威斯敏斯特之外占据许多重要的权力要塞，要完全实现撒切尔的英国愿景，这些要塞就必须予以削弱。对她的权威构成最大威胁的有两股势力。首先，在全国大部分主要城市中，左翼的工党市议会（GLC）依然控制着地方政府，最为突出的是，就在威斯敏斯特河的对岸，大伦敦市议会领导人肯·利文斯顿（Ken Livingstone）已经对撒切尔夫人构成无法容忍的赤裸裸挑衅。在 1983 年的竞选宣言中，她决心采取简单的应急措施，废除大伦敦市议会（以及其他都市的市议会）。然而，这种措施却需要立法。与此同时，她面临着来自保守党老对手“全国矿工联合会”更为危险的挑战。这个联合会现在由好战的阶级斗争战士、富有革命精神的亚瑟·斯卡吉尔领导，他公开声明决心要像粉碎希思政府一样，消灭撒切尔夫人的政府。1981 年谨慎地撤退后，撒切尔夫人此刻已经做好应对斯卡吉尔挑战的准备。但是，她首先选择与人数较少但意义重大的白领工人组织作战，以显示她对工会组织新的强硬态度。这群白领工人受雇于政府的最高机密卫星监听站，即设在切尔滕纳姆的政府通信总部。

1981 年公务人员罢工期间，政府通信总部（GCHQ）工会会员的问题就引起她的注意。征税员参加罢工造成政府 3.5 亿英镑的收入损失只是让她恼火，然而情报人员罢工危害国家安全则激怒了她，证明了她有关工团主义从根本上反对爱国的猜测。她认为，破译密码的人员与武装力量成员一样，不得参加工会组织。她曾希望立即禁止政府通信总部（GCHQ）系统的工会组织，但当时有人劝她不要这样做。然而，美国对情报中断感到震惊，而撒切尔夫人又把与美国的情报关系置于最优先的位置。尤其是马尔维纳斯和格林纳达危机之后，她要向美国人保证这种中断不再发生。因此，1984 年 1 月，在没有事先与有关工会组织协商的情况下，她劝豪宣布立即禁止 GCHQ 雇员参加工会。

这种做法是合情合理的，军情五处和军情六处都没有加入工会。政府通信总部之所以不同，纯属一种历史上的不正常现象。然而，采取突然的方式宣布终止这种不正常现象似乎有点霸道与无理。撒切尔夫人告诉下院，工会会员是一种“特权”，这种特权还未扩大到安全人员。对工会来说，这种做法无异于指控工会成员犯有叛国罪。左派声称，政府正在取消的是一项公民基本权利。高等法院判定，在没有协商情况下取缔工会“违背自然正义”并宣布取缔行动非法，左派取得了暂时性的胜利。这项判决后来被上诉法院推翻后，少数几位政府通信总部（GCHQ）雇员宁愿被解雇也不愿放弃工会会员资格。在撒切尔年代后来的日子里，这件事情一直让人想到其中的冤屈。

斯卡吉尔与矿工

在政府通信总部雇员工会问题上的这场小冲突仅仅拉开了一场真正战斗的序幕，1984 年整个一年都笼罩在这种战斗的气氛中。这场战斗是政府与全国矿工联合会之间生死攸关的摊牌。撒切尔夫人一直明白，迟早都得面对矿工罢工。1981 年 2 月，她暂时接受屈辱，推迟了没有把握取胜的对抗。不过，从那时起，政府一直在静悄悄地进行部署。“1981 年大部分时间里”，一个名为 MISC57 的特设委员会“在极端保密的条件下”开会，研究如何才能确保政府度过随时可能爆发的长期罢工。

在随后的两年里，政府对英国中央发电局（CEGB）放松了现金限制，让在1981年一直缺煤的电厂大量存煤，但不要引起人们的注目。与此同时，尽可能地将燃煤电厂改造成燃油电厂；让数量巨大的卡车加入运煤队伍，防止铁路工人出来支持矿工。正如雨果·扬指出的那样，这是撒切尔夫人富有战略远见的一个非常罕见的例证。

到了1983年2月，奈杰尔·劳森暗示，政府准备任命英国钢铁公司的伊安·麦克格雷格为国家煤炭局的主席。麦克格雷格刚刚扭转了钢铁工业的局势，裁减了几乎一半的工作岗位，显然，派他任职煤炭局就是想再在煤炭行业推行同样的改革：麦克格雷格在美国工作期间业绩非凡，其中就有击败“联合矿业”工人长达两年罢工的纪录。最后，在大选后政府重组中，撒切尔夫人劝说彼得·沃克负责能源部，显然是预计他将面对来自斯卡吉尔的挑战。

缩减煤矿业的经济原因是毋庸置疑的。20世纪60年代以来，在保守、工党两党政府执政期间，缩减煤矿业的工作一直在进行。1971年到1982年之间，立场温和的全国矿工联合会主席乔·戈姆利广泛接受这种安排。然而，煤炭业依然产大于销。到麦克格雷格接手国家煤炭局时，1983年到1984年的亏损达3.5亿英镑。不管政府对国有行业的政策如何，这种亏损局面都必须加以制止。然而，要恢复经济活力，国家煤炭局将不得不在约克郡、苏格兰和南威尔士地区的传统矿区关闭亏损矿井。然而，关闭煤矿却没有关闭工厂那么简单，拥有自豪且根深蒂固生活方式的整片社区都依赖着矿井。全国矿工联合会新任主席亚瑟·斯卡吉尔和性格阴沉的副主席米克·迈加希（Mick McGahey,）不仅仅是好战的左派分子，决意摧毁另一届保守党政府，而且他们也分别来自约克郡和苏格兰。他们的立场是，除非出于安全原因或者地质枯竭，全国矿工工会不允许关闭任何矿井，他们不接受不赚钱矿井的概念。这完全是疯人院的经济学。

斯卡吉尔完全不理会经济原因。他以勒德分子坚持的矿工工作必须终生得到保障作为挡箭牌，其目的就是要对政府提出政治挑战。他公开夸口说他领导的是一场社会主义的革命（更准确地说是辛迪加主义的革命），要推翻资本主义。他还断言，在1983年撒切尔夫人取得压倒性选举胜利之后，议会外活动是“对工人阶级及劳工运动唯一敞开的出路”。他是在领导索尔特利门焦化厂群众纠察行动中最先出名的，该行动被认为最终迫使希思政府1972年向矿工屈服，这种说法也可能对，也可能不对。从1981年12月当选并接任戈姆利那一刻起，斯卡吉尔就渴望重复那场革命性的运动。1982年至1983年，他三次号召全国矿工工会成员参加支持举行罢工的全国投票，然而在三次投票中，反对罢工的票数却从55%上升到61%。在70年代成功的罢工活动之后，对那些工作岗位没有受到威胁的许多矿工来说，参加罢工代价太大：他们有不错的薪水、有汽车、抵押贷款，生活方式越来越接近中产阶级。他们不再是斯卡吉尔想象的受到践踏的无产阶级。此外，在沃克的鼓励下，国家煤炭局对因矿井关闭丧失工作岗位的人提供了慷慨的解雇条件。全国矿工工会章程规定，罢工需要 55% 的会员投票支持。到 1984 年，如果继续依照投票决定罢工，斯卡吉尔显然永远得不到他所希望得到的罢工行动。因此，当 1984 年 3 月 6 日国家煤炭局宣布将在未来 12 个月内关闭另外 20 个不赚钱的矿井，裁减 2 万工作岗位时，斯卡吉尔决定绕过全国投票这让人厌烦的不便，组织全国罢工。

斯卡吉尔通过鼓动一系列的地区罢工来策划全国罢工。罢工行动从受直接影响最严重而且最为好战的约克郡和苏格兰等地开始，对其他地区施加道德上的压力，迫使他们加入罢工。对不太好战的地区派出了纠察人员，帮助他们做出“正确的”决定，然而只有没举行过投票的约克郡、苏格兰和小肯特煤田坚定地支持罢工。举行过投票的大部分其他地区则反对罢工：在至关重要但却持温和立场的诺丁汉郡煤田，记录表明有 4 : 1 的多数矿工表示反对罢工，全国范围内的大部分矿井仍在继续工作。在南威尔士，28 家矿井中只有 10 家支持罢工，但当地的工会领导人号召所有会员举行罢工。工会的力量过去一直在于团结一致，而斯卡吉尔却让工会陷入分裂。事实上，种种迹象表明，假如他在罢工的头几周举行投票，也许会得到支持罢工的投票结果，尤其在他的推动下罢工投票规则已经修改为简单多数。然而，由于拒绝举行选举，他不但让地区斗地区，而在每个地区、每个矿井及每个村子里，让矿工斗矿工。4 月中旬，当一个特别代表委员会仅以 69 : 54 的多数批准实施斯卡吉尔提出的战略时，174 个矿井中仍有 43 个在上班。为了实施并扩大罢工，斯卡吉尔以更大的规模重启 1972 年以来他一直使用的旧式武器，对工作着的矿井、港口和仓库实施大规模的纠察行动，阻止煤炭运输。飞行纠察队按半军事运作组织，可以乘公共汽车到全国范围的主要地点执行纠察，只要愿意纠察，就按罢工支付薪酬。然而，政府也在这条战线上做好了准备，警方也组织了相当大的力量，以同样的数量警力对付罢工纠察。很快，每晚电视新闻头条上就出现了打斗的场景，跟中世纪军队之间投掷战斗一样，一方手持警棒和防暴盾牌，另一方则用砖块、长钉、飞镖、钢球以及家庭自制武器。

公众感到十分震惊。尽管人们对面临丧失生计的矿工们广泛表示同情，但由于斯卡吉尔采用的不当方法，罢工几乎得不到公众的支持。在争端中，斯卡吉尔公然蔑视民主，无视自己联盟的规则，公开挑战民选政府，他趾高气扬、夸夸其谈，简直就像一个拙劣的煽动分子。他将一切暴力归罪于警方，却拒绝谴责纠察队的暴力行为，拒绝承认任何关闭矿井的可能，这样，他不但使自己疏远于广大公众，而且疏远于本应成为自己盟友的工党和其他工会。尼尔·金诺克担任工党领袖还不到一年，就被无情地置于艰难境地：从感情上他倾向支持矿工，但他同时意识到这样做将是政治自杀，他既不能谴责罢工，也不能支持罢工。他批评未举行投票就举行罢工这种做法，谴责暴力行为，也谴责警察的应对措施，尽自己的最大可能来表示对矿工的支持，但他不赞同斯卡吉尔更为极端的目标。然而，金诺克越是这样不自在地来回摇摆，撒切尔夫人越是轻蔑地将他列为跟鼹鼠一样的民主敌对势力代言人。

同样，其他工会运动组织只能对矿工们表示口头上的支持，但很少给予实际支持。首先，钢铁工会急于保存该行业遗留的工人力量，无视全国矿工工会纠察队制止向钢厂运输煤炭的行动。电气行业工人、电厂工人，甚至铁路工人也对斯卡吉尔“全体工会及工人运动组织动员起来”的好斗要求充耳不闻。尽管斯卡吉尔满怀热情，呼吁工人阶级团结起来，在成千上万他自己领导下的会员仍在工作时，他却要求其他行业的工人去冒丢失工作岗位的风险。斯卡吉尔藐视全国矿工工会的规则，从而抛弃了作为矿工最大资产的公众同情。

因此，所有的牌都掌握在政府手中。不过，长达一年的罢工仍然对撒切尔夫人构成重大挑战。罢工时间越长，越凸显出这个国家出现的分裂，而她似乎就是这种分裂的象征。打败罢工对她的政治生存至关重要，但她不能被看作过多地直接参与这一行动，最重要的是，不能表现为采取报复行为。她毫不隐瞒对煤炭业的憎恨，认为该行业是由工会控制的典型的赔钱行业，她在自传中写道：“煤炭行业代表英国存在的所有问题。”此外，煤炭业环境比较肮脏，她认为未来的能源在于干净而现代的核能。不过，她肯定得说一些煤炭业的好话，指出只要煤炭生产集中在有利可图的矿井，前途将是光明的，从而驳斥了斯卡吉尔反复指控的政府意在消灭煤炭业的说法。

与此同时，她不得不故作姿态，将此次罢工视为普通的劳资纠纷，将与全国矿工工会谈判交给国家煤炭局。在下院，金诺克不断指责她放弃安排双方进行谈判的政府责任。但她却坚称，政府干涉就等于投降。

政府唯一的作用，就是捍卫希望上班的矿工以及其他人员的自由。警察的职责就是保护工作的自由，而政府的职责就是支持警察。最严重的对抗事件发生在谢菲尔德附近的奥格林福焦煤仓库，在离斯卡吉尔总部不远的公路旁边。5月29日，工会方面集中了5000名纠察队员，试图阻止煤炭运输。他们被数量更多而且全副武装的警察打退，天天打斗的情况一直持续了三周，双方都有令人震惊的暴力行为。仅在第一天就有104名警员和28名纠察队员受伤，最后包括斯卡吉尔本人在内的数百人被捕。事件发展到了这一程度已经不再是有关煤炭业未来的问题，而成了维持法律与秩序的问题，撒切尔夫人不能继续保持中立。“我们不得不做的，”她在5月30日说，“就是努力用法治替代暴民统治，暴民统治不能得逞……法治必须战胜暴民统治。”三周后，法律与秩序得到了恢复。奥格林福之战成了斯卡吉尔暴风部队决定性的失败。

警察行动也是集中调配的。罢工一开始，内政部长里昂·布里坦就在新的警察厅建立了一个全国报告中心，协调英格兰及威尔士 43 支独立的警察力量之间的情报，确保为各地警察局长在必要地点提供足够的人力与设备。内政部从 1981 年的骚乱中汲取了大量教训，其结果就是警方对付大规模暴力的装备及训练大为提高。协调地方武装被指称为是朝着建立政府领导下的国家警察部队，最终成为警察国家的险恶一步。然而，在撒切尔夫人的坚强支持下，布里坦坚持认为，警察一直具有防止任何地方发生破坏社会安定行为的权力，而且这样做是完全正确的。高等法院也及时表示认可。毫无疑问，在围堵罢工需要的警力配置水平方面存在令人不安的影响，但对付罢工还好只用了警察。大部分公众承认需要集中警力防止集中在一起的恐吓。如果不喜欢这样做，他们指责更多的是斯卡吉尔，而不是政府。

因此，斯卡吉尔的流氓战术正中政府的下怀。任何一位首相都会谴责这一战术，撒切尔夫人更是丝毫不加限制地谴责斯卡吉尔对自由、民主以及法治的刻意进攻。然而，有一两次她做得有点过分，竟然公开使用军事上的“胜利”或“投降”的词汇。据报道，在 7 月 19 日保守党议员会议结束时的讲话中，她形容参加罢工的矿工是“内部的敌人”。

与绝大多数类似词汇一样，这种说法并非独创：一年前《每日快报》就在头版标题上用这个说法形容斯卡吉尔和利文斯顿。不过，撒切尔夫人这样说却引起了愤怒的反应。她被迫做出解释，说自己指的是那些好战的少数人，并非广大矿工。但她从来没有收回这种说法。10 月，在对《星期天镜报》的访谈中，她又一次重复并解释了这种说法。“内部敌人”是指那些采用暴力和恐吓手段迫使别人从事用语言劝说无法做到的事情的人。

三周以后，《星期天泰晤士报》披露，全国矿工工会派代表去了的黎波里，成功地从利比亚总统卡扎菲上校那里获得资金，卡扎菲还公开为爱尔兰共和军提供资金。利比亚特工在利比亚驻伦敦大使馆的外交避难所射杀一名女警察，仅几周后就发生的这一事件，成了斯卡吉尔最明显的失误。与撒切尔夫人一样，金诺克和英国劳工联合会议措辞强硬地谴责这一行动。11 月，在卡尔顿俱乐部发表的第三次讲话中，撒切尔夫人将罢工工人及整个左翼死硬派，与利比亚及巴勒斯坦恐怖分子相提并论。

通过一系列的讲话，撒切尔夫人刻意提高了政治砝码。她将对付煤矿罢工形容为全世界意识形态斗争的一部分，将自己的权威与一场政府输不起的斗争的结果捆绑在一起。她多次宣称在这场斗争中没有妥协的余地。与她对公开对外多次否认的情况恰恰相反，她以最为浓厚的兴趣关注这场斗争的几乎所有方面。在整个罢工过程中，她不但主持召开每周一次的大型大臣级委员会 MISC101 会议（该委员会由近一半的内阁成员构成），更重要的是，她几乎每天都要见彼特·沃克和里昂·布里坦，密切关注事态的最新进展，她还不得不时时抑制给警察局长打电话的冲动，她实在想告诉他们她对警力布置各个细节方面的看法。

9 月，高等法院裁定，全国矿工工会在没有举行投票的情况下号召罢工，违法了工会自身制定的宪章。斯卡吉尔被罚款 1000 英镑（一名匿名捐助者缴纳了罚款），矿工工会被罚款 20 万英镑。矿工工会拒绝缴纳罚款，其资产被勒令扣押。原来，他们已经将资金转移到国外，法院无法追索。但是，这项判决却进一步阻断了其他工会冒资金风险的打算。

在这场争议中，最严峻、最清晰的信号是全国煤矿工头和副手及爆破工工会（NACODS）即将参加罢工，这是一个代表负责矿井维护及安全人员的工会组织。如果这个工会参加罢工，所有的煤矿将立即遭到关闭，造成不可弥补的损失。到夏季之前，一直都有足够人数的安全监理人员上班，确保矿井处于良好的状态，地方经理们对那些不来上班的人视而不见。然而，8 月份国家煤矿局突然宣布，将对那些拒绝穿越全国矿工工会设置的纠察线的安全监理人员停发工资。NACODS 立即举行投票，82% 的会员赞成从 10 月底开始罢工，罢工主要针对的是他们自己的不满，同时对矿工反对关闭矿井的行动给予支持。撒切尔夫人对麦克格雷格的蠢笨做法感到愤怒。麦克格雷格被明确告知，必须用金钱买通这些监理代表。在咨询调解与仲裁局（ACAS）的仲裁下，经过紧张的谈判，监理代表被买通了。

最终，矿工们开始返回工作岗位。到 10 月底，除了最好战的分子以外，所有罢工工人都认识到，他们不会得到其他工会的大力支持，同时，英国中央发电局明显存足了过冬用的煤炭，罢工事业已经毫无希望。国家煤炭局用延期奖金贿赂罢工者，这种安排在报纸广告上被大肆吹捧为“对所有工人群体提出的最好方案”。在 11 月中旬，大约有 11000 罢工者接受了这种安排。年底以前，18 万矿工中已有 7 万人开始上班（当然，斯卡吉尔对这个数字持有不同意见），麦克格雷格宣布，上班人数一旦达到 51%，就可以宣布罢工结束。然而，罢工又拖了两个月，部分原因是英国劳工联合会提出一项新倡议，引起了达成一种不失面子妥协解决方案的希望。撒切尔夫人再次感到震惊。她要的是不折不扣的胜利，担心麦克格雷格会软化立场。这次她进行了干涉，坚持国家煤炭局应该要求得到一种保证，一种书面保证，确保国家煤炭局有权单方面决定关闭矿井，1985 年 1 月 25 日她在电视上也提出同样的要求，从而使她的介入暴露无遗。

3 月 3 日，从罢工开始几乎整整一年之后，她最终取得了她所期望的胜利。这时，返回工作岗位的工人每周已经达到9000人，尽管没有取得任何成果，煤矿工会仍然举行了代表会议，投票决定命令矿工从下周一开始有序返回工作岗位，维护了工会剩下的仅有权威。罢工的最终结果是，没有有关矿井关闭的协议；加班禁令取消后才能提高工资；没有对已经定罪的纠察队员实施大赦的承诺。斯卡吉尔仍希望继续斗争，同时又宣布罢工大获全胜。然而，他的绝大多数会员以及整个国家都看到，在这次两种顽强意志的较量中，结果证明撒切尔夫人意志更强。

然而，这是一个并不受人们欢迎的胜利。撒切尔夫人表现出“彻底的放松”，但并没有洋洋得意的样子。大部分公众承认，全国矿工工会的立场是站不住脚的。但是，没有公开的庆祝活动。打败了罢工的矿工，撒切尔夫人在政治上也没有得分。相反，人们觉得她像斯卡吉尔一样，也是个缺乏灵活性、不合人群的阶级斗士。在民调中，政府并没有得到大臣们所期望的支持率上升，却很快发现落在了工党与社民党与自由党联盟的后头，跌到了第三的位置。

这场争执的经济代价非常高昂。在1985年的预算里，奈杰尔·劳森估计，罢工对政府在公共开支方面的直接影响为27.2亿英镑。不过，最大的代价由煤炭业自身承担。在未来的10年里，煤矿关闭速度进一步加快，到1994年只有19家矿井继续运行，矿工人数只有2.5万。因此，1984年里麦克格雷格与政府反复承诺的光明未来从来就没有出现过，主要原因是电力行业的私有化结束了受价格过高保护的煤炭市场。实际情况是，撒切尔政府一直在以尽可能慷慨的方式管理着不可避免的煤炭行业衰退，并不比前任工党政府苛刻。

尽管如此，这次罢工却留下持久的愤怒、痛苦与社会分裂遗产。在一个失业率依然在交替上升的年代，这次罢工凸显出被遗忘地区人们所受的苦难。在伦敦和英格兰南部一片经济繁重之中，被遗忘地区的人民却感到被扔进了垃圾堆。在政治上受到她所称的“斯卡吉尔先生的暴动”的挑战，撒切尔夫人似乎并不在乎，而将精力集中于打败“内部的敌人”，不过，这些敌人反过来却成为其他所有遭到剥夺、被异化、讨厌撒切尔夫人政府的人们所敬慕的对象。从长期来看，打败全国矿工工会标志着她不但对矿工，而且对所有工会以及整个左翼的决定性胜利。归根到底，这是一场必要的胜利；但这场胜利却存在缺陷，受到激烈争议。它在凸显撒切尔夫人负面方面与凸显其正面方面一样，生动有力。

利文斯通与地方政府

在当地政府方面，斯卡吉尔对应的同行是肯·利文斯通，大伦敦市议会现年36

岁、富有挑衅性的左翼领导人。利文斯通代表着全国范围内一大批决心蔑视保守党政府统治的地方议会领导人。但是，在某些方面，政府与利文斯通日持久的摊牌成为政府与斯卡吉尔对抗活动的一面镜子。“红色的肯”最终也被打败了。不过，斯卡吉尔公然蔑视民主，浪费了公众对矿工事业的同情，而利文斯通则利用娴熟的公共关系，成功地将撒切尔夫人塑造成一位决心废除市议会制度的民主的敌人。大伦敦市议会和伦敦以外另外6个大都市的市议会最终于1986年结束，排除了反对政府集中霸权的又一个据点。然而，废除整个伦敦范围地方政府却是一项十分混乱的行动，让人心里总觉得不是什么好的滋味，并且给未来15年留下令人不安的民主空白，一直没有得到填补。当托尼·布莱尔最终恢复伦敦政府时，选民两次选举利文斯通担任市长，立刻显示出人们的想法。在自传中，撒切尔夫人几乎只字未提废除大伦敦市议会一事，这一事实本身说明，回头看来，她本人并不为这件事情而感到自豪。

不过，取消都市议会只是在更大范围攻击地方政府这项策略的一部分，撒切尔夫人三届政府始终贯穿着这项策略，始于第一任迈克尔·赫塞尔廷努力控制地方开支，终于第三任在人头税上的惨败。第二任政府开始时，新的环境大臣引入立法，规定了地方政府可以从税率中提取资金的法定上限。尽管这一举措针对的是据说挥霍无度的工党地方议会，但严重侵犯了迄今为止奉若神明的保守党原则——地方政府自治，因而受到上、下两院资深保守党人士的强烈反对。不管其中各项条款出于什么样的原因，撒切尔夫人在追求这些政策中所表示出的坚定立场，对地方政府构成超出一般程度的敌意。

玛格丽特·撒切尔在地方政府里长大。她一直宣称，“她的一切”都归功于父亲，而父亲艾尔弗莱德·罗伯茨终生从事地方政治。然而，无论她父亲的年代是什么样的情况，到了70年代，她认为地方政府已经丧失了效率，挥霍浪费，失去代表性。她认为，由于历届政府将越来越多的职能与责任置于地方政府，使地方政府变得过于庞大。地方政府提供过去从未梦想过的服务，同时敲诈地方纳税人为这些服务掏钱，而且一般情况下这些服务的受惠者并不是那些纳税人。作为首相，她觉得地方政府越来越成为阻碍私有化、放松管制以及消费者选择等撒切尔主义政策实施的绊脚石。因此，她的政府在整个服务范围内所推出的政策，就是要从地方政府手里夺走职责，转交其他机构、私人企业或中央政府。

通过这一方式，经过各种特设委员会10年的政策积累，撒切尔夫人最终削弱了地方政府的活力以及本身存在的目的。政府宣称这样做是为了把权力交还给个人和消费者，打破由自私自利地方政客以及各政治化市议会官员构成的市议会帝国的权力，尤其是在住房和教育方面。毫无疑问，滥用权力现象是存在的，尤其是在伦敦。这样的真实情况还有，在受到剥削的城市中心地区，工党控制下的市议会培育了一种反商业思潮与依赖福利的文化，这种东西反过来让贫穷持续化。然而，尽管如此，撒切尔夫人政策的实际效果却是以滥用权力作为借口，进一步削弱地方政府，将权力越来越多地集中在白厅。这种做法与保守党支持地方反对集权的历史传统是相矛盾的。20 世纪，随着社会主义的兴起，担心国家权力过大已成为一条越来越强大的保守党信念。在 60 年代和 70 年代，保守党控制下的市议会视自己为反对白厅渗透干涉的自由堡垒。然而，80 年代的保守党政府却发现自己受到城市里一些著名的社会主义地方政府的反对，因而扭转了这一传统。在撒切尔夫人自由主义的言论背后，她这种将自己观点施加于人的本能却属于威权主义、干涉主义，而且从根本上讲，属于集权主义。

通过削弱地方政府的自治权，撒切尔夫人破坏了包括她本人在内的保守党人一贯主张的许多价值观：地方自豪感、地方责任、权力分散以及活跃的地方政府传统。撒切尔夫人的行事方式好像永远不再会有另一届工党政府一样。然而，看到自己政党领导的政府在破坏珍贵的传统，感到震惊的并不只是那些生活在郡县里的保守党人。作为自由市场经济政策最强烈支持者的激进的保守党人，对更多的权力集中于国家本身更是疑心重重。先撇开原则不说，这是一个与保守党有着直接现实关系的因素，因为地方保守党组织大部分以地方政府为基础。80 年代末期，由于留给地方市议会实际权力很少，愿意出来服务市议会的有能力并热心公共事业的人士越来越少，与此同时，党的基层活动枯萎了。因此，当她的大选的胜利凯歌散去之后，她留给继任者的却是一个非常虚弱，而且老化的权力基础。

间谍、鼹鼠和“女人”

撒切尔夫人认为，在斯卡吉尔和利文斯通公开挑战的背后，她的政府和国家还面临着由形形色色左翼持不同政见者、颠覆分子及其追随者组成的联盟的不断威胁，所有这些势力在一定程度上都是有意地服务于苏联的利益，因此在自由的事业中必须采取一切必要措施予以坚决反击。她相信自己从事的是一场在国内外与邪恶势力的生死搏斗，因此应该严肃对待被认为威胁国家防御或武装力量的所有东西。在离撒切尔夫人较近的前任者当中，哈罗德·威尔逊热衷于安全的程度几乎与她不相上下，但他担心的主要是安全机构会对他采用什么样的间谍手段。相反，撒切尔夫人毫无疑问地认为，她与安全机构所反对的是同样的世界敌人，她热情欢迎军情五处及军情六处提供的一切帮助。她密切关注并阅读所有的情报报告，在马岛战争之后，她成为参加设在内阁办公室的情报联席委员会会议的第一位首相。

实际上，谁能不说设在格林汉康芒的妇女“和平营地”对国家安全构成了严重威胁。1983 年大选是核单边主义的巨大失败，显然核单边主义是工党丢失大部分选票的原因。然而，核裁军运动人士依然继续游行，并积极组织反对核武器的斗争。在牛津郡的美国基地外，数百名勇敢坚强的妇女一直顽强地守候着，并监视着基地的动向。年底第一批巡航导弹抵达时，她们多次试图冲入基地的围栏，都遭到了驱赶。她们的抗议活动乱七八糟、稀奇古怪，太多的理想主义，非常符合英国特点，但本质上是徒劳的。在下院，撒切尔夫人担心，“这种抗议往往会给苏联一种印象，显示这个国家既没有保卫自己的能力，也没有保护自己的决心，无法使国防开支维持到足够的水平上。”她用一个大写字母 F 表示为自由而奋斗，实际上并不渴望看到自由权利得到行使。事实上，让铁娘子形象更为闪闪发光的莫过于头发一丝不乱，穿着鲜明西装的她本人与那些戴着毛茸茸帽子的女权主义者以及和平营地上神秘的环保人士之间形成的对照。这种对照让她自豪，她相信这个问题上至少英格兰绝对认同她。

不过，在和平营地示威的妇女和其他反核运动的支持者却不断遭到警方和军情五处的监视与骚扰。不但营地本身经常遭到搜查和破坏，而且活动分子的电话也受到窃听，邮件被打开，多位人士的家里也发生了神秘闯入事件。不但反核异见人士受到监视。在矿工罢工期间，军情五处还渗透到全国矿工工会总部，史无前例地从事窃听活动，跟踪纠察队的部署情况。1985 年披露，还要求军情五处审查 BBC 的资深人士。1987 年 1 月，警方实际上搜查了 BBC 设在格拉斯哥的办公处，没收了一套政府不喜欢的节目材料。矿工罢工期间集中部署警力；人们对北爱尔兰皇家骑警队（RUC）与保安部队在北爱尔兰实施格杀勿论政策行径的不断指控；废除政府通信总部工作人员参加工会的权利；还有，准备利用《官员保密法》追究造成令人尴尬文件外露的文官的新规定，所有这一切都给人形成了一种令人不安的威权政府感觉，这个政府使用空前严厉的手段压制它认为危险的异见人士。

政府还多方阻止出版一位名叫彼得·赖特的军情五处退休官员撰写的回忆录，这种威权行为似乎也是没有必要的。毫无疑问，这本名叫《抓间谍者》的书籍严重违反了秘密工作人员必须遵守的保密规定，政府完全有权予以禁止，政府以前对多部影响不大的书籍也采取过类似的措施。但问题是赖特此刻定居澳大利亚，在澳大利亚、爱尔兰和美国出版了这本书，书的内容很快传到了英国，有些部分甚至还在英国报纸上发表。企图制止这本书的出版是典型的马后炮。尽管如此，“无论后果如何”，撒切尔夫人仍然决意追踪《抓间谍者》，其目的就是维护前谍报人员不得随意写作发表自己过去工作经历的原则。然而毫无用处。

伦敦城里的信仰

撒切尔夫人不仅看到影子里的敌人。她认为在与她作对的正是权势集团的支柱。她认为整个专业阶层（上层中产阶级自由知识分子以及1945年以后一直统治白厅的一代杰出的文官队伍）充斥着一种浅粉色的社会主义，其腐蚀性无异于赤裸裸的托洛茨基主义。当然，她认为有一些个人除外，但是，她本能的偏见却认为，整个传统的统治精英主要由内奸与绥靖主义者构成。

这种自由派构成的上层权势集团有几个中心，但其中只有政府行政公务员这一个中心在她的直接控制之下。在执政的10年里，她用恩威并施的手段，按照自己的世界观将整个白厅进行了系统性的改造，并在相当程度上取得了成功。然而，还有其他四个中心在一定程度上保持着独立，并一致地抵制撒切尔传教福音。这四个中心分别是：教会（尤其是英国圣公会）、大学、广播机构（尤其是BBC）以及艺术界。这些相互重叠的精英一起构成过去所谓的政治国民，现在社会学家则将他们归为“舆论制造者”，而小报则称他们为“清谈阶层”。所有这些阶层都觉得受到保守党政府的打压，而这个政府与他们的价值观与设想完全不同。然而，在唐宁街看来，他们是像多头蛇一样的敌人，具有不同的面孔，撒切尔夫人认为她上台正是为了打败这些敌人。

在托尼·布莱尔以前所有当代首相中，没有任何人像撒切尔夫人那样公开宣布自己是虔诚的基督徒。亚力克·霍姆、哈罗德·威尔逊和特德·希思都以自己不同的方式承认自己信教，然而撒切尔夫人宣传自己政治的宗教基础超过他们当中的任何一位。只要在首相别墅，她几乎每个星期天都要去附近的教区教堂，她从不回避地断言，她所信仰的宗教应该占据国民生活中基督教的中心位置。人们不可能了解她个人信仰的确切性质，但是她从小就醉心于基督教的语言和实践中，坚信基督教是一种向善的力量。

然而，她指责所有教堂的教会在放纵的社会风气面前，放弃道德上的领导责任，应该为社会道德价值的整体丧失负责。尽管英国圣公会曾以“祈祷着的保守党”著称，她父亲信奉的卫理公会派教认同自力更生、个人责任和勤俭节约的美德，但她认为，教会如果真正不属于左派的话，则在政治上已经变为“湿才”，受到一种沉闷而乏味的集体主义的感染。这种集体主义指望国家而不是个人来根除所有的社会弊病。最能代表这种令人绝望的教士行为的莫过于坎特伯雷大主教罗伯特·兰斯。罗伯特·兰斯是她担任首相不久任命的，替代思想更为自由开放的休·

蒙蒂菲奥里，在撒切尔夫人担任首相的几乎整个时段，他一直担任坎特伯雷大主教。从一开始起，兰斯就毫无退缩地批评撒切尔政府经济政策引起的严重社会后果，特别让她感到愤怒的是，在马岛战争后感恩节的祈祷中，他竟然不加区别地为交战双方的死者祈祷。

除非受到挑衅，她一般十分谨慎，不会把宗教带入政治演讲中。她知道许多虔诚的基督徒并不是保守党人，明白如果她建议他们应该成为保守党人，必然引起哗然的反应。然而，与此同时，她十分热心地表明，好的基督徒可以是，在她看来应该是保守党人；只要有恰当的场合和机会，她绝不害怕宣扬自己独特的政治神学。1981 年 3 月，在重访担任反对党领袖前曾经传过教的圣劳伦斯犹太教堂时，撒切尔夫人阐述了她所喜欢的有关才能的格言："如果我们要扮演造物主提供资源及人才的管理者角色，"她告诉由银行家和股票经纪人组成的午餐听众，"那么，创造财富必须看作一种基督教义务。"1988 年，她大讲不受约束的个人主义的福音，激怒了苏格兰教会大会。

尽管根据 1976 年引入的新体制，首相在任命主教方面的主动权被大大削弱，一般只给她两个名字选择。然而，撒切尔夫人在履行经过缩减的责任方面却非常认真，她一定要在提名中挑选一位更为保守的人士。"他们只给我两个选项，"有一次她抱怨说，"两人都来自左派。"另有一次伍德罗・怀亚特问她为什么任命某某人，她说，"你们应该看看另一位。"事实上，她可以要更多的名字，至少有一次也是这么做的。在首相职务快结束时，她有了更换坎特布雷教堂的兰斯的机会。由于没有明显的领先者，她做了大胆的选择，选择了一个完全的外来者，没有选择来自社会上流的任何候选人。此人就是属于福音派教会的乔治・卡雷，是一位道德及神学上的保守人士，但支持妇女圣职授任，他自己非社会上层，接受过公立学校教育。

撒切尔夫人发现，首席拉比（Chief Rabbi）马内利・雅克布维茨（Immanuel Jakobovits）能够更有效地捍卫她的宗教观，他在传播《旧约全书》清晰的价值观上富有活力，使她想起自己的父亲。她常说自己特别欣赏所在教区犹太人管理他们自己社区的方式，他们不依靠国家。

撒切尔夫人内阁中（以及她的私人顾问当中）有犹太血统的大臣人数引起人们的注意，甚至显示出一种偏袒，这些大臣包括基斯・约瑟夫、奈杰尔・劳森、里昂・布里坦、大卫・扬和马尔科姆・里夫金德。不过，这种情况在很大程度上属于巧合。她肯定喜欢聪明而没有阶级的局外人，这些人当中的许多就是这样；但这种描述同时掩盖了为数众多的非犹太人。没有迹象表明，她对犹太人表示出不恰当的偏袒。她根本不是无条件地支持以色列国。然而，她觉得将雅克布维茨捧为典范在政治上是有用的，可以通过他含蓄地批评兰斯。1981 年她封雅克布维茨为爵士

(真有点不协调)，还想派他去上院平衡圣公会主教的势力，但是由于莫名的对于礼节的遵从而未能实现，直到1988年她毅然做出了决定，结果得到一片掌声。

“学术毒药”

首相可能对主教们发一些牢骚，但不能对他们采取大的动作。也许可以说，主教们没有多大的关系。大学的情况则不同。如果这个国家的高等教育机构对政府实现愿景构成障碍，那么政府的权力就是让他们屈服。这正是她准备做的事情。

撒切尔夫人与学术界的关系很矛盾。尽管她本人并不属于知识分子，她却让知识分子为她提供咨询建议，其系统性与效果超过以前的任何一位首相。她故意使用家庭妇女经济学的朴实语言，领导着那个世纪最富意识形态色彩的政府。撒切尔主义大行其道：她赢得了意识形态的争论，并果断地将政治议程转向自己主张的方向，持续时间长达30年。1975年她和基思·约瑟夫首次提出的观点曾受到人们的嘲笑，25年后，这些东西成了工党政府习以为常的观点。然而，知识分子们从来没有原谅过她。当然，她也有自己的学术支持者。然而，撒切尔主义学术人士一直处于少数地位，尽管在那个10年结束时依然能够经常看到这一少数群体的身影并听到他们的声音。绝大多数大学教师愤恨她，她也同样蔑视他们。

70年代早期撒切尔夫人曾任教育大臣，在学生激进主义处于高潮期间走访了各个大学，遭到左翼示威者的大声反对，他们盲目地谴责所有保守党大臣是“法西斯分子”。这段经历坚定了她对教育质量所持的悲观看法，使她更加鄙视那些赶时髦的教授以及容许这种现象在大学继续存在的软弱的副校长们。她回忆她上学时刻苦用工、节俭生活的情景，将当代学生和大部分教师视为无所事事的寄生虫，他们靠纳税人养活，又恩将仇报。然而，她更多地责备教师。1988年她对布莱恩·瓦尔登说：“有些学者和知识分子……正在生产被我称之为毒药的东西。有些年轻人，上了大学就兴奋坏了，而将自己一切体面的价值全砸碎了。”

她憎恨大学一方面宣称实行知识分子自治，另一方面又期望国家提供资金，她抱怨大学的反资本主义文化。只有两家大学不在她的谴责之列。一个是开放大学(又译公开大学)，1970年成立时险遭扼杀，是她挽救的。这家大学培养学生的费用比普通住校大学低得多，政府花的资金得到很好的价值；至少这家大学的学生都是非常自觉的成年人，他们不会把宝贵的时间浪费在饮酒、性生活以及校园政治上。比这家大学更好的是1974年成立的白金汉大学学院，它是一家完全按美国模式建立的私人大学，不从政府获取任何资金。

令人不解的是，一些最大力度的削减项目却落在了科研项目上。部分原因是越来越多地强调有经济效益的开发项目，从纯科学研究上分流了资金。结果，在1981年至1986年5年期间，研究与开发资金占GDP的比例从0.72%（与其他欧洲国家相比已经很低）下降到0.62%。这时，撒切尔夫人认识到，要想自个儿当科学大臣的话，就必须让别人看到自己在做一些事情。因此，她建立了一个内阁委员会，由自己亲任主席，试图让资源重新流入纯科学研究领域。然而，破坏已经形成。对整个大学的打压，特别是科研经费的削减，已经迫使英国许多一流科学家移居美国。

正是出于这一理由，牛津大学才格外冷落撒切尔夫人，拒绝授予这位首相荣誉学位。1983年，牛津再次回避此事，等到1985年第三次有人提出建议时，反对声音已经十分强大。支持的人士认为，无论喜欢还是憎恶，如果拒绝按照惯例给一位首相授予荣誉学位，那么在全世界的眼里，牛津大学就显得十分小气，而且这位首相不但是第一位女首相，而且是在任时间最长的首相。然而，以科学家为中坚力量的反对者则认为，给这样一位政府首脑授予荣誉学位实在是莫名其妙，因为她对“英国整个公共教育体系，从向学童提供福利到最先进的科研项目，都造成了深刻而系统的破坏”。指导教授们投票，以2∶1（738∶319）的多数决定不给撒切尔夫人颁发学位。这种做法不可避免地消除了她对母校的任何留恋。“我上了牛津，”她在1989年党的大会上半开玩笑地说，“但我没有让牛津拖着我的后腿。”

BBC中的“托洛斯基分子”

所有的英国首相都会对BBC表示反感。随着问题的大增加和支持率的下滑，他们一成不变地指责媒体站在反对他们的立场上，不公平地批评政府，却对反对党网开一面。玛格丽特·撒切尔毫不例外。政府的本能就是憎恨批评，特别是来自国营广播机构的批评。然而，早在她当选首相之前，撒切尔夫人从原则上就不喜欢BBC，原因是BBC是家国营机构，由公共资金支持。她认为BBC是一个国有化集团，接受政府补贴，反对商业又自以为是。与大学一样，她认为BBC花纳税人的金钱，却用乱七八糟的自由主义与道德放纵毒化着国民舆论。

她一直特别关注有关恐怖主义的报道。作为首相，她对BBC的首次公开批评是因1979年11月BBC播放富有争议的节目《全景》而引起的。节目中播放了蒙面的北爱尔兰共和军分子在北爱尔兰强行设置路障的实况，有人指控节目制作人为了拍摄节目而故意制造事端。更让她震怒的是马岛战争中的新闻报道，尤其是 BBC 的报道。她认为在这次危机中，BBC 不但是反政府、反保守党的，而且像往常一样，是反英国的。BBC 节目以十分翔实的细节分析岛上其他可能的登陆地点就是例证，尤其是 BBC 坚持谨慎而客观地称“英国军队”，而不是撒切尔夫人期望的“我们的军队”，更让她大为光火。

事实上是她真的不懂得新闻自由的思想。1981 年 1 月，在首相别墅与她喜欢的学者举行的研讨会上，她对颠覆分子对媒体的渗透表示担心。历史学教授迈克尔·霍华德劝她说，反对她的人是合情合理地持反对意见的怀疑派人士，他们沿袭的是英国神圣的持不同政见传统，但她并没有被说服。她认为广播机构不但战时应该成为国家战事的一部分，而且在恐怖主义及冷战的背景下，BBC 有义务站在“我们的”立场上。然而，她相信 BBC“暗地里支持”在单边核裁军主义，在对爱尔兰共和军报道上立场“摇摆不定”。

撒切尔夫人采取了两条措施整肃 BBC：首先，施行政府任命 BBC 主席及董事的权力，再由主席和这些董事任命行政总裁；第二条就是一直让 BBC 处于资金紧张状态。在 5 年的时间里，她任命了 3 位主席和 9 位新的董事，这些人让 BBC 董事局“的组成更为敌对与固执”。她公开说自己不喜欢特许费（“有电视机的人必须缴纳的费用”，不论他们看不看 BBC 的节目）但在 1985 年 3 月，被迫同意特许费继续执行 5 年，先固定两年，之后随通货膨胀上调。同时她在下院明确，将来“不排除改变的可能性”，尤其不排除利用广告融资。同月，里昂·布里班设立一个部门级的委员会，前往提出通过广告为 BBC 提供资金的建议。最后，“孔雀委员会”经过研究，赞成维持现状。主要原因是，研究表明，广告收入不足以维持运营。撒切尔夫人感到“非常失望”只好让步，但她仍希望 5 年后重新研究这一问题。

舰队街的朋友

撒切尔夫人与 BBC 之间持续尖锐的斗争，与她从大部分印刷媒体方面得到的通常比较可靠的支持形成鲜明的对照，也可以说是一种平衡。当然也有例外。在大报之中，《卫报》是进步团体的家庭报刊，读者全部是投票支持工党与社民党与自由党联盟的教师、社会工作者以及地方政府官员，他们最恨的就是撒切尔夫人。在她看来，《卫报》就相当于 BBC，但没有 BBC 至少表面上必须显示公正的义务。在小报当中，《每日镜报》一直是坚定的工党支持者，与其致命的对手《太阳报》刚好相反。然而，舰队街[1]的大部分报纸，从相对高端的《泰晤士报》和《电讯报》，到关键的中端报纸《邮报》及《快报》（所有报纸都有所属的星期天报纸），再到成长神速的撒切尔主义报纸《太阳报》，甚至更为平民化的《每日之星》，这些报纸尽管不会始终不持批评观点，却坚定地处于保守党阵营。按照总的发行量计算，在 1987 年大选中，支持政府的媒体大约占 3∶1 的优势。

撒切尔夫人自然对这种局面感到非常满意。她并不担心《卫报》的敌视立场，反倒欢迎这种立场，以证明自己所做的事情是正确的。她期待她的敌人反对她，就像希望自己的盟友支持她一样。但是，她习惯地认为，不支持她的人就是反对她的人。必然的结果就是，她十分注意让支持者始终保持忠诚的态度。

与许多首相不同，她本人实际上并没有大量阅读报纸。每天早晨她先从伯纳德·英厄姆处收到一份每日报纸摘要，摘要给出当天报刊的气氛，并告诉她（英厄姆自己认为她）应该阅读的东西。她十分了解报刊（尤其是《太阳报》和《每日邮报》）在维持她个性及政策继续得到大量支持方面的重要性。她喜欢注意那些有用的或支持她的文章。但是，她常常不愿接受所喜爱的编辑的采访。如果她真的要面见编辑，那一定不是希望了解他们在想什么，而是要告诉他们她在想什么。

另一方面，她不加掩饰地给支持她的编辑授予骑士头衔，给他们的业主授予贵族头衔。值得注意的例外就是鲁伯特·默多克。他已经成为美国公民，所以没有得到贵族头衔，或许他也不会接受这种头衔。然而，撒切尔夫人在其他方面却尽其所能，对他给予支持并大加赞赏。1979 年 11 月国际新闻集团收购《太阳报》10 周年之际，她写来热情洋溢的贺词，明确表示这家报纸是她的忠实盟友甚至伙伴。作为报答，她尽一切可能，推进默多克不断扩大着的媒体利益。

首先，1981 年汤姆逊爵士放弃《泰晤士报》和《星期天泰晤士报》时，撒切尔夫人帮助默多克抢购到这两家报纸。看到属于原来的"社会顶尖人士的"报纸被一位澳大利亚商人收购，舰队街的其他方面感到十分沮丧，社会上层也感到十分震惊。这位商人已经拥有《太阳报》《纽约邮报》以及大批澳大利亚和美国的其他财产。尽管默多克保证编辑独立，并建立了周密的预防措施确保自己遵守这些保证，实际上这些保证很快就成为毫无价值的东西。

其次，1985 年默多克将整个业务迁移到沃平时，与印刷工会发生了争斗。在这场争斗中，政府对默多克提供了大量的帮助。与矿工罢工一样，这是另一场具有象

---

① 当然，到 20 世纪 80 年代，"舰队街"已经不在舰队街，其主要原因是鲁伯特·默多克将"国际新闻"搬到沃平，后来实际上其余全国性报刊都搬到沃平。不过，这个名字依然有用，在那个 10 年之初这样说仍然没有错。

征性的斗争，一方是为了保卫工作岗位的旧式工会组织，另一方是为了维护管理权的管理层。在印刷行业，工会要保护的是荒诞不经的人员过剩以及对一个特别脆弱的行业的系统性勒索。跟在煤田上一样，愤怒的纠察队员企图阻止默多克新雇佣员工上班，将“沃平城堡”周围的街道变成一场夜间战场。政府完全有权按法律与秩序问题处理这一事件，而这是一场必须获胜的斗争；然而，与此同时，它也是一场严重的政治对抗，是对撒切尔主义在现实世界上的又一次至关重要的考验。据1983年到1994年任《星期天泰晤士报》编辑的安德鲁·尼尔讲，争执发生之前，默多克得到撒切尔夫人的个人保证，保证“派出足够的警力使得我们能够继续从事自己的合法业务，她向他做了保证……而且她说话算数。”跟与全国矿工工会做斗争一样，她要的是胜利，而不是妥协。

撒切尔夫人对默多克过分热情的支持之所以令人好奇，在于人们想知道她是如何处理这种帮助与自己对色情的憎恶两者之间的关系。假如她翻阅了《太阳报》各个版面，她一定会感到震惊，但英厄姆提供的每日报摘却让她省去了这种尴尬，当然她也知道第三版无上装女郎的事情，但是为了换取鼎力支持，她对这家报纸每天发表的低俗内容视而不见，并认为这是自由的代价。1990年，她又一次显示了令人无法容忍的偏爱，在没有与反垄断委员会磋商的条件下，竟然允许默多克买断竞争，劫持尚在襁褓中的卫星电视。她急于把默多克控制的报纸拉在她一边，愿意改了规矩来争取他们的持续支持，表现出撒切尔主义最肮脏的面目。在首相挑选的圈子里，默克多享有着特殊的地位，他不是臣子，而是强大的独立盟友与家庭朋友。无论何时，默克多都可以根据自己的需要接近撒切尔夫人。

市场里的艺术

撒切尔夫人对艺术有着一种受过教育的人所具有的适当尊重，但她对艺术本身却没有多少鉴赏力。像基督教一样，过去时代的伟大著作、绘画和音乐给她提供了可以颂扬的文化遗产，可以夺过来作为现今的证明。在勤奋的童年时代，她对英国主要的文学经典作品有了一些肤浅的了解，她仍然能够背诵学校学来的大段诗歌。作为女孩，她弹过钢琴，上大学时参加过牛津巴赫合唱团，所以她的音乐知识超过了一般人。在她相对狭窄的爱好方面，她绝不显得庸俗。作为首相，她偶尔也去歌剧院。她收藏瓷器，并且在专家的指导下收藏中国画卷。虽说她没有大量的时间品读小说（除了偶尔阅读弗雷迪·福塞斯或约翰·勒·卡雷侦探小说或作为研究苏联问题的家庭作业阅读索尔仁尼琴以外），但可以说她阅读了数量惊人的严肃的非小说类书籍（哲学、神学、科学与历史），这些书籍与政府的业务并没有直接的关系。

然而，她的艺术鉴赏力是典型的简单与彻底的功能主义。她对复杂或模棱两可的事物没有耐心，也没有想象的时间。她认为艺术应该是美好而积极的，应该对人类具有改良作用，而不是给人添乱子或破坏性的。她喜欢那些可以告诉她所需要了解的知识的书籍。她具有良好的记忆力，喜欢引用很久以前阅读过的东西。然而，她没有谈论艺术的能力。她喜欢的画都是民族英雄的画像，如纳尔逊、惠灵顿和丘吉尔，还有伟大英国科学家的画像，如牛顿和法拉第。她在唐宁街 10 号的墙壁上挂满了这样的画像，她总喜欢带参观者浏览这些画像，并指出每个人的政治道德。她的艺术思想从本质上讲就是说教。

撒切尔夫人反对把艺术当成另一个国有化行业的观点。这种观点认为，艺术就是受惯养的孩子们的游戏场所，这些孩子富有才华，但自我放纵，期望创造出一种精英式的满足而由纳税人养活，而纳税人必须为自己的快乐而掏腰包。结果，撒切尔政府在艺术上的政策就是抑制公共开支，要求花费的资金应该物有所值，要求艺术机构越来越自立，换句话说，就是要越来越商业化。她理想艺术赞助方式就是像美国那样，公司及美术画廊不指望国家提供资金而靠私人企业募捐。事实上，公共财政补贴艺术的水平，1973 年已经下降到十分可怜的地步，在撒切尔政府期间绝对数字并没有减少。艺术委员会的预算实际上从 1979 年到 1980 年度的 6300 万英镑增加到 1990 年到 1991 年度的 1. 76 亿英镑，从字面上超过通货膨胀的水平。但实际上的感受却并非如此，这方面的成本上升远远超过一般的通货膨胀，大部分机构感到收入大幅减少。毫无疑问，这种做法让艺术机构更为精简，效率更高，也更急于“追求上座率，不管是什么样的观众”。然而，由于需要吸引观众，艺术标准越来越服从于商业要求，结果就是有保证的大型展览、需要很少角色的平庸剧、票房价值极高的电视明星以及最受欢迎的歌剧精华的频繁复兴。

第十九章
爱尔兰问题

爱尔兰共和军：真正的敌人

撒切尔夫人面临的一个真正内部敌人是爱尔兰共和党恐怖主义。1979 年撒切尔夫人上台时，北爱尔兰的“麻烦”已有 10 年的历史。哈罗德·威尔逊最初向北爱尔兰派军的目的，是保护争取民权的天主教少数民众免受新教徒的反抗。然而派兵之后，英国在北爱尔兰却陷入一场血腥的安全行动之中，政府力图维持社区之间的和平，却被爱尔兰共和军临时派视为占领军，受到越来越严重的袭击。此后，为了解决争端，历届负责爱尔兰事务的国务大臣都曾努力制订新的行动计划，而“爱尔兰共和军临时派”却不断强化了针对军队和联合主义者的残忍的游击战。

在接下来的 10 年里，恐怖事件不断发生，几次险些伤及撒切尔夫人本人。在她当选为首相那次竞选活动之初，在威斯敏斯特宫附近，她的精神导师艾雷·尼夫在自己的汽车上被炸身亡，事件显然是由爱尔兰共和军的分支机构 INLA（爱尔兰国家解放军）策划的。在她执政即将结束之际，她的另外一位亲密朋友伊安·高，也是一位坚定的联合主义者，在苏塞克斯的家中被暗杀。这两次恐怖事件中间，发生了爱尔兰共和军发动的最为狂妄的恐怖事件——1984 年 10 月布莱顿大饭店大爆炸，首相本人险些被炸身亡，炸死、严重炸伤她的几位大臣级同事或他们的夫人。从纯个人方面讲，玛格丽特·撒切尔有理由比任何人都憎恨爱尔兰共和军。

撒切尔夫人本能的政治立场绝对属于联合主义。北爱尔兰属于英国，绝大多数居民承认效忠英国王室和英国国旗，因此他们与马尔维纳斯和直布罗陀一样，毫无疑问地有权得到支持。此外，她一直反对任何通过暴力推动的事业，无论是在世界什么地方，更不用说是在自己的国家。因此，她认为北爱尔兰局势主要是一个安全问题。

她经常重申的承诺是，北爱尔兰是英国的，只要多数人希望留在英国之内，就应该属于英国。在每年秋天对保守党大会致辞中，她都要对北爱尔兰人民所表现的勇气及忍耐精神表示衷心的谢意。然而，实际上她对这个省或者这个省的人民并没有表现出深切的关注。在北爱尔兰问题上与她共事的大臣及官员都认为，她认为北爱尔兰是另外一个地方，那里存在的习惯与不满她依然未能了解。

多年来，对联合主义政客，她越看越不喜欢。她越来越认为北爱尔兰是英国资源的一种流失，分流着她捉襟见肘的国防预算。真正撼动她的是英国年轻士兵死亡人数居高不下，是在这个省份丧生的“我们的小伙子们”。在未来 10 年里，这个数字从 1979 年的 49 名下降到平均每年 9 名。但是，每年都至少有两名士兵丧生。她特意给每个牺牲士兵的家庭写亲笔信。她还多次秘密地视察军队，表达对他们的支持。她强烈地支持“北爱尔兰化”的政策，按照这种政策，军队尽可能退到预备的角色，而由皇家北爱尔兰警察部队在街道上执勤。事实上，与任何民族主义者一样，她热切希望尽可能地从北爱尔兰撤出军队。1980 年，在纪念艾雷·尼夫（Airey Neave）演讲中她承认，不能否认的事实是，“任何民主国家都不能违背在其领土一部分上的大多数民众的意志，放弃自己应负的责任。”与格莱斯顿以来其他所有首相一样，撒切尔夫人发现自己遇上了无法解决的问题。不过，这个问题留在她手上的时间越长，她最终越是要努力解决。

她任命的首位国务大臣汉弗莱·阿特金斯是位天生的调解人，他试图让两个社区联合起来。他立即开始了有关会谈的商讨，但因缺乏政治动力支持，努力很快归于失败。

与此同时，共和党人却以大幅增加的暴力行动来迎接新的政府。1979 年 8 月，爱尔兰共和军在爱尔兰唐县（County Down）的沃伦坡英特（Warrenpoint）杀害了 18 名士兵，并炸死了当时正在爱尔兰度假的查尔斯王子的亲叔叔及教父蒙巴顿公爵和他的两名家人。撒切尔夫人以典型的无所畏惧予以应对，她立刻飞往南阿尔玛边界克罗斯马格伦，探望那里的驻军，她还不理会官员的建议，坚持穿着作战服，戴着北爱尔兰防护团的贝雷帽照相。撒切尔夫人这种高调的支持姿态在北爱尔兰造成强烈的反响。圣诞节前夕，她又一次去了北爱尔兰，在圣诞节树下接受伞兵团战士的亲吻。之后，她几乎每年都进行这种鼓舞士气的视察活动。

9 月，爱尔兰总理杰克·林奇到访唐宁街，撒切尔夫人发现与之难有融洽关系。不过，到 1979 年年底，个性张扬的查尔斯·豪伊取代了林奇。豪伊是个风格完全不同的领导人，最初与撒切尔夫人相处得非常好。他是位顽固的民族主义者，但上台后却决心为他以挑衅性语言所称的北爱尔兰的“失败”找到一条解决办法。1980 年 5 月，他来到唐宁街，开展非同寻常的魅力攻势。他宣称都柏林与伦敦之间进入“更加紧密合作”的新时代，这种合作建立在边界双方加强安全合作的基础上，同时爱尔兰方面显然愿意考虑几乎所有可能，争取北爱尔兰放弃将自己命运与爱尔兰统一联系在一起的做法，只是爱尔兰不会加入英联邦。他甚至暗示要结束爱尔兰所珍视的中立，加入北约。撒切尔夫人对此抱有浓厚的兴趣，但仍然态度谨慎。

1980 年 12 月，共和党人首次绝食期间，撒切尔夫人与豪伊在都柏林再次见面。撒切尔夫人还首次率领掌握重权的大臣团队，包括卡林顿勋爵、杰夫里・豪和阿特金斯。豪伊再次施展他的全部魅力，制造出一种轰轰烈烈的势头，他还成功地骗过撒切尔夫人的防卫，达成一份充满乐观气氛的联合公报。这份公报承认英国、北爱尔兰和爱尔兰共和国存在“密不可分的联系”，呼吁共同研究“可能存在的新的体制结构”，给予“这些岛屿之间关系的整体性”以特殊性考虑。尽管豪伊后来否认这些词汇的存在，但人们的诠释却是两位领导人已经实现了“历史性的突破”。撒切尔夫人明显感到尴尬。回到伦敦，她做了两次电视访谈，强调北爱尔兰是英国不可分割的一部分，并且坚定地说明“没有邦联的可能性”。后来，她指责遭到外交部的算计，但是让她感到不舒服的是自己被豪伊的花言巧语所迷惑。

其实，豪伊的大胆行动不但惹怒了爱尔兰共和党（Fianna Fail）内自己的强硬派，也惹怒了联合主义者。很快，他又退回到老式民族主义立场上，与撒切尔夫人的关系再也没有得到恢复。然而，联合主义者的震惊却并不容易减缓。英国民调显示，支持摆脱整个北爱尔兰的民众大量增加。撒切尔夫人竭力否认北爱尔兰对在都柏林磋商的“新体制结构”有任何担心的地方，但这种否认并没有让他们相信卡林顿与外交部没有劝说过她改变主意。在罗德西亚问题上，卡林顿和外交部曾成功地说服撒切尔夫人改弦更张。

与此同时，北爱尔兰的紧张局势与暴力活动又被梅兹监狱囚犯的绝食示威推到近乎崩溃的地步。这些囚犯绝食示威，要求给予“政治犯”待遇。撒切尔夫人对绝食示威毫不妥协。正如她不向恐怖主义屈服一样，她发誓绝不屈服于已经被定为杀人犯的人所从事的道德敲诈。她断然拒绝将被关押的爱尔兰共和军囚犯定为“政治犯罪”的建议。“暗杀或其他任何犯罪行为不存在任何政治理由”，1980 年 11 月 20 日她对下院说。

实际上，H 监狱比英国本岛上的任何监狱条件都好，每个囚犯都有单间，房间被囚犯们弄乱弄脏后还能得到定期清扫，同时还为罪犯提供了非常好的锻炼与学习设施。撒切尔夫人有资格宣称，梅兹监狱“无论在什么地方都应该是最自由、最人性的机构之一”。然而，绝食者在南、北爱尔兰的民族主义社区得到巨大的公众同情，一连串年轻男子绝食至死的前景在英国也引起了自由良心的不安。

绝食刚刚开始，代表弗马纳郡与南蒂龙的独立共和党人议员弗兰克・麦奎尔就死了，绝食斗争得到意外的动力。新芬党立即提名桑兹为“反 H 监狱”的候选人。4 周后，桑兹在英国的一个“死亡营地”里死去，共和党人指责桑兹“遭到暗杀”。撒切尔夫人坚持认为，桑兹是按照自己的意愿死亡的，而且“我们直言不讳地说”，他本人是位被定罪的谋杀犯，但她的这种说法并没有起什么作用。她宣称，“真正的烈士”是那些受害者，而不是恐怖活动的发起者。5 月 21 日，又有两位绝食者死亡。一周之后，撒切尔夫人勇敢地视察了北爱尔兰，坚定认为责任必须由应该负责的一方承担。

她不但勇敢，而且是正确的。爱尔兰共和军要求给予政治犯或战俘的待遇是完全错误的。如果他们将攻击仅仅限定在军事目标上，他们或许还可以自称是一支从事肮脏、但为防御性游击战争的“军队”，反对占领势力。然而，他们全然违背《日内瓦公约》规定的、为世人所接受的战争规范，经常非常冷酷而不加区别地将目标对准平民，他们丧失了作为战士的所有权利。直到今天新芬党还在指责英国政府“让爱尔兰斗争非法化”。但是，采取各种方法让爱尔兰斗争成为犯罪的人才是真正的犯罪行为。任何政府都不可能承认恐怖活动合法。

不过，她的冷酷也让人透不过气来。这年夏天，布里克斯顿和托克斯泰斯两地饱受骚乱之苦，撒切尔夫人的个人声望跌到最低点，整个夏天里另有 7 个烈士一个接一个地死在梅兹监狱里；在监狱外边，又有 73 个平民、北爱尔兰皇家警察以及士兵在与绝食示威相伴的暴力中丧生，直到迫于教会和继续绝食者家人的压力，爱尔兰共和军 10 月初宣布停止绝食。在某种意义上，撒切尔夫人取得了胜利。面对所有冷酷无情、缺乏灵活性的指控，她立场坚定，最后眨眼睛认输的是爱尔兰共和军。

然而，在另一个意义上，枪手却取得了宣传上的巨大胜利。绝食结束行动后，不但 9 月份新任国务大臣吉姆·普莱尔立刻答应了绝食者的许多要求，而且，绝食者不可否认的勇气，奉献于自己的事业的坚定立场与无私精神给爱尔兰人以及全世界人民留下了深刻的印象。在爱尔兰国内，海报上博比·桑兹的画像让他成为爱尔兰共和军强有力的征兵偶像，就像 70 年前基奇纳勋爵对英国军队一样。与此同时，从美国又有新的资金源源不断地流入爱尔兰共和军金库，帮助他们购买更多先进的武器及高能炸药，提供给未来 10 年的爆炸分子。对世界上绝大多数地方而言，由于不了解事情的细节，绝食者死亡以残酷的方式强化了英国强权殖民者的形象，这种强权违背被压迫人民的意愿占领北爱尔兰。正如撒切尔夫人所说的那样，爱尔兰共和军冷酷无情地操纵着绝食示威，却取得了很大的成功。甚至对撒切尔夫人本人也产生了一定的影响。

在短时期内，普莱尔恢复权力分享政府的最新方案胎死腹中。北爱尔兰持续不断地发生射杀及炸弹袭击事件，与此同时，雪上加霜，伦敦又发生多起更为严重的暴行，令人震惊不已。1981 年 10 月，切尔西兵营一颗钉子炸弹夺走了两个过路人的生命，另外 40 名（主要是战士）严重受伤。同月，一位炸弹处理专家在排除在牛津街安置的装置时丧生。1982 年 7 月，海德公园和摄政公园发生炸弹爆炸，炸死了 8 位军乐队队员（他们是最软弱的军事目标）以及大量马匹。事件一发生，撒切尔夫人立刻丢下手上的事情，赶往现场，到医院探望幸存者，并庄严地重申打败爆炸分子的承诺。

然而，事实上，她并没有试图与爱尔兰共和军发生直接对抗。军事情报告诉她不能这样做。有指称说军队在北爱尔兰执行非正式的“格杀勿论”政策，消灭而不是试图逮捕可疑的恐怖分子；民族主义者持续不断的示威，抗议严刑审讯，抗议使用橡皮子弹对付示威者。但是，实际部署的军队人数在这 10 年里还略有下降，从 1979 年的 1.3 万人到 1990 年的 1.15 万人。更准确的情况可能是，面对杀戮无休无止的前景，撒切尔夫人已经开始认真考虑推动政治解决的可能了。

英爱协定

好几方面的因素促成她选择了这个方向。首先是 1982 年 12 月加勒特·菲茨杰拉德重新担任爱尔兰总理，此后不久的 1983 年 6 月她赢得连任。菲茨杰拉德认识到，只有取得共识，爱尔兰才能够实现统一。1981 年他曾说过，要进行一场“共和党圣战”来改革爱尔兰宪法中让新教徒愤怒的部分，尤其说到要删除宪法中对北爱尔兰 6 个郡有领土要求的第 2 条和第 3 条。然而，他并没有采取大的举措，而是着手在北部民族主义者当中逐步建立信任，减少对新芬党和爱尔兰共和军的支持。尽管撒切尔夫人认为他有时啰啰嗦嗦学究气太浓，令人生厌，但用北爱尔兰事务处一位初级大臣的话说，撒切尔夫人“信任、喜欢，甚至钦佩菲茨杰拉德”。“她认为他性格直率，不想欺骗她。”杰弗里·豪说，两位领导人之间有一种“非凡的默契”，他将这种关系比作撒切尔夫人与米哈伊尔·戈尔巴乔夫之间的关系。

其次，尽管同情联合主义者，撒切尔夫人实际上部分地赞赏民族主义的立场。她最终承认，爱尔兰共和军以及为他们辩护的新芬党并不是爱尔兰入侵者，而属于绝对的英国公民，是一直土生土长的北爱尔兰运动，他们并没有得到爱尔兰共和国方面多少支持，合法的民族主义政党北爱尔兰社会民主工党赢得了许多无可挑剔的民主选票（1983 年达到 18%，而新芬党只有 13%）。她终于相信，在一定程度上，守法的天主教社区可以与英国国家实现和解。她从来不接受双重效忠的想法，她憎恨那些乱七八糟爱尔兰右翼人士在英国大选中投票，认为从逻辑上讲他们应该按照外国人对待。不过她逐步认识到，历史遗产让爱尔兰共和国在北爱尔兰公民政府方面存在一种利益。换句话说，她承认在北爱尔兰不但存在着可以用加强警察力量的办法解决的安全问题，也存在真实的政治问题，需要从政治上加以解决。

第三，像在津巴布韦、中国香港等其他类似的问题上一样，她受到外交部的影响。英爱协定终于在 1985 年出现，它是英国外交部和爱尔兰外交部经过大量艰苦细致的基础工作而取得的成果，北爱尔兰办公室几乎没有参与，而且是背着联合主义者。

最主要的原因，是她受到美国方面的压力。以众议院议长蒂普·奥尼尔、参议员爱德华·肯尼迪和丹尼尔·莫伊尼汉为首的华盛顿爱尔兰游说团，势力非常强大，仅次于犹太人游说团，而且经常持非常偏袒的立场，他们不断严厉谴责英国的殖民压迫，指责北爱尔兰剥夺人权。罗纳德·里根本人也有爱尔兰的背景，但他对这种说法表示怀疑。撒切尔夫人每次访问美国都要面临敌对的示威者，她明白北爱尔兰问题对她与美国的特殊关系构成威胁，因而感到很不舒服。1981 年发生绝食事件后，里根总统拒绝干涉英国内政，但白宫以微妙的方式告诉伦敦，英国存在“在美国这里的媒体战中惨遭失败”的危险。然而，1984 年里根对祖籍地进行了一次充满感情的访问（当时华盛顿的讨价还价的同时还要求里根得到奥尼尔对援助尼加拉瓜反桑地诺运动的支持），之后，他日益渴望自己最亲近的盟友具有更大的建设性。

鉴于这些原因，从 1983 年连任起，在处理北爱尔兰问题上，撒切尔夫人开始以更为积极的态度对待承认“爱尔兰维度”的想法。1983 年 3 月，在加勒特·菲茨杰拉德鼓励下，由北爱尔兰社会民主工党新领袖约翰·休姆建立了“新爱尔兰论坛”，这个论坛将边界两方所有合法的民族主义政党召集到一起，寻求和平的途径，以削弱新芬党和爱尔兰共和军的势力。论坛的成立成为一种催化剂。撒切尔夫人并不急于抓住所提供的机会。彼时，她和菲茨杰拉德于 1983 年 6 月出席在斯图加特召开的欧洲峰会会议期间见面，同意恢复盎格鲁—爱尔兰理事会。在该理事会的支持下，从 1983 年 11 月到 1985 年 5 月秘而不宣地举行了 16 次会谈。1984 年 9 月普莱尔离开政府后，她任命道格拉斯·赫德领导北爱尔兰办公室，从而发出了新的启动信号。撒切尔夫人告诉赫德，那里需要一位，“既有智慧又有坚韧精神的人”。

4 周以后，爱尔兰共和军在布莱顿大酒店引爆了一颗巨型炸弹，使这一进程脱离轨道。当时首相和她的大部分保守党上层人物在那里参加保守党大会。幸运的是，她躲过了这场劫难，毫发无伤。炸弹摧毁了这家酒店的中间部分，她所住房间的浴室遭到严重损坏。爆炸发生在凌晨快 3 点的时候，当时她与罗尼·米勒和约翰·古默一直在对将于第二天发表的讲话做最后修饰。他们两人离开后，罗宾·巴特勒进了房间，拿来需要她签字的最后一封信函，随后她就准备上床休息。要不是处理这些事情，爆炸那一刻她一定在浴室，虽不可能被炸死，但肯定会被飞起来的玻璃片严重击伤。不过，她的起居室以及丹尼斯睡觉的卧室没有遭到损坏。她的第一判断是外面的汽车炸弹；接着看看丹尼斯有没有事。丹尼斯迅速在睡衣上胡乱地套上一条裤子，而她却走过走廊，到秘书们的打字间去。直到这时，她才明白发生了什么。

令人惊讶的是，灯还在亮着。米勒从撒切尔夫人房间走出来，他停了下来，捡起从手提包中散落出的珍贵的讲话稿，摇摇晃晃地走了回来，看见撒切尔夫人就在秘书室里，坐在一张直靠背椅子上，非常镇定。最后，她喃喃自语："我看是暗杀行动，你们说呢?"杰弗里和埃尔斯佩斯·豪、古默一家、大卫·沃尔夫森及住在同一走廊的其他人，都穿着睡衣走在一起，猜测会不会有第二个爆炸装置。他们仍然确定是否有人受伤。15 分钟后，消防队员抵达，护送他们沿着主楼穿过厨房到达安全地带，然后用汽车送到布莱顿警务所。在那里，逐渐又有其他内阁成员过来。撒切尔夫人仍然穿着几个小时以前保守党代表舞会的晚装。在与威利·怀特洛、里昂·布里班以及约翰·古默紧急磋商后，她坚持最后一天的大会必须按计划照常举行。尽管安全人员催她离开，她却拒绝返回唐宁街，只换上一件蓝色外套，平静而坚定地接受了 BBC 约翰·科尔的采访。后来，她被送往刘易斯警察学院，在那里挤时间睡了两三个小时。

醒来后，她看到电视上诺曼·特比特从废墟中被拖出时极度痛苦的样子，听到有 5 人死亡，玛格丽特·特比特严重受伤，感到十分震惊，但会议还是继续进行。上午 9 点 30 分，撒切尔夫人走进了会议中心，会场上这次讲话没有通常的党派指责，而是无所畏惧地强烈谴责爆炸者的行径。她说，这次爆炸事件，不但是一种"不分青红皂白、极其残忍地屠杀无辜的行径"，也是企图削弱女王陛下政府的卑劣行为。

撒切尔夫人在袭击过程中以及随后数小时里所表现出来的冷静，赢得了普遍的赞扬。她的无所畏惧是其首相生涯中另一个丘吉尔风格的再现，体现了她钢铁般的性格，宣示了英国公众拒绝向恐怖主义屈服的立场。一时间，她的民望又恢复到接近马岛事件时的水平。在公开场合，她似乎并没有被爆炸袭击打乱，但心理的伤害远甚其表。卡罗尔从韩国赶回来，星期天早上在首相别墅，她看到母亲，"平静但……依然惊魂未定的样子。"从那以后，她总感觉玛格丽特·特比特终生命运就是因为她。尽管当时布莱顿的灯光并没有熄灭，但此后她的提包却一直装着手电筒。布莱顿事件发生两周后，英迪拉·甘地被刺身亡，昭示着她当时的处境有多危险。

一定时间内，撒切尔夫人对与都柏林进行谈判的热情受到了严重削弱。加勒特·菲茨杰拉德第二个月来到伦敦，希望在新爱尔兰论坛上曾经探讨过的问题上取得进展。该论坛已于 5 月发表报告，列出了三种可能的解决方法：爱尔兰统一、与爱尔兰构成联邦制或邦联和以某种形式分享主权。菲茨杰拉德承认，前两种方法都是不可能的，但他希望撒切尔夫人能够对第三种方案给予支持。如果她同意让爱尔兰在北爱尔兰政府中发挥某种作用（他乐意称之为“联合政府”而不是“联合主权”），他认为在爱尔兰关于删除《爱尔兰宪法》第二及第三条的全民公决中，他会取得胜利。爱尔兰宪法规定整个爱尔兰岛都属于爱尔兰。然而，撒切尔夫人对他能否做到并不肯定，担心反过来南部对北部的干涉会超出限度。她从一开始就认为，爱尔兰宪法不应该含有这些条款，所以她不准备为删除这些条款付出很大的代价。她只希望爱尔兰承诺在边境方面加强安全合作，最理想的途径就是在爱尔兰一侧建立安全区，允许英国军队在这个地区采取行动。另外，她愿意考虑重划边境，将民族主义者遣返爱尔兰。菲茨杰拉德对此感到失望，但对峰会后灾难性的新闻发布会毫无准备。新闻发布会上，撒切尔夫人当即拒绝了论坛中提出的所有三种选择方案：

> 我已经说得很明确……统一的爱尔兰的解决方案是毫无可能的。第二个解决方案是两国政体的邦联，不可能。第三种方案是联合政府，不可能。

问题不在于她说的内容，而在于她说话时咄咄逼人的口气。她毫不妥协重申的三个“不可能”，被看作无故抽在菲茨杰拉德脸上的一记耳光，几乎关闭了通往两人良好关系所带来的所有希望的大门。第二天爱尔兰新闻一片愤怒，都柏林与伦敦的关系似乎又回到原点。这场外交灾难使英爱关系走到低谷，然而事实上正是从这一点出发，最终才达成了 1985 年的协议。撒切尔夫人意识到自己走得太远，承认需要做出一些让步以修复造成的损害。最重要的是，她富有挑衅性的语言让里根确信，是他该出手的时候了。白宫受到来自诸如“爱尔兰古老秩序”等爱尔兰使团体不断寄来的狂热信函的轰炸；而更大的促动是，奥尼尔、肯尼迪、莫伊尼汉以及其他 42 位参议员及众议员给里根写信，认为“撒切尔夫人断然拒绝论坛提出的合理解决方案”彻底破坏了 1973 年《森宁代尔协定》签署以来出现的最有希望的和平机会。他们要求里根在撒切尔夫人 12 月访问戴维营时，敦促她重新考虑自己的立场，里根完全按照他们的要求做了。

来自美国的呼吁是撒切尔夫人无法忽视的。在随后的谈判中，她首先关注的依然是安全问题，不过她也认识到，为了得到安全，必须在地面所谓“建立信心的措施”上做出让步，主要是平息治安、监狱以及法院系统方面出现的不满，以实现北部天主教人群与英国国家之间的和解。她仍然排除了菲茨杰拉德最初要求的综合体制方案，不过她现在准备接受某种程度的“爱尔兰维度”。作为交换，都柏林承诺，在不正式修改爱尔兰宪法前提下，只要北爱尔兰绝大多数人愿意，北爱尔兰有权继续留在英国。不过，两国官员仍然花了几个月的时间，进行了艰苦的谈判。5 月份在米兰参加欧共体峰会之余，撒切尔夫人与菲茨杰拉德又举行了至关重要的会谈，撒切尔夫人的疑虑最终清除。但她仍然担心他们走得太远，走得太快。最终她还是咬紧牙关，承认在北爱尔兰事务上不但需要跟都柏林协商，而且同意组成一个由英国北爱尔兰国务大臣和一位爱尔兰部长担任联合主席的委员会，确保了制度的基础。这个委员会设常务秘书处，设在贝尔法斯特以外。这些规定成为最后由两国领导人在希尔斯堡城堡签署的《英爱协定》的核心内容。

正因为谈判严格限制在一个内部小圈子，撒切尔夫人才对联合主义者的愤怒反应毫无准备。尽管在整个谈判过程中都柏林一直给约翰・休姆密切通报情况，但联合主义两位领袖，合法的统一党的詹姆斯・莫利诺和立场更强硬的民主统一党的伊安・佩斯利，却被有意排除在外。很明显，有他们在，什么样的协议都无法达成。然而，任何人都不应该对他们所表示的反对意见感到意外。事实上，他们不可避免地最终得到即将发生情况的某些迹象，并向首相本人非常清楚地表明了立场。

她不能说自己事先没有受到警告。但是，她对联合主义者的反应并不在意，认为他们只不过想做一种姿态给外界看。联合主义者对这份协定的强烈反应让她感到震惊，“事前没有人预计到会糟糕到这样的程度。”然而，即便她有心理准备，也难以接受她以前的政务次官伊安・高断然辞去刚刚接任的财政部副大臣职务。伊安・高是她最忠诚的支持者，连他都不能接受这份协定，她想自己可能确实走得太远了。

诚然，背着两个社区之一从事协议谈判根本谈不上什么平等，而协议必须由两个社区共同推动才能实现。联合主义者一直对任何出卖他们的迹象高度敏感，他们一定会试图破坏这份协定的，正如他们过去破坏其他充满希望的计划一样。然而，这一次却向他们摊牌了。所有 15 个联合主义议员一致宣称，该协议违背多数人社区的民主意愿，所以不会得到实施，他们一起宣布辞去议员职位，又在 1 月 26 日举行的差额选举中重新当选。他们证明了自己的论点，美中不足的是有一个席位输给了社会民主工党。然而，在下院他们只得到了 30 位保守党议员的支持，政府获得所有政党 473∶47 的压倒性支持。在爱尔兰议会下院，菲茨杰拉德面临票数非常接近的局面，豪伊紧随新芬党之后，指责他的对手放弃了爱尔兰统一的目标。这一事实让英国公众确信，像往常一样，北爱尔兰又谎称狼来了。不过，英国和爱尔兰两国的民调表明，协议得到强大的公众支持：大多数人觉得，一份遭到双方死硬派谴责的协议可能就是一份正确的协议。

随着时间的推移，撒切尔夫人最终对签署《英爱协定》感到后悔。让她感到十分痛心的是这份协议并没有实现她原来希望实现的双方边界反恐合作。1987 年豪伊在爱尔兰重新掌权，尽管他没有撕毁《英爱协议》，但他依然保持好斗与不合作的立场。《协议》根本没有减少暴力，相反却挑起两方的准军事组织更多的暴力活动。在接下来的两年里，爱尔兰共和军加大了对部署在北爱尔兰、英国本岛以及欧洲大陆英国军事人员的袭击活动，1988 年到 1989 年又有 21 名士兵在北爱尔兰丧生，1989 年 9 月在英国皇家音乐学院 10 名军乐队队员被杀。1988 年 3 月，英国空军特别部队（SAS）在直布罗陀射杀 3 名企图放置炸弹的可疑分子，粉碎了计划对军乐队袭击的阴谋。撒切尔夫人根本没有时间对待那些指责安全部队执行非法“格杀勿论”政策的批评人士。她不承认安全部队自身超越权限，但再次承诺：“本届政府绝不向爱尔兰共和军投降。绝对不会。”

到了 1993 年，撒切尔夫人得出结论：达成 1985 年协议背后的整个逻辑是错误的。她并没有说明当时还可能采取什么样的选择方案，但她的含义却是进一步强化安全措施，甚至采取“军事”解决方案。然而，执政期间她并没有这样做，继任者也没有受到这种手段的诱惑。迫使她违背自己本能的逻辑，同样适用于他们。1985 年的《协定》逐步结出成果。现在人们认为这份协定为 1998 年签署“星期五和平协议”以及 2007 年建立权力分享的政府创造了开端。首先，它对联合主义者是一种警告，可以向他们摊牌：英国一再保证，只要北爱尔兰多数人选择留在英国，北爱尔兰仍旧是联合王国的一部分，但是这种保证并不等于北爱尔兰在英国选择实施其主权方式方面具有否决权。第二，协定有利于调和民族主义者与英国统治之间的关系，巩固了社会民主工党的地位，开始让新芬党和爱尔兰共和军本身转变立场，认识到通过谈判，而不是无止境的暴力来获得更多的东西。与此同时，1985 年建立的合作机制还为化解两个政府之间的矛盾提供了有效的机制，《协定》还让美国相信，英国真正在试图解决问题，进而让美国人更好地了解联合主义的立场，鼓励国际社会，尤其是美国，加大在北爱的投资。这也许是撒切尔夫人的主要动机。所有这些有益的进展均来自 1985 年签署的协定。由于杀害士兵的活动并没有减少，撒切尔夫人感到失望是可以理解的。1990 年伊安 · 高在自家道上被杀，撒切尔夫人觉得也许是自己背叛了北爱尔兰，因而感到内疚，这一点同样也是可以理解的。然而，她诋毁《英爱协定》却是错误的。她勇敢而富有远见地达成了《英爱协议》，这一协定是撒切尔外交成就之一，与解决津巴布韦和中国香港问题一样具有重大意义。如果北爱尔兰最终获得了持久和平，这一进程中一定有她本人发挥的作用。

● 第二十章 ●

选举的独裁

“她是一个必须服从的人”

长期以来，认为首相只是同等职位官员当中的首席只是一种想象。与其内阁同事相比，首相的权力一直在稳步增大，其原因是多方面的：国家不断成长，政府机器日益复杂以及媒体方面的要求大幅增加。哈罗德·威尔逊和特德·希思在执政期间被批评为过度“总统化”。不过，毫无疑问，在撒切尔夫人领导下权力集中于首相本人的现象变得更为突出，部分原因在于她执政时间很长，部分则在于她的性格。

在第一任期内，由于相对经验不足，内阁中有几位重量级同事对她的处事方式深为怀疑，同时还由于经济形势极为糟糕，撒切尔夫人在一定程度上受到了限制。即便如此，她还是把少数几位可靠的盟友安排在关键部门，在大部分时间里，在很多方面，仍然可以按照自己的意志行事，并设法排除批评者，或者使其中立化。在第二任期的中期，她实现了自己的目标，几乎全部按自己的意志选择组成了内阁。虽然旧的湿/干二分法的问题已经解决，围绕内阁桌子坐着仍有容易辨识的三个集团。尽管损失了帕金森，她终于有了一个由真正信徒组成的坚强核心，有劳森、豪和基思·约瑟夫，并得到诺尔曼·特比特、列昂·布里坦、尼古拉斯·里德利、大卫·扬以及（从1986年起的）约翰·穆尔等人的加入。1984年到1986年进入内阁的还有新一代雄心勃勃的前希思派人士，经过一段工作，他们乐意更换门庭，如道格拉斯·赫德、约翰·麦格雷戈、肯尼斯·贝克以及马尔科姆·里夫金德。

撒切尔夫人最坚定的盟友和支持者都担心，从党内左翼提拔了太多难以共患难的朋友，而没有从右翼中提拔真正的信徒，这样做会为未来遗留麻烦。但是，撒切尔夫人似乎不再担心左右平衡的问题，她认为，到了1983年她已经赢得了在经济问题上的争论。她注意到，最能干的候选人往往来自左翼，这让她感到一点不自在；但她任命他们就是为了给她提供服务，他们并不是党内派系的代表。

此外，还有三位无法分类的人士，他们不属于任何一个团体：彼得·沃克，老

“湿才”中最后一位幸存者；约翰·比芬，撒切尔夫人最早的“真正信徒”之一，现在却越来越不认同她的做法；还有迈克尔·赫塞尔廷，一位野心勃勃的独行者，可以肯定，如果撒切尔夫人的权威出现松动，他就是可能性最大的挑战者。

这是人事方面的情况，但内阁作为一个整体，其团体特征已经大大减少。以前的政府每周开两次会，现在内阁每周只在周四开一次会，而且几乎没有类似一般性讨论的问题。此外，撒切尔夫人设立的内阁委员会数量比她的前任都少。有时，她会成立由三到四位大臣组成的特设委员会，处理出现的问题，经常是她亲任主席；在大部分情况下，她只是让有关的大臣为她准备一份文件，然后由她亲自带内阁办公室或政策研究室两三名顾问，就文件内容询问这位大臣，按照“她自己的程序。既当法官又当陪审员”，并不召开整个内阁进行商议。这几乎就是一种总统制政府的特征。这种做法并不是撒切尔夫人的首创，但沿这个方向她比任何一位前任走得都远。内阁被降低为通报决定的场合，并非制定决策的机构。

与首相打交道也是一件十分棘手的事。通过各种不同渠道，她对有关情况总是了如指掌。这些渠道包括官方的部门情况介绍、政策研究室的介绍，还有一份装在她的手提包里，可怜的大臣永远不知道从哪里弄来的东西。她会得意扬扬地拿出来，找出这位大臣的错误。他认为自己已经涵盖了所有方面，但她总能找出薄弱点。

撒切尔夫人把让大臣们难堪当成自己的事业。在大部分时间里，这种做法倒是奏效，只要她面对的是一位强势人物，对她态度坚决，能为自己的立场争辩，并且在必要时将她引到明智政策上。按照这种观点，她的破坏性风格只是一种政策的测试手段（并考验这位必须为这些政策辩护的大臣）的一种途径，测试政策抵御各种可能出现的反抗的能力，然后她才能决定批准同意。然而，在首相位子上待得越长，她越是喜欢提前形成自己的观点，越是不愿倾听其他的观点。1983 年以后，她日渐失去理性，越来越难以相处。有人回忆说，大臣们期待着热烈的讨论，结果发现自己不得不忍受片面的长篇指责，他们害怕提到这样或那样的问题，激发她老调重弹，不住唠叨。对她的情况汇报不一定总能选准重点。

撒切尔夫人喜欢进行痛快的争论并为此而感到自豪；她争论的目的就是为了获胜。她从来没有学会哪怕是在一个小论点上体面让步。还有一个很能说明问题的事件。1985 年 7 月，在唐宁街 10 号举行的一次保守党议会督导宴会上，约翰·梅杰首次引起她的注意。当时政府在民调中跌至第三位，梅杰抓住机会坦率地告诉她后排议员的担忧，她却怒火中烧，很不公平地对他进行个人攻击。在这件事上，敢于直面她的梅杰令她印象深刻，很快梅杰便得到了提拔。丹尼斯对梅杰表示祝贺，并告诉他“她喜欢这种方式”。然而，梅杰却不喜欢这种方式，他认为他只是履行自己的职责，其中包括告诉她令人不快的真实情况，而她的表现却让人难以原谅。从积极方面看，这是撒切尔夫人建设性工作方式的一个范例，她要通过严酷的争论测验下属，既不宽饶，又不怨恨。换一个角度讲，则完全是恶劣举止的例证，那个事件几乎让梅杰提出辞呈。这是一种欺辱性人员管理方式，并不起好的作用，反倒使与其最好的支持者距离越来越远。

如果首相必须是个好的屠夫，那么撒切尔夫人完全胜任。除了因意识形态原因被解职的人外，好几位她认为没能实现目标的大臣也遭到了解职。大臣更替的频率高得离谱。在 1979 年到 1990 年整整 11 年里，至少有 36 名大臣离职。8 位大臣因政策失败、个人或政治困窘或与首相不和而辞职。有 13 位多少可称为自愿离职，理由要么就是健康原因，要么就是“想花更多的时间与家人在一起”，还有经商的缘故，但有 15 位大臣却属于非自愿的离职。尽管撒切尔夫人总说自己最不愿意解雇人，但这种伤亡率却让幸存者不敢怠慢。到了 1990 年豪辞职时，首相本人便成为其首届内阁中唯一的幸存者。

议会的衰落

撒切尔夫人从来就不是一位伟大的议会议员。尽管她崇尚议会这一机构，但她从来不喜欢这个地方，她对议会的气氛与传统没有好感。性别是原因之一，作为一位年轻女议员，她永远不会成为小伙子中的一员，她要回去照顾年轻的家庭，她永远都不会成为有事没事就坐在那里的议员中的一个。另一个原因，就是她感到不大声喊就难以让别人听到她的意见，尤其是她担任保守党领袖，成为工党的责问对象之后。然而，即使掌控了议会，她从来不去争取议会的支持或奉承议会：她的一贯方式是恐吓与断言主张，而当她被打断或处于困境时，她只是高声喊叫。

她明白自己并不擅长演讲。不得不作时，她常常感到紧张，因此事前得做充分的准备。她的演讲常常充满各种统计数字，需要应对他人提问时，才能显示出活力。因此，在辩论中她尽量不多说，她比前任说的少得多。经常的情况是她发表声明（例如，在每次参加欧洲峰会之后），然后回答问题，因为她擅长于回答问题。每周两次的《首相答问》在各方面都非常适合她。她也并不尊重像内尔·金诺克这样的支持者，还总是以揭他的短为快。然而，这种做法并没有为议会增添多少尊严或益处。

滥用“首相答问”始于哈罗德·威尔逊，但在撒切尔夫人领导下成为系统性滥用。1983 年伯纳德·韦瑟里尔接替乔治·托马斯担任议长后，试图制止这种做法，但撒切尔夫人不听他那一套。她不是将“质询时间”作为议会问责的机会，而是作为向全国传播她的思想的时机。从1978年起，无线电广播已经开始播放议会议程。韦瑟里尔希望恢复过去的做法，所涉及的细节问题交由有关部门的大臣回答，而让首相回答更大范围的战略问题。然而，撒切尔夫人喜欢公开的问题，因为这些问题能够显示她充分掌握各种细节的能力。同时，可能向她提出任何问题也成了她监控所有部门的借口。她认为“首相答问”是“议会对你的权威的真正考验”，因此她做准备时特别彻底，几乎达到痴迷的程度。她认为，这种浅薄的论战就是议会运作的全部。

1983年取得压倒性的多数席位后，在大部分时间里，撒切尔夫人不需要劳驾议会。她肯定也不想麻烦反对党。她认为没有必要与工党达成任何协议，并且对迁就反对党的议长皮姆和比芬疑心重重。一旦出现困难，她的《圣经》就是19世纪立宪者厄斯金·梅写的《议会规则书》。她对自己的后排议员更为敏感。她不能忘记，第一任期内当她在内阁中的地位还不太稳固时，是谁让她成为领袖。她非常注意保持沟通渠道畅通。第二任期内，在一些存在争议的问题上，面对党内存在的不安情绪，她却打起了退堂鼓。然而，跟所有的首相一样，她不可避免地越来越疏远自己的后排势力。

为了补偿下院反对党方面的缺失，上院变得越来越武断，政府常常在这里受挫，从1979年到1987年，遭到200多次失败。尽管保守党在上院一直具有较大名义上的多数席位，但除工党及社民党自由党联盟的同行外，还有相当一部分属于交叉议席，这些人不愿跟着议会督导走，而是按照自己的价值观看问题。在上院失败的议案回到下院后，大部分被推翻了，但在一些重大问题上，上院的意志却占了上风。撒切尔夫人并不乐意看到党内同行所表现出的独立性，尤其在她任命了许多上院议员之后。她考虑过削弱他们的权力，但最后觉得不值得做这样的努力。

尽管上院在构成上不具备防御的能力，但它对政府在下院不受约束的霸权却依然发挥着一种制衡作用；然而上院无法纠正政治进程中议会变得越来越无关紧要这一局面。1975年，工党以39%选票（或者占整个选民的29%）实施相当于掌握多数授权的统治，黑尔什姆曾表示反对，并警告说这是一种“选举的独裁”。在20世纪80年代中期，“选举的独裁”已经成为一种更加紧迫的现实，撒切尔夫人利用在议会中拥有的巨大多数席位，推动她所倡导的革命，其实她的支持基础只有43%（或者为整个选民的31%）。拥有多数席位的规模、工党的无能以及她本人视议会为一座具有立法权的香肠加工厂，意味着要反对她的政策，只能从其他地方找到表达的渠道，如地方政府、部分新闻报刊，有时甚至在大街上，但首先是广播及电视台。其实，政治辩论从威斯敏斯特转移到电波上已经有一段时间了，不过这一转移在撒切尔时代明显加速，其标志就是严肃报刊对议会的报道急剧下降，如果辩论得到报道，一定得采用讽刺小品的形式。记者们说辩论已经失去报道价值，也可能没有说错；这一过程是自动实现的。但是，大部分公众听到的议会活动，全部都是“首相答问”的粗俗喧闹。

对电视侵入议会的明确回应就是允许电视转播议会活动。然而，撒切尔夫人却强烈反对摄像机进入议院，部分原因是她认为摄像机原原本本地暴露议会的吵闹，这种吵闹已经让广播听众相当反感，从而破坏下院的声誉；电视摄像机会鼓动想出名的人哗众取宠，从而改变议会的性质；但还有部分原因在于，她认为这样做对她本人没有什么好处。戈登·里斯和伯纳德·英厄姆两人都劝她说，观众每周两次看到她在发言席上痛斥金诺克，只会给她带来政治加分，但她却害怕给人留下刺耳的感觉（还有被人看到戴眼镜阅读简报的样子），担心 BBC 会对辩论交锋加以编辑，对她造成不利的影响。1985 年就摄像机是否进入议院这一问题进行了投票，当时正值她与 BBC 厮杀的高峰，她没有公开表示反对，但保守党议员等着看她怎么投票，之后随她进入“否决”游说团。该议案以 12 票之差遭到否决。两年之后的 1988 年 2 月，她声言公开反对摄像机进入议会，大多数保守党人继续追随她，但这次却以 54 的多数票，同意进行为期 6 个月的试验。电视转播于 1989 年 11 月开始。大部分观察家认为，效果正如里斯预计的那样，凸显了首相的优势地位。但是，1990 年 11 月直播杰弗里·豪灾难性辞职时，人们首次捕捉到议会的真实戏剧。此后，便没有回头路可走了，但除质询时间之外，地面频道播放的内容已经很少。

裙带权力

在执政的大部分时间里，撒切尔政府并不受欢迎。在两次大选之间，政府通常在民调中落后，经常跌至第三位。即使在两次压倒性选举胜利中，保守党获得的选票总数也远远低于半数。然而，除 1986 年春韦斯特兰危机和轰炸利比亚事件发生后的一段很短的时间以外，评论家们一致预计，1987 年保守党会取得第三次胜利，之后可能还有第四次。80 年代初，尼尔·金诺克领导的工党逐步走出极端主义，成为一个组织良好又有信誉的反对党，然而撒切尔夫人的优势太强，要设想由另外一个人组织下届政府，需要信念上的超常飞跃才行。左派方面有一种绝望的宿命论，而右翼方面则沾沾自喜，政治摆钟已经停止，保守党似乎将永远掌权。传统上，民众期望权力能够在主要政党之间定期交替，但这种传统上施加的限制所产生的影响力却越来越小。结果，由于过于自信、制度上投机取巧以及越来越严重的傲慢自大，政府开始散发出浓郁的腐败的气味。

首先，撒切尔夫人肆无忌惮地利用首相的任免权，以公开的党派偏见奖赏其支持者。她恢复了被哈罗德·威尔逊抛弃的为政治人物授予荣誉称号的做法，大肆授衔：给下台的大臣授予贵族头衔，还平均每年给4—5名长期担任议员的人士授爵。她甚至公然给忠诚于她的报纸编辑及其业主以及其他友好的记者授勋。于是，源源不断的荣誉称号流到商人和企业家，以感谢他们对保守党的捐助，从而形成劳埃德·乔治时代以来无可辩解的庞大的关系网。

撒切尔夫人一上台就宣布的最具煽动性的声明之一，就是准备恢复世袭爵位，1960年麦克米兰发明终身贵族爵位以后，世袭爵位一直受到搁置。不过，尽管她主张这一原则，但在执政的头四年里，她却一直在这个方面没有采取任何行动。后来，她授衔给那些没有继承人的人士，如威利·怀特洛和乔治·托马斯，从而削弱了她所宣布的原则。她也想给伊诺克·鲍威尔授予世袭爵位（他也只有女儿），但受到怀特洛的阻拦。第二年，90岁的麦克米兰终于接受了传统上应授予给前首相的伯爵头衔。到了1992年，据说应撒切尔夫人本人的请求，约翰·梅杰同意给丹尼斯授予男爵头衔。尽管撒切尔夫人本人1992年只接受了终身贵族的头衔，但世袭爵位这种怪异的复兴却确保了马克在丹尼斯去世后承继贵族头衔。

撒切尔夫人赤裸裸地偏袒党派利益的第二个领域就是任命公共机构的领导人。从国有化行业的董事会主席到构成英国公共生活一部分的几十家不太显眼的半官方机构、委员会及咨询机构，她对安排男人（偶尔还有女人）抱有极为浓厚的兴趣。用与她首相生涯长期相伴的术语说，这些人属于“我们中的一个”，也就是说，这些人如果不是实际注册的保守人士，至少是对她的目标认同的人。同样，她对辞退那些她认为没有用处的人士也少有内疚。例如，1980年到1981年，由于货币政策上的分歧，她更换了英国央行行长，换上了前肯特郡议会保守党领袖兼国民西敏寺银行行长，此人几乎没有任何央行工作经验，但却是一位明智的货币主义者。

也许央行行长应该是政府核心政策的支持者，但撒切尔夫人在任命公共职务方面的兴趣远远超出经济方面，一直延伸到文化及艺术领域。她以明确的政治理由排斥了可能成为主教及BBC董事的人选，甚至国家艺术展览馆理事的提名也要受到严格地检查，有时也受到唐宁街意愿的左右。撒切尔夫人在所有范围内系统地使用任命权，实施她在国民生活各个角落的霸权。

1997年的政府更迭并没有改变这种局面。托尼·布莱尔继承了撒切尔夫人裙带国家的新规程，服务于新工党的利益。他在无情地利用这些规程方面，甚至超过了撒切尔夫人。因此，80年代撒切尔主义的骄傲自大，在20世纪90年代后期遇上了应有的克星。然而，迄今为止作为英国生活中默默无闻高贵品格之一的超党派的文明传统，却永远地被破坏了。

对立的女王

一直让公众着迷的一个问题是，一位女首相如何与女王相处。回答是，她们的关系循规蹈矩，毫无破绽，但任何一方都没有付出多少爱心。两位女士年龄相近（撒切尔夫人比女王大6个月），在社会金字塔的顶端占有平行的位置（一个是国家元首，一个是政府首脑），一定在某种程度上互为对手。撒切尔夫人对女王的态度是矛盾的。一方面，她对君主制度有着一种近乎神秘的敬畏，她一直要求家里所有人及时吃完圣诞晚餐，然后坐下来一本正经地收看女王的讲话。与此同时，她一直在试图实现国家的现代化，清除君主政体赖以延续的许多价值观及做法。在个人方面，她与伊丽莎白并没有多少共同之处，但丹尼斯与菲利普亲王却相处得很好。据说女王害怕每周一次的首相觐见，因为撒切尔夫人过于生硬，过于正式。

然而，如果说女王害怕撒切尔夫人来王宫，那么撒切尔夫人同样不愿意一年必须去一次巴尔莫勒尔。她对马、狗或乡间运动不感兴趣。英国王室喜欢假日里风雨无阻地做长途步行和野餐，而撒切尔夫人认为这种户外生活是一种“炼狱”。她巴不得赶紧离开巴尔莫勒尔。每到最后一天早上，她会像往常一样6点起床，写完感谢信，丹尼斯收拾好东西，她就急急忙忙往外走。几乎可以肯定，女王也同样乐意看着她走开。

更糟糕的是，尽管撒切尔夫人认为，与她每天从事的其他活动相比，勉强觐见女王简直是浪费时间，她只是在去皇宫的路上才阅读觐见议程，女王却有憎恶撒切尔夫人的真心理由。首先，她担心政府的政策是在故意加剧社会分裂：她对高失业率感到忧虑，对1981年发生的骚乱以及矿工罢工出现的暴力活动感到震惊。其次，让女王感到失望的是撒切尔夫人不喜欢女王所心爱的英联邦，还恶意隐藏自己的态度：女王对在制裁南非问题上的争议深感不安，因为这种争议常常让英国处于与其他成员国对立的境地，甚至有人还提出令人尴尬的呼吁，呼吁将英国驱除出英联邦。从1979年卢萨卡会议起，在每两年召开的英联邦政府首脑会议上，女王努力让自己成为团结的核心，而撒切尔夫人却经常似乎决意让这个组织分崩离析。

此外，女王还担心削减国防预算会影响她所心爱的、与她或她的家庭其他成员有关系的军团的生存：撒切尔夫人所关心的只是军事力量，而女王陛下更感兴趣的是帽徽与吉祥物。她对撒切尔夫人反对英国教会（女王任教会的世俗首领）的立场表示担忧，担心持续的削减费用会影响到她所庇护的其他志愿组织。撒切尔夫人有时不得不听从女王的意见，然而，她拒绝女王访问欧洲议会。在她访问苏联取得巨大成功后，她却拒绝女王访问苏联。除了这些小的矛盾外，女王很难不对撒切尔夫人越来越浓的君主风范感到恼怒。

撒切尔夫人正在培养君主式的炫耀。这种印象是在马岛战争结束后她向通过伦敦市的胜利游行队伍敬礼时第一次被广泛传播。第二年 1 月，她访问马尔维纳斯群岛，接受当地人民感谢与崇敬，成了不折不扣的皇家出巡。康纳 · 克鲁斯 · 奥布莱恩在《观察家》上写道，她正在培育一种平行的君主制，成为，"一种新式民选执行君主，有别于隐性的仪式型君主。"

从这时起，这种倾向有增无减。她出国访问越来越像女王，欢迎群众穿着各种服饰，她走进人群交谈，小姑娘献上花束，仪仗队以及 19 响鸣炮致礼。女王年纪逐渐增大，魅力逐渐减少，皇室的魅力越来越多地集中在年轻的威尔士王妃身上，而撒切尔夫人却越来越强大，用神话包裹起来，成为不列颠的象征。对于出来看她的群众来说，她比女王更能代表英国。

此外，在探访灾难现场方面，撒切尔夫人比王宫速度更快。无论何时，一旦发生意外事件或恐怖袭击，撒切尔夫人总是放下手头的一切，立刻赶往现场，从事行程计划允许做的一切事情。例如，1983 年圣诞节爱尔兰共和军袭击了哈罗斯百货商店，当时她和丹尼斯正在出席一个圣诞仪式，但她立即抽空离开。相比之下，据唐宁街介绍，根本"不要指望王室成员即刻到达现场"，他们肯定几天都去不了。

撒切尔夫人对有关她与王室之间存在分歧的报道感到尴尬，并尽力淡化这些报道。然而，尽管她用忠诚的语言与公共资金强烈地支持君主制，20 世纪 80 年代撒切尔主义的间接影响对王室却并不那么友好。一方面，像其他国家机构一样，随着老式遵从方式的逐渐减少，王室的财政管理处于越来越严格的审查之下：过去习以为常的宫殿、游艇、火车以及仆人，现在不得不按照金钱换价值的原则，提出合理的理由。另一方面，以越来越放任的默多克新闻集团为首的媒体，肆无忌惮，刺探王室年轻成员的私人生活与婚姻状况。90 年代成为温莎王朝最为艰难的 10 年。

作为首相，撒切尔夫人巧妙地利用一系列女性角色——母亲、家庭主妇、护士和校长——推行自己的思想。不过，她这样做的时间越长，越容易进入女王角色，她在这个角色上的表演比白金汉宫那个闭门不出的主人更为出色。几乎一夜之间，马岛战争将铁娘子变成博阿迪西亚女王，一位曾与罗马人作战的女王战士。她自己越来越认同光荣女王伊丽莎白一世。她对塞西尔 · 帕金森这样英俊的受庇护者、伍德罗 · 怀亚特这样的谄媚者以及金勋爵（Lord King）这样令人喜欢的商人都具有感染力，并通过这种感染力，鼓励人们将她比作伊丽莎白一世。在自传中，她附和伊丽莎白，写道："我认为自己并不要非得打开通往男人心灵的窗户。"在 1990 年的首相危机中，她公然身穿高领、君王色彩浓厚的伊丽莎白式服装出现在伦敦金融城市长宴会上，这种打扮绝非偶然。

最重要的是，她越来越喜欢使用只有皇家才允许使用的复数。实际上，她因这种习惯招来广泛的讥讽有点不公平。早年，她因谈论政府时使用单数第一人称受到批评。“失业是我所面临的最困难的问题，”1981 年她告诉苏 罗莉，“我看到想工作的人得不到工作岗位，的确感到非常揪心。但是我知道，不能从稀薄的空气中变出工作岗位来。”她甚至还充满占有欲地谈论“我的煤矿”和“我的房产”。这种语言不可避免地引起人们对她实施个人统治的指责。后来她因使用复数受到了批评。她抗议说，之所以这么说，是因为她不是“一个‘大我’”的人。

有时，如果希望强调集体责任，这样说倒没有什么错误。不过，在其他场合，如果她想使自己与政府保持距离，使用单数第一人称给人留下的印象是，政府的失误与她本人没有关系。事实上，在单数与复数之间，她经常来回变动。有时甚至在同一句话当中，譬如在向苏 罗莉确认自己关心失业问题时，她说“假如我们做不到，我就失去人性。”头脑清醒时她所有的思维全被政府的事情所占据，因此，撒切尔夫人真的在本人与她作为政府首脑，更具体说，作为伴着她的巡游马戏团头头之间，不加任何区别。

玛吉崇拜

到了这 10 年的中期，撒切尔夫人已经成为一个机构，成了国家风景里永远不变的一部分，围绕她出现一种前所未有的个人崇拜。首先，她给自己的名字后面加上“主义”，以前任何一位首相也没有这样做过：这是一个相对清晰但时有自相矛盾的思想、态度及价值观主体，她的个性将这些东西不寻常地连贯在一起。她对国民想象力的控制远远超过政治领域。老年人和年轻人一样，都难以想象没有她的生活。对仰慕她的人来说，她是“玛吉”，而对手们则简单称她“撒切尔”。两方都认为，她对所有的事情，不管是好是坏，都负有责任。所有这一切都发生在被大量书籍所称的撒切尔时代：一半人口认为她一人拯救了国家，另一个半人则认为她一手摧毁了国家。这一时代被冠以撒切尔时代是必然的。

爱也罢，恨也罢，她像一种自然力一样无法避免。其他绰号大量涌现，有朱利安·克里奇利、丹尼斯·希利及其他人发明的“伟大的母象”“母鸡阿提拉”“芬奇利凯萨琳大帝”“玛吉图拉”（与伊朗伊斯兰革命的独裁者阿亚图拉·霍梅尼相比），或者仅仅是“那个女人”。然而，所有其他的绰号都过于牵强，没有一个可以代替包含她所有不同人物角色的“玛吉”。为女性政治家提供的能引起共鸣的角色模型，其范围远远超过了男性政治家，撒切尔夫人充分运用这些角色，从家庭妇女到母亲，到各种各样的女性权威人士，再到母老虎。她的敌人企图用这些形象诋毁她，结果只会增强她的权力光环。母老虎欺负懦弱的男子，符合深受人们喜爱的英国喜剧传统，这种传统在音乐厅及海景明信片上得到永恒；而残忍的女王形象——赖德·哈格德描写的令人生畏的她（“她是一个必须服从的人”）或者卡莉（令人生畏的印度教毁灭女神）——只会赋予她一种令人恐惧的半神话能力，这是男首相不曾有的。男性暴君只会让人憎恶，而一位强大的女性则会从男男女女的众生招来痴迷般的敬慕。

媒体同样痴迷于她个性中的女性一面，他们一直在寻找泪水或其他可以揭示“内在的女人”的软弱迹象。众所周知，她在电视上只哭过两次，一次是 1981 年马克在沙漠中失踪，另一次是 1985 年向米里亚姆述说她父亲被赶出格兰瑟姆市议会的情景。不过，英国首位女首相在让男性政治世界女性化方面并没有任何建树，这令女权主义者感到绝望。她从来没有与平等机会或政治正确做过任何交易。“妇女解放运动对我有何影响？”又一次她质问道。在所有品德中，她最为敬慕的，并且声称是自己具备的，就是坚强。

然而，与此同时，她却非常具有女性魅力，并从充分利用这种魅力中获得了许多力量。

她喜欢贬低男人，并声张女人的优越感。然而，不管在政府内，还是更大范围的公共服务领域，值得提拔的同性别人士却非常少。珍妮特·扬是在撒切尔内阁中唯一的女性，在内阁待的时间不长，但在自传中，撒切尔夫人严厉批评她不能胜任工作。扬夫人反过来评论说，撒切尔夫人根本不喜欢女人。她虽然声称具有女人的特殊品德，但只喜欢成为唯一的一位。随着年纪增大，她越来越不鼓励其他女人跟随她的职业生涯，而是告诉她们，妇女的角色在于主持家务、做母亲和抚养家庭。1988 年在保守党妇女大会上，她说支持妇女有权成为律师、医生、工程师、科学家或政治家。她怎么能不支持呢？不过，她继续说：“许多妇女希望将主要精力放在抚养家庭和管理家务上，我们也应该有这种选择。”

这时，她在电视上占据非同寻常的统治地位。人们对她的技巧进行了学术研究。研究表明，她通过扭转局势，以攻为守，通常连最有经验的采访记者都会被她吓倒。她不让别人打断，同时又谴责别人打断了她。她直呼他们的教名，让他们处于守势。“她常常将问题个人化，把问题变成指责。”唐纳德·麦考密克评论说。例如，有一次他斗胆建议她灵活点。“灵活？”她反驳道。“在保卫民主、保卫自由、保卫法律与秩序上我不会灵活，你也不应该灵活，BBC 也不应该灵活，其他任何人都不该灵活。”

不过，她依然仇恨电视。对重要的访谈节目她都要做大量的演练。到了电视台后，对她一定要非常小心。“她像一头烈马，需要镇定下来。”戈登·里斯告诉伍德罗·怀亚特。“如果人们围住她，拥挤她，她会感到紧张。她必须保持安静。”像生活中的所有其他事情一样，她教会了自己，只有凭借意志力与苦干才能占据支配地位。

最重要的是她休息的时间仍然非常少。每晚睡 4 个小时的说法也许夸张了一点，但她肯定可以一连数日每天只睡 4 个小时，她的睡觉时间从来没有超过 5 到 6 小时。她纯粹用身体的耐力支配着政府。

在一般情况下，她的健康状况非常好，尽管她也感过冒，得过不少的小疾病，但这些都没能让她长时间躺下。她不喜欢锻炼，体重却从来没有增加，她服用大量的维生素片。担任首相期间她做过三次小手术：第一次是 1982 年做的静脉曲张手术；第二次是 1983 年的视网膜脱落手术，第三次是纠正右手手指痉挛，即杜普伊特伦挛缩（也称“车夫握拳”）。1987 年 6 月大选期间，她出现了可怕的牙肿痛，通常牙疼会给她带来越来越多的困扰。她还需要戴阅读眼镜，60 岁以后更是离不开，但她不喜欢在公开场合戴眼镜，因此她的“首相答问”摘要和演讲词不得不用大字体印刷。她从来不承认任何虚弱的迹象，1987 年 11 月在白金汉宫出席一次外交接待会期间，她差点晕倒，这让她特别恼火。事件曾引起人们有关她终于出现衰退迹象的猜想，一连串的文章还提出了伪医学建议，认为她的工作节奏应该慢下来。她对任何有关她开始显示出老相的说法都非常敏感，1989 年她唱“祝你生日快乐”，企图阻止人们在保守党大会上庆祝她的 64 岁生日。

她没有真正的朋友，因为她一生都没有留出结交朋友的时间。在某种程度上，丹尼斯是她最好的朋友。在唐宁街的日子里，他们之间的关系比婚姻早期更加紧密。当然，丹尼斯有的是朋友，但他们很少有朋友夫妻，因为他们从来就不是以夫妻的身份来结交朋友。在唐宁街他们从来不招待私人朋友，不过只要她有短暂的真正放松机会，他们偶尔也会静悄悄地与信赖的夫妇一起在外面用餐。

可悲的是，巨大的成功使她得以主宰她的时代，然而在这种成功背后，撒切尔夫人却是一位为工作而活着的受驱使、没有安全感而且相当孤独的女人，有朝一日（这个日子最终一定到来）惊人的事业一结束，她本人也就迷失了方向。早年，她有着惊人的精力，她专心致志，她不肯放松，她不愿承认任何软弱，或者不愿相信任何人可能比她做得更好，所有这些都是她成功的力量以及部分原因，然而，她越是这样坚持，这些优势越会转变成劣势。她失去视野，越来越自以为是，倾向相信自己的神话，根本不能给同事授权或信任同事。因此，政府领导的不是一个团队，最终不能为继任者移交做好准备，却越来越将注意力集中在她个人身上。到头来，肯定只有泪水，而且必然是泪水。

第二十一章
低谷与复苏

直升机、泄密及谎言

最能揭示撒切尔夫人如何运作政府的事件，莫过于1986年初在有关韦斯特兰德直升机公司未来问题上突发的危机。它超过了撒切尔夫人首相生涯中其他任何事件，向睽睽众目暴露出她与同事之间关系的现实情况，暴露出她更信任她的私人办公室中的非选举官员。这一问题本身并不太大，但是引起的问题却直指宪政的核心。结果，在1990年欧洲联合及人头税出现之前，韦斯特兰德事件超过其他任何事情，几乎提前结束了她的统治。

问题起因于一位雄心勃勃、具有独立思维的大臣。迈克尔·赫塞尔廷一直是撒切尔夫人鸟窝中孵出的一只布谷鸟。他既不是货币主义者，又不是一位"湿才"，而是一位充满活力、不愿认错的社团主义者，很像特德·希思的样子。他心中的政治英雄是戴维·劳埃德·乔治。撒切尔夫人不得不承认，在环境部以及后来的国防部工作期间，赫塞尔廷是位实干的大臣。在国防部期间，他靠着信念与天赋处理了反单方面核裁军的问题。然而，撒切尔夫人不信任他的干涉主义本能以及他的雄心，并怀疑他对细节情况掌握的程度。同样，她对赫塞尔廷利用上镜机会，从柏林墙上观望铁幕对面或穿着防弹背心走访格林汉姆康芒，感到气愤，她认为这些都应该是她的保留节目。在国防部，撒切尔夫人密切地注意他处理的问题。在这块领地上，内阁中两个最强的自我不可避免地要发生冲突。

除了其他问题以外，他们在核政策上也出现了分歧，特别是在英国如何应对里根总统的战略防御计划上。在自传中撒切尔夫人对这个问题处于"严密的个人控制"之下并没有致歉，因为在她看来"外交部和国防部均没有以足够认真的态度对待战略防御计划"。尽管她自己对这一计划也感到怀疑，但她坚定不移地认为，英国必须被视为支持这一计划。赫塞尔廷的热情远远低于撒切尔夫人，在如此重大的防务问题上，她不与这位国防大臣商议而单方面作出决定，他对此感到气愤。

这些紧张关系构成了韦斯特兰德事件的背景。撒切尔夫人后来指责整个危机出自一个人过于自负的野心，指责他任性地拒绝接受集体负责的纪律。赫塞尔廷确实做事鲁莽。毫无疑问，他在处理一家小型直升机制造商前途这样一个小问题上有失妥当，将韦斯特兰德加入美国西科斯基公司还是（某种程度上的）欧洲武器制造商影子财团（包括英国航空工业公司以及通用电气公司）的问题，上升到英国外交政策的取向上：是美国还是欧洲，并扩大到他本人与首相之间的实力较量上。当撒切尔夫人将政府的外交重心放在美国之后（同时这也是韦斯特兰德董事局倾向的选择），他公然无视她的权威，继续大力游说欧盟替代方案。首先，他促成欧洲国家军备主任们宣布，未来只购买欧洲制造的直升机。然后，在新任工贸大臣列昂·布里坦宣布政府支持韦斯特兰德公司加入西科斯基公司之后，他还在新闻媒体中安排报道，继续推动欧洲方案。

一位内阁大臣无视他自己政府所做的决定是无法容忍的行为。赫塞尔廷的理由是，他被剥夺了向内阁提出欧洲选项的机会，所以被迫在外围作战。在辞职后，他尤其指责首相单方面取消定于 1985 年 12 月 13 日举行的内阁经济事务委员会，因为在 4 天前的会议上，他曾获得太多的支持。相反，撒切尔夫人则坚持说，根本不需要开第二次会议，因为大多数人的观点一开始就很明确：政府做出了自己的决定，唯独赫塞尔廷拒绝接受。

绝大多数证据显示，这时的她并没有出现错误。最初赫塞尔廷曾得到了大量的支持。然而，他一直是一只独行的猫，做事极为差劲。与首相发生正面争斗时，竟然忘记了对手直升机制造商的相对优点，于是他的潜在盟友溜回首相一方。不过，他的抱怨是有根据的。撒切尔夫人根本不像她对外宣称的那样保持中立。她不但明显地喜欢美国方案，而且决心打败他，就像赫塞尔廷希望打败她一样。威利·怀特洛等同事认为，作为一个原则问题，具有强烈主张的资深大臣有权把自己负责范围内出现的问题提交内阁讨论。但韦斯特兰德问题从来没有提交到内阁。12 月 12 日，赫塞尔廷企图强行将这个问题放在议程上，他却被专横地认为行为失当。

问题在于撒切尔夫人既不想容忍他，不让他有机会将此事提交全体内阁，又不准备与他发生直接对抗，迫使他改变立场。到了 12 月中旬，显然他拒绝接受政府的决定。事后看来，她当时应该撤销他的职务或要求他辞职。但是，由于他的实力过于强大，她不敢那样做。他不会像被人瞧不起的“湿才”那样，静静地离开，在后排议员中，他会成为一位鼓动撒切尔夫人批评者的中心人物，其危险性远远超过皮姆。撒切尔夫人转而选择了自己熟悉的媒体操纵方法，企图削弱他的力量，结果泄漏了过去 6 年里对几位相对容易对付的同事所采取的手段。这一次，她，或者代表她的某个人，不小心布下的炸弹却在她的面前发生爆炸，成为马岛事件与人头税之间最严重的事件，几乎将她拉下了台。

错误出在泄露一位检察官的信件上。有一条严格的惯例规定，法律咨询意见必须保密，检察官们自身捍卫这个惯例，其坚决程度让人羡慕。然而，不论如何扭曲这种惯例的精神，曾经当过律师并在一般情况下坚持正确程序的撒切尔夫人和肯定懂得同行律师敏感性的御用大律师布里坦，却在没有得到同意的情况下，故意采用副检察长帕特里克·梅休委托的信件，败坏赫塞尔廷的名声。他们受到了太多的挑衅。圣诞节及新年期间，赫塞尔廷还在继续努力，企图保留欧洲选项。1986 年 1 月 3 日，他把与代表欧洲财团的商业银行家之间的来往信函交给了《泰晤士报》，在信函中他警告说，如果接受美国援救方案，韦斯特兰德将面临丧失欧洲订单的风险，显然与撒切尔夫人几天前向约翰·卡克尼子爵所做的保证存在矛盾。撒切尔夫人理所应当地决定，这种情况应该予以断绝。然而，她却没有直接这样做，而是劝梅休写信给赫塞尔廷，对他提出警告的依据提出质疑，然后，安排对他的信件做了破坏性的简化，公布于众。

撒切尔夫人后来承认，她的确是梅休信件的始作俑者。“因此，我通过我的办公室请他考虑写信给国防大臣，请他注意这种意见。”事实上她认为梅休的努力还相当不够。他只做了试探性的说明，认为根据他引述的证据，赫塞尔廷可能夸大了自己的理由。他请求澄清，赫塞尔廷立刻提供了澄清（梅休也接受了）但是梅休的信件里确实包含“实质性不准确”几个字。正是这几个字被断章取义，泄露给联合通讯社，再经过炒作，反映在第二天的新闻标题上。“你这个说谎者！”《太阳报》大声呼喊，而《泰晤士报》则更为平静地将同样的信息改述为“检察长告诉赫塞尔廷：坚守事实”。撒切尔夫人后来一直认为，虽然她对这种做法表示后悔，但是“至关重要的是，在公共领域里应该有准确的信息”。“公众应该了解，有人认为”赫塞尔廷信中，“存在实质性的不准确，这是一种责任。”但是，梅休的信中并没有相反的信息。泄露这封信的唯一可能目的就是诋毁赫塞尔廷，或许诱使他辞职。这种做法与以前诋毁没有作为或持异议大臣的手段之间的区别，是梅休以及他的上司检察长迈克尔·哈弗斯为使用这封信件而感到愤怒，要求进行调查，找出罪魁祸首。

信件泄露本身并没有促使赫塞尔廷辞职。当然，两天之后他戏剧性地走出内阁时，就有人猜测，他的行动是有预谋的，尤其是在几小时之内他竟然发表了一份 2500 字的声明，详述对撒切尔夫人执政风格的抱怨。不过，在威斯敏斯特，数月来赫塞尔廷几近辞职的事情却不是什么秘密，因此他应该已经整理出自己的诸多不满，待时机成熟时加以修饰，这一点并不让人感到意外。他在内阁中最亲密的朋友确信，当天他并不是要辞职。人们感兴趣的是，撒切尔夫人到底是不是故意逼他采取行动。她肯定在内阁内立下了非常严格的规程，坚持认为大臣之间的公开争吵必须停止，将来一切有关韦斯特兰德的声明必须通过内阁办公室予以澄清。赫塞尔廷对这一条本无异议，但后来尼古拉斯·里德利却插了进来，说明这项要求同样适用于重申过去发表的声明。这一点似乎就是为了无缘无故地羞辱赫塞尔廷。他的反应就是拿起文件，离开房间。没有人知道他是已经决定辞职，还是去了洗手间。不过，在自传中，撒切尔夫人以不加掩饰的满足感写道，尽管内阁中有些人对他的举措感到“震惊”，“我却没有。迈克尔自己做出了决定，一切顺从自然。我已经知道接替他的人选了。”人们怀疑里德利是被授人以柄，要把赫塞尔廷逼到悬崖。

显然，看到最危险的同事自毁前程，撒切尔夫人并不感到遗憾。她让内阁做咖啡休会，跟怀特洛和韦克姆进行了简短的商议，然后把乔治·扬格叫回来，将国防部交给他负责。扬格坚称事先他并不知道任何消息；不过国防部是他一直希望去的部门，于是他立刻接受了。从来没有一位辞职大臣被如此迅速地接替过。

几小时之后，赫塞尔廷本人发表声明，说明在这场争论中自己所持的观点，声称“内阁政府已经完全垮台”。在撒切尔夫人的属下大臣中，赫塞尔廷并不是第一位或者最后一位断言这样管理政府是完全行不通的撒切尔夫人属下大臣。然而，在直升机和赫塞尔廷辞职问题上的争论仅仅是韦斯特兰德事件的开端。更为严重的是对梅休信件泄露这一明显微不足道的事情的追查与澄清，它不但对首相的实力，而且对她的诚信打上了问号。

迈克尔·哈弗斯爵士认为，向同事泄露副检察长法律建议的事情性质严重。在所有报纸公布梅休信件的当天上午，他就直接去了唐宁街 10 号，威胁除非立刻成立调查委员会调查事因，否则他就要去报警。撒切尔夫人只好同意。困难在于要求她调查一个由她自己启动，至少有她私人办公室参与的程序。如果她当时不知道信件如何到了联合通讯社，她只要 5 分钟的时间，要自己的工作人员告诉她就行。因此，邀请罗伯特·阿姆斯特朗从事为期 10 天的调查，从一开始就是一出把戏。只可能成为一种掩盖，结果最后果真如此。

在对绝大多数当事人进行调查与听证后，对有关发生的事情只有一个细节之处没有取得一致意见。必须承认撒切尔夫人的确请梅休周末写信。他不慌不忙，到了星期一上午才写，并将信件抄送给财政部、外交部和贸工部。撒切尔夫人明确对贸工部讲，她认为这件事情“很紧急，需要在下午 4 点前让公众知道”，韦斯特兰德公司定于下午 4 点召开新闻发布会，公布做出的决定。英国贸工部信息总监科莱特·鲍是一位很有抱负的文官，作为信息官员临时负责，她非常明白要求她做的事情并不合规范。她想请示常任秘书，但正巧他不在办公室，也联系不上。于是，她就联系“政府信息处”的上司伯纳德·英厄姆，希望他通过唐宁街 10 号新闻办公室处理此事。英厄姆找了一个理由回绝了。他在自传中写道：“我告诉科莱特·鲍，我必须确保不能让首相牵扯上那种事情。”但是鲍小姐清楚地知道，尽管没有得到直接指示，她是代表她的大臣泄露这封信件的，而唐宁街 10 号肯定是知道的。

考虑到后来引起的争议，值得注意的是，撒切尔夫人在向下院报告阿姆斯特朗调查结果时，明显承认唐宁街 10 号在此次泄露中存在合谋行为。“人们接受贸工部应该公布这一事实（即梅休认为赫塞尔廷的信件不准确），考虑到事情非常紧急，公开的方式应该是给联合通讯社打电话。”这种承认毫不含糊地暗示，她的办公室，通常是指英厄姆和科莱特·鲍，是事件的起因。她坚称没有请示过她本人，但仅仅是因为不需要向她请示。不过，她重申，“假如请示了我，我会说必须寻找另一种途径公布相关事实。”

在追问下，她反复说她希望对外披露能够采用“更正确的方法”，但事实上并不存在任何公开检察官法律建议的正确方法。不过，在回答克里兰·翁斯洛提出的一个善意问题时，她下意识地承认自己曾经批准了这种做法。“关键的问题是在公共领域里获得准确信息……正是为了让公共领域得到准确的信息，我才表示同意。”抓住这一点似乎只有特立独行的工党后排议员塔姆·达利埃尔。四天后，在有关韦斯特兰德问题的主要辩论中，他引用了她说的上述话。撒切尔夫人解释说，她指的同意是同意做调查而不是同意泄露信函。显然，当时她说话的上下文背景并不是她所解释的意思。后来，面对负责调查这一事件的专责委员会，罗伯特·阿姆斯特朗大加掩饰，说她的话属于“口误”。然而，口误经常吐露实情。让人感到意外的是，穷追不舍的达利埃尔却放过了这一至关重要的承认。

相反，她却被允许继续维持自己的说法，即她之前并不知道泄露，至少不知道这种泄露方法，直到“若干小时之后”。这样，她通过了让阿姆斯特朗调查她私人办公室的行为这出把戏。在长达 10 天的时间里，阿姆斯特朗佯装进行着自己的伪调查活动，撒切尔夫人则依然假装全然不知内情。后来，他提出了调查报告，得出结论，贸工部根据布里坦的指示向外泄露了这封信件。撒切尔夫人做了一个非常震惊的手势。“里昂，你为何没有告诉我？”他的替罪羊承认，迈克尔·哈弗斯被打动了。“除非首相是我平生所见过的最出色的演员，她表现出和其他人一样的震惊，泄露竟然是里昂·布里坦做的指示。”

1 月 23 日和 27 日，在下院出现危机的是首相的诚信。更严格地说，是她在明显的谎言中躲避被抓的能力，因为来自各个政党的大多数议员都认为，在事前或事情发生之后很短时间内她没去检查贴身助手如何执行她的指示，这种事情是不可能的。

她精心编造的声明保护了所有各方：布里坦和他的官员，首相和她的官员，所有人都是“善意行事”。总检察长与检察署署长协商后决定，任何人都不应该受到起诉。最重要的是，撒切尔夫人承认，英国贸工部不但具有“自己国务大臣的授权（而且）有我办公室的保证（cover）来从事此事”，布里坦坚持的辩护中也包含保证（cover）这一词汇，但不足以保护他。第二天，他被迫辞职，原因并不是他对泄漏事件承担责任，而是他“不再拥有同事们的充分信任”。

布里坦从来就不受人们欢迎，这是一件令人难堪的真实事情。他过于聪明，目空一切，性格软弱，还有，他是一个犹太人。在他在下院糟糕的一系列表现中，最明显的莫过中了赫塞尔廷设计的圈套，否认曾收到过英国航空工业公司首席执行官的一封信。几个小时以后，他不得不又回到下院，承认实际上他收到过这封信。在梅休信函事件中，他充其量是过于天真。他不是一只心甘情愿的替罪羊。然而，保守党中那些著名的“穿灰色西服的人士”却口气强硬地告诉他，后排议员要他的头。像马岛事件后的卡林顿勋爵一样，为了拯救首相，必须有人做出牺牲。布里坦的代价是一系列令人生厌的书信往来，在信中撒切尔夫人公开讲她曾试图说服他留下来，因此含蓄地承认他并没有做错，但没有答应很快将让他重回内阁。

牺牲了布里坦并没有让她得到解脱。工党提议议会休会到 1 月 27 日。有些问题仍然没有得到答复，其中最重要的问题是伯纳德·英厄姆和科莱特·鲍在这一事件中的角色。如果撒切尔夫人本人没有授意泄露，那么他俩中的一个人或他们两人肯定这么做了。如果是这种情况，他们就是滥用文职官员职权。同样，内阁秘书罗伯特·阿姆斯特朗似乎协助了这桩目的不在于寻找真相而在于掩盖真相的假调查。信函泄露这件小事似乎已经暴露出在政府的核心中存在着操纵及欺骗的文化，仍然需要首相予以澄清。跟 4 天前的声明一样，她的发言稿必须认真起草，面面俱到。措辞形式必须与布里坦一致，以确保他保持沉默，赫塞尔廷还可能出来捣乱。除了周六晚间不得不出席芬奇利年度晚宴舞会以外，她和她的工作人员，包括阿姆斯特朗，整个周末都在准备这篇发言稿，内阁会议室的桌子上不寻常地摆满了各种文件。星期一早上还让一批资深大臣审查了讲稿。1990 年 11 月之前撒切尔夫人对同事的依赖，从来没有如此令人痛苦地暴露过。

与此同时，首相还召来罗尼·米勒对文件进行最后润色。米勒发现撒切尔夫人格外紧张，犹豫不决。就是在这个时候她说到了晚上 6 点，她可能不再是首相了。英厄姆坚称，这只是一个玩笑，后来在电视上她自己声称，那只是“任何人都会随口说的话”。然而，当时她无疑是这样想的。假如尼尔·金诺克抓住属于自己的机会，撒切尔夫人下台就可能成为现实。

然而，金诺克却弄砸了这个难得的机会。他有两条路线可以发动进攻。他可以占领宪法高地，竭力调动下院两派对故意模糊良好政府惯例和文官政治化所感受到的忧虑。他还可以对撒切尔夫人以前听证中的出入、回避以及承认等进行法医检验。然而，他却一头扎入对政府“不诚实、表里不一、纵容密谋及操纵”等模糊不清的语言谴责之中，立刻形成一种党派气氛，让保守党团结到保卫首相的立场上。不到一分钟后，当议长要求他撤销“不诚实”这几个字时，他就泄气了。“有几秒钟，”艾伦·克拉克写道，“金诺克真把她逼到了绝境，你可以看到她的两只蓝色眼睛里出现了恐惧的神色。可后来他向空中开炮，给了她喘息的机会。”

金诺克气势汹汹，结果却是撒切尔夫人不用对以前所说的事情做出任何补充说明，就可以轻易逃脱，她只承认是她促成了梅休写信这件事情，泄露信函并没有得到她的允许；是哈弗斯爵士要求进行调查。除了这些细节以外，她坚持自己的说法，认为泄露起因于“官员们对寻找的东西和所给的东西之间在理解上出现真正的差异。”她马马虎虎地作了道歉，但重申自己“直到事情发生几小时”才得知泄露。有关鲍威尔与英厄姆，她什么也没有说。重新获得信心后，她转而攻击金诺克“拿人们的工作职责玩政治把戏”，讲演结束时，她蔑视一切地承诺，将“以新的力量来推行自由及所有……维护我们国家的强大与安全。”克拉克认为这是“一次辉煌的表演，勇敢而毫无羞耻感。我们脱离了险境”。

撒切尔夫人躲在她的官员们的身后反复坚持说事先没有人请示过她，同时也否认他们超越了自己的权限，她拒绝让鲍威尔和英厄姆提供证据，阻挠调查委员会的工作；而罗伯特·阿姆斯特朗则代表整个文官体系出现，极其老到地粉饰了所有的事情。不过，到了这时，这一点已经无关轻重。1 月 27 日，尼尔·金诺克未能让撒切尔陷入尴尬时，危机就已经过去了。对这件事情认识最为清楚的，莫过于挑起事端的迈克尔·赫塞尔廷。他将金诺克的发言形容为 10 年来最差的议会表现。“充分利用政府的困境是宪法赋予反对党的责任，”他回应道，觉得有种受到挫折的感觉，“但是，他们在这个方面连干出一桩体面事的本事都没有。”赫塞尔廷意识到，继续追踪首相已经没有更多的路可走，他转而对她“困难而勇敢”的声明表示祝贺，宣称他本人对她所说的话表示满意。

在错综复杂的韦斯特兰德事件中，撒切尔夫人本人成了最大的输家，她丢掉了迄今为止属于她的至高无价的资产——正直的声誉。韦斯特兰德包庇事件涉及的只不过是一封信函泄露而已，然而她给人留下挥之不去的印象，即为了挽救自己的尴尬场面，保护自己的随从，她误导下院，让一位不幸的同事为由她开始的欺诈行为承担过错。对于一位以诚实而自豪，基于清晰的是非观宣扬政治道德的人来说，这是一次痛苦而屈辱丢人的打击，是她职业生涯的最低点。后来，她恢复过来了，但永远无法完全重获道德高地。从此之后，她成为又一位油腔滑调的政客，走投无路时便对人说谎。

“该死的女人”

1986年最初的几个月，撒切尔夫人的首相生涯跌至低谷。1980年到1981年，她曾经不受欢迎，但当时支撑她的有自己燃烧着的信念和几位志同道合的信徒，她相信自己所做的事情是正确的。然而，到了1986年，在韦斯特兰德事件上出现的泄露与逃避，让她在道德上受到伤害，直率清廉的声誉一扫涂地。她损失了两位大臣，自己也勉强渡过劫难，权威明显受到削弱：她再也承受不了更多的辞职了，不得不更加尊重她的同事，而这一点并不是马岛战争以来她所形成的习惯。随着威斯敏斯特注意力开始转向下届大选，有迹象表明，就政府连任的机会而言，她正在变成一种债务，而不再是一种资产。越来越多的人谈论，执政7年之后，她已经失去了前进的动力，在位时间太长，在下届议会的某一刻不得不下台。评论家开始猜测，继任者可能在迈克尔·赫塞尔廷与诺曼·特比特之间。

然而，这根本不是撒切尔夫人的想法。她不安地认识到，在第二任期内，尽管经济出现了复苏，私有化取得了成功，政府却没有实现本该实现的绝对胜利。太多的精力被分流到打败矿工以及其他分心的事上，结果更为积极的目标却没有实现。回头看来，她将丧失势头归咎于1983年大选前缺乏详细的准备，为此她很不公平地指责杰弗里·豪。但是，考虑放弃并不符合她的性格。相反，她决意向公众表明，自己的精力与激进态度丝毫未减。现在，由于经济明显已经得到梳理，失业最终出现下降，劳森宣称出现了经济奇迹，因此她急于将注意力转移到一直是自己真正目的的东西上，这就是重塑英国社会的道德在头两任里，她打破了充分就业的禁忌，降低了通货膨胀，并开始对混合经济进行剧烈的重新平衡，但她几乎没有触动战后协议的第三根支柱福利国家。许多支持者认为，尽管为时已晚，她这时却决意以这种社会议程参加下届选战，采用“一套（……顾问们不顾我的反对，希望称之为）社会撒切尔主义的政策”，以重新获得政治主导权。实际上，对于这些改革的确切内容，她根本不像她传教式的语言所表现的那么把握十足，然而，她绝对下定了决心，要重新获得前进的感觉。

问题是即便她没有精疲力尽，大量的证据却表明，公众对她越来越感到厌倦。保守党在民调中一直落后于工党及社民党与自由党联盟，4月，她个人的支持率跌到1981年城市骚乱以来的最低点，仅为28%。4月13日，特比特和他的参谋长迈克尔·多布斯（从盛世长城公司临时调任）去了首相别墅。这是一个并不愉快的经历。他们向首相提交了盛世长城主持的民调的结果。结果表明，不但政府“迷失了方向”，“失去了动力”，而且她本人已不再是其中的资产。她因打败加尔铁里将军、征服通货膨胀以及驯服工会组织而受到赞扬，但现在似乎已经用完了所有有价值的敌人。

没有新的战役可打，首相的战斗品质便成了缺陷，她的坚决成为固执，专心致志成了缺乏灵活，坚强的意志则成了不善于听取别人的意见。

特比特与多布斯不得不告诉她，这些属性正在变成所谓“TBW 因素”，TBW 是“那个该死的女人（That Bloody Woman）”的缩写。盛世长城公司建议，作为策略，首相参加下届选举应该采取低调。当然，她坚决不同意这一点。她不想被人推到陪衬的地步。她怀疑特比特已经在为自己铺路。几周后，特比特对撒切尔夫人领袖地位的支持显得格外冷淡，证实了她的怀疑。

她拒绝接受盛世长城的民调结果，而启动了美国扬罗比凯公司的替代研究项目。这家公司正竭力取代盛世长城，他们适时提出了更容易接受的研究结果。研究表明，撒切尔夫人本人并不是问题所在，但保守党面向雄心勃勃而成功的人士（用广告术语说就是“成功人士”）的诉求过多，而面向普通人（“主流人士”）的诉求却严重不足。根据这种解读，只要她表现得不那么教条，致力于实际改善人民生活，她的目标力量将仍然是一种资产。这显然是她更愿意听到的。她一直认为自己与那些长期受苦、勤奋工作、遵守法纪的中产阶级有着特别密切的关系，首先她把他们当成“她的”人民。她已经让经济走上了正轨，并且收拾了工会势力，现在就想为中产阶级多做点事情。这，就是她第三任期的使命。从这时起，她接受两套平行的民调建议，一份官方的建议是特比特与中央总部安排盛世长城公司做的，另一份非官方的建议则是背着特比特由扬罗比凯公司提供的。她把这份报告只提供给一小部分特别信任的大臣与私人办公室的工作人员，这些大臣包括怀特洛、韦克姆、劳森和赫德。这种破坏性的双重做法一直贯穿于 1986 年全年，并进入下年的大选。

她推出了一种更像集体领导的风格，试图扭转专横的形象。约翰·韦克姆建议，她应该建立（更重要的是被外界看作建立）一个战略小组，在大选过程中控制政策与表述。她接受了这个建议。从表面上看，这是类似一个内阁中的内阁，自从 1979 年由货币主义经济大臣组成的内部核心成员举行“周四早餐会”以后，她从来没有承认过类似的组织。当时的一个电视节目立刻将这一组织起名为“A 团队”，其成员有威利·怀特洛、三个关键部门负责人（豪、劳森与赫德）、保守党主席特比特和保守党首席议会督导韦克姆。实际上，A 团队更多地被用作对外展示，而并非实质内容，更多的是为了限制特比特，而不是分权，是将竞选计划掌握在撒切尔夫人手中的一种手段。第三任期改革的大部分基础工作，在她的监督下由唐宁街政策研究组完成，并不是由政府各个部门所形成的。

有一个非常重要的例外，成为1987年以后最有争议的政策倡议。其实，早在1985年，在这项政策倡议上已经达成一致。最早提出这项政策倡议的是环境部，而不是政策研究所。人头税让撒切尔夫人栽了跟头后，它经常被形容为她盛气凌人作风的缩影，是她个人痴迷于废除各种地方税（all the rates）造成的结果，而且完全是在她的坚持下在被驯服了的内阁中通过的。事实上，在撒切尔年代所有的改革项目当中，没有一项政策能像这项政策这样通过了所有相关的委员会，经过了极其详尽的讨论与辩论。跟往常一样，在认可方案可行方面，首相是最后一位被说服的人。然而，一旦确信可行，她就会坚定不移，拒绝放弃。在自传中她仍在辩解，认为人头税原则上没有错误。不过，所有这一切都是历届环境与苏格兰事务大臣（以及他们手下的人）最先开始的。

当然，撒切尔夫人兑现1974年承诺的废除房产税的愿望丝毫未减。她原则上从不喜欢征收各种财产税，因为这样会挫伤人们改善生活的积极性。工党控制的市议会对属于保守党的家庭业主提出沉重的征税要求，而把资金花在大部分拥护工党的不纳税选民上，撒切尔夫人渴望找到一种途径，阻止这种做法。从1979年到1983年，迈克尔·赫塞尔廷一直在寻找可行的替代方案，结果没有成功，之后，撒切尔夫人将注意力更多地转移到控制地方政府奢侈的支出上。1984年底，帕特里克·詹金设立一个部级调查委员会，委派自己的副手肯尼斯·贝克和威廉·沃尔格雷夫寻找圣杯般的解决方案，这才很不明智地让这个问题浮出水面。沃尔格雷夫又去咨询曾在特德·希思智囊团一起工作的老上司维克托·罗思柴尔德。后来撒切尔夫人将导致人头税的“许多激进思维”归于沃尔格雷夫，但是保守党思想边缘上的其他许多明亮的火花，包括亚当·斯密研究所，同样也参与其中。

打消她最初疑虑的事件发生于1985年2月，人们对重新评估苏格兰税率表示出强烈的不满，因为这份评估有可能引起大幅增加可征税资产价值的危险，尤其是在中产阶级地区。3月，威利·怀特洛从贝尔斯登富庶的格拉斯哥市郊考察回来，被途中遇到的愤怒情绪“严重动摇”。怀特洛和乔治·扬格说服首相，必须采取某种紧急措施：他们的警告恰好遇上沃尔格雷夫审查小组提出的他们认为可行的选择方案。因此，3月31日，撒切尔夫人在首相别墅召开会议。会上贝克、沃尔格雷夫和罗思柴尔德就他们的建议做了一个非常漂亮的介绍，有彩色幻灯片和挂图。沃尔格雷夫结束陈述时用了据说是帕特里克·詹金建议的一句话：“按照这种方案，首相您将会实现废除房产税的承诺。”撒切尔夫人就这样被说服了。

5周后，她参加了苏格兰年度保守党大会，在会上她告诉会议代表，政府已经倾听到他们的愤怒声音。“我们已经到了这样一个阶段，即无论拼凑多少现有体制都无法克服固有的不公平现象”，她宣称。政府正在研究对地方财政进行彻底的改革。“税务负担应该减轻，对少数人幅度不会太大，而对大多数人来说相当大。”每个享受市政服务的人都应该平等地支付服务费用的想法从字面上讲并不是一个坏主意。只有三分之一的人缴纳了全部税费，然而大家却都去投票决定自己并未缴纳费用的开支问题，这一点在原则上是错误的，在实践中是腐败的。“我的父亲一直说大家都应该出点钱”，她告诉伍德罗·怀亚特。“哪怕只有六便士。”当时设想到摊在每个人头的税费不会超过 50 到 100 英镑。

奈杰尔·劳森没有参加在首相别墅举行的研讨会，但后来他提交了一份文章，警告从事方案研究的内阁委员会所提出的平摊税费的方案将被实践证明是，“完全不可行的，政治上是灾难性的。”他准确地预计到，人头税将很难收取，而工党控制的市议会只会大幅度增加支出，同时会指责政府设立了新的税种。他建议对资本价值采取等级征税的办法（与 1991 年赫塞尔廷提出的、最后替代人头税的税种非常相似）。然而，在表达了自己的不同意见后，劳森后来放低了姿态，既没有施加作为财长大臣的权威，也没有试图与赫塞尔廷及沃克联合，一致反对这项税种。在他的回忆录中，劳森刻意让自己与后来发生的灾难保持距离。然而，如果财政部反对，就不可能引入任何新的税种。劳森非常准确地发现了人头税的缺陷，但他却未能制止这种做法，实际上他是负有极大责任的。

1986 年 1 月，肯尼斯·贝克（上年秋天接任詹金）发表了题为《为地方政府支付》的绿皮书，公布了这个正式名称为社区税（community charge）的税种的详细内容。他向下院所做的介绍受到保守党议员的一致欢迎。4 个月后，贝克调到了教育部，将自己的政治婴儿交给了尼古拉斯·雷德利。然而，在苏格兰保守党会议上，撒切尔夫人承诺，将先于英格兰和威尔士，立刻在苏格兰立法，她享受了代表们的热烈掌声。与后来宣称的相反，政府并未冷酷地将苏格兰作为试验床，试验一项不受欢迎的政策。之所以首先引入这项政策，是因为那里存在的抱怨最为迫切。像往常一样，第二年，撒切尔夫人在珀斯开启大选行动，她夸口说苏格兰立法已于上周通过了最后阶段。“他们说我们不可能这样做。他们说我们不会这样做。我们这样做了。”这个变革受到民众支持，至少受到自己政党的支持，她对此深信不疑。

与此同时，其他大臣也受到鼓励，在住房、医疗保健和教育方面等整个政府管理的范围内，大刀阔斧地创新政策。1986 年的保守党大会成了一次光彩夺目的公共关系演习，由盛世长城公司在“前进道路上的新举措”的口号下策划，目的在于宣传政府并不是只有一个女人的乐队，而是一个年轻而富有活力的团队，充满着改善公共服务的干劲和新的实际的想法。每一天都有一批大臣走到台前，展示他们的产品。周二，诺曼·拉蒙特提出进一步私有化的方案，包括对供水、英国机场局等实行私有化以及让劳斯莱斯公司重新返回私有部门。周三，诺曼·福勒公布了雄心勃勃的医院建设计划，而道格拉斯·赫德则宣布延长刑期以及有关没收罪犯资产的新立法。周四，奈杰尔·劳森来了，呈现出通货膨胀零增长、所得税下降到25%的美好前景。周五上午，撒切尔夫人的讲话囊括了特比特与中央总部希望讲的全部内容，将所有聚焦重新吸引到自己身上，活动达到了高潮。

政府的支持率立刻上升，到了12月，保守党在近两年里首次明显领先，达到41%，而工党为32%，在国防问题上一败涂地的自由党/社民党联邦只有22%的支持率。尽管初夏时越来越多的人相信工党可能获胜，但到年底，赌注压倒性地摆回保守党方面。整个春天里，保守党的领先地位得以维持甚至扩大。尽管1988年前她没有必要宣布大选，但与1983年相比，撒切尔夫人已经没有多少犹豫，要在大好的形势下抓住优势。鉴于两次大选都是5月与6月获胜的，她相信初夏对她来说是幸运的时机。她渴望考验尽快结束，好让她继续工作。

到了3月17日，奈杰尔·劳森提出了一份完美的选前预算。按照这份预算，收入税可以再降两个百分点，同时有足够资金可以在医疗保健及其他服务方面增加开支，不用提高汽油、饮料及香烟的税收。两周之后，保守党以撒切尔夫人对莫斯科的成功访问而圆满地实现了复活。记者们冒昧地表示，她的访问意在即将到来的大选，撒切尔夫人对此感到愤怒。“放开你们的视野，”她轻蔑地告诉他们，“我在这里是为了英国。”撒切尔夫人的成功访问与几天前金诺克对华盛顿进行的灾难性访问形成强烈的对比，无形中又使苏联之行影响倍增。在华盛顿，金诺克和丹尼斯·希利受到里根总统几乎不加掩饰的奚落，只给他们安排了15分钟时间与总统见面，同时白宫发表强硬声明，强调工党的无核防御政策将会对北约产生破坏性影响。5月7日，在地方选举中，保守党的支持率温和上升，这是一个好得不能再好的预兆，经过一整夜的思考，撒切尔夫人第二天宣布，大选将在6月11日举行，丝毫没有让人感到意外。

帽子戏法：1987年6月

然而，1987年6月的竞选绝对不像1983年6月那样仅仅是走个过场而已。尽管民调领先，保守党仍然感到十分紧张，他们感到也许保守党政府执政时间过长，撒切尔夫人的领导风格已经成为一种负累。另外，民主政治中最古老的口号“该变革了”也会产生强烈的影响。与1983年的混乱局面相比，工党发动了一场非常熟练而专业的选战，同时，在后期联盟方面也有可能出现支持率陡增。事实上，选举结果几乎与选战开始时民调显示的情况完全相同，几乎可以肯定，胜利是有把握的。

选战胜利的意义被保守党主席诺曼·特比特与大卫·扬之间的激烈对抗削弱了许多，大卫·扬是撒切尔夫人私下派去监视特比特的。这种紧张关系到6月4日“摇摆的星期四”达到鼎沸的程度，当时一份流氓民调几乎使两方阵营的一些人相信保守党实际上可能在竞选中失败。撒切尔夫人本人出了许多口误，引人注目地就是表示她希望“永远，永远干下去”。她一直感到特别烦躁，牙疼得厉害，又想念1983年出色策划上次选举的塞西尔·帕金森。有他在总会让人感到舒心。

因此，在她选举成功的顶点，在取得前所未有的第三任选举胜利之时，撒切尔夫人还不敢祈求，而且肯定没有得到实施“社会撒切尔主义”的任何形式的授权。她又一次轻松地赢得了胜利，其根本原因是在经济或国防方面，选民不相信工党。尽管“联盟”得到的支持足以分裂反对派，但严重的分歧使其无法实现梦想的突破。在医疗、就业以及城市中心状况等方面，工党让政府处于守势，所以被广泛认为已经“赢得了”选战。不过，金诺克只收复了福特1983年丢失的300万选票中的一半，而且收复的这部分阵地几乎全是从“联盟”手上夺得的。结果，撒切尔夫人获得376议席（丢失了23席），工党229席（只增加了20席），“联盟”只获得区区22个席位，苏格兰及威尔士民族主义党各占3位议席，政府的多数席位从1983年的144席减少至102席，但仍然在令人舒心的程度之上。按议会的原始条件计算，又是一次一边倒的胜利。

在胜利的时刻，似乎只要撒切尔夫人愿意，她就会成为终生首相。星期五上午在唐宁街对民众讲话时，她公开对自己的成就感到喜悦。“我想，现在真正的事实是，我们已经成功了三次……在普选机制下，第三次获胜是非常了不起的事情，对不对?”当被追问希望继续当多长时间的首相时，她毫不犹豫地说希望干满第三届，从而驳回了培养继任者的想法（“天哪，不会的”），而当罗宾·戴伊建议她2000年继续担任首相时（到时候她也只有75岁），她并没有表示异议。“不知道，”她回答说，“我也许还在这里，我也许在弹竖琴。就看事情怎么进展吧。”她毫无疑问赢得了巨大的个人授权。

第二十二章
没有所谓的社会

“社会——什么也不是”

1987年6月，撒切尔主义进入了一个新的阶段。撒切尔夫人认为，既然经济业已经过整顿，现在要对付的就是英国社会了，具体地说，就是40年来社会化福利所产生的依赖文化。然而，这一目标立刻让她的哲学中存在的诸多矛盾成为关注的焦点。除了需要立法的遏制工会组织和私有化（只涉及摧毁过去所做的事情）以外，到目前为止，她所取得的大部分成就都是通过“不”做事来完成的，不像以前政府那样，通过干预行动解决罢工问题或挽救工作岗位。到目前为止，撒切尔夫人、豪、劳森和他们的顾问们一直执行的是一份十分清晰的计划，这份计划在某种程度上已经发挥了希望发挥的作用。放松管制、自由市场方式，无疑对经济领域中经过严酷考验的行业起到了激励的作用。现在她提出对付更为困难、更加模糊的东西，但在这方面却没有同样清晰的理论指南。根据自由市场经济学的纯正原理，政府根本不应涉足教育、住房或医疗保健等服务的供应。然而，废除公共供应并不可行，因为太多的选民实际上依赖这种公共服务。她可以在边缘部分做一些削减，但从根本上说，她只能努力改善这些服务的提供与质量。要做到这一点，她只能通过直接干涉，改革服务的管理方式。因此，部分的因为这种无情的逻辑，部分的因为自己无休止干涉的气质，她被迫变成一位活动分子，将狂热集中在对抗公开宣称的让国家退出的理念上，结果在未来3年里造成了各种各样的麻烦。

撒切尔夫人常常否认存在任何冲突，她坚持认为她的所有改革目标只是将权力交还学校、家长、租户和病人。不过，大选结束一周后她为《星期天快报》撰写的一篇文章却显示，她罕见地意识到存在这种矛盾。毫无疑问，这篇文章主要是别人替她写的；但是以撒切尔夫人名义发表的任何文章都经过她逐字逐句的修改。她意识到人们批评她的政府自1979年来只服务于富人的利益，因而为“一个把全部时间用于向全体人民提供服务的政府”设定了四个目标。前三个目标都非常传统：确保自由与安全，保持货币的价值以及（更含糊地）确保对所有人的“公平”。但是，第四个目标承认最小政府哲学与告诉人们应该做什么这种直觉之间存在紧张关系：

> 第四，充分认识到人类的脆弱性，政府应该与其他所有伟大的机构一道，寻求建立人民所遵循生活的标准。一个懂得人们期望的社会才具有进步的坚实基础。

之后，她立刻填入各种各样的免责说明：

> 我们不会为了人民而去引导他们的生活，不会对他们指手画脚，不会将他们管制到冷漠的地步……一个为全体人民服务的政府必须谦卑地承认自己的局限性，并具有力量抵御干预公民生活的诱惑。

尽管如此，目标已经在第一句话中表明：政府“必须寻求设定人民生活所遵循的标准。”这毫无疑问是保姆的声音。

那年秋天，在《妇女天地》杂志的访谈中，撒切尔夫人发表了似乎可以完美地定义她的哲学的声明，超过了以往所说的一切。她认为人民不能指望“社会”来解决他们的问题，并断言：

> 没有所谓的社会。只有作为个人的男人和女人，只有家庭。不通过人民，政府任何事情也不能做，人民必须靠自己。我们的责任是首先照顾好自己，然后才去照顾邻居。

通常与其他名言一样，在此之前，她曾数次阐明同样的观点，例如在 1985 年的一次电视采访中。1988 年她又说过一次：“不要指责社会，社会什么也不是。”然后，继续解释说，人们不乱丢东西，街道就不会变脏。因此她说的话并不是引述错误或断章取义。但是，这一次她的话却引起轩然大波。

撒切尔夫人在自传里争辩说，她被人刻意误解了。她只是说社会不是一个抽象的东西，而是“由个人、家庭、邻居以及自愿组织组成的有机体……在我看来，社会不是一种借口，而是一种责任”。纯粹从文字上讲，认为社会由个人组成，形成家庭和其他组织，明显并没有错误。然而，说它由各种小团体构成，并不意味着作为由这些成分构成的集合体的社会并不存在。相反，至少在两个层面上，社会是一种集体存在。首先，社会具有国民社区的情感意义，传统上这一概念对各种各样的保守主义者都是非常重要的，无论是“一个民族国家”的家长主义者，还是狂热的帝国主义分子。与绝大多数人相比，撒切尔夫人更加坚定地承认，英国是一个由共同价值观联结起来的大家庭。她自己持有这种半神秘的观点，而且只要条件适合，她会经常地诉诸这种理想。然而，更为具体地讲，现代社会还是一种法定存在，是一种法律及金融网络安排，建立这种网络的目的就是将集体责任分散到邻近社区所能容纳的范围之外。从这种意义上讲，认为社会承担了太多的责任，应该减少，是完全合法的保守主义立场。但是，承担管理这些责任的政府的首脑坚持说社会并不存在，却是没有意义的。

撒切尔夫人“没有所谓社会”的说法引起反感，主要是因为这种观点似乎让自私自利合法化，把对穷人提供的公共服务降低到富人慷慨赠予的地步。保守党人通过不同方式反复灌输社会团结精神，而撒切尔夫人的观点却否认社会团结的意义，代之以仅用契约义务捆绑起来的原子型社会。但是，这种观点对社会服务以外的其他公共便利，如运输、艺术、休闲设施、排水道以及监狱等，也蕴含着意义。这种教义主张，应该允许公民尽可能将属于自己的金钱留在自己的手上，用作个人消费，而基本公共设施，如道路、铁路、博物馆及图书馆、游泳馆以及游戏场所等，则应该尽可能由私人企业或者私人慈善方面出资，而不是像欧洲大多数国家那样，由国家投资。亚当·史密斯认为，个人决定的多重性会以某种方式创造奇迹，市场会提供一切。撒切尔夫人的这种教义与亚当·史密斯的观点属于同一信仰。但是，到80年代末，尤其是到上世纪末，人们越来越清楚地认识到，情况并非如此。在公共设施方面，集体投资是必需的，而且只有国家才能提供这种投资。毕竟，存在社会这回事。

在保守党会议上，撒切尔夫人很有希望将自己的第三任期奉献给“社会事务”，而这个时候她却否认存在社会，结果陷入一团彼此不连贯的改革大杂烩之中，在某些方面比原计划更为雄心勃勃，而总体上却存在欠考虑的问题。不但国家医疗服务改革挤上了议程，而且还有竞选宣言中公布的教育、住房和人头税改革计划。政府很快就卷入一批其他方面的立法之中，涉及广播、足球赞助、消防、法律专业、政府保密、酒吧、同性恋、儿童抚养以及战争罪犯。撒切尔夫人“抵御干预公民生活之诱惑”的承诺很快被忘记了。推动对英国社会各个角落进行改革的是新一代的年轻大臣，他们中的许多人最早属于希思派，现在赶上了撒切尔的潮流，渴望将损失的时间补回来。他们相信，现在内阁中没有怀特洛和黑尔什姆这样谨慎长者的约束，他们什么事情都可以做成。与此同时，被认为让一切成为可能的经济奇迹却出现了问题。

因此，撒切尔夫人的第三任期是一部自吹自擂和高声宣示的激进主义传奇，然而，由于政府目标的核心存在根本的矛盾，越来越不理智的首相与她亲密同事之间严重缺乏信任与和谐，大量的精力受到误导，最终众叛亲离。

新的内阁

将内阁分为“湿才”与“干才”的旧时做法早已经被替代。在最早的“湿才”当中，留下的只有怀特洛和沃克。从 1981 年起，随着劳森、特比特和里德利担任高级职位，撒切尔夫人开始更多地按照自己的模式打造内阁，不像 1979 年那样受到各方面的限制。不过，到了 1987 年，随着特比特、布里坦和比芬的离去，平衡又偏向对她不利的一方。新内阁的关键部分由党内中间偏左的实用主义者，如赫德、贝克、克拉克、麦格雷戈、福勒、金、里夫金德和梅杰等构成，他们在希思统治时期进入政界，现在前程似锦。他们吸取了基思·约瑟夫和撒切尔夫人的教导，但他们绝不是天然的撒切尔主义者。当然，政府作为一个整体在决定政策方面的重要性并不大。只要撒切尔夫人趾高气扬，绝大多数成员会继续支持她。但是这种变化着的构成应该成为另一种警示，即遇到艰难险阻，内阁不会自动地支持她。

此外，在仅仅 7 个月之后，她就失去了威利·怀特洛。怀特洛是在 12 月份的一次教会颂歌活动时突然生病的，于 1988 年 1 月辞职。许多人认为这是一个关键的转折点。在布莱克浦与写作班子深夜准备演讲稿时，撒切尔夫人说过一句名言：“每个首相都应该有一个威利。”意识到自己话中的含义时，她要求写作班子发誓保密，然而，这个故事还是不可避免外漏了。这句无意识的双关语引来了许多下流的评说，但她所说的话却是绝对真实的：每一个首相都需要一个威利，然而很少人能有这种幸运。怀特洛本人不仅忠心耿耿，而且他还具有将忠诚施加到别人身上的权威。在八年半的时间里，他的存在化解矛盾，让人放心，对撒切尔夫人政府的生存与成功具有非常重要的意义。他的离开让政府在未来 3 年波涛汹涌的大海行进中失去了备用的大锚。

“什么东西能阻拦我们？”

第三任期开始时，政府的目标比第二任开始时更为坚定而明确。与往常一样，撒切尔夫人在康沃尔作短暂休假。8 月 19 日，亨格福德平静的威尔特郡镇发生了令人恐惧的事件，一位枪手乱扫射，造成 16 人死亡，撒切尔夫人中断了休假。后续休假的几天里，她访问了英国被遗忘的地区，以显示她对这些在大选中似乎故意忽视的地区的关心。她访问了位于格拉斯哥、克利夫兰和汉普顿一些破败的内城区，走访了精心挑选的衰败城区现场，宣传她的主张，即创造就业，促成振兴的应该是企业而不是政府补贴。在克利夫兰，她拿着手提包以坚定的步伐走进一片过去曾是钢铁厂的荒地，预约的拍照机会成就了首相的一张非常有名的照片。一位记者问她，要实现这个地区的复兴，钱从哪里来，她转而要记者告诉她答案。她认为解决方案主要不在于金钱上，更多的要看已经宣布的三个法案的预期影响。这三份法案分别为里德利提出的新的租房形式、贝克提出的教育改革和社区税，所有这些改革都是为了削弱工党控制下的市议会的控制，她认为这种控制是城市贫穷的原因，而不是一种反映。

就实际振兴而言，撒切尔夫人推崇的就是伦敦码头地区重新开发的模式，在大选中她赞扬这一项目是，“保守主义发挥作用的典型例子。接手年久失修的地区，加以改善，于是就取得了进步。用少量纳税人的金钱投资振兴，工业就跟进来了。”实际上，这个项目跟保守党并没有特殊的关系，码头区发展公司的建议首先是由工党议员鲍勃·梅利西在60年代提出的。不过这种模式非常适合撒切尔夫人绕过故意阻拦的市议会的愿望。这种想法是建立一个超越地方政府的机构，超越当地计划及管理的羁绊，购买闲置土地进行再开发，提供优惠刺激，吸引企业投资。伦敦码头区发展公司最终由迈克尔·赫塞尔廷于1981年建立，类似的机构也在默西赛德郡建立。受到两个项目成功的鼓舞，里德利又建立了另外4家同样的机构，投入的资金超过一倍。12月，肯·克拉克接替里德利负责内城区的计划，开始的预算为20亿英镑。1988年3月撒切尔夫人主持了一次多部门新闻发布会，发布了《城市行动》白皮书，此时，这个数字已经升至30亿英镑。

这项计划包括多个附属方案，如企业开发区、社区商业、城市行动团队、闲置土地补助计划等，在未来10年里至少在闲置地区的实际重新开发方面取得了很大的成功。然而，大量的好处，尤其在伦敦，却流入了“雅皮士”与其他的中产阶级收入者，没有惠及那些买不起新房的原住户，这些人要么被搬迁到其他地方，要么就必须为新的人口提供服务。

1987年在布莱克浦举行的保守党大会，是一次光明正大的胜利集会，不像1983年那次，大会被披露出的塞西尔·帕金森丑闻而破坏。“一连取得三个胜利，”撒切尔夫人告诉崇拜者，“就像利物浦勋爵一样。他当了15年的首相。局势真令人鼓舞。”她拒绝应该有一段“巩固期”的呼吁，坚持认为“第三次胜利仅仅是更长的征程上的一个补给站”，并以，“什么能阻止我们?”的提问试探命运。一星期后，这种兴高采烈的情绪因纽约股票市场崩溃而突然破碎。周一股票市场开市后，伦敦也跟着纽约及东京狂跌，一天损失了23%的市值。“黑色星期一”给撒切尔夫人有关英国已经恢复了“伟大”的说法以毁灭性的打击。尽管她原则上信奉全球市场，但再次看到英国经济在华尔街股市大跌面前表现出如此的脆弱，看到她的政府不能单独地采取行动，撒切尔夫人感到十分震惊。

在短期内，最令人尴尬的影响是英国石油公司私有化失败，这家公司也许是在最差的时刻上市的。这年春季和夏季，英国航空公司、英国机场管理局和劳斯莱斯公司上市取得一连串的成功，然而忽然之间，数千万股扎在了政府的手里，《泰晤士报》称之为“史上最大的新股上市失败”。劳森拒绝“取消”销售，但财政部不得不以每股仅70便士（而不是120便士）的价格回购股票，这被幸灾乐祸的工党嘲笑为重新国有化。事实上，输家既不是政府，也不是公众，而是银行家。后来证明，这出插曲仅是成功的私有化进程中一次波动而已。第二年夏天，英国石油的第二轮股票上市，为纳税人获得了迄今为止最大的收益。

从长期来看，更为严重的是，为了减轻股票市场狂跌对英国经济的影响，劳森采取了若干措施。由于普遍担心会出现一次美国引导的经济衰退（但结果证明这种担心是错误的），劳森于10月20日宣布削减利率0.5%，在11月4日再削减0.5%，以刺激需求。价格过高的股票发生了完全属于正常的“纠正”现象，引起了公众的恐慌，但劳森和撒切尔夫人两人都宣称并没有被这种恐慌所动摇。尽管如此，由于经济事实上已经开始过热，削减利率成为在错误的时间采用的错误药方。

社会撒切尔主义：教育、住房与医疗

11月，从贝克的教育法案开始，所有政府计划的关键政纲全部揭晓。贝克提出的这项法案被称为“大教育改革法案”，简称“Gerbil”，实际上由5个法案组成，包括设立全国性课程、赋予学校退出地方政府控制的权力、建立城市技术学院、改革大学以及后来增加的废除“伦敦市内教育局”，每个法案本身都就是一项重大措施。但是，一方面有来自教育系统内各个部分的压力，另一方面有来自首相的压力，贝克和他的同事饱受这两种互相冲突的压力之苦，被迫在改革过程中临时拼凑政策，凸显出在事先没有得到充分协商的条件下引入重大立法所面临的风险。这项法案于1988年7月最后在议会通过时，条款从最早137条增加到238条，总共花了370小时的议会时间，创造了战后最长的纪录。

与贝克巨兽般的教育法案相比，里德利提出的住房法案相对温和。这里，租市政屋的人同样有权摆脱地方当局的控制。“住房行动受托机构（HATs）”计划将破败的地产项目转为私人所有，从而让这些项目得到改善。与此同时，设计了新形式的租赁期，分“确定型（assured）”和“短期持有（shorthold）型”，目的在于让更多的私人租赁资产进入市场。事实上，真正实现的却很少。尽管提供了大笔公共资金作为诱导，但由于私营部门存在不确定性，租户们仍然不愿意更换他们所熟悉的公共部门房东：结果，1990 年 11 月以前，未曾设立起任何住房行动信托金（HATs），到 1996 年才有了 4 家，而私人租赁的数额则仅出现微小的增长。

20 世纪 80 年代后期住房的真实情况是，在伦敦和其他大城市里，无家可归的人数大量增加。无房可住人士的突然增加是许多原因共同造成的结果，但至少其中有三种原因是政府政策直接造成的：向租户出售上百万套以前的市政房的不可替代性，造成公共住房存量下降；市政及私人租赁房屋房租升高；基类救济领取人的福利被取消，尤其那些没有工作的年轻单身。此外，家庭破裂比例的不断上升也引起房子需求增加，而由于各种各样或好或坏的原因，更多的年轻人离开了家庭。这种情况到年代末进一步恶化，因为 1988 年后，利率大幅升高，那些自豪的购房者（几年前在销售公房高潮中受到鼓励买下了属于自己的房子）所买下的房子，现在无法继续偿还抵押贷款。所有这些因素叠加在一起，使无家可归者四处可见，令人不安，成为 1990 年政府政治上一个非常难堪的问题。

撒切尔夫人特别不同情那些无家可归者。她在下院常常列出政府为提供替代安置方案而采取的所有措施，如小旅馆及住宿加早餐的安排等等。然而，在自传中她却透露出了自己的真正感受。“遗憾的是，上层社会圈子里一直存在一种倾向，将所有‘无房者’视为中产阶级社会的受害者，”她写道，“而不是将中产阶级社会视为‘无房者’的受害者。”从舒适的市郊角度看，她认为露宿街头的年轻无家可归者都是一些难以适应社会的人，应该回到各自的家去，却无视这样一种事实，即他们当中的许多人并没有家庭，或被家庭抛弃，或在家中受到虐待，或者（以认可的撒切尔方式）干脆离开高失业地区的家来到伦敦或其他大城市寻找工作。她把他们统统归为存在“行为问题”的人。

贫穷不仅仅是个收入问题。根据中央统计局出版的 1987 年版《社会趋势》，不但贫富差距越来越大，而且（特别是）健康上的贫富差距也在扩大。穷人更容易生病，平均寿命减少，而大批与贫穷相关的疾病如佝偻病甚至肺病，以前已经得到根除，现在又死灰复燃。政府首席医疗官唐纳德·艾奇逊爵士将这种现象归因于穷人的饮食与住宿条件。早在 1980 年，一份由工党政府启动、由道格拉斯·布莱克教授爵士完成的有关健康不平等现象的报告，就提出了同样的警告，卫生和社会事务部根据撒切尔夫人的指示隐藏了这份报告。7 年以后，经过多次福利削减，情况变得更为糟糕。

与此同时，政府却被拉入国家医疗服务体系的重大改革之中，在很大程度上违背了撒切尔夫人的意愿。大选期间已经十分清楚，国家医疗服务体系的状况是公众最关心的问题。尽管首相拼命地强调在她手上国家医疗服务体系不仅是“安全”的，而且正在得到空前慷慨的资金，公众却认为医疗体系资金不足，服务质量下降，危机不断增加。这年秋天，情况进一步恶化，似乎每天都有人手不足、等候时间过长、床位不够、手术推迟以及死亡事故的报道，一切都归咎于蓄意的“保守党削减”政策。首先，撒切尔夫人不断重复自己的统计数字，声称自1979年以来国家医疗服务体系上的实际支出上升了30%。她提供的数据也属于误导：1979年到1983年，医疗卫生支出的确在增加，达到年GDP的6.7%，但是在过去4年里却呈现下降趋势，而据英国医疗协会（BMA）估计，国家医疗服务体系的支出每年必须提高2%才能满足不断老化的人口以及新的医疗研发的需要。国际范围内比较显示，英国人均医疗开支当时是北欧国家中最低的。12月，联合皇家学院发表了一份题为《国家医疗服务体系中的危机》的报告；《英国医学杂志》宣布，医疗服务体系“处于衰落之中”；而在下院，尼尔·金诺克告诉撒切尔夫人，继续否认专家意见的各个方面她是在“愚弄自己”。最后，她必须让人们看到自己采取了回应措施。

在短期内，只需要注入更多的资金。但是，仅有更多的资金还不是问题的全部答案，同时也肯定不是撒切尔夫人愿意考虑的。民调显示，公众愿意多交税金，为医疗服务体系提供资金，一些（尽管不是全部）保守党议员也在敦促劳森，应该在下年预算进一步减税之前，加大国家医疗服务体系的开支。但是，这种做法有悖于撒切尔夫人所信奉的一切。她心里非常清楚自己所喜欢的东西，希望彻底废除税金资助型医疗保健。但实际上她明白，在这一领域进行任何有意义的私有化改革都是不可能的。公众意见要求国家医疗服务体系从根本上继续建立在税金支持基础上，对病人实行免费。既然税收基础已经限定，唯一的选项就是寻找改进服务的质量。

肯·克拉克在1989年1月公布的政策有两个主要特点。首先，在医疗保健服务体系内，医院有权选择转为自我管理的“NHS受托机构”，资金由纳税人支付，但预算受到控制，独立于地方卫生局。另一方面，鼓励医生成为“全科医生基金持有者”，负责管理自己的预算，为自己的病人购买最恰当的医疗服务，而不是直接将他们送到当地的医院，他们必须有能力寻找最好或者说最有价值的提供者。这样，资金跟着病人走，效率最高的医院会得到最多的资金。

大多数医院都选择转成了信托机构，1991年4月有57家信托机构开始运作，到1994年几乎所有医院都做出了这样的选择。相比之下，“全科医生基金持有”普及得却比较慢，零零散散，不受欢迎。理想主义更为浓厚的医生们反对把行医当成生意，而且人们普遍指控医院优先考虑持有基金的病人，不持基金的人受到冷遇，结果造成两层体制，更多的资源流向更为富裕的人群。事实上，这种体制逐渐稳定了下来，1997 年后被工党废除时依然运作良好，工党替换的是一种区别不大的“初级保健组”（Primary Care Groups）。

具有讽刺意味的是，国家医疗服务体系改革却成了撒切尔夫人最成功的成就之一，用西蒙·詹金斯的话说，“在不破坏国家医疗服务体系原则的前提下，实现了该体制的真正变革”。服务点上仍然对所有病人实行免费，绝大部分资金通过一般税支付。到 20 世纪 90 年代中期，国家医疗服务体系医治的病人更多，比 80 年代效率更高，嘎吱作响的旧式医疗服务则得以继续蹒跚 10 年的时间。

对社会撒切尔主义的最后判决是有好有坏。专门研究福利国家的“传记作家”尼古拉斯·蒂明斯做出结论说，与撒切尔夫人的本能相反，她实际加强了福利国家，至少在国民医疗服务体系、教育和中产阶级使用的其他社会服务方面，提高了效率，让自己关键的选民感到满意。她也许希望“她的”选民在医疗保健和教育以及抵押贷款的免税上不要指望国家。然而，事实上他们却指望国家。民意调查一致表明，与以前一样，公众仍然坚定地信奉国家福利的基本原则。结果，只是在枝节上进行了削减，以前免费的牙科检查和视力测试等项目，现在却要掏钱，还大幅提高了诊断费用。不过，医疗保健体系的核心支柱依然保持不变。主要的例外是穷人所依靠的服务项目，如公共住房、基本国家退休金（允许国家退休金价值缩水）以及其他形式的收入支持。由于相当数量的“底层”人与多数人的不断繁荣割裂开了，贫困现象明显增加了。但是，总体上看，在撒切尔夫人时代提供的社会服务规模并没有减少，下台时与上台时一样，公共服务仍占 GDP 的 25%。

人头税

与此同时，作为第三任期政府计划“旗舰”的人头税，在议会通过的难度却越来越大，并逐步构成重大的政治灾难。1985 年的时候，撒切尔夫人对这一税种的可行性还难以信服。然而，一旦接受并推行，她敢于面对越来越强的反对者大合唱，决心将自己的地位以及保守党的竞选前程押在强行通过此项税种上。她将是否支持人头税提高到考验对她是否忠诚的高度，最终造成致命的结果。特别是她几乎独自一人坚持把这一税种叫作“社区费”。大选开始几周后，党内首先涌动出现反叛的暗流。乔治·扬爵士成为第一个持不同政见者，他反对的依据是平等的原则，指出他个人应付的税金从每年大约 2000 英镑下降到 300 英镑，而比他穷得多的人则必须支付更多的税金。在下院，撒切尔夫人承认，在新的制度下，有些人会得到好处，但她坚持认为输家将是那些不幸或愚蠢地住在高消费城市地区的人群。这些地区的选民有权通过投票降低政府支出。此外，她声称，当地居民每个人不论收入如何，都应支付相同的社区费用，这一原则并不是什么后退，因为这部分费用只占当地政府开支的 25%（苏格兰则更低），其余部分则由中央政府从一般税中支付，所以高收入的人仍然支付缴纳更高的税金。

这时，撒切尔夫人仍打算在几年时间内分步实施这一税种。然而，在这个问题上，政府再次被党内忠诚分子的热情左右，尽管这种热情并不具有代表性。在 1987 年 10 月在布莱克浦举行的保守党大会上，一个接一个的发言者呼吁立刻取消可憎的财产税，给撒切尔夫人和里德利留下了深刻的印象。“尼克，我们不得不重新研究这个问题”，在主席台上她对里德利低声说。几周以后，里德利宣布，将废弃“并列运行”方式，从 1990 年 4 月起立即引入社区税。在回忆录中，撒切尔夫人承认，这样做“可能犯了错误”。

事实上，人头税并不是一种真正按人头平摊的税：它允许对处于收入低端的人群实行资产测查。700 万穷人（后来增加到 900 万，占整个缴纳人头税人数的四分之一）有权得到多达 80% 的返还；而在“收入支持”项下所列的人群在计算其福利时，还要考虑剩余的 20% 部分，但这一事实从来都没有给政府带来赞誉。因此，尽管低收入家庭肯定受到影响，但最穷的人群并没有受到很大影响。然而，这种大量的税金返还，损害了这种想法最初的简单性，同时增加了全额缴纳人群的负担，这部分人群仍然达到 2500 万，而以前缴纳地方税的人只有 1900 万。“投什么的票，掏什么钱。”第二年撒切尔夫人告诉不安的后座议员。“社区费是请选民为自己所投选票掏钱的方式，如果他们这么做的话，他们就会投票反对工党地方政府。”问题是，同时他们如何支付账单。

1988 年，这项法案最后得到女王的批准。当时估计平均税费为每人约 200 英镑。一年以后，估计的数额已经上升到 278 英镑；到 1990 年 1 月，则已经涨到 340 英镑，许多市议会议员估计还要继续上涨。在回忆录中，撒切尔夫人指责，“许多地方议会刚愎自用、办事无能，而且常常赤裸裸地怀有恶意。”他们抓住机会推高支出，然后让中央政府承担责任。不过，这一点正是劳森和赫塞尔廷曾经预计到的事情。劳森认为，其实当时首先应该给支出设定上限。回头看来，她也同意他的说法。

然而，跨政治派别的反对势力继续得到加强。1989 年，社区费首先在苏格兰实施，比英格兰和威尔士提前一年，苏格兰民族党策划了大范围的拒缴行动，行动还受到一部分工党左翼人士的支持。尽管工党领导层持反对态度，但他们却十分谨慎，避免被人们认作提倡不交税的非法行为。然而，到了 9 月，注册的人当中有

15%到20%的人没有交税，大量的人则甚至没有登记。苏格兰的抵制活动引起英格兰保守党议会议员的惊慌，促成了一系列更为绝望的努力，提出了最初几年的过渡减缓措施，以减缓实行新税造成的影响，实际上就是返回双轨制。1989年6月，撒切尔夫人意识到里德利已经成为这一领域公共关系方面的负担，她撤换了里德利，代之以对选民更为友好的彭定康（Chris Patten）。彭定康警告说，这艘旗舰有可能让整个舰队发生沉没的危险，但他仍然接过这个职务，企图挽救一项他本人并不相信的政策。起初，她还“相当固执，认为自己不会让财政部分出所有这部分资金”来缓解过渡期的困难。但到了10月，彭定康却从劳森那里得到大量额外的资金，避免了最新的反抗活动。彭定康此时宣称，从理论上讲，每个人每周缴纳的资金不能超过3英镑。但是，这种计算是建立在平均278英镑的基础上，而这个基础已经过时。工党议员指出，撒切尔夫人所在的巴尼特行政区市议会也准备确定远远超过政府指南规定的税额，她只能反驳说比邻工党统治的行政区征收的税额更高。

1990年2月，保守党在牛津郡和约克郡的保守党市议会议员表示，宁愿辞去党内职务，也不愿意负责引入人头税。3月，在曼彻斯特、布里斯托尔、伯明翰、哈克尼、兰贝斯、斯文登，甚至在忠于保守党的梅登上区，都出现了骚乱。两年间一直处于领先地位的政府支持率，现在却直线下降。高潮是在特拉法尔加广场发生的大规模示威活动，迅速演变成数十年来首都地区发生的最严重骚乱。汽车被烧，商店被抢，大约450人受伤，伤者主要是警察。

撒切尔夫人对这种“邪恶行为”感到震惊。然而，她坚持认为问题出在喜欢暴力活动的少数人身上，但她却忽视了这样一种事实：尽管极左派为了实现他们的伪革命目的，经常劫持和平示威，然而全国范围内人头税引起的骚动却主要是一次中产阶级的反抗行动。

换句话说，这项税赋漏掉了意在打击的人群，却惩罚了意在保护的人群，用彭定康的话说，它像射向边缘选区中产阶级的一颗“飞鱼式导弹”。毫不奇怪，保守党议员开始为自己的席位担心。

1990年4月1日，社区税最终在英格兰和威尔士实施，每个人头平均税费为363英镑。很快，有些市议会就报告说不愿纳税的比例高达一半。撒切尔夫人成立一个由自己亲任主席的内阁委员会，研究制定进一步的缓解措施，但她仍然在基本原则上拒绝做出任何实质性后退。唯一的选项就是继续从财政部挤出资金，降低对可能举行大选的第二年的影响。7月，彭定康从上年10月劳森辞职后继任财政大臣的约翰·梅杰手中获得了另一笔32亿英镑的资金，将过渡期减免范围扩大到另外400万人（使享受减免的人数达到1100万）。这是撒切尔经济学极为怪诞的版本。到了这个时候，人头税已经成为一种彻底的惨败，唯一的逃脱就是抛弃首相本人。

让撒切尔夫人突然倒台的最大原因莫过于人头税。它似乎象征着她政治人格中最不吸引人的方面：面目狰狞的不平等主义与顽固的威权主义的结合；同时显示出一种致命的政治判断失误。后者最令人感到意外。尽管她精心培植了大胆的激进主义形象，具有不屈不挠的决心，然而在台上台下，她始终表现出一位非常精明与谨慎的政治家形象，她一直非常注意，绝不走在民意前太远的位置。然而，在人头税问题上，她通常敏感的政治触角却失灵了。这是撒切尔夫人首相生涯中最惨烈的失败，最后让她搭上了首相的职位。

永恒的革命

似乎不满足于教育、医疗保健以及地方税务方面的改革，第三任撒切尔政府在国内政治的所有其他领域，都表现得极度活跃。然而，就像事情开始出错时所有政府处事的方式一样，实际上所有这些不安的干预行动都遇上了这样或那样的问题。

在第二任期内，私有化取得出人预料的巨大胜利。然而，1987 年以后，继续维持这种势头的努力却让政府陷入更为棘手的境地。1988 年 12 月重新出售到私营部门的英国钢铁公司是最后一项相对简单的操作。至少撒切尔夫人具有政治感觉，不急于实施铁路私有化，她将这壶毒酒留给了继任者。但是，她决心对供水及电力实施私有化，而这两项改革都引发了在电信或天然气上未曾出现的敏感事件。

供水是一个特别敏感的问题，就像她担任教育大臣时发现牛奶问题十分敏感一样。公众有一种强烈的直觉，认为水与天然气和电力不同，是一种珍贵的自然资源，像空气一样是一种天赐的生活必需品，不应该为了获利而占有或分配，而应该由政府替大家保管。这种说法在绝大程度上是不合理的：与其他任何东西一样，供水是一种客户服务，需要投入新资金更换旧的管道，需要建设污水处理厂等等。因此，从私营部门寻求投资是有道理的。许多人还不知道，其实该行业的四分之一已经实现私有化。此外，正如撒切尔夫人坚持指出的那样，在其他许多国家，供水是由私营公司经营的。然而，有一种根深蒂固的观念，即不能把涉及公共健康的事情交付私营公司。此外，还有人们有休闲时能否继续到河流及湖泊去的担心，数百万钓鱼爱好者害怕被禁止进入属于私人财产的河流及湖泊。

解决的办法并不是简单地出售现有的水务局，而是将供水部分的商业活动与检测纯净度及污染方面的环保职责相分离。公众的意见依然是坚决反对，1989 年 3 月，撒切尔夫人承认“供水私有化的问题……没有处理好，或者处理得不够准确。”7 月彭定康接任环境大臣，他采取的首批行动之一就是免除了该行业高达 44 亿英镑的债务，并承诺另外投入11亿英镑的公共资金以吸引投资者投入风险资金，这笔资金被形容为“绿色嫁妆”。在这一政策的刺激下，1989年12月成功地进行了首期出售活动，第二期出售活动在第二年7月进行。在接下来的10年里，大幅增加的水费并没有防止夏季发生停水现象或者冬季发生洪水泛滥，水务公司经常受到重利润轻投资的批评。然而，事实上与以前相比，私营化后供水行业投资大量增加，而有关公共健康的担心却基本上没有出现。

电力改革引发了不同性质的问题。负责这一事务的大臣是重新出山的塞西尔·帕金森，他急于显示自己的撒切尔主义资格完好如初。然而，一方面，奈杰尔·劳森要求拆分电力工业，另一方面，撒切尔夫人喜欢的商人、中央发电局主席马绍尔爵士同样坚定地要求不拆分电力工业，她被揪扯在他们两人之间，难以动弹。帕金森设计的妥协方案只涉及两家新公司——发电集团（Power Gen）与国家电力（National Power），其中国家电力实力较强，将控制核电。然而，首次进行恰当的商业分析时，却发现核电的成本令人望而却步：没有政府的无限期担保，私营部门无法承受核电成本，而这种担保是政府无法提供的。首先，帕金森不得不从改革方案中剔除退役9座最老电厂的成本，1989年7月接替帕金森的约翰·韦克姆被迫在改革计划中完全排除核电，并将计划推出12家新配电机构的事宜从1990年春推迟到该年秋季。这种局面特别令人感到难堪，尤其考虑到撒切尔夫人对核电的个人承诺。1991年才最终实施了两家新成立发电公司、12家地区配电公司以及国家电网公司的出售，核电则在1996年才最终实现私有化。

如果说私有化这项撒切尔主义政策推行的时间越长，遇到的困难越多的话，那么有关工会的立法却刚好相反。1988年的诺曼·福勒和1989年继任的撒切尔夫人第六任（及最后一任）就业大臣迈克尔·霍华德系紧了一些未扣牢的绳头。福勒的法令强化了举行罢工投票的要求，强化了个体工会会员针对其工会所拥有的权力，禁止了工会资金的滥用，霍华德则最终让用工对工会会员的限制成为非法，并终止了工会对民事损害的法律豁免。这些法案在议会通过时几乎没有受到抗议，这一事实本身说明，1979年以后的工会已经被彻底驯服。

在国民生活中，撒切尔夫人决意整顿的另一个主要领域就是媒体传播。尽管在BBC商业化进程受到挫败，撒切尔夫人仍然希望打破BBC与ITV享有的寡头垄断。内政部长道格拉斯·赫德勉强地屈服压力，以最高的报价拍卖现有的ITV特许经营权，其结果连撒切尔夫人都感到后悔。同时，她竭力帮助鲁伯特·默多克维持对新媒体卫星电视的垄断统治。1981年，约翰·比芬未与“垄断委员会”商议就允许鲁伯特·默多克购买《泰晤士报》与《星期天泰晤士报》。赫德的继任者大卫·沃丁顿也违背政府自身有关卫星广播的规定，允许天空电视吞并唯一竞争对手的BSB

电视台。尽管政府不允许其他报纸业主购买地面电视频道20%的股份，却允许默多克购买BSkyB电视50%的股权，其采用的策略就是认定国际新闻集团为“非国内机构”。撒切尔夫人喜欢天空电视的整个想法，怀亚特记录道，“因为它可以削弱BBC的影响。可以扩大选择的范围，让持左派观点的人士更加难以组织稳定的反对她的活动。”还有以“选择”为名，放松现有的限制，允许电视公司购买主要体育活动的独家播放权，这正是默多克用来吸引电视观众的理想之物。

1987年到1990年进行的其他拙劣改革还有：要求球迷携带身份证；试图动摇法律专业（却在专业人士的反对下基本放弃）；旨在强迫不负责任的父亲履行自己的义务但考虑不周的“儿童支持机构”以及不切实际的追踪老年战犯的努力，所有这些改革都打着首相个人倡议的烙印。除了在人头税方面遭受惨败以外，所有这些都让人们形成一种越来越强烈的印象，即政府已经迷失了道路。迄今为止，撒切尔夫人一直被认为铁腕能干的人。执政10年后的现在，突然她看上去却是惊人的无能，尤其是在她的权威赖以生存的经济成就突然出现问题之后。

通货膨胀重现

如果1979年5月的撒切尔政府有一个压倒一切的目标，那一定就是遏制通货膨胀。首相和她的顾问们相信，如果通过稳健的货币政策降服了通货膨胀，其他一切问题就会迎刃而解。1983年6月，他们可以吹嘘，通货膨胀已经受到遏制（如果不完全是他们此前预计的方式的话），在未来的4年里，随之而来的就是经济稳步增长与大多数人生活水平的提高。失业率最终开始下降，公共支出得到控制，国际收支实现盈余，利率下降到多年来的最低水平。到1987年6月，人们称赞劳森找到了他的所有前任都没有找到的圣杯，他成为“奇迹般的”财政大臣。然而，正如他曾经轻率描述的那样，控制通货膨胀一直是“法官兼陪审团”。1987年，劳森对通货膨胀控制在3%仍不满意，他宣布下一个宏伟目标就是将通货膨胀降为零。

然而，不到一年，奇迹便开始出现严重问题。过于自信、预测失灵以及由此产生的政策错误叠加在一起，引起了信贷繁荣，吸进了数量巨大的进口产品，导致贸易赤字失控，通货膨胀再次上升。到了1989年底，通货膨胀远不是劳森所承诺的零增长，增长几乎达到了10%，实际上又回到1979年开始的水平。同时，尽管失业人数出现下降，但总数仍然在200万左右，而且由于出现新的经济衰退，这个数字还有可能上升。当年保守党就是在这个位置上上台的。经济管理上这种核心失误，超过了人头税和欧洲问题上的分歧，给1979年以来整个撒切尔工程的成功打上了问号。随着作为巨额红利的北海石油开始减少，所有以前的问题都重新出现。随着失业率从1986年的峰值出现下降，工会开始恢复信心。工资增长高于生产力的增长。尽管生产力得到提高，但仍然落后于可比的其他经济体。制造业根本没有从衰退中走出，投资水平一直很低，国家的基础设施千疮百孔。此外，尤其让撒切尔夫人揪心的是，新的通货膨胀与高利率结合在一起，特别沉重地打击了由个体小商人、企业家和新的房产业主构成的新的中产阶级，而她的上台就是要促进和保护他们的渴求。突然之间，“好管家”似乎成了一个恶毒的笑话。

有几个因素促成了这种让人难堪的逆转。撒切尔夫人一直比开朗健谈的财政大臣更为谨慎，早在1986年秋，她就担心经济繁荣已经失控：劳森对大选后按需要将经济驾驭到正常轨道充满信心。然而，“大爆炸”以及对伦敦金融城实施的放松管制，已经从他的武器库中弄走了以前财政大臣可以用来冷却经济过热的许多控制手段。此外，1987年秋，财政部的预测低估了经济增长的速度。8月，劳森将利率提高了一个百分点，达到10%。但是，当10月份股市出现狂跌时，与金融城几乎所有专家一样，他关心的是如何防止出现类似1929年华尔街股市崩盘后的经济下行从而引起的世界经济萧条。为了阻止这种威胁的出现，他再次降低利率，从10月到12月起，分三次将利率减少到8.5%。在为自己的决定所做的辩护中，劳森指出，专家和反对党都劝他做得更多。然而，降低利率成了在错误的时间采用的错误药方。经济增长的速度已经超过财政部所意识的程度，而削减利率又给经济带来本来并不需要的刺激。出现崩溃时撒切尔夫人就在美国，那里的美联储采取相反的措施，收紧了信贷。尽管如此，她批准了劳森的战略，正如她在自传中写的，其目的是确保实现双重保证。

后来，劳森向新的议会提交的首份预算又火上浇油。劳森无视人们提出有关时机错误的警告，决心采用另一套蔚为壮观的减税方案，圆满自己作为伟大改革财政大臣的美誉。由于收入增加，1988年到1989年度他能够实现平衡收支，并实现盈余，同时计划1989年到1990年对公共部门不再借贷，手头还有42亿英镑可以支配。劳森不但能够将标准所得税率再减少2便士，下降到每英镑25便士，还宣布他最终目标是降到20便士。与此同时，他还将1979年豪已经削减到60%的最高税率削减到40%，成为世界上最低的税率之一。所有中间的税阶统统废除。同时，改革并简化了资本收益税，已婚妇女终于可以与丈夫分开进行财产评估，其实这是一项撒切尔夫人极力反对的平等化措施。

这是劳森事业的最高峰。反对党和一些保守党人一起表示谴责，指出社保改革正在取消许多对穷人提供的福利，在这个关头提出的这份预算是公然地偏袒富人。年薪7万英镑的高级管理人员每周又额外增加了150英镑，而每周收入仅为150英镑生活困难的家庭，收入却减少了。撒切尔夫人私下也感到疑虑，她想将最高收入的税率定在50%，认为宣布为20%的目标是没有必要地自找麻烦。但大多数保守党议会议员欣喜若狂，她又不能不加入大家的热情之中。“奈吉尔的预算”4天后她对保守党中央总部说，“真了不起”，它“为高税收的学说写下了讣告……”

不过，对预算做出的立即判定一般都是错误的，1988年成了这句格言的经典例证。无论公平与否，劳森减税政策出台的时机存在着致命的错误。政策出台的第二天，又宣布再次降息。然而，在随后的几个月里，消费者争先恐后地消费所得的收益，财政赤字猛增，通货膨胀重现，财政大臣被迫采取了令人难堪的逆转措施：他又得多次加息，但没有产生任何效果，这样到了9月，基准利率回升至12%，一年后达到15%，3月份给予房屋业主的所有好处又被夺了回去。

但是，这并不是撒切尔夫人与劳森争吵的理由。他的真正过错不是预算，而是他的货币政策，后者是撒切尔夫人无法原谅的。她认为，当劳森对他本人设计的中期财政策略丧失信心时，问题已经铸就。由于衡量上的困难，劳森不再将M3或任何货币供应指标作为目标，而开始将更多注意力放在英镑汇率上，将其作为一个更为可靠的指标。到1986年，他又开始将目标设定在特定的1英镑兑换2.80到3德国马克汇率上，并不是作为笼统的指导，而是作为固定的目标。在回忆录中撒切尔夫人解释说，这是一种根本性的原理上的错误。“……不可能同时控制汇率和货币政策……目标要么是货币供应，要么是汇率，但不能两者兼顾。”

对货币主义者来说，货币的价值与其他任何商品的价值一样，必须允许其在自由市场中找到自己的位置。企图将它与其他东西挂钩的所有努力都是徒劳的。劳森将目标瞄准一个特定的价值，无缘无故地忘记了过去10年来艰苦学得的教训，重新回到1964年到1967年糟糕的旧时代，当时哈罗德·威尔逊竭力捍卫英镑的固定汇率。由于需要采用货币政策实现理想的汇率目标，劳森不得不在本应提高利率的时候削减利率，造成通货膨胀；而当英镑价值开始下降，经济（以及房屋业主）要求削减利率时，他又不得不提高利率。按照这种分析，劳森的政策是完全错误的。撒切尔夫人宣称最初对劳森的政策一无所知。

然而，现实中却并不那么简单。当时撒切尔夫人本人的态度并没有她后来所说的那么清晰。相反，按照劳森的话说，在英镑问题上，她有点“精神分裂”。尽管从理论上讲，她是一位好货币主义者，乐意看到英镑的价值由市场确定，但在实际上她将国家货币“我们的英镑”视为民族自豪感与国家实力的象征。她喜欢看到英镑升值，显示世界对英国葆有信心，她不愿意看到英镑贬值。

事实上，一边是低汇率，另一边是低利率，她的态度是模棱两可的。她看到1983年到1987年间英镑贬值的好处，贬值让英国走出了1980年到1981年的衰退，实现经济复苏。她喜欢自由贬值形成的低利率，不希望将英镑与欧洲货币体系中的汇率机制（ERM）捆绑在一起，担心为了保护固定平价而不得不提高利率。最初，她原则上并不反对汇率机制，她曾经批评卡拉汉政府1978年没有加入，然而，基于一种爱国主义与自由市场经济的矛盾组合，她越来越反对欧洲汇率机制。她既害怕不得不捍卫一种不切实际的价值对等，又憎恨正式或非正式地使英镑与德国马克挂钩，从而丧失国家独立。当沙文主义与经济学发生矛盾时，获胜的总是前者；然而沙文主义与经济学都使她不信任劳森渴望通过国际协议管理市场的做法。"只要奈杰尔一出国"，她抱怨说，"总会出点问题。"

然而，她也承认自己非常孤立。内阁大多数成员都乐意认同财政大臣与外交大臣的判断，赞成尽快加入汇率机制，舰队街及金融城压倒性的共识也支持这种做法。1985年，她动用了个人的否决权，否决一直维持到1990年。然而，她却无法阻止劳森通过非正式的手段实现同样的结果。她所面临的部分问题是，货币管理是财政部与中央银行高度警戒保护的领地，以前的首相不用担心，因为他们的财政大臣们都比较顺从。撒切尔夫人的真正困难在于，对她来说，劳森无论在知识水平上还是在政治上都过于强大。撒切尔夫人也承认，在担任财政大臣5年之后（之前他还担任过两年财政首席大臣），劳森"从专业上完全掌握自己的政策要点"，充分信任自己的能力。撒切尔夫人并不是经常处于不利地位，尽管直觉告诉她劳森是错误的，但她却缺乏技术上的专门知识，无法与他进行成功的辩论。她也不能像对待其他大臣一样专横跋扈。此外，劳森的名望给了他一种特殊的独立性。人们普遍认为他没有更多的政治野心，就等着下台在金融城从事更为赚钱的工作。只要保守党与新闻媒体相信他不会出错，撒切尔夫人就没有舍弃他的资本，更不用说解雇他。她没有其他选择，只有在公开场合附和他的政策，而从内部竭力削弱他，就像她对赫塞尔廷一样，最终都是同样的结果。

因此，核心出现的这种破坏性裂痕又让政府蹒跚前行了一年的时间。尼格拉斯·里德利现在是内阁中最后一位不持批评意见的撒切尔夫人盟友。他描述说，首相与财政大臣之间存在"强烈的相互敌视"，但他们两人都具有"不错的表演才能"，不像其他同事那样会透露出对立立场。在公开场合，撒切尔夫人继续不惜美妙词汇，赞扬劳森。"我完全、高兴、心悦诚服、毫不动摇地，而且慷慨地支持财政大臣。"1989年6月她宣称。但是，用词之奢华只能说明这位女士对太多的东西要抗议。

实际上，1989年他们之间在当前政策上的分歧并没有上一年那么严重。尽管她严厉指责劳森误导性汇率政策让通货膨胀再次成为突出问题。既已如此，她毫不怀疑地认为，让通货膨胀重新受到抑制应该成为政府的首要任务。鉴于高通胀情况下她会排出加入汇率机制的可能，除了劳森使用利率这种反通膨手段以外，她别无选择。有迹象表明，她可能倾向提高税收，重复 1981 年豪预算的模式，她越来越多地认为那是她“最美好的时光”。然而，劳森无意扭转被他认作财政大臣生涯中最为辉煌的成就。他对利率的依赖受到了广泛的指责，最令人难忘的是希思把他比作“一位只在一家俱乐部打球的高尔夫球手”。不过，希思的批评通常让撒切尔夫人充分相信自己处在正确的道路上。她十分清楚，无论经受多大的痛苦，必须努力将受到误导而释放出来的通货膨胀打压下去。

事后看来，撒切尔夫人意识到当时就应该让他离开或干脆解除他的职务。显然，这个位置上不能容许政府最主要的两个人物陷入根本分歧，彼此不信任，每一方都企图压倒对方。撒切尔夫人的支持者认为，她作为首相具有最高权力，劳森傲慢自负、唯我独尊，决意与首相对抗，她完全有权解雇他。相反，劳森坚持认为，管理汇率，为加入欧洲汇率（ERM），他做的事情是完全遵循政府公开宣布的政策，而撒切尔夫人则暗中从事破坏。如果她想改变政策，就应该与内阁进行协商，或者至少像 1980 年到 1981 年那样，与由涉及经济大臣组成的内部小组协商后，公开地做。然而，“时机成熟时”，她却继续在加入汇率机制问题上要花腔，对他的政策视若无睹。他坚称，撒切尔夫人完全了解他的政策。

跟在韦斯特兰德问题上与赫塞尔廷争议一样，最终这个问题并不是政策上的对与错，而是首相管理政府的方式。在与劳森的核心争论中，撒切尔夫人可能是正确的，她的直觉有时比劳森纵情于专业知识更为可靠。无疑，1987 年到 1988 年，是他让经济失去了控制。然而，面对一个难以驾驭的大臣，她又一次采用了逐步削弱而不是直接对抗的办法。1986 年赫塞尔廷摆脱束缚走开了。也许，劳森在位子上待的时间超过了应有的时间。然而，撒切尔夫人公开选择采纳个人顾问的建议，最终让劳森的位子难以为继。这时，在外交政策方面，她采用几乎同样的方式，听从查尔斯·鲍威尔的意见，而不听杰弗里·豪和外交部的意见。根本问题是她不信任自己的同事。赫塞尔廷、特比特、劳森、豪，她将他们一个一个地视为对自己权威的挑战，她无法容忍对手。她没有能力领导好一个团队，这就是她最终下台的原因。劳森无疑犯了错误，他做得有点过头了。但是不能在政府内部解决争议，责任在撒切尔夫人，她任争议不断恶化。这样管理政府是根本行不通的，所以最终摧毁了她自己。

第二十三章
靠布鲁塞尔养活

布鲁日宣言

玛格丽特·撒切尔咄咄逼人的政治风格是建立在识别敌人的基础上的。她成功标志就是墙壁上挂满的战利品：1975 年的特德·希思、第一任期的“湿才”和加尔特里将军；第二任期的亚瑟·斯卡吉尔和肯·利文斯通。在第三任期内，她找到了另一位值得用勇气战胜的新对手：欧洲委员会主席雅克·德洛尔。

在许多方面，德洛尔天生是担当这个角色的绝妙人选。他是个外国人，也是社会党人，因此，与他进行斗争可以一箭双雕，同时投身于两项伟大的事业：英国的爱国主义和打败社会主义。这种组合对支持者有着最大的民粹主义吸引力。然而，德洛尔毕竟是位比斯卡吉尔或加尔铁里更难对付的对手，部分原因首先是，在任命德洛尔时撒切尔夫人发挥了关键性的作用，1985 年她选择德洛尔，没有选择他的对手法国的克洛德·谢松，更多的原因是 1986 年在德洛尔对欧共体进行第一阶段改革，即制定“单一欧洲法”过程中，撒切尔夫人在推动改革方面发挥了主导作用；然而，最重要的原因是，通过诅咒德洛尔，她可以对付自己党内一个强大的派别以及更大范围内的政治上层集团，这些人致力于英国在欧洲发挥作用。到目前为止，尽管保守党权贵们对她的政策表示怀疑，警惕她的道德狂热，但仍然愿意让她为他们而战：他们并没有令人信服的方案来替代她的经济政策，而当政策取得成功，又没有挑起革命时，他们既感到愉快又感到惊讶。不过，既然她现在直接挑战他们信念的核心原则，他们就迅速地行动起来，组织更为积极的抵抗，最终迫使她下台。

撒切尔夫人在回忆录中宣称，20 世纪 80 年代后期，欧洲共同体发生了深刻的变化，德洛尔是“新一类欧共体主席”，其雄心比前任更为宏大。既然在单一市场上已经达成协议（如果还没有完全发挥作用的话），德洛尔决心推动实现欧共体缔结条约中奉为神圣的下一步目标：经济与货币联盟（EMU）以及社会政策及劳动法的协调统一。罗马条约设定了“更为紧密的联盟”这一含糊的目标，在欧洲机构中构建了一种这样的信念，即必须不断前进，可以有时快，有时停顿，一会儿在这个领域，一会儿在另一个领域，但总的方向应该一直是更加紧密的一体化。撒切尔夫人试图将雅克・德洛尔描绘成一位患有权力饥渴症，决意扩展自己帝国的官僚。“这位法国社会党人，”她表情严肃地表示，“是个极其可怕的动物。”毫无疑问，德洛尔雄心勃勃，要保持发展势头：然而在寻找新的推进领域之前，他并无意让单一市场的进程停下来。但是，没有欧共同体主要国家领导的积极鼓励，他将一事无成。撒切尔夫人指责这个未经选举的官员超越了自己的权限，但德洛尔只是遵循由弗朗西斯・密特朗和赫尔穆特・科尔确定的进程，而且所有其他民选领导人也都支持这一进程。

她刻意将德洛尔视为一位文职官员而已。然而到了 1988 年，她认为德洛尔已经“挣脱了作为公职人员的界限，成为联邦主义的正式政治发言人”。她认为，外国人民主传统浅薄，不信任其国内政客有充分的理由，所以可以接受这一点。“假如我是意大利人，我也会希望由布鲁塞尔统治。但是，英国的感受却是不同的。”

为了说明德洛尔正在将欧共体带入英国加入共同市场时并未签约的一体化新领域，她必须认定他行为不当。然而，经济与货币联盟的目标早已在 1972 年确定，并且在 1986 年她本人签署的《单一欧洲法》中得到明确重申。撒切尔夫人坚称，这并不意味着必须有单一货币或者可能涉及集中国家主权的单一中央银行或其他机构，而集中国家主权是不可接受的。撒切尔夫人的困难在于，这一点正是所有其他成员国认为应该做的事情。她需要妖魔化德洛尔，部分原因在于，她知道，现在被她视为对英国利益的致命威胁，是她自己慢慢地才了解到的东西。她实际上曾经欢迎并促成了这项法律，而这项法律规定了促进经济联盟的授权。现在，她坚称自己被欺骗了。

神圣的英镑代表着英国的历史认同。在抵制被她视为对英国历史认同构成致命威胁的东西的斗争中，撒切尔夫人找到了在位最后几年以及退休后可以从事的伟大事业。这是一个外部敌人，其威胁远远超出遥远的南美独裁者，要打败它，就需要铁娘子再次披上无畏的丘吉尔盔甲。在反抗比利时官僚与德国银行家统治的阴险幽灵方面，在坚持英国的真正利益在于与“大西洋对面的新欧洲”的美国建立牢固关系等方面，她相信自己实际上是在向自己所崇拜的英雄学习，这位英雄不但是 1940 年无畏的英国斗牛犬，而且是“说英语人民”的一名亲美的时代记录者/时代标杆。然而，她与温斯顿的“认同”是自欺欺人：丘吉尔并不是她所想象的简单的卡通式爱国者。1945 年到 1951 年，丘吉尔不但发表了大量引起共鸣（如果有点含糊的话）的声明，支持欧洲团结，而且即使在二战结束前，他在私人信件里也经常流露出与欧洲有情感认同，这一点与撒切尔夫人对美国无条件地言听计从完全不是一回事。

欧洲是她最大的盲点。她心里明白，但很不情愿地接受了英国是不可逆转的欧洲共同体中成员的观点，但到底并不希望这样。她对欧洲任何派别的政治家都缺乏尊重。她一会儿谴责联邦主义目标是对英国主权的致命威胁，一会儿又说这些目标属于幻想，永远不可能实现。结果，她从未认真考虑过英国应该在欧共体发展中担当什么样角色的问题。在其他问题上，从俄罗斯到全球气候变暖，她都能主动获取信息，听从咨询意见，制定协调一致的外交战略，然后坚持这种战略。但在欧洲这个英国外交的核心问题上，她的政策顾问佩尔西·克拉多克写道，“却没有大型的战略讨论会，没有研讨。”她明白她所想的，她明白如果共同体其余成员国明白对他们有好处的东西，他们也应该这样想。因此，她始终比事态发展慢两步，不能发挥领导作用，甚至不能完全参与，只能对别人提出的建议做出愤怒的反应。

当然，她这么做也有一个论据。她有权指出，而且也反复地声明，在实施单一市场（更不用说单一货币）正常运作必需的规定方面，英国“超前”于其他国家。这些规定包括废除外汇管制（早在 1979 年英国就废止了）、资金自由流动以及拆除大量的保护壁垒。她不断抱怨法国仍然阻止英产尼桑车的进口，对苏格兰威士忌实施不公平的关税；她认为他们必须首先兑现已经达成协议的承诺，再着手实施更加宏伟的计划。她相信的是小而实际的步骤，相信渐进法，而不相信宏大计划。她认为，这就是英国的方式，因此从定义上讲也是更好的方法。然而，她在告诉他们这种方法时所采用的好斗方式，只会激怒她的同伴，并疏远潜在的盟友。在为一个由众多独立国家构成的欧洲争辩方面她所具有的优点，被自以为是的拙劣表演给抵消了。

此外，她将在欧洲问题上的分歧视为对她国内权威的挑战。由于她在内阁中仅有两位可靠的盟友里德利与帕金森，侧翼又受到出于不同原因但都希望尽快加入欧洲汇率机制（ERM）的财政大臣和外交大臣的夹击，撒切尔夫人越来越沉溺于这样的想法，即劳森与豪“串通一气”与她作对。要确保她的意志占上风，就要防止他们联手对付她。事实上，豪与劳森几乎没有任何接触。他们对待欧洲汇率机制的态度也是不同的。进入外交部工作以后，豪已经皈依了包括单一货币在内的整个欧洲货币联盟（EMU）计划，他希望尽快加入欧洲汇率机制以维持英国作为欧共体领导成员的地位。相反，劳森却与撒切尔夫人一样强烈反对单一货币。他希望加入欧洲汇率机制主要是希望将其作为一项货币纪律，但他同时认为，处于在欧洲汇率机制之内与留在机制之外相比，英国具有更大的杠杆来阻止单一货币。撒切尔夫人本来可以利用他们在目标上的这种差异，让他们互相反对，维持自己的权威：然而，她却一个一个地对付他们，同时表示不信任任何一方。结果，在 1989 年 6 月马德里峰会之前，迫使他们采取了共同的立场。

在 1988 年 6 月举行的汉诺威会议上，撒切尔夫人决意阻止建立欧洲中央银行，然而，像过去一样，别人却技高一筹。科尔总理劝她同意成立一个主要由中央银行家（包括她任命的英格兰银行行长）组成的委员会研究这一问题，然后他们安排德洛尔担任这个委员会的主席。然而，撒切尔夫人依然只相信自己，认为创立中央银行不在该委员会的职权范围之内。劳森对她的幼稚感到惊讶。他宣称曾告诉过她："一个具有如此授权的委员会绝对会提出设立欧洲中央银行的议题。"查尔斯·鲍威尔确认，这种委员会一旦成立，"就会形成难以预料的运转速度"。在不到9个月的时间内，这个委员会果然提出了分三步实现欧洲货币联盟（EMU）的时间表，这成了撒切尔夫人与欧共体其他人士下一步争论的主要焦点。假如她认真地参与这一问题，她就应该从内部进行反抗。相反，她要么仍然认为事情永远不会发生，要么认为自己以后可以予以否决。

撒切尔夫人不愿听自己不想听的事情的另一个例证，就是她选择里昂·布里坦取代亚瑟·科克菲尔德，担任英国驻布鲁塞尔高级专员。她拒绝继续任命科克菲尔德，理由是她认为他已经"入乡随俗了"。她认为，布里坦在财政部负责经济政策时表现干练，担任内政大臣期间在维护治安方面又比较强硬，自然会在欧洲问题上持稳健立场。撒切尔夫人其实应该知道，布里坦是位坚定的亲欧人士，长期以来一直赞成加入欧洲汇率机制。但是，由于她急于把布里坦踢出国内政治，急于废弃曾经对他做出的承诺，所以任命他担任了这一声望很高的职务，但她却忽略了他过去的记录。后来，他也"入乡随俗"，撒切尔夫人感到自己被出卖了。

撒切尔夫人对欧共体公开立场的转折点是1988年9月在布鲁日在欧洲学院发表的演讲。具有讽刺意味的是，外交部事先安排她作演讲，希望提供一个合适的机会，让她发表一个有关欧洲问题的"积极"演讲。然而，到了她作演讲的时候，发生了两件事情，促使她决心利用这一机会痛斥雅克·德洛尔。首先是在7月对欧洲议会的讲话中，德洛尔故意挑衅，提议应该在6年内"建立一个初步的欧洲政府"，10年内，"对经济及社会政策产生影响的80%的法律将会在欧洲层面而不是国家层面上通过。"

其次，德洛尔将自己的联邦主义要求引入英国政坛，从而自己的挑衅变得更为严重。又是外交部认为，请德洛尔对伯恩茅斯的劳工联合会发表讲话大有裨益。德洛尔发表了自以为非常标准的讲话，阐述了在劳动时间、工作条件以及明年将成为欧洲社会宪章的集体谈判等统一法律方面的愿景。不过，他几乎立刻成功地让传统上反对欧洲的英国工会分子转变了立场，使他们认识到欧洲可以提供一种途径，帮助他们重新夺回在10年撒切尔主义期间丧失的一些领地，而这一点撒切尔夫人坚决反对的。正如劳森所言，如果外交部希望软化工党对欧共体的敌视态度，则他们取得了"连做梦都没有想到"的胜利。然而，过去20年工党的敌视态度使撒切尔夫人对欧洲一直持积极的态度，工党本身一出现逆转，撒切尔夫人立即感到可以自由地做同样的事情了。

事实上，最终发表的撒切尔夫人布鲁日讲话包含了大量的积极内容，包括“作为欧共体的一部分，我们的命运在欧洲”的主张。然而，她坚持认为，英国对这种未来有着自己的看法。“欧洲并不是罗马条约的创立……欧共体是欧洲共识的一种表现，但不是唯一的表现。”她进而设定了5条“指导原则”，其中最重要的是第一条：建设成功的欧共体的最佳途径并不是更为紧密的一体化，而是“独立主权国家之间自愿而积极的合作”。当然，她也承认，欧洲应该“试图用一种声音讲话”，在“我们无法单独取得更好效果的事务上，开展更为密切的合作”。然而，随后她说了杀手锏一样的两句话：

> 但是，紧密合作并不要求将权力集中在布鲁塞尔，或者由一个任命的机构来作出决定……我们在英国还没有成功地击退国家权力，却看到国家权力重新施加在欧洲层面上，由一个超级欧洲国家从布鲁塞尔发号施令。

这一段至为关键。她进而阐述了其他4条指导原则：做出的决定必须符合实际，而不是空想；欧洲应该致力于创新与开放市场；欧洲不应该持保护主义的立场；应该维持对北约的承诺。不过，讲话引起最大的争议集中在第一点上。

激怒人们并不在于多少内容，而在于她使用的具有强烈火药味的语言。这种语言现在看起来非常平淡，但在当时的1988年，从来还没有人说过欧洲是“超级国家”。用1986年前一直担任英国常驻布鲁塞尔代表迈克尔·巴特勒的话说，谈论“欧洲集团”官僚“从布鲁塞尔实施统治”，“确实是非常危险的东西”。撒切尔夫人认为自由贸易区是好事，而超级国家为坏事，这种两分法是错误的。在巴特勒看来，欧共体的发展已经远远超越自由贸易区，却没有人想要超级国家。撒切尔夫人既然已经签署了《单一欧洲法》，也就意味着她本人已经同意了现在提交讨论的所有东西。

其实，这次讲话未来数年困扰保守党的原因，并不是她在布鲁日说的内容，而是这篇讲话被伯纳德·英厄姆转述的方式。“事实上，”劳森承认，“这篇讲话以非常合理的方式说了许多需要说的事情……但是，新闻发布会上伯纳德·英厄姆所作解释的新闻报道……使用的语气却完全不同，更符合撒切尔夫人本人的真实情感：强烈的沙文主义以及……对欧共体的敌视态度。”

撒切尔夫人对这篇讲话所产生的影响感到高兴，在几周后举行的保守党大会上，她撇开外交辞令，重申了演讲的核心内容。她告诉《泰晤士报》，她确信自己敲击出了一个流行的和弦，因为联邦主义“与我们的人民是背道而驰的”。为了促使她说到做到，一批杰出的欧洲怀疑论者还成立一个压力团体，反对向欧共体继续出让任何权力。布鲁日小组的大部分成员为主要的撒切尔主义学者，他们为早期的撒切尔主义提供了大量知识兴奋剂，而现在却只能供应越来越强烈的民族主义。

布鲁日讲话存在的问题是，它并不代表一种政策，而是“一种情感发作”，像1957年奈·比万描述单方面核裁军一样。它对欧共体发展的影响不大，但在未来10年里对保守党却产生了几乎灾难性的影响。在短期内，这篇演讲使党陷入分裂，在基层释放出多年来聚集但受到压抑的敌视欧共体情绪，由于党的领袖毫无掩饰地表示赞成，所以这种情绪突然泛滥；与此同时，这篇演讲激怒了内阁及保守党组织中的多数成员，他们终生致力于麦克米兰和希思所追求的英国在欧洲的角色，他们的承诺并未减少。首相突然扭转保守党对欧洲的既定立场，不可避免地造成了两年后的杰弗里·豪辞职，导致议会党团撤出对她的支持，最终于1990年11月迫使她下台。

马德里会议前的“伏击”

1989年4月，德洛尔公布了他的计划，计划分两个部分：第一部分是分三个阶段实现经济与货币联盟的时间表，第二部分则是所谓的“社会宪章”。撒切尔夫人立刻对两份文件予以拒绝。她告诉下院，第一份文件的目标就是欧洲联邦、共同货币与共同的经济政策，势必从下院手中夺走制定经济政策（包括财政政策）的权力，是完全不可接受的。第二份文件则，“更像一部由毫无必要的控制措施与制度规定构成的社会党人宪章，这些措施与规定将……使工业失去竞争力……使失业增加，意味着我们无法与世界其他地区为了我们迫切需要的贸易而开展竞争。”撒切尔夫人参加6月15日欧洲议会选举的平台以坚决反对德洛尔的两项提议作为基础。

自1987年引入直接选举以来，保守党轻而易举地赢得了所有五年一次的欧洲议会选举。毕竟，这是一个亲欧洲的政党。然而，1989年6月，保守党人不但受到飙升的通货膨胀和人头税的困扰，而且在欧洲问题上出现了混乱。撒切尔夫人授权了发表一份宣言并组织选战，但她的大部分候选人与她意见不一，所以这些人几乎全是亲欧派。竞选的基调是由一份灾难性消极海报定下的，海报张贴在全国临时设置的围墙上，画的是一堆蔬菜，上面写着“6月15日待在家里，你就得靠布鲁塞尔养活”。在竞选演说及电视访谈中，她将自己扮成战斗的玛吉，在奋力抵御外敌。

选举结果，撒切尔夫人领导下的保守党首次在全国选举中失败。参加这次选举的人数大量增加，从以前的32%上升到37%，然而保守党只获得33%的投票，跌到历史最低水平，输给工党13个席位，刚好逆转了1984年的选举结果。现在工党有

42 个席位，而保守党只有 35 个席位。当然，这样的选举结果与其说归功于人们对联邦欧洲的热情，倒不如说由于自家内部的其他原因让政府变得越来越不受欢迎。尽管如此，选举结果对保守党议会议员发出了十分清楚的警告，即尼尔·金诺克领导的工党最终获得夺取选战胜利的能力，而首相正在变成一种负担，要保住自己的席位，在下次大选之前就得丢弃她。

第二周，在马德里欧洲理事会会议召开前夕，在商议有关峰会可能做出的决策时，撒切尔夫人一再坚持将财政大臣和外交大臣排除在外，这样，她与资深同事之间一直紧张的关系便达到危机的顶点。在公开场合，她仍在坚持说，在欧洲汇率机制问题上他们之间没有任何分歧。严格地讲，这样说也是正确的，因为劳森和豪都认为立即加入是不切实际的；然而，他们两人都相信，如果她在马德里会议上排除障碍，承诺在一个设定时间框架内加入，那么在有关欧洲汇率机制未来的谈判中，英国的主动权就会得到加强。然而，她却比以往任何时候都坚定地决定不做这样的事情。她召集私人顾问开会，为峰会做准备，没让一个民选的同事参加。

6 月 14 日，星期三，豪和劳森向她递交了一份联合纪要，建议她在马德里会议上做出一个“没有法律约束力”承诺，承诺在 1992 年底以前加入欧洲汇率机制，并要求见她一面。撒切尔夫人感到极为愤怒（在自传中她形容他们的见面请求是企图“伏击”她），但仍然很不情愿地同意 6 月 20 日下周二见他们。6 月 20 日，她直截了当地推翻了他们的观点，拒绝缚住自己的手脚。几个小时后，她送给豪一份文件，增加了英国加入 ERM 需要考虑的更多条件，包括可能需要数年时间完成单一市场。他们要求再次见面。撒切尔夫人更为生气，她先分别给他们俩打电话，最后同意星期天一早在首相别墅同时见他们两人。撒切尔夫人形容这次会面是一次“令人讨厌的小型会议”，他们三人对见面中所发生的事情的描述区别不大。在她看来，他们试图“要挟她”，如果她不同意申明在某一个规定的日期前加入 ERM 的“坚定意愿”，他们就威胁辞职。“他们说如果我这样做，我就可以阻止整个的德洛尔进程进入第二及第三阶段。如果我不同意他们的条件和构想，他们两人都会辞职。”“会议的气氛非常紧张。”劳森确认：

> 玛格丽特毫不妥协。杰弗里说，如果她没有任何时间考虑他的建议……他别无选择，只好辞职。这时我插话，说了声：“首相，如果杰弗里要走，我也必须离开。”一段冰冷的沉默后，会议突然结束，任何问题都就没有解决。

“我知道是杰弗里唆使奈吉尔，”撒切尔夫人写道，“他们显然仔细思考过要说的话。”劳森并不否认这一点，但他坚称，这是作为内阁同事 8 年来“唯一一次联合推动一项特定的行动方针。”首先，他们所做的只是作为财政大臣和外交大臣要求征求他们的意见。然而，她非常憎恨她所称的，“这种做事方式——联合纪要、施压和阴谋小集团。”佩尔西·克拉多克判定“大臣请求协商被视为阴谋这一事实本身……显示政府内部的沟通与信任遭到了惊人的破坏”。人们很难对他的这种说法提出异议。

首相与外交大臣一起飞往马德里，但在飞机上撒切尔夫人一直没有与她的同事说话。到达英国大使馆后的当晚，她只与鲍威尔和英厄姆在一起，而豪则在楼下与大使和他的工作人员享受了一次轻松的晚餐，而“她的外交大臣依然丝毫不知道她要说的内容”。

事实上，她的态度缓和而富有建设性。人们普遍认为，在欧洲选举受挫之后，她来到马德里时“影响力已经减小”，所以言论并不那么刺耳，对此她当然予以否认。后来她坚持说，她对豪与劳森的“勒索”不予理睬，依然拒绝设定加入欧洲汇率机制的日期。但实际上她做了最大努力来满足他们的要求，从英国将在“时机恰当时加入”这样一个含糊不清的套语前进到一组更为具体的条件上，并非6月20日她所威胁的单一市场必须最后完成，而仅仅是朝着完成的方向取得更多的进展，加上英国通货膨胀下降到欧洲平均水平，其他国家在废除外汇管制方面取得进展以及金融服务业进一步的自由化。与迄今为止她所持的立场相比，这些新的测试项目更加灵活，更易于诠释。明显的证据就是，仅仅一年之后，约翰·梅杰就可以劝她，说已经取得实质性进展，可以宣布已经条件满足了。

在马德里，在诸如欧洲经济及货币联盟以及社会宪章问题等更广泛的问题上，撒切尔夫人感到庆幸的是自己态度坚定。由于她的阻止，在德洛尔报告中规定的第一个阶段完成之前，密特朗总统未能确定第二及第三阶段的时间表。

忠实的怀亚特认为她表现“非常出色”。其实她并没有取得任何成果，第二年的情况可以说明这一点。按照劳森与豪的想法，同意设定一个加入ERM的清晰时间表会不会让她在将来的会议上具有更大的杠杆作用，这一点无法得到证明。事实上，无论她如何表现，英国现在已经受到孤立。她既没有因为稍具建设性而在很大程度上阻碍走向欧洲经济与货币联盟的进程，也没有因为不妥协的立场得到更多的东西。一切都太晚了。

撒切尔夫人的愤怒是针对豪和劳森的，是他们两人将她推入困境，同时显示出他们具有拉她下台的实力。当时她假装自己跟他们摊了牌。事实上，由于威胁达到了他们希望的大部分效果，所有没有必要辞职。多年后，她承认：“他们征服了我。”她明白如果他们当中任何一位辞职或两位都辞职，她的首相位置都将难以为继。然而，她发誓说，“我绝不允许这样的事情再次发生。”四周以后她动用首相的最后权力打碎了豪—劳森轴心。她决心惩罚豪，并对劳森发出警告，于是将豪调出了外交部。然而，这是一次肮脏的行动。

无论如何，她都要对内阁进行重组。在一般情况下，在夏季度假之前她都要进行一次政府重组，但这次重组却异常彻底。21 位内阁大臣中，只有 8 位保留原来位置。她解除了两位，另有两位自愿离开。其他 9 位大臣则调换了位置。首次进入内阁的有彼得·布鲁克、彭定康、约翰·古默以及诺曼·拉蒙特，三人当中只有最后一位可以称上撒切尔主义者。撒切尔夫人在回忆录中说，这些变动的总体效果是内阁平衡“稍微偏向左派”。但她确信，“只要能够避免出现威胁我的权威的危机，一点都没有关系。”

然而，解除杰弗里·豪过去六年来一直担任的职务给这个小戏法投下了阴影。豪对即将到来的事情没有丝毫预警。这样对待最忠实的同事是非常残忍的，他曾经是在野保守党的影子财政大臣和 1981 年预算的设计师，默默地产生了早期经济改革的热量。对于撒切尔夫人的生存与成功来说，他的顽强坚持所做的贡献是不可估量的，然而撒切尔夫人最终却鄙视他，同时又害怕他，认为他正准备取代她的位子。

决定解除豪外交大臣职务之后，她给豪提出了下院议长或内政大臣两项选择。豪接受了前者，但坚持要了副首相这一安慰性头衔，以拯救自己的自尊心。事后看来，她认为自己当时应该干脆彻底地解雇豪，而不是让他仅仅受点轻伤，仍处在一个来年可能对她造成致命伤害的位子上。豪也一样，他很快意识到自己其实应该干脆一刀两断。担任副首相后，他希望得到威利·怀特洛生病前在政府内享受的地位。假如这时的撒切尔夫人的内阁管理还合乎情理，她一定会邀请豪填补这个至关重要的空缺。假如她愿意信任豪，他就会成为一位非常好的威利。然而，“杰弗里是通过讨价还价得到这个职位的，”她轻蔑地说，“绝不会给他想要的地位。”毕竟，伯纳德·英厄姆特意告诉记者说，不存在副首相这样的职务。

事情到此并未结束。如果她决心解除豪，道格拉斯·赫德就成了最有资格的替代人选。然而，继彼得·卡林顿、弗朗西斯·皮姆和豪之后，撒切尔夫人不想在外交部中安排另一位亲欧洲的花花公子，此时，她还有足够的实力，可以按自己的意愿任命任何人。她希望有一位没有“棱角”的外交大臣，可以毫无怨言地听她摆布。于是，她任命了约翰·梅杰。

这时，撒切尔夫人已经将梅杰看作一位可能的长期继任者。1987 年担任财政部首席大臣以来，他以平静的方式掌握细节，冷静判断，给撒切尔夫人留下了深刻的印象。她一直在寻找有才干的右翼人士，认定梅杰是位真正的撒切尔主义者。实际上梅杰并没有达到那种程度。“他又是一位我们自己的人”，她对持怀疑态度的尼古拉斯·里德利打包票说。事实上，尽管在经济问题上梅杰是一位干才，但在社会政策上他绝不是撒切尔主义者，他对人头税也缺乏热情。然而，即便撒切尔夫人没有看错，把外交部交给一个年仅 45 岁、没有相关经验或才能的梅杰，不但对梅杰没有好处，对撒切尔夫人自己也没有好处：他难免看上去像是撒切尔夫人的一条贵宾犬。

然而，1989 年的整个内阁改组却是一场政治混乱，几乎惹恼了她的所有同事，让她的政党感到灰心，只有反对党感到高兴。伊安·高这样的忠诚支持者已经预见到今后可能出现的麻烦，而怀亚特则担心“她已将杰弗里变为一位死敌”。撒切尔夫人自己很快意识到，在各种选择中，留任豪是最为不利的选择。与此同时，内阁中的其他成员却觉得，如果她能那样对待豪，那么他们当中没有一个人是安全的。

从这时起，炫耀自己敌视欧洲所有的东西成了撒切尔夫人的一种享受。那年夏天法国在巴黎主办七国首脑会议，适逢法国大革命 200 周年，她乘机以居高临下的姿态发表一次演讲，大讲可以追溯到大宪章时代的英国人权传统。后来在 12 月份的斯特拉斯堡会议上，她单方面否决通过社会宪章。她愿意在某些领域接受共同准则，如健康、安全以及行动自由，但她拒绝在工作时间、强制性的工人参与计划等方面协调一致。然而，更重要的是，她无法阻止欧洲经济与货币联盟进入下一段进程。只要多数成员国同意就可以召开政府间会议，制定明确的时间表。然而，她坚持认为，会议做出的任何决定都必须得到一致同意，而只要她在那里，就一定会出现问题。

“我并不认为我们的步调不一致，”在峰会后举行的记者招待会上，她说，“我认为其他人会稳步地跟上我们的步子。”或者说她说服自己，受到孤立其实是件好事，在被孤立状态下，她实际是在领导欧洲。“有时候，要引领就不得不受到孤立。”然而，这种说法是自欺欺人的。在欧洲问题上她有一个合理合法的另类愿景。然而，无论是对是错，她对自己的愿景都起了最坏的反作用。在她的巡回表演之后，长期受苦的同事们不得不设法收拾残局，在他们看来，她这种不停息的对抗风格，结果“适得其反”。“这种做法有点破旧了，”道格拉斯·赫德回忆说，“我想她的许多同事开始把这种做法当成一出戏剧。”

事实上，撒切尔夫人的欧洲政策根本不是什么政策。它反映了，并也在很大程度上加剧了英国对欧洲大陆持有的本能性怀疑，凸显了在欧共体走向“越来越紧密的联盟”的道路上所面临的真正困难，在主权、民主问责制以及经济差异上的真正困难。跟过去一样，一步一个脚印地前进是有道理的，而选择由独立国家组成的共同体而不选择一个超级国家，现在仍然是有道理的。但是，英国不断地说“不”，丧失了对欧洲一体化进程的影响，可英国最终还是不得不参与进来。实际上这仍然是在重复 1950 年以来在欧洲发展的每个阶段上英国一直玩弄的令人沮丧的追逐游戏。欧洲成了撒切尔夫人首相生涯面对的最大挑战，也成了她首相任期的最大失败。这种失败的直接原因是她对抗性、仇外以及狭隘的个性。

第二十四章
明日的世界

输出撒切尔主义

到了20世纪80年代中期，撒切尔主义成为一种国际现象。部分原因是她是女性，这就意味着在所有国际聚会的照片上她的形象非常突出，她身穿蓝色、红色或绿色服装，与周围身穿灰色西服的男人们形成鲜明的对照（她总彬彬有礼地站在中间位置）；部分原因是她尖锐而清晰的性格，她孜孜不倦地旅行，以布道般的感召力到处鼓吹自己的信仰；有英国在马岛战争中取得出人预料的胜利的原因；还有人们对她与罗纳德·里根之间的紧密关系以及她在美国人与米哈伊尔·戈尔巴乔夫之间充当中介人的认可。由于所有这些原因，到了1985年左右，玛格丽特·撒切尔成了地球上最有名的领袖之一，成为世界舞台的超级明星。她每到一处，都成为人们好奇和敬慕的对象，她在全世界的名声远远超过了国内。

首先，她是横扫全世界的经济自由化潮流最为权威、最具魅力的捍卫者，这股潮流扭转了过去30年占主导地位的集体主义。然而，这种潮流并非发端于她本人。它的起源地应该还是芝加哥，在那里弗里德里希·哈耶克和密尔顿·弗里德曼分别在不同时间担任过教授。还在撒切尔夫人担任反对党领袖之前，这种知识潮流转折的反映就是两位教授均被授予诺贝尔经济学奖，哈耶克1974年获奖，而弗里德曼则是1976年获奖。然而，他们的异端思想首先是在智利被毅然投入实践的。其时，在美国帮助下推翻了萨尔瓦多·阿连德马克思主义政府的奥古斯托·皮诺切特将军，引进了所谓“芝加哥小伙子”，煽动进行一次自由市场改革的极端试验，用警察国家的办法实施改革。智利的政治是可憎的，然而它的经济却为南美其他国家及南美以外的国家建立了一种模型。

担任领袖之初，撒切尔夫人就明白她正在乘着（或者希望乘上）一种世界潮流。1979年3月，在将她送上保守党领袖的大选之前，她宣称：“在整个西方世界，潮流正在改变，很快，同样的事情将在这里发生。”几年之后，她才有了探路者的想法。“1981年”她回忆说，“一位财政初级大臣来见我。‘我们大家都对您正做的事情非常感兴趣，’他说，‘因为如果您成功了，其他人就会跟进。’以前我从来没有想到这一点。”然而到1986年，她已经开始骄傲地宣称，英国领导了世界。

无可争议，英国的榜样，特别是私有化，发挥了一定的作用。然而，同样明显的是，无论是在西方还是在东方，随着一个接一个的社会民主国家发生了英国70年代遭遇的问题，并在一定程度上采取了相同的应对措施，这种逆向革命有着自己固有的势头。在接下来的10年里，同样的规律传播到整个欧洲范围内。在从1985年起的15年里，超过1000亿英镑的国家资产被出售，包括雷诺、大众、汉莎、ELF以及意大利石油公司ENI这样的旗舰国有公司，加在一起成为“世界历史上最大规模的出售”。

德国“问题”

尽管如此，1989年秋共产主义国家出人意料的突然巨变，成了撒切尔夫人1975年以来所代表并努力争取实现的所有东西的成功证明。不管你叫它撒切尔主义还是其他什么名称，柏林墙的倒塌，苏维埃政权的转变以及两年后苏联自身的解体，代表了撒切尔哲学以及她的（还有罗纳德·里根的）军事战略的最后胜利。40年来她的所有政治当中压倒一切的背景是冷战；现在，突然之间，西方赢得了胜利。

在回忆录中，撒切尔夫人将取得胜利的主要原因归功于里根，“他的军事政策以及与苏联的经济竞争迫使苏联领导人……放弃称霸野心，开始改革进程，最终让整个共产主义体制发生变化。”不过，由于实际变化发生在里根年代之后，她感到有必要将这种归因延伸到里根的继任者乔治·布什，他采用高超的外交技巧，管理着这一充满危险、剧烈动荡的转变；同时她甚至还咬牙将胜利归功于“反抗苏联压力及苏联花言巧语维护强大的西方防务的其他欧洲盟友，尤其是赫尔穆特·施密特、赫尔穆特·科尔、弗朗西斯·密特朗等等……但君子不自赏其功。”但是，这是一种虚伪的谦虚。作为里根总统最坚定的盟友，她毫无疑问地明白，对于他们联合的战略所取得的成功，除了里根本人外谁最应该受到称赞。退休之后，她毫不含糊地认为这是她最大的成就。

然而，共产主义的巨变并没有给她纯粹带来快乐。相反，在位的最后一年成了她在国际战线最困难的时期之一。柏林墙开放的直接后果就是两德实现统一这种不可阻挡的势头，这一前景加剧了她对前敌人的恐惧与憎恶。同时，她不得不面对华盛顿的新政府，她对新政府的信任远远低于对罗纳德·里根的信任。因此，在意识形态取得胜利的时刻，她感到自己在世界舞台上孤立的程度超过了以往任何时候。

1988 年 11 月，副总统乔治·布什击败民主党人迈克尔·杜卡基斯，确保共和党统治的连续性，撒切尔夫人感到宽慰。然而，她与布什永远不可能有与里根那样的良好关系。她现在是位年长的伙伴，但丝毫不令人感到意外是，布什并不想得到她的恩宠。在新的团队里，有担任国务卿的詹姆斯·贝克，担任国防部长的迪克·切尼以及担任国家安全顾问的布伦特·斯考克罗夫特。在这个团队引领下，布什决心建立自己的盟友。值得一提的是，早在柏林墙倒塌之前，布什就认定赫尔穆特·科尔是欧洲领袖，应该与他建立特殊的关系。布什感到有必要对撒切尔夫人显示，科尔是他自己的人。

布什与布伦特·斯考克罗夫合著《改变了的世界》①，是一部非常坦诚的回忆录。在这部书中，他对自己与欧洲盟国的关系中作了详细的记录。该书转载了冷战结束期间紧密外交的许多文件、电话交谈记录以及日记记录，远远超过了德克萨斯布什图书馆安全检查许可的范围。书中生动地描绘了主要参与者之间的紧张关系以及撒切尔夫人受到孤立的情况。当时布什和科尔急急忙忙地促成两个德国重新统一，密特朗与戈尔巴乔夫没有表示出撒切尔夫人所希望的反对态度，而她却认为这一进程速度太快，既不明智也不可取。

然而，早在 11 月发生的轰轰烈烈事件之前，从布什总统任期开始，撒切尔夫人就担心华盛顿在核裁军问题上的立场会出现软化。戈尔巴乔夫提出削减核武器，企图分裂北约，防止盟国实现短程核力量的现代化。由于受到国内社民党和绿党的压力，科尔希望推迟武器现代化并希望立即削减导弹的数量。相比之下，斯考克罗夫特写道："撒切尔夫人则对任何可能削弱北约防务的变化坚持不妥协的立场。"她希望美国人让她来对付科尔，而美国人却不愿意这样做，部分原因是"玛格丽特……比我们更强硬，对妥协产生的危险更为敏感"，还有布什不愿给她当副手的缘故。

科尔的外交部部长汉斯·迪特里希·根舍，在未达成协议前就在联邦议院宣布削减短程核力量，企图将盟国"推入"削减进程，撒切尔夫人对此非常生气。她在与布什的一次电话交谈中表达了自己的观点："我们必须对德国持坚定的立场……我重申，短程核力量不容谈判，不能谈判。"布什形容她为"极品的撒切尔"。

然而，美国并没有改变在短程核力量谈判上的立场。斯考克罗夫特回忆说，撒切尔夫人"很不高兴……尤其是因为我们事前没有同她磋商。""实际上我们知道撒切尔夫人会做出什么样的反应……我们认为不得不对德国人做出这种姿势……假如我们跟英国人磋商，他们表示强烈反对，我们就很难继续进行。"

---

① 不过，有关布什总统与科尔总理交往的许多材料已经解密，这些材料确认了《转变了的世界》一书中所描写事情的准确性。只是删除了科尔诋毁撒切尔夫人的一些言论。

在 1989 年 5 月布鲁塞尔北约峰会之前，她仍对美国提议的与短程核力量（SNF）谈判关联的立即削减常规力量建议“感到不快与担心”，不过，最后，她明白自己的影响力有限。在伦敦，她告诉前来向她通报的特使，“当然，如果总统要这么做，我们也会这样做的。”不过，在布鲁塞尔，各国领导人坐下来用晚餐时，她还把布什拉在一边，说个不停。“在这个问题上我们不能妥协，”她告诉布什，“您不会妥协吧？”最后，詹姆斯·贝克与外长们（当时英国外交大臣还是豪）一起找到了她能够接受的一段文字。“我们利用常规力量建议鼓励在核力量问题上达成协议的战略是成功的。”布什写道。让他感到宽慰的是，第二天早上，“玛格丽特的热情增加了。我猜想她不愿脱离美国。”然而，尽管美国人在庆贺自己取得“圆满的成功”，媒体无疑注意到撒切尔夫人遭到了非常丢脸的失败。

第二天，布什到了德国，在美因茨发表了讲话，称德国和美国为“发挥领导作用的伙伴”。撒切尔夫人认为这是对她与华盛顿特殊关系的冷落。“实际上她没有必要担心，”斯考克罗夫特写道，“这种表达并没有任何排他性意图，只是一种华丽的辞藻与鼓励。”尽管如此，这种说法被广泛解释为跨大西洋关系上一种真实与重要的转变。布什试图做出弥补，他将英国形容为美国“暴风雨中的港湾”。“这样说当然是善意，但并十分可靠，”佩尔西·克拉多克评论说，“暴风雨中的港湾是一个孤独的地方，并非我们想象自己应该占据的位置。”

不过，至少斯考克罗夫特与查尔斯·鲍威尔之间，还存在一种特殊关系，斯考克罗夫特称鲍威尔为“英国政府中的我”。安全的通信线路已经安装，国家安全顾问可以与伦敦、巴黎和波恩的同行直接通话。“我们当中的任一位只要按一下按键，拿起听筒，对方桌子上的电话就响了……很快，我们就学会如何以舒适而方便的方式来探索我们的上司们在各种问题上表现出的灵活性的界限了。”斯考克罗夫特感到，此刻的鲍威尔是“唯一对撒切尔夫人外交政策有着重要影响的人”。

自然，看着多米诺骨牌在整个东欧一一倒下，撒切尔夫人感到无限的喜悦，首先是波兰与匈牙利的变化，苏联并未干涉；后来匈牙利人又允许东德难民越境到奥地利；最后，东德当局于 11 月 9 日打开了柏林墙，大批民众像德国剧《菲岱里奥（Fidelio）》中放出的囚犯一样，用镐和撬棍，或者干脆赤手空拳捣掉了柏林墙，并在废墟上载歌载舞。“天鹅绒革命”将持不同政见的剧作家瓦茨拉夫·哈韦尔推到布拉格的权力舞台；圣诞节齐奥塞斯库总统和他的妻子被立即处以死刑；年底，保加利亚、捷克斯洛伐克和罗马尼亚发生了同样的革命。生活在这个黎明是幸福的。然而，注意到 200 年前法国革命过激行动的撒切尔夫人警惕地注意到，局势正在失去控制。早在 1982 年，她就预料到总有一天柏林墙会出现倒塌：

> 总有一天，人民的愤怒与不满将巨大无比，暴力都无法遏制。届时，大厦会出现裂缝：砂浆会崩溃……总有一天，自由将在大墙那边降临。

但是，她承认从未预料到事件会这么快发生。事件发生时她告诉在唐宁街的记者，她与其他所有人一样，热情地看着电视画面，庆祝“伟大的自由之日”。然而，就在那一刻，她很快注意到德国统一的问题。“我认为你们进展得太快，太快。”她警告说，“你们应该一步一步地走，以非常明智的方式处理这些事情。”然而，她很快发现，推动这些事件的力量过于强大，她无法对付。

撒切尔夫人阻止德国统一前景存在三条可以接受的理由。首先，她担心德国统一后的巨大经济实力会破坏欧共体的平衡。第二，她害怕一个中立或非军事化的德国让北约在对抗仍然拥有核武器的苏联方面留下巨大的空洞。第三，她害怕失去东德（加上华沙条约解体）会造成戈尔巴乔夫的毁灭，危及作为最大的奖赏的苏联民主进程。所有这些理由都可以成为采取谨慎态度的合理论据。然而，在撒切尔夫人心中，这些理由被另一种不为人接受的理由——她对战时敌人强烈并难以平息的憎恶——而强化了。

撒切尔夫人为何比同时代的其他人更难以忘记战争，这一点很难解释。当然，从14岁到20岁，上中学最后四年和上大学的前两年，战争占据了她的全部青春，但是存在这种情况并非她一个人。格兰瑟姆遭受了德军轰炸，破坏程度可能超过了除伦敦、考文垂与普利茅斯以外的所有地区。同时，从1941年起，林肯郡到处都是美国空军基地和美国空军，强化了她对美国人拯救欧洲的认识。她的父母在战前曾短暂地收留过年轻的犹太难民，她从他们那里得到了有关纳粹政权本性的第一手见证，后来她的芬奇利选区又有一个比较大的犹太人社区。然而，与同时代男人们的经历相比，所有这一切都显得十分苍白。这些男人们实际参加过在法国、比利时、北非和意大利的战斗，有些甚至参加解救集中营的行动，然而所有这些人（其中肯定有未来的政治家）回头决心重建欧洲大陆，他们愿意忘记战争，迈步向前。撒切尔夫人的家庭或紧密朋友并没有在战争中身体受伤，无法解释她挥之不去的痛苦。然而，战争结束40年后，她依然怀有对“德国的隔代遗传恐惧以及对德国人的怀疑”。

1989年柏林墙一倒塌，她就知道科尔会不失时机地推动德国统一；然而她认为，如果四个战时盟国立场坚定，仍然会阻止德国统一，或者至少拖延10到15年。她坚持认为，统一并不仅仅是德国人自己的事情，而会影响北约、欧共体、俄国人以及欧洲整个的力量平衡。她甚至争辩说，赫尔辛基协议排除了对边界的任何改变。在巴黎，她试图组成一个英法轴心来围堵德国，却发现密特朗并不帮忙。一周之后，她飞往戴维营，直接告诉了美国总统她的担心。“她尤其担心谈论统一或改变边界只会让俄国人感到威胁”，布什做了以下记录：

> “首要的目标是在让整个东欧获得民主，”她告诉我，“我们保持强大的北约，走过了艰难岁月，赢得了思想之战”……她又说，只有在一种稳定的环境下才能发生这种变化。

“我们讨论的结果是，”撒切尔夫人承认，“气氛并没有得到改善。”事实上，布伦特·斯考克罗夫特对“撒切尔夫人的立场存在一些难以割舍的同情”，认为她“密切关注一些非常重要的问题”。然而，科尔打来电话，描述柏林墙倒塌后出现了“像超大集市一样的节日气氛”，从这时起，布什总统就坚定地站在了科尔一边。“我们并不惧怕过去的幽灵，”他向科尔保证。“玛格丽特却感到害怕。”科尔本人对撒切尔夫人的阻拦感到恼火。“玛吉认为现在需要谨慎，我认为这是严重的错误，”他抱怨说。她的思维“简直是前丘吉尔式的。她认为战后时代还没有结束，认为历史并不公正。德国如此富裕而英国还在挣扎之中。英国赢得了一场战争，却丢失一个帝国和自己的经济。她做错了事。她应该设法将德国人捆在欧共体之内”。

科尔仍然承认，像撒切尔夫人希望的那样，西德仍然留在北约之内，而德意志民主共和国处在华沙条约里，所以统一将是一个长达数年的漫长过程。布什猜想科尔的真实希望是加速实现统一，但不愿被别人看作催得过紧从而损害统一事业。尽管如此，布什乐意给科尔，“开了绿灯。我认为我从来没有因为走得太快而督促他保持谨慎。”用他放松的观点看来，“自决是问题的关键，没有人能够反对自决。”

与撒切尔夫人一样，布伦特·斯考克罗夫特也担心戈尔巴乔夫的反应。“依然存在的可能是，苏联人会认为一个统一的德国是无法容忍的，必要时会采取武力加以制止。或者他们会成功地给实现统一附加一些我们无法接受的条件。”美国决心让新德国成为北约的成员，努力克服苏联的反对，而撒切尔夫人却在试图利用戈尔巴乔夫的反对，减缓统一进程。从私下谈话判断，撒切尔夫人认为密特朗与她一样保持警惕，希望能与她一道减缓德国统一的进程。然而，不管私下可能说些什么，密特朗却非常现实，他无意反对他的朋友赫尔穆特·科尔所珍视的事业，而且仍然把维持法德轴心放在撒切尔夫人提议的英法轴心之前。

最终达成的外交方案就是所谓“四加二”进程，由两个德国在由美国、苏联、英国和法国批准的国际框架下商谈统一的内部细节问题。这一方案满足了撒切尔夫人让俄国人参与的愿望，尽管美国人担心这种方案使俄国人有了制造障碍的机会。但是布什的赌注是戈尔巴乔夫是可以争取过来的。他没有算错。

撒切尔夫人另外担心，人们不成熟地欢庆冷战结束会造成防务开支削减。就在布什前往马耳他会见戈尔巴乔夫进行最新一轮限制军备会谈之前，她在戴维营与布什进行了会谈，在会谈中她坚定地认为，布什不应该放弃任何东西。“访问非常成功，”布什写道，“但她不想看到任何形式的防务削减。”然而，她再次认识到自己的影响力有限。“最后……玛格丽特给我发来一份很好的电报，以非常令人宽慰的语言承诺她将全力支持我们。”

12 月份在布鲁塞尔举行的北约峰会上，撒切尔夫人对美国提出的削减欧洲常规力量建议非常不满，担心俄国人只会把部队撤到乌拉尔山以外，从那里他们仍然可以随时轻而易举地再次横扫西方。尽管科尔反复保证不可能保持中立立场，但他面临来自国内要求减少德国境内盟军与北约导弹数量的压力，撒切尔夫人担心戈尔巴乔夫会抓住这一弱点将德国中立化作为接受德国统一的条件。不过到了最后，斯考克罗夫特说，“显然，尽管她不高兴，仍然同意按我们希望的去做。”

到 1990 年 2 月，撒切尔夫人承认，自己正在输去这场战斗，但仍然渴望挽回戈尔巴乔夫的面子。“如果整个统一进程按照西方的方式进行，我担心戈尔巴乔夫会感到孤立”，她在电话上告诉布什，“他已经将华沙条约输给了民主政府”。后来，布什这样描述：

> 然而，玛格丽特不断打来电话，对统一的德国感到恐惧。她悲观地认为德国会成为“欧洲的日本，但不会有日本那么好。日本是一个拥有巨大贸易顺差的海上大国。德国处于一个大陆的心脏，攻击并占领过这个大陆上大多数国家。德国拥有巨大的财富和贸易盈余。因此，我们必须将更大的国家，苏联或你们，包括在这个政治区域之内。

“仅仅将德国拴在欧共体是不够的，”她认为，“它会成为属于德国的新帝国：未来的帝国将是经济帝国。”斯考克罗夫特觉得这一次她的论点变得更为老到，口气也“大为改进”，但他仍然觉得她的担心“让人不安”让他感到“沮丧”的是，由于担心让戈尔巴乔夫失望，她支持建立“一个非军事化的东德”，处在北约之外，而不是美国所希望那样，统一的德国留在北约之内。4 月在百慕大会见布什时，她仍然认为“我们应该允许苏联军队在过渡期内留在东德，这样有助于戈尔巴乔夫对付国内的军方势力”。“我不赞成，”布什回答说，“我要让苏联人回家去。”

其实，到 3 月底科尔访问英国时，她已经接受了这种不可避免的现实。撒切尔夫人对这位德国总理讲了大量虚假的赞美之词，正式给出了她对新德国的祝福。条件是这个国家留在北约之内，在领土上保留“相当数量的”英国、法国及美国军队以及短程核武器。

旧东德首次自由选举的结果，对撒切尔夫人转变立场起到了一定的作用。她提出推迟的根据之一，就是东德在威权统治下时间太长，所以不能期望它很快适应民主。事实上，选民大量支持科尔领导的基督教民主联盟，明确支持科尔迅速实现统一的政策以及广泛的自由市场政策，从而挫败了她的想法，同时缓解了她对中立主义的担心。6 月，在访问莫斯科期间，撒切尔夫人发挥了应有的作用，戈尔巴乔夫默许以统一的德国加入北约换取苏联经济亟须的西方贷款。7 月戈尔巴乔夫成功地战胜强硬派孤注一掷的挑战；科尔飞抵莫斯科，亲自接受苏联的祝福。柏林墙打开不到 11 个月后，新的德国便于 1990 年 10 月 3 日正式建立。

即使德国加入北约，撒切尔夫人仍然担心妄谈冷战结束得到的“和平红利”会造成目光短浅，降低西方的核防御力量。华盛顿督促尽快召开北约峰会，提出削减欧洲核力量和常规力量的建议，会议最终于 7 月在伦敦召开。令她失望的是，她发现自己再次“与美国人发生了矛盾”。正如布什所述，她减少了灵活反应的主张，仍然反对削弱核威慑。

然而，撒切尔夫人不得不再次咽下自己的反对意见，接受“接近原稿的妥协文本”。灵活反应被加以修改，北约宣布正在从前沿防御“离开”。在她的坚持下，用“在任何情况下对军事行动的核报复都不能削弱”的主张加强了“最后手段武器”的说法。撒切尔夫人对“这种笨拙的妥协”仍然表示不满。然而，与欧共体不同，她在北约没有否决权，所以不得不接受。“这是一个划时代的转变，”布什写道，“它向苏联人提供了确凿证据，证明西方改变北约的愿望是真实的。我们的建议提到了讨论桌上。”

非常巧合的是，冷战的最后一幕也是撒切尔夫人首相生涯的最后一幕。1990 年 11 月，当伦敦举行投票迫使她下台时，撒切尔夫人正在巴黎参加欧洲安全与合作组织（欧安会）会议，会上，她承诺英国将大幅削减驻扎在德国的常规部队。实际上，在很大程度上，这次会议只是一种仪式，人们纷纷发表祝贺演说，庆祝自由战胜了暴政，决心战胜了共存。然而，这是撒切尔夫人全部政治生涯中一直为之战斗的一切，这一切都取得了辉煌的胜利。

环境及全球气候变暖

20 世纪 80 年代后期，政治议程中出现了一个新的重大问题。尽管撒切尔夫人手头需要关注的其他国内及国际问题多如牛毛，但她仍然提出了这个问题，因此值得高度赞扬。从 70 年代起，相对于大量与规划及土地使用有关的小问题，“环境”

一直是时尚的术语。不过，1988 年左右，由于发现了全球变暖的问题，人们对环境的关注突然增加了新的维度。全球变暖是地球大气层中所谓温室气体：二氧化碳、甲烷和氯氟烃等气体聚集造成的。几乎一夜之间，环境从一个平常不为首相注意、类似道路建设和垃圾处理的小问题，上升到具有国际挑战的地位，甚至超过了冷战。

在首相生涯初期，撒切尔夫人并没有认真对待环境问题。作为一个好斗的保守党政治家，她认为环境活动者，尤其是绿色和平运动，只是核裁军运动的另一个分支，是诚实但幼稚的伤感主义大杂烩。

她还认为，左翼人士喜欢的煤炭及其他化石燃料本质上是肮脏的，而核能则既清洁又安全。那些以环境为理由反对核电的人士是完全错误的，就像那些想象反对核武器就能促进和平的人士一样。她认为自己的责任就是超越这种情感谬误来处理事实。她的周围都是文科毕业的通才，所以她对自己曾经是一名科学工作者的资历感到骄傲，相信自己有能力理解科学观点。她认为科学问题只能通过进一步发展科学才能得到解决，而不能通过管制。

撒切尔夫人一直支持英国南极洲探测（BAS）项目，在马岛战争使让她对这一地区产生特别兴趣之前她就支持这一项目。因此，1985 年 BAS 科学家发现地球臭氧层出现巨大空洞让她的爱国主义情绪得到了极大的满足。空洞的面积跟美国一样大，而且还在继续扩大。一段时间以来，国际社会一直在努力限制气体氟排放，主要是电冰箱及气溶喷剂中使用的氟利昂（又称氟氯烃，即 CFC）。1987 年，在蒙特利尔由联合国资助召开的会议设定了 10 年内将氟利昂的使用量降低一半的目标。不过，臭氧层空洞由英国人发现这一事实，无疑有助于说服撒切尔夫人支持修补臭氧空洞的努力。同时，她受到 1987 年到 1990 年担任英国驻联合国大使克里斯宾·迪克尔爵士的重要影响。迪克尔爵士是位职业外交官，恰好也是一位认真的业余气象学家。迪克尔爵士让撒切尔夫人认识到这个问题的紧迫性，并劝她就这个问题发表一次重要讲话，他还帮助撒切尔夫人写了这篇讲稿。

十年以后，人们纪念撒切尔夫人 1988 年在皇家学会发表的演讲，认为它是“一位有信念的政治家的真实顿悟，是让人眼花缭乱的发现。一夜之间，环境问题从一个无关轻重的小问题变成了英国主流关注的对象”。不过，这篇讲话在当时的影响并不大。讲话的主要内容是对政府致力于科学的一次标准肯定，快到结尾时她才谈到最近发现的三种现象：温室气体、臭氧层空洞以及酸雨。她强调需要更多的研究，需要立即采取措施降低排放，还着重谈到政府在清洁河流方面正在花费的资金。

1989 年度 3 月，撒切尔夫人在伦敦主持召开了为期三天的保护臭氧层会议，有 123 个国家参加了这次会议。会议设定了在世纪末完全禁止氟利昂排放的新目标，从而增强了蒙特利尔协议。在会议开始及结束时，撒切尔夫人发表了讲话。在白厅及欧共体内部，她积极推动强化防止污染法规，大力支持教育部，反对财政部和其他部门以成本为理由提出异议（几年以前，她本人也以成本为由持对立立场）。8月，她告诉布什总统“她有意彻底改革英国的环境立法”，目的显然是鼓励布什采取同样的措施；11 月，她在联大发表重要讲话，宣布在英国成立新的气候研究中心，并呼吁进行“广泛的国际合作”，拯救全球环境。

这是 1990 年 6 月政府间气候变化研究小组发表最后报告之前发生的事情。这个由 300 名国际科学家组成的政府间气候变化研究小组做出的一致结论警告说，如不采取措施遏制温室气体排放，到 2030 年，全球平均气温将上升 1.4℃至 2.8℃，引起海平面上升，对孟加拉国、荷兰及英国东安格利亚这样的低地地区将带来灾难性后果。(撒切尔夫人还特别指出拥有 17.7 万人口的英联邦国家马尔代夫群岛将会完全消失）这是对正在真实发生的全球变暖现象的首次权威性的国际认定，但全球变暖的证据已经十分清楚地现在在非洲严重的旱灾上，导致苏丹、埃塞俄比亚与中非许多地方发生饥荒。不过，在克里斯宾・迪克尔爵士鼓励下，撒切尔夫人已经预料到研究小组提出的措施建议。1990 年 5 月，在伯克希尔，撒切尔夫人主持了在布拉克内尔附近承诺建设的新研究中心——哈德利气候预测研究中心的开启仪式，她承诺英国要在 2005 年以前稳定二氧化碳的排放，实际上意味在 15 年内要在 1990 年的数字的基础上削减 30% 的排放。“这是一个苛刻的目标”，她直言不讳地告诉布什。

然而，美国人却裹足不前。在前一年举行的伦敦会议上，美国人、苏联与日本一起拒绝设定禁止氟利昂的早期截止日。现在布什又在华盛顿会议上说，需要进行更多的研究才能证明在二氧化碳方面采取行动是有道理的。撒切尔夫人督促他认真对待这一问题。

美国人对她的劝说充耳不闻。11 月在日内瓦举行的第二届世界气候大会上，137 个国家一致认为，全球变暖已经成为事实，并承诺采取行动。然而，尽管欧盟、日本和澳大利亚建议在 2000 年以前将二氧化碳排放量冻结在 1990 的水平上，但在苏联和沙特阿拉伯的支持下，美国人却反对设定明确的目标。在会上发表的讲话里，撒切尔夫人圆融地没有直接批评美国或俄罗斯的犹豫态度，这是她下台之前在国际舞台上最后几次露面之一。然而，这回她不得不承认，欧洲显示了正确的方向。“我希望欧洲的榜样有助于达成全球性协议。”

在迪克尔爵士看来，没有撒切尔夫人的努力，就可能没有 1992 年在里约热内卢举行的地球峰会。在这次会议上，包括美国在内的 170 个国家同意在 2000 年以前削减二氧化碳排放。5 年以后，1997 年的东京议定书设定了到 2010 年将排放削减到1990年水平的目标，只有布什的儿子，石油工业出身的坚定孤立主义者小布什领导下的美国，拒绝批准这一议定书。

然而，到了这个时候，撒切尔夫人已经改变了主意。20世纪90年代后期，她对美国的领导地位越来越显示出奴仆般的屈从，她在自己最新写作的《治国术》中得出结论说："布什总统拒绝京都议定书是十分正确的。"这时候她认为，环境保护运动只是时髦的反资本主义的最新表现，包含着"一种丑陋的反美情绪"。这种完全出于政治原因形成的180度大逆转，是对她本人80年代后期勇敢开拓的事业的可悲倒退，当时她曾以自己固有的方式成为地球的良友。

武器及海湾地区

与此同时，在她担任首相的最后几个月里，秘密武装伊拉克的丑闻开始外露。1988年7月，两伊战争最后以僵局结束，艾伦·克拉克（当时仍在贸工部）及国防部新任国防采购大臣特雷夫加恩爵士立刻游说外交部，要求取消1985年制定的有关限制向两个交战国销售武器的行动准则。杰弗里·豪持同情态度，便于8月撒切尔夫人递交了纪要，列出"对不太明确的案例采取分阶段方法"的商业好处。查尔斯·鲍威尔答复说，她"总体上对这一战略表示满意"，但仍然需要仔细观察："首相希望在每个阶段上都能保持紧密接触，在做出所有相关决定时都要请示磋商。"大法官斯格特勋爵后来主持的调查必须回答的问题之一，就是这项指示是否受到遵守。在研究了克拉克、特雷夫加恩与新任外交大臣威廉·沃尔格雷夫之间的交流后，斯格特得出结论，1988年12月以后，有关信件并没有抄送首相，因此她并不知道微妙的语义修改，而正是根据这一修改，这三位大臣之后可以更加宽松地解释这些准则。然而，事实上无论她知道新措辞与否，她应该注意到，战争结束后向伊拉克的出口出现了大幅增加。10月份，她还特意批准了价值3.4亿英镑新的出口信贷。

在接下来的一个月里，萨达姆·侯赛因将暴力转向自己的人民，开始谋杀并用毒气对付伊拉克库尔德人。然而，英国机床流向萨达姆军需工厂的现象却有增无减。对英国政策产生的唯一影响就是让那些熟悉内情的人更急于保守秘密。大臣们，包括撒切尔夫人本人，继续隐藏在1985年豪制定的行动准则背后，对议会坚称一切都未改变。在地面上，英国军售的效果再明显不过了。1989年4月，最少有17家英国公司参加了巴格达的武器博览会。终于，唐宁街开始响起警报声。5月，撒切尔夫人对收到的情报深为不安，设立了一个内阁办公室伊拉克武器采购工作组

（简称 WGIP）。然而，到底是什么东西让她深为不安？据斯格特讲，根据 1993 年她给调查委员会提供的证词，她“一直关注的是负责从英国采购武器的伊拉克网络的规模，这一网络负责采购以核扩散为目的材料及设备，也采购防御相关的常规货物及设备”。换句话说，她之所以关注，是因为她认为伊拉克人正在获取核材料，而不是她多年来她乐意提供的常规设备。①

在国防部，至少有一名军官对“伊拉克正在建设的武器生产能力”感到震惊。6 月，理查德·格莱斯布鲁克中校散发一份文件，提请注意“英国公司不知不觉帮助伊拉克建立本土主要武器工业的方式”他设法阻止了一套红外线监视系统的出口，然而准备过程还在继续：他未能阻止一批直升机零部件以及一套马可尼通信系统的出口，其中的马可尼通信系统可以提高伊拉克军队的战地效果。7 月，国务大臣乔治·扬格向内阁 OD 委员会提交一份提案，建议批准英国航天航空公司价值 30 亿英镑的出口许可，向伊拉克提供可以装配 63 架鹰式飞机所需的专业知识、设备及零部件。据斯格特讲，这是首次向包括撒切尔夫人在内的资深大臣承认，对 1985 年准则的解释已经改变。在克拉克、特雷夫加恩以及沃尔格雷夫提供的证词中，他们争辩说这份订单符合修改后的准则，因为尽管鹰式飞机可以改用化学武器，但严格意义上并非专门设计的致命武器。像往常一样，撒切尔夫人目光敏锐，但她只在文件的页边上写上“可疑”的字样，却没有注意到关键的词汇：“修改的（revised）”。

副内阁大臣伦纳德·阿普尔亚德的批示列出了反对最新这次军售的人道主义理由，并警告说，一旦得到批准，媒体会一片哗然。撒切尔夫人在几段文字底下都画上了线，表示自己也存在同样的担心。查尔斯·鲍威尔起初也赞成销售，原因是“这只大金碗诱人无比”；佩西·克拉多克也同意出售。然而，在阅读阿普尔亚德的批示后，鲍威尔改变了主意。“统治伊拉克的是一个可鄙、暴虐的政府，他们以使用化学武器为荣，大量出售军备给他们会被视为严重的见利忘义、投机取巧。”撒切尔夫人告诉斯格特调查委员会，基于道德上的原因，她同意这种内阁说法。

“尽管是份巨额订单，”她说，“但不能让它影响你的判断，违背心灵深处的本能与认识。这种飞机可以用作地面进攻，卖给一个曾使用化学武器对付库尔德人的政权是错误的。”

这一次，该委员会拒绝发放出口许可。

然而，即便到了这个时候，尽管说了许多美妙的词汇，但首相和她的下级同事

---

① 美国人并不担心帮助萨达姆获得核能力。1989 年 4 月，多名伊拉克科学家参加了在俄勒冈波特兰举行的高级热——核研讨会。

一样，仍然不愿停止向伊拉克提供建造先进武器的能力。直到 7 月底，她还在寻求放松限制，而不是加强限制。7 月 26 日，由道格拉斯·赫德主持的会议确认对“致命的”材料实施禁运，但建议放松对制造武器用车床的出口控制，鲍威尔记录：“首相认为外交大臣的陈述令人信服。”最终，新的政策还没有来得及实施，就被几天后萨达姆对科威特的入侵行动埋葬了。然而，撒切尔夫人同意这么做，就等于追溯性地赞同先前做法上的转变，而整个斯格特调查的核心就集中在这一点。事实上，直到最后一刻为止，她一直急于武装英国新的敌人。

“没有时间摇摆”

1990 年 8 月 2 日星期四，撒切尔夫人刚刚抵达美国，准备赴科罗拉多州参加阿斯彭研究所成立 40 周年大会。就在这时，传来萨达姆·侯赛因入侵科威特的消息。她当即明确表示，像 1982 年阿根廷采取的行动一样，伊拉克的行动必须予以扭转，必要时可以使用武力。尽管她不太喜欢电话外交，她还是不失时机地打了许多电话：给欧洲的政府首脑打电话，首先打给弗朗西斯·密特朗，她永远难忘他在马岛问题上给予的迅速支持；给英联邦领导人打电话；给友好的阿拉伯领导人打电话；给安理会现任成员国打电话。大部分国家的领导人承诺支持某种形式的集体行动。后来她告诉布什总统，令她失望的是，约旦国王侯赛因——“却不愿意帮忙。他告诉我，这是科威特人自找的麻烦。”

当然，布什本人也在做许多同样的事情。因此，第二天上午他来阿斯彭会见撒切尔夫人时，他们已经建立了反伊拉克国际联盟核心。布什与撒切尔夫人会谈了两个小时，讨论了经济制裁，在这个阶段还未涉及军事选择。会谈后他们走出来对记者发表了谈话。“撒切尔首相和我对这个问题持完全相同的看法”，布什告诉记者。然而，撒切尔夫人的口气却更为强硬。布什希望和平解决，呼吁伊拉克遵照联合国 660 号决议（安理会以 14∶0 连夜通过）撤出科威特。布什后来承认，撒切尔夫人“坚称伊拉克发动的侵略是对国际社会是否愿意让决议真正发挥效力的考验，她看出了最重要的问题所在”。“迄今发生的事情，”她接着说，“是完全违反国际法的行径。绝对不能容忍一个国家派军队进入并占领作为联合国成员的另一个国家。”

当然，他们还没有达到那种利他主义的高度。尽管两位领导人都不愿意承认，但他们真正关心的是，如果萨达姆吞并科威特油田后不受到阻拦，他会继续行动，夺取更重要的沙特石油储藏。“他们不会就此罢休，”撒切尔夫人告诉布什，“丢掉沙特石油的打击是我们无法承受的。我们不能向独裁者投降。”

撒切尔夫人在关键时刻在阿斯彭出现，是否有助于布什确定针对伊拉克入侵的反应措施，这个问题直到现在还存在争议。美国人坚持认为总统并不需要强化立场；伯纳德·英厄姆（当时在场）也同意这种看法。“来阿斯彭之前乔治·布什已经下定了决心，并非见撒切尔夫人后才下的决心……她为人熟悉的独特贡献就是对局势的清楚分析和简洁表述。”疑问出自这样一种事实，即在首次做出的公开反应中，总统声明，他并“没有考虑”军事行动。斯考克罗夫特承认，选择这样的词汇是不恰当的，但他坚持认为，这并不意味着排除使用武力，只是说明所有选项都可以采用。然而，在英国人则坚定地认为，布什有点怯懦，只是在撒切尔夫人强有力的榜样驱使下才采取了强有力的行动，而撒切尔夫人乐意维持这样的印象。实际上，几周之后她才告诉布什总统，没有时间摇摆了。当然，他们之间的侧重点存在差异：布什更关心组成由西方及伊斯兰国家参加的最广泛同盟，没有联合国特别授权不采取军事行动，而撒切尔夫人则援引《联合国宪章》第 51 条证明自卫行动合法，不需要任何迟缓。然而，布什的个人决心却是毋庸置疑的。

在回国途中，她又在华盛顿做了停留，再次会见布什总统。她与总统一起时，国防部部长迪克·切尼打来电话，说法赫德国王已经同意允许美国军队驻扎在沙特领土上。这一关键决定使采取军事行动将伊拉克赶出科威特成为可能。同一天，安理会以 13∶0 的选票通过对伊拉克实施制裁。撒切尔夫人立刻提出，这一决议赋予了实行封锁、执行制裁所需的全部授权。然而，布什却回避使用“封锁”这个词汇，因为按照国际法，“封锁”就构成战争行动。他倾向使用更为策略的“隔离”，1962 年肯尼迪总统就使用这一词汇禁止苏联船只进入古巴。

对于撒切尔夫人来说，海湾危机来得正是时候，无论在国际还是在国内。就她与布什的关系而言，这次机会可以再次展示在危机里英国仍然是美国最好的朋友，同时可以嘲笑欧洲的软弱无能，所以她感到高兴。不管她在阿斯彭的存在是否对布什做出反应产生了重大影响，他们完全一致的观点立即重建起她曾经与里根拥有的英美特殊关系。

重大国际危机似乎正是她在国内重建地位所需要的。采取军事行动驱赶另一个咄咄逼人独裁者，这种可能只会唤起人们对马岛战争的回忆。像 1982 年一样，撒切尔夫人珍视这一机会，显示自己并不惧怕战争。8 月 10 日，伍德罗·怀亚特发现她“非常看好粉碎伊拉克的可能性”，8 天后发生的事情又给政治词汇里增加了新的短语。问题是如何对付企图冲破盟国封锁的两艘伊拉克油轮。“我们与英国人就这个问题举行了长时间的磋商，”斯考克罗夫特回忆说，“当然，玛格丽特·撒切尔说，追逐这些船只。”但是，这种做法存在让依然对伊拉克存在某些影响的苏联人感到失望的危险，因此詹姆斯·贝克劝布什推迟 3 天。“玛格丽特勉强地同意推迟。”布什写道。

与此同时，撒切尔夫人的外交努力集中于痛斥所有她认为不够坚强的人，尤其是痛斥9月初来唐宁街寻求支持一项挽救萨达姆面子的协议的侯赛因国王。“他步入了暴风雨区，”查尔斯·鲍威尔回忆。“我并没有失礼，”她后来坚称，“我立场坚定，真的非常坚定。”最重要的是，她对那些飞往巴格达试图通过谈判解救大批英国人质的人士表示轻蔑，尤为引人注目的是希思。英国人质是在外交交锋中被萨达姆当作筹码扣留的。在下院，她毫不客气地对希思的自由行动表示不屑。对希思设法带回的33名英国人质，她肯定表示欢迎，但同时指出，在伊拉克还有1400名英国公民。她坚决拒绝与这种野蛮行径进行谈判。

事实上，英国领土并未受到威胁，她的这种好战态度也许不会给她带来预期的好处。在后来三个月里，民调显示她的支持率并没有显著回升，她的领导地位处于危险境地时，英国军队信守承诺这一事实并挽救不了她。尽管如此，她为手上再次有了一个“真正的”危机而感到高兴。然而，她没有忘记1982年期间与外交部之间发生的麻烦，所以这次决心将控制权牢牢地掌握在自己手中。她再次组成了一个小型战时内阁，但是这一战时内阁并不是一个构成合理的内阁委员会，而只是一个特设的大臣级工作小组。

早在8月7日，撒切尔夫人就首次做出军事承诺，派两个龙卷风中队和一个美洲虎中队到沙特阿拉伯、巴林和阿曼，再派一艘驱逐舰和三艘扫雷艇加入已经在海湾的驱逐舰和两艘护卫舰。她最初希望将英国的地面部队限制在一个步兵或伞兵营的范围。但美国却督促英国出动坦克，到了9月，总参谋长劝她从德国派出第七装甲旅（“沙漠之鼠”），外加两个装甲团和一个伞兵团，由彼得·德·拉·比利尔爵士指挥，但最终交美国将军诺尔曼·施瓦茨科普夫指挥。（相比之下，法国人则保留独立作战权力）陆军头目们希望海湾战争能够为他们赢得与皇家海军在马岛战争获得的同样的喘息机会。

撒切尔夫人个人坚持任用彼得·德·拉·比利尔，他在1980年担任空降特勤队指挥官负责处理伊朗大使馆围困事件中给她留下深刻的印象。他就是撒切尔夫人所称的“战斗将军”，甚至还粗通阿拉伯语。当时他正准备退休，但撒切尔夫人明确，如果他得不到任命，她就要请他去唐宁街担任个人顾问。国防部只好服从，派他到海湾，他完全没有辜负撒切尔夫人对她信任。

她似乎预感到自己已经时日无多，急不可耐地要迅速采取行动，不用观望在不诉诸战争的条件下制裁会不会发挥作用，不用取得联合国的进一步授权。9月6日议会复会时，各个政党中不同的声音呼吁保持谨慎，推迟行动。撒切尔夫人争辩说，相反，排除提前采用军事行动的可能正中萨达姆的下怀。“我对他们说，我们已经有了授权，不需要再回到联合国”，她向布什报告说。她担心联合国会因俄国或中国的否决无法通过一项决议，这样还不如根本不用去试，她认为没有必要冒这种风险。然而，布什和贝克却认为，通过另一项联合国决议是必不可少的。通过耐心的外交努力，他们最终取得了成功。11 月 29 日，联合国安理会以 12：2 的多数通过第 678 号决议，规定除非伊拉克于 1991 年 1 月 15 日以前撤出科威特，否则将授权使用武力。但是到了这个时候，英国已经有了一位新的首相。

时任美国参谋长联席会议主席的柯林·鲍威尔希望再延长一段时间，让制裁发挥作用。施瓦茨科普夫将军认为他的兵力仍然不够。然而，跟撒切尔夫人一样，布什也感到担忧，害怕在沙漠中拖延数月会对联盟造成太大的压力。11 月 19 日她在巴黎说，萨达姆扣留人质这一项就足以成为使用武力的理由，并承诺再派“一个装甲旅和一些扫雷舰”。她依然担心向军方提供他们希望得到的所有东西可能意味着进一步的拖延。不过，3 天以后，在最后一次内阁会议上，在含泪宣布辞职之后，她的行动超过了语言，兑现了派遣一个装甲旅和一个炮兵旅的承诺。这些军队全部来自驻扎在莱茵河的英国陆军，而英国整个参战人员则达到 45000 名。

所有这些工作都在紧锣密鼓地进行之中，而她却在这一时候被赶下了台，她感到自己被骗走了另一次参加战争的机会。“我为数不多难忘的遗憾之一，”她在自传中坚称，“就是我不能在那里，看到事件的整个进程。”据彼得·德·拉·比利尔讲，她的下台“在海湾军队上下引起惊愕”，让盟国，特别是沙特感到沮丧。他们难以理解一个民主国家不经选举就可以更换领导人。事实上，“沙漠风暴”几乎完全是一次美国军事行动，她的缺席影响甚微。

然而，随着时间的流逝，撒切尔夫人自以为当时不应该默许美国停止追击萨达姆溃败的军队，让这位独裁者继续留在台上。然而，正如陆军元帅迈克尔·卡佛1992 年所写的那样，事实上，“决定停止战争是在适当的时候自愿结束敌对行动的罕见范例。”在实现将伊拉克赶出科威特的有限目标后，联军没有继续战斗推翻萨达姆的授权，而美国也非常明智，不希望卷入对伊拉克的长期占领。“如果她还在台上，”佩西·克拉多克回忆道，“就不会有那种说法，不管是什么样的理由。”退位后的撒切尔夫人忘记了执政时她曾经一丝不苟地遵守国际法的事情。从危机开始起的，她就一直非常谨慎，将联军的目标限制在推翻伊拉克对科威特占领的范围，她多次否认有意推翻萨达姆。11 月 19 日她还说，推翻萨达姆是“伊拉克人民的事情”。尽管她坚定地信奉适当使用武力，但同时也积极地遵守法律。

第二十五章
没完没了

再干十年

1989年5月3日，玛格丽特·撒切尔担任首相已经长达10年了。16个月以前的1988年1月3日，她已经成为20世纪在位最长的首相。尽管如此，她不愿意让人们过多地关注这个周年纪念，部分原因在于迷信，部分原因是担心人们会说10年时间太长了。

几位资深同事对她取得的成就表示赞扬，但觉得她应该选择这个时机宣布将在不久下台，这时她依然可以凯旋般地离去。实际上，彼得·卡林顿还把撒切尔夫人邀请到他在牛津郡的家中，督促她“比我曾经想象的时间更早地退位”。据卡罗尔讲，早在1987年6月，丹尼斯就拿定主意，她不应该作为领袖参加另一次选举。他是1988年12月左右告诉她的，当时认为已经说服了她。然而，这时威利·怀特洛先生却告诉她，这样做会使保守党出现分裂。丹尼斯知道她真的不想放弃，便以体面的方式接受说服未取得成功。然而，从这时开始，他毫不掩饰地表示自己渴望尽快明确退位的日子。他并不想在这个问题上强求她：这是她的决定，但他对政治已经看透了，怀疑在位时间太长最终让她会受到伤害。

撒切尔夫人终生拼命工作，她害怕退休。她喜欢这份工作，感觉自己并没有丧失从事这份工作的能力，她还有许多事情要做。此外，她必须将职位移交给一位可信赖的人，一个有能力保护她的政治遗产并以同样的热情从事她的事业的继承人，在此之前，她不会考虑离开。与许多强势领袖一样，她认为没人能符合她的要求。她决意否决与她同属一个政治年代的所有候选人——豪、赫塞尔廷、劳森或特比特，她却不相信下一代有人已经具备这种资质。她的真正问题在于，后来的两个政治年代中没有一位主要竞争者是真正的撒切尔主义者。

如果希望在短期内物色一位撒切尔主义继任者，最明显的候选人是诺尔曼·特比特。然而，特比特刻薄的风格代表着撒切尔主义最难以让人接受的一面。“即使我自己想这么做，也没有办法让他当选保守党领袖，即使他当上领袖，国人也不会选他当首相。”有一次她告诉鲁伯特·默多克。不管怎么说，除了布莱顿炸弹案中受伤的问题外，1987 年大选前特比特已经失宠。她曾经考虑过提拔的一位右翼人士约翰·穆尔是挺不错的，曾一度被媒体吹捧为她选定的继承人。然而，穆尔在卫生部工作期间却弄砸了自己的大好机会，从 1989 年起就从人们的视线中消失了。所有这些因素都可以解释她很早就认同约翰·梅杰的原因。

1979 年当选为议员的梅杰并没有多少意识形态包袱，他显然既不是“湿才”也不是“干才”，初次担任保守党议会督导时就给她留下了深刻的印象，后来他成为社会保障部一位干练勤奋但不愿出风头的初级大臣，1987 年被任命为财政部首席国务大臣。他胸有大志却默默无闻，首相相信他是一位撒切尔主义者，但实际上他并没有达到她所想象的程度。事实上，孩提时懂得贫穷，年轻时了解失业，梅杰对社会弱者具有强烈的同情。1989 年 5 月，他是被邀请到首相别墅参加周年午宴唯一的在任大臣。伍德罗·怀亚特此前没有见过他，但这次对他印象深刻。“您喜欢他，我很高兴，”后来撒切尔夫人告诉怀亚特，“我觉得他非常不错。”

由于在可预见的未来没有辞职的打算，所以她在公共场合很难做到恰到好处。1987 年她就明白，谈论“继续，再继续”会适得其反。她不能给人留下要永远待在台上的印象。然而，她决意不给媒体把她当作跛脚鸭的机会，有时她会不慎说到再干第四任甚至第五任的事情。

如果说保守党大会喜欢“再干 10 年”的想法，绝大多数议会同事却对这种想法不抱太多的热情。在政治上，任何领袖在位太长都会阻挡别人的前程。10 年的时间里，许多未在政府里的保守党议员，要么已经有过机会，要么知道机会永远不会有了；同时，在政府任职的人士也明白，由于撒切尔夫人本人无意退出，那么保持政府清新形象的唯一途径就是不断更换周围的面孔，对此他们也感到不舒服。无论如何，她在威斯敏斯特的支持基础变得越来越虚弱，越来越危险。

因此，尽管撒切尔夫人强调自己具有继续干的决心与身体条件，人们越来越感觉到她的时代正在不可逆转地走向终结。以前她曾经经历过惨痛的差额选举以及悲惨的民意调查，先是在 1981 年，后来是在 1986 年，可不到两年之后便取得压倒性的胜利。她认为有充分的理由再来一次。然而，这一回却发生了两件事情。首先，在前两次支持率低落期间，她个人的支持率一直超过政府的支持率，而现在她的个人支持率却跟着一起下跌。到 1990 年春，这个数字下跌到一个更低的水平上，约为 25%，比以往的数字都低。与此同时，用约翰·比芬的话说，工党开始“明显具有了赢得选举的能力”。1989 年末，工党在民调中的支持率接近 50%，而在 1990 年 2 月（自 1986 年很短一段时间一直到现在第一次出现这种局面）。人们认为工党最可能赢得下届大选。

她对民调结果感到担忧，但半信半疑地认为，跟以前一样，一旦经济重新得到控制，一切都会好起来。个人支持率民调的结果对她伤害最大。“他们说我傲慢,”她对怀亚特抱怨说，“我是这里最没有傲慢态度的人。”正如1990年一位不知名的媒体顾问精辟阐述的那样，麻烦在于，撒切尔夫人成了自己成功的受害者：

> 1979年，1983年，1987年，他们需要撒切尔夫人屠龙……现在到了1990年，人们认为工会、失业等许多恶龙……已经统统被杀掉了。人们觉得新的恶龙是政府自身制造的……结果，人们再也不知道他们需要撒切尔夫人做什么。

“财政大臣的位置是坚不可摧的”

马德里首脑会议后，当撒切尔夫人确定必须砸碎她认为的劳森一豪轴心时，她做出了错误的选择，贬了杰弗里·豪的职务，其实真正的问题是她与奈吉尔·劳森之间的问题。一年前，当他们两人追求的金融政策已经出现明显的不可调和矛盾时，她本应解雇劳森，那样做是有充分理由的。问题是尽管她对劳森已经失去信任，她仍然钦佩他并有点怕他，同时却越来越看不起豪；豪就这样成为一只顺手的替罪羊，而她却在继续抗议，说自己“充分而慷慨地、毫不动摇地支持”劳森。但是，财政大臣与首相之间的根本分歧仍然没有消除，在不到3个月时间之内，分歧就到了非解决不可的地步。

出现矛盾的催化剂是艾伦·沃尔特斯重新担任撒切尔夫人的个人经济顾问。她第一次提出此事时，劳森就曾警告她说不是个好主意。劳森的困难并不仅是沃尔特斯的到来加强了撒切尔夫人拒绝加入欧洲汇率机制的立场。1986年以来这种意见分歧一直存在，劳森一直与分歧共处，而且还会继续与之共处。对他来说，更严重的问题是沃尔特斯公开认为，财政大臣决心将英镑价值维持在3马克以上不但是受到了误导，而且是无法持续的。因此，劳森所称的“辞职倒计时”是10月初德意志银行决定提高德国利率而引发的，德国提高利率迫使英国在政治上可能是最不利的时刻跟着再次提高利率，就在保守党会议召开之前。撒切尔夫人勉强同意将利率提高到15%，引发了更多的抗议声音。然而，第二天尽管利率大幅提高，英镑的价值却跌至3马克以下。

英格兰中部偿还抵押贷款者在困境中挣扎，代表他们利益的《每日邮报》在头版刊登大幅标语，谴责“这位破产财政大臣”，舰队街到处流传着他即将辞职的传言。然而，两天之后，劳森在布莱克浦发表演讲予以反击，他坚称高利率是在短期内抗击通货膨胀的唯一途径，讲话仍然博得全场起立鼓掌；第二天，撒切尔夫人对他表示支持，只是在强调的重点上存在难以让人觉察出来的差异。之后，她就飞往国外，参加在吉隆坡举行的英联邦会议，在国外一共待了10天。

她不在国内期间，《金融时报》发表了沃尔特斯写的一篇文章的摘要，从而挑起了事端。在这篇文章里，沃尔特斯说自己感到高兴的是，“到目前为止撒切尔夫人一直同意”他的意见，与“半生不熟的”欧洲汇率机制保持距离。这篇文章实际上是沃尔特斯回英国前几个月写给一家美国杂志的。撒切尔夫人坚持认为这样做是无可非议。由于这篇文章还要在美国发表，又由于沃尔特斯本人将这篇文章交给了《金融时报》，所以劳森有权持不同的看法。关键的问题并不在于他与首相存在分歧这一事实，“而在于她坚持将这种分歧公布于众，而沃尔特斯就是其中最明显的外在可见象征。”劳森感到自己的地位越来越难维持了。

劳森宣布自己做出的决定之前与撒切尔夫人会过4次面，后来两位当事人都发表了各自对这些会面的描述。10月26日星期四是撒切尔夫人非常紧张的日子。经过18个小时的飞行，凌晨4点她才从马来西亚赶了回来，显然“极为疲惫”。在这种情况下，劳森觉得在当天下午举行的例行二人碰头会上对付撒切尔夫人有失公平，不过他仍然提醒她，说他们有必要谈谈沃尔特斯的问题。“她回答说她认为不存在任何问题”——但同意周四上午先见见他，不让秘书在场。

劳森说要么他本人，要么沃尔特斯必须走人，如果她不同意年底之前让沃尔特斯走人，他就要求辞职，撒切尔夫人只是静静地听着。她请他重新考虑自己的想法，并安排下午两点再次见面。那天上午，劳森像平常一样出席了内阁会议，没有透露出半点自己想法的迹象。不过，两点钟再次见撒切尔夫人时，他带着自己的辞职信。

在出席议会的“首相答问”之后，撒切尔夫人把约翰·梅杰叫到自己在下院的房间，对他说，“我遇上了个麻烦。”大约5点钟劳森最后一次见她时，她问了他有关继任者的意见；她告诉劳森她已经选择了梅杰。不管怎么说，他们在劳森形容为“一种感情压抑的气氛中”分了手。梅杰被再次叫进来时，他发现撒切尔夫人的眼泪几乎掉了出来，很想握一会儿她的手。

撒切尔夫人立刻进行了一次迅速、有限而且非常受欢迎的政府改组，并于当天晚间宣布了改组决定，这次改组纠正了7月份犯的一些错误。显然，梅杰更适合于财政部而不是外交部，而且这也是他一直希望得到的职位。不过，由于刚刚习惯了外交部的工作，起初他仍有点不愿意。“我告诉他，有时候我们大家不得不接受次好方案。这一点适用于我，也同样适用于他。”同理，与7月份一样，道格拉斯·赫德显然是外交部的合适人选。大约6点钟打电话提出任职建议时，她显然仍然处在劳森辞职“引起的震惊之中”，也没有掩饰自己的疑惑，赫德本人则“目瞪口呆”。“你不会给那些欧洲人压垮吧，道格拉斯？”她真正感到满意的变动是选择大卫·沃丁顿去内政部任职。经过四次尝试，她终于第一次把一位右翼人士派到了内政部。

她强调三位主要任命人选，梅杰、赫德和沃丁顿，都实现了他们的人生梦想，因此她能够给整个政府改组涂上一层积极的光彩。“没有奈吉尔，我们感到非常难过，但我们有了一个优秀的财政大臣，一个优秀的外交大臣和一个优秀的内政大臣。对他们每个人来说，这次改组实现了自己的目标。”大部分媒体同意这种说法。具有讽刺意味是，劳森辞职之后，沃尔特斯也辞职了。传出劳森辞职消息时，沃尔特斯还在美国，但他立刻意识到自己的位置保不住了，因此尽管撒切尔夫人竭力劝阻，他仍然坚持辞职。因此，撒切尔夫人为保住沃尔特斯而牺牲劳森，最终却同时失去了两个人。劳森苦笑着说，“不管我个人有多痛苦，我却对我的继任者和整个政府提供了一种信号服务。”

按说这次迅速的改组对政府会有所改进，但豪被贬职不久后劳森便辞职，却突显出撒切尔夫人没有留住最亲密同事的能力，因而对她造成伤害。10 月 29 日，撒切尔夫人出现在布莱恩·沃尔登主持的星期天早晨访谈节目上，进一步加剧了这种伤害。真实的情况是她与她的财政大臣之间发生了观点分歧，这种分歧令人遗憾地无法让他继续干下去。然而，她却没说实话，而是滔滔不绝地重复自己的观点，即她曾经“完全拥护与支持他”。“对我来说，财政大臣的地位是坚不可摧的，”她坚称；而当沃尔顿提出最为尖锐的问题时，她却不知所措：

> 沃尔登：假如您辞退了艾伦·沃尔特斯教授，奈吉尔就不会辞职，您是不是否认这一点？
>
> 撒切尔：我不知道。我不知道。
>
> 沃尔登：您从来没有想到问问他？
>
> 撒切尔：我……没有……我不知道。

第二个星期天播出了这出两集电视拷问片的下集，给了劳森断然反驳撒切尔夫人的机会。劳森告诉沃尔登，在周四他与首相的三次谈话中，他非常清楚地告诉她辞职的原因，“相当清楚了断”，就是因为她拒绝与沃尔特斯分手。

毫无疑问，所有看过这两集电视节目的人都明白两个证人中谁说了实话。这并非第一次，但比三年前在韦斯特兰德问题上更加公开，撒切尔夫人直言的声誉受到了严重的打击。问题不再是在有关欧洲汇率机制以及汇率等经济问题上谁对谁错。

大部分经济学家现在认为劳森是错误的。然而，如果她真的不知道劳森辞职的原因，那么她就太麻木不仁了，不应该继续待在首相位子上了。如果她真的知道，但仍然选择保住沃尔特斯，则只能确认她更重视的是自己的顾问，而不是民选的同僚。两方面都说不通，她越来越陷入难以自拔的境地。

新一届议会会议一开始，党内的批评人士便有检验支持程度的机会。1975 年撒切尔夫人用以成功挑战特德·希思的规则规定，每年可以进行一次保守党的领袖竞选。设计这一规定的亚历克·道格拉斯—霍姆从来没有想到，它会被反过来对付现任首相；1989 年 11 月，一位希望不太大的挑战者，69 岁的男爵安东尼·梅尔首次出场。梅尔爵士的政治热情在于统一的欧洲，他并不是一位重量级的挑战者，但赢得一定程度上的支持。有 33 位保守党议员投票支持他，另有 27 名议员投了弃权票。314 比 33 的选票差距让撒切尔夫人感到放心，但也是一种警告信号，其真正意义并不在于数字，而在于毕竟进行了竞选这一事实。如果撒切尔夫人不做出明显努力，解决后排议员担心的问题，那么来年她将面临更为严峻的挑战。

梅杰—赫德轴心

劳森的辞职标志着撒切尔夫政府一个新阶段的开始。尽管媒体将撒切尔夫人形容为独裁者，但事实上从 1989 年 11 月起，她的地位已经受到严重地削弱。豪和劳森曾是她执政中期政府的两根支柱，现在在这些位置上，她安排了一对新的资深同事。如果两位也像马德里会议之前他们的前任那样行事，他们就会缚住撒切尔夫人的手脚。约翰·梅杰和道格拉斯·赫德都不属于“我们当中的人”，但她绝对没有资本失去另一位财政大臣或者解雇另一位外交大臣。因此，虽然他们的资历都比不上劳森和豪，性格上也没有他们那么刚毅，但如果他们愿意，就有能力对首相发号施令。实际上，他们也是这么做的，只是采取了尽可能温和的方式。

与他们的前任不同，梅杰和赫德定期会面，共进早餐，协调立场。“我们都认为首相需要好言相劝，不能威胁她。”梅杰回忆说；常务次官注意到梅杰做事非常巧妙。“梅杰不厌其烦，对首相要做的事情特别在意。因为他特别在意，所以他们相处得很好。同时，这种做法也意味着在大多数问题上，他能按照自己的方式去办。”赫德采用豪的策略，不与撒切尔夫人争辩，而是等她说完之后，再耐心地说出自己一直坚持的立场。

赫德是否能够勇敢地面对狡猾的欧洲人，她仍然心里没底。“问题是道格拉斯是位绅士，而他们却不是”，她曾告诫说。然而她认为梅杰“完美无缺”。在后来几个月里，她多次对怀亚特说，梅杰是她选择的继任者。“是的，他是我心目中的人。”“你也知道，这一直是我的意图。”结果，她像对待自己宠爱的儿子一样纵容梅杰，却没有注意到他也不失时机地显示出希望加入欧洲汇率机制的愿望，而梅杰反过来也抑制着人口税的怀疑。她在任命梅杰时并没有谈到欧洲汇率机制的议题。

与此同时，梅杰所接手的经济摊子却很困难，经济增长正在放缓。冬天，1986年以来稳步下降的失业又开始上升；而通货膨胀却在持续上升，从11月份的7.7%上升到4月份的9.4%，再到1990年的10.9%。“我在担任首相期间认为这个数字”，撒切尔夫人写道：“绝对不会再次出现。”利率已经上升到15%的高位，反抗人头税的运动如火如荼，政府的民调支持率跌至28%，而撒切尔夫人的个人支持率则下降到23%，比1981年的最低点还低两个百分点。

由于这些数字，政府在5月份英格兰的地方选举中遭受到彻底的失败。事实上，保守党的表现并没有预期的那么差；工党赢得40%，保守党32%，自由民主党18%，绿党8%。但这一结果仍然是保守党在历史上最差的表现，他们失去了对另外12个市议会的控制。

7月中旬，尼古拉斯·里德利在对德国人发表了一些轻率评论之后，被迫辞职，撒切尔夫人遭受又一次打击。人们广泛认为，里德利发表的评论反映了撒切尔夫人本人的观点。里德利是她在内阁中几乎最后一位毫无保留的支持者，失去了他，她在内阁中无异于梅杰、赫德和豪的囚徒。

接着，7月30日，伊安·高遭到爱尔兰共和军的暗杀。尽管从1983年起高并不在她的私人办公室工作，但高和夫人一直是撒切尔夫人最亲密的朋友，他们是她和丹尼斯偶尔邀请一起非正式用餐的少数夫妇之一。“玛格丽特受到极大的打击，”怀亚特写道，“在很长一段时间里，她说话情绪激动，以前从未听到她这样讲话……她一直思念着高。”事件发生后，她立刻赶到苏塞克斯安慰高的遗孀，并在8月10日的葬礼上诵读《圣经》，感到非常悲伤。然而，她强迫自己继续从事正常计划的工作，告诉工作人员不要取消任何会见安排，而要给她大量工作去做，让她忙碌起来。工作一直是她的最好疗法，在这个时候，她没有悲伤的时间。8月1日，她飞往科罗拉多州，几小时后，萨达姆·侯赛因入侵了科威特。

梅杰一直在努力试图说服撒切尔夫人加入ERM，赫德也在背后给予支持。马德里峰会后，她一直公开承诺，只要她列出的条件得到满足，就可以加入ERM。这些条件包括：体系内所有主要国家之间实现资本自由流动；内部市场完成（或者接近完成）以及英国通货膨胀下降到接近欧洲平均水平。由于法国与意大利定于7月1日实现资本自由流动，单一市场实际上已经完成，关键的条件只在于依然还在上升的英国的通货膨胀。

3 月底，梅杰开始试着劝她回心转意。“我从一开始就觉得，如果加入 ERM 的决定不是对她的羞辱，那么就可以说服她。”梅杰写道。定于 1990 年 12 月在罗马举行的政府间会议上磋商欧洲货币联盟（EMU）下阶段的工作。“如果我们被排除在欧洲货币联盟（EMU）之外，那么在这场争论中我们就成了旁观者。尤其因为这一观点是正确的，所以首相才不喜欢它。然而，她的确注意到这个观点。”但梅杰觉得她有意在回避这个话题。

不过，她最终做出了让步。6 月 14 日，她承认加入 ERM 这一原则，但仍然坚持推迟到秋天。7 月 4 日，她开始考虑可能加入的日期。9 月 4 日，她表示只要同时削减利率，就可以加入。“利率不削减就不加入，”她告诉梅杰，“我们别无选择，只好顺从她。”可到了最后一刻，她又有了新的疑虑，人们不得不再次说服她。不过，到了 10 月 4 日，她终于放行了。“去办吧，”她现在同意了，“明天就去办。”

在唐宁街 10 号外面的人行道上，她宣布了加入欧洲汇率机制（ERM）的决定，梅杰就站在她身旁，但一句话都没有说，因为重要的是这项决定应该被看作她做出的决定。与强调加入 ERM 的重要性一样，她强调必须削减利率，使之重新回到 14%。她断言，“我们的政策正在发挥作用，这样一种事实让这些决定成为可能。”她承认通货膨胀仍然没有下降，不过她说，由于其他国家的通货膨胀上升速度更快，“我们更加接近欧洲的平均水平”，因此，马德里会议上规定的条件“现在已经满足”。她断言，加入 ERM“将巩固我们的反通货膨胀立场……这种政策是正确的，所以我们这样做了”。

决定让人们欢欣鼓舞，股价大涨。梅杰在回忆中说到当时报纸所表现出的高涨的热情就相当愉快，这种心情是可以理解的。然而，不到两年后英国被迫退出这一机制时，这些报纸就开始个个像事后诸葛亮，发出最为强烈的批评声音。“无论在政治上，还是在经济上，”《金融时报》写道，“加入的时机都选得很精明。”然而，即使在当时，另一些评论员也没有那么肯定。

从那时起到现在人们激烈地争论的真正问题，是加入 ERM 时确定的英镑汇率是否正确。当时确定的汇率是 1 英镑兑换 2.5 马克，允许上下浮动 6%。但是梅杰坚称：“那种认为我们应该以更低的汇率加入 ERM 的建议是完全不现实的。”事实上，撒切尔夫人决定，不应该与英国的伙伴们举行任何的谈判。她硬着头皮，坚持以现有的平价加入 ERM，部分原因是她一直喜欢英镑坚挺，部分原因是她不希望加入 ERM 不能伴随着英镑贬值。梅杰不得不向其财政部部长同行们提出一种“既成事实”。缺乏磋商并不是汇率过高的原因，但抛弃英镑加入 ERM 本应带来的许多好处。

后来，撒切尔夫人总喜欢说自己根本不希望加入 ERM。马德里峰会之前，她受到劳森和豪的压力，之后又受到梅杰和赫德的压力，她无法继续抵御他们的不断督促，最后才被迫同意加入。1992 年 9 月，当英镑被迫重新脱离该机制时，她认为事实证明自己是正确的。梅杰否认他曾经强迫她做自己不愿意做的事情。她同意那么做，“原因是她是一位政治现实主义者，而且知道……别无选择。”不过，她说的基本上没有错。事实上，到 1990 年 10 月，她已经失去了对经济或欧洲政策的控制。

欧洲汇率机制（EMR）的传奇中最具讽刺意义的是，经过多年反抗，撒切尔夫人最终同意在一个可能最差的时刻，以一种无法持续的汇率加入了 ERM。因此，如果从一个方面证明她是正确的，那么从另一方面证明她就是错误的。作为首相，她应该对决定最终加入正式负责；同时，1985 年她动用了个人否决权，所以对英国未能提前 5 年加入 ERM 负有直接的责任。如果英国 1985 年加入 EMR，则加入条件会更为稳固，汇率也能够维持，而且当时的成员资格还能帮助英国遏制通货膨胀。无疑，劳森企图以跟踪德国马克的方式替代 ERM 成员身份，造成（尽管并非唯一原因）1987 年后通货膨胀卷土重来。然而，如果 1985 年她听了劳森的意见，情况可能就完全不同了。

最终加入 ERM 的决定造就了充满欢庆气氛的伯恩茅斯保守党会议。“这是全速驶向第四任期”，撒切尔夫人自信地宣布，她的部队欣喜若狂地予以响应，罗尼·米勒话语讥讽地回忆道：

> 这位明星站在讲台上，簇拥在她周围的内阁成员们热烈鼓掌，充满崇拜之情。她高举双臂，对公众痴迷般的赞扬表示感谢，1975 年以来年年都是这样……“再干 10 年！”5000 名忠实的与会人员一片高喊，还和着喊声跺起脚来……“再干 10 年！再干 10 年！”喊声响彻云天。地板颤动，椽柱摇晃。他们仿佛觉得，凭着呼喊的力量和不住的重复，他们就能强迫未来。即使按照这位领袖的标准，这也是为终结所有致敬而致敬。结果竟然是……
>
> 仅仅一个月之后，她就辞职了。

第二十六章
扫地出门

变成了绵羊

撒切尔夫人的垮台是一出戏剧，其出演之突然令人吃惊。对政治记者来说，1990 年 11 月的 3 周是一桩一生只能经历一次的故事，充满谣言、阴谋、算计和背信弃义。所有活动都在威斯敏斯特村里的酒吧、茶社、俱乐部以及私人家里展开。对于那些或愤怒，或欢喜，或者对事件进展速度感到莫名其妙的普通公众来说，这是一出莎士比亚式的肥皂剧，每天晚上都可以在自家起居室的电视上看到。尽管很长一段时间以来，构成崩溃高潮的所有元素一直在聚集，人们一直在谈论另一次保守党党魁竞选，有关于迈克尔·赫塞尔廷图谋的传言，有关于撒切尔夫人到底能维持多久的疑问，但在威斯敏斯特或媒体上，几乎没有人相信她会被如此迅速、如此突然地推翻。按照政治学家的传统智慧，一位身体健康、掌握稳定多数席位的首相在大选期间是无懈可击的。可能会有一信号，但她是不可能被打败的。保守党议员也对他们所作所为感到震惊。最近的一本教科书把这一事件称为“现代英国历史上最残忍的政治忘恩负义行动”。尼古拉斯·里德利描述为“中世纪的野蛮”，其他人则描述为变节、背叛、谋杀、抛弃，甚至献祭仪式。马太·帕里斯用人类学的术语，说保守党“部落”不得不杀死并吃掉他们的母亲这样的人物。在后来的 10 年里，这次弑君行为引起的后果使保守党一直处于四分五裂，进入新世纪后的很长时间里，这种创伤仍然没有愈合的迹象。然而，与多数重大事件一样，1990 年 11 月上演的戏剧只是一连串的意外事件叠加，只有回头看才能发现其中所具有的隐含的必然性。约翰·比芬对此作了一个最形象的比喻。“就像巴黎地铁上的那些地图，你按一下从 A 站到 B 站，结果全亮起来了，”他告诉艾伦·沃特金斯，“是啊，就是那样。一个人按了一下按键，结果所有的连接都亮了起来。”

在撒切尔夫人的所有同事中，杰弗里·豪也许最不可能成为政治杀手。然而，恶有恶报，善有善报，正是豪按下了这个按键。最接近首相的几位人士曾经担心，首相对待豪那种轻蔑态度最终会反过来用她的身上。尽管豪名义上是副首相，但在欧洲问题上他被完全冻结在决策之外，只是在女王问他如何评价这条新闻时，他才知道英国最终加入了欧洲汇率机制。撒切尔夫人认为豪具有野心，想阴谋取代她。“你知道他是什么样的人，知道他现在做什么”，2月份她曾向怀亚特抱怨说。不过，她怎么都不会相信豪会攻击她，认为他没有那种胆量。乔治·沃尔登写道，当豪最后发威时，“就好像一直受虐待的妻子最后对她恶毒的丈夫一样。”

最终让豪发威的，是她对欧洲理事会会议的过激反应，该会议是在1990年10月最后一周在罗马举行。其实豪也承认，她感到沮丧是有一定道理的。尽管她表示反对，政府间会议仍定于12月份召开，研究欧洲经济及货币联盟（EMU）下段进程。然而，就在这时，意大利人却要求在10月份另外召开一次理事会会议，企图在会议上立即设定德洛尔计划第二、三阶段的时间表，以便在政府间会议上先发制人地进行更大范围的讨论。科尔和密特朗置以前所做的保证于不顾，同意意大利的意见。因此，撒切尔夫人突然发现，她将在罗马要面对的形势成了11个国家准备承诺1994年开始第二阶段进程，2000年前实现单一货币。与撒切尔夫人一样，赫德对意大利的伏击感到震惊，英国又一次成为孤独的阻碍者。撒切尔反驳说，在就第二、第三阶段的形式达成一致之前，设定一个时间表是荒谬的。然而，人们对她的反对立场的反应是“一片沉寂”。

10月30日回到伦敦，她向下院做报告。在“首相答问”中，金诺克抓住豪在与布赖恩·沃尔登访谈中表现出的积极调子，企图让撒切尔夫人支持她的副手，但她显然拒绝这样做，只是断言豪“是一个大人物，不需要议员阁下这样的小人物站出来捍卫他”。实际上，豪只是说英国提出替代共同货币的建议，即所谓“硬欧洲流通货币”，随着时间的推移可以成为单一货币。这样的说法并没有超出撒切尔夫人认定的范围，事实上也符合政府的政策。在她的书面声明中，撒切尔夫人谨慎地遵守这一路线，豪认为，这是她第一次这么做：

> 硬欧洲流通货币（hard ecu）可以是一种平行货币，但不是单一货币。如果随着时间的推移，各国人民及各国政府愿意广泛使用这种货币，则可以朝着单一货币方向演化。但是，除非未来的议会与人民自由地决定废止英镑，我们将继续保留我们国家的货币。单一货币并不是本届政府的政策。

到这里还比较温和。然而后来金诺克说她在罗马的表现损害了英国利益，她被这种习惯性的指责激怒了，便偏离了主题：

> 有一天欧共体委员会主任M德洛尔在记者招待会上说，他希望欧洲议会

成为共同体的众议院，希望委员会成为执行机构，让部长委员会成为参议院。不可能，不可能，绝对不可能！

又是她通常使用的口气，目中无人、倔强固执、以不妥协为荣，超出了语言的实际内容，让她的同事感到惊骇。“显然，”大卫·欧文写道，“她痛斥各种联邦主义的建议，情绪高涨，浑身激动”。尤其是在回答一位工党欧洲怀疑派提出的问题时，她偏离她本人对硬欧洲流通货币谨慎措辞的支持立场。

只要人们愿意，硬欧洲流通货币就可以使用……在我看来，它不会在整个共同体内广泛使用……我很肯定这个国家的大部分人更愿意继续使用英镑。

“我震惊得几乎从座位上掉下来，”梅杰写道。“就这么简单一句话，破坏了我们数月来的工作和准备。欧洲人一直怀疑硬欧洲流通货币只是回避单一货币的手段，现在首相几句话就让他们相信果然如此。”他丝毫不怀疑她“脱稿发挥”将会造成的影响。“我听到我们的同事在欢呼，但我知道麻烦就在前头。”在过道下面自由民主党的座席上，欧文一直盯着杰弗里·豪。“他看上去痛苦、不幸，我想，他真的像一只死羊。结果证明我的判断是多么错误！”

如果豪还需要进一步的刺激的话，那么第二天报纸则将他推到了悬崖上。报纸中打头的是《太阳报》，兴高采烈地写着“去你的吧，德洛尔先生”的标题。周四上午在参加内阁会议之前，豪已经草拟了辞职函。这时的撒切尔夫人却依然是特有的不敏感，她当着豪的同事训斥他没有把女王讲话中包括的两三个法案准备好。后来有些人认为这是最后的挑衅。不过，豪否认这种说法。“最后这次脾气大发根本不是致命一击，而是我首次确认自己做出的决定是正确的。”

豪提出的长度超过1000字的辞职函，重申了他所关注的问题，即英国应该留在欧洲“内轨上”。他坚称自己“绝不是欧洲理想主义者或联邦主义者”。跟撒切尔夫人一样，他并不希望让一种单一货币施加到英国头上，但“可以有两种或两种以上的硬欧洲流通货币。关键的问题是不能绝对排除或接受任何一种特定的解决方案”。“说实话，”他最后写道，“在如何正确对待这一问题上，我现发现自己无法认同您的观点。”撒切尔夫人认为这种说法是典型的软弱表现，并试图不理睬他提出的抱怨。正像对待劳森一样，她认为只存在风格上的不同，不存在政策上的不同。“我认为没有你说的那么严重，”她回答说。他们分手了，彼此都是一种解脱，还正式地握了一次手。豪说这是第一次，因为在过去15年里，他们从来没有握过手。豪离开了，让首相进行本年度的第四次政府重组。

在近两周的时间里，伯纳德·英厄姆汇报形势渐好，撒切尔夫人似乎渡过了这场新的危机。“她一定会渡过危机。”《泰晤士报》充满信心地断言。议会还没有召开。而上次议会结尾是她有关罗马峰会的报告，因此，豪没有合适的机会发表辞职声明。赫塞尔廷对豪做出的“勇敢决定”表示祝贺，但告诉他说这件事情对他自己的立场不会有实质上的影响。不过，为了提醒大家他仍然准备接班，赫塞尔廷为《星期天泰晤士报》重新写了一篇文章，作为写给他的亨里选民的公开信，然后前往中东进行访问。他犯下一个错误，英厄姆可以以此指责他怯懦。

但是，英厄姆为何要挑衅赫塞尔廷？答案似乎是撒切尔夫人要把赫塞尔廷的问题公开化。前一年梅尔用来挑战撒切尔夫人的规则依然存在，几乎每天都有保守党议员呼吁举行党魁竞选，“挑开这个脓包”。既然如此，她决定迅速解决这一问题。11 月 6 日，星期二，她提出了两周之内进行竞选的日期，提名截止的日期为 11 月 15 日，首轮投票应在接下来一周的周二进行。不寻常的并不是如此匆忙地安排竞选，而是她定于 11 月 20 日出国，参加在巴黎举行的欧安会。她非常清楚这一点，不过，要么她认为无关要紧，因为她不打算亲自游说；要么她认为这样安排可以提醒保守党议员她作为国际政治家的地位，这对她会有积极的效果。那种认为她改变日期时没有预料到将是一场严肃的竞争的看法是站不住脚的。相反，她预计赫塞尔廷会站出来，并认为对他最好的打击就是迅速出击。“这将是痛苦的两周，”她告诉罗尼·米勒，“嘿，没关系。”结果，她出现了致命的误判。

11 月 7 日，新一届议会开幕，正常的政治活动继续进行。尽管工党议员采取一致行动，企图干扰她的议程，撒切尔夫人却以特有的战斗风格开始了有关女王讲话的辩论。她概述了新的法案，内容包括加重罪犯的刑期，建立儿童支持机构，公路私人融资以及港口私有化。与往常一样，她指责金诺克，淡化与豪的分歧。谈到硬欧洲通货单位（EDU），她说由于“我们没有任何官僚的时间表：我们采用的市场方式，建立在人民及政府意愿的基础上”，利用这种聪明的安排，硬欧洲通货单位仍然可以进化成一种单一货币。她用这种可能性来调整自己对硬欧洲通货单位所持的怀疑立场。约翰·瑞德问既然如此豪为何决定辞职，她说只有豪可以回答这个问题，依然带着劳森辞职引起危险的回声。豪宣布他将在下周四发表一份声明。与此同时，梅杰在对秋季经济问题所做的说明中被迫承认，经济已正式进入衰退。次日，保守党在另外两次补选中惨败。

周四下午，在“首相答问”后不久，豪发表了自己的声明。下院挤满了人，但没有预料到这将是见证 20 世纪一次重大议会事件的机会。这次事件是首次电视直播的重大活动之一，其影响得到了极大的增强。豪依然习惯性地用礼貌的单一语调，声音不高，但从第一句话起，他就以前所未有的激情吸引了整个下院的关注。

他先是轻声否定了那种认为他的辞职仅仅是风格上分歧差异的说法。他回忆了有幸任财政大臣的 4 年时光，赞扬了撒切尔夫人对他们的经济所做的重要贡献，但同时表明这些成就也从“一位本人并非‘湿才’的财政大臣的存在中得到一些好处”。

然后，他道出了他和撒切尔夫人在欧洲问题上的真正分歧。首先，他回忆说，至少从 1985 年起，劳森和他就希望加入欧洲汇率机制，坐在一旁的劳森点头认可。如果撒切尔夫人马德里会议上不做出加入这一机制的明确承诺，他们两人都威胁要提出辞呈。他坚持认为，如果英国很早加入了欧洲汇率机制，通货膨胀就不会重现。撒切尔夫人越来越多地公开将通货膨胀重现的全部责任推给劳森，豪的这种说法温和地纠正了她的指责。接着，他嘲笑撒切尔夫人，说她心目中的欧洲是一个“充斥着用心不良人士的‘噩梦景象’，这些人谋划着消灭民主并消除我们民族认同。”为此，他还引用了 1962 年麦克米兰有关防止退到“对过去充满伤感的隔离状态”的警告，引用了 1952 年丘吉尔宣布的有关“更大的主权”可以保护欧洲不同传统的愿景。他再次警告，在构筑新的体系中英国存在被抛弃的危险。当然，英国可以选择留在单一货币之外，但英国无法阻止其他国家前进的步伐。

就他个人而言，豪最后说，他曾试图从政府内部弥合分歧，但是现在意识到，“这种做法已经成为徒劳之举：试图延伸词汇的含义，超出可信的程度；每前进一步都有被不负责任的评论或冲动性的答复而推翻的危险，而且仍得假装有一种共同的政策。”对首相“仍然十分真实的忠诚本能”与“对自己认为是国家真正利益的忠诚”之间的冲突已经变得无法忍受。“这就是我辞职的原因。”就在最后一句话里，他放上了杀手锏。“两种忠诚之间悲剧性的冲突已经让我本人折磨了太长的时间，现在也是其他人考虑怎样这种冲突的时候了。”

豪否认他的最后一句是预先安排的，即要赫塞尔廷不要再犹豫了。但很难看到这句话有其他的意思。赫塞尔廷也否认存在共谋行为；然而，在豪发表讲话之前，赫塞尔廷的副手麦克尔·梅茨已经在征求可能盟友的意见，在讲话中提及赫塞尔廷的名字是否对豪有利。在这种火药味极浓的情况下，一句暗示已经足够。事实上，赫塞尔廷的主意已定；但豪的演讲让他的条件比一周前更加有利。豪坐下来约一小时后，塞西尔·帕金森还最后试图劝阻他。“塞西尔，她完了，”赫塞尔廷告诉他。“杰弗里发表讲话后，她就完了。”第二天，赫塞尔廷宣布将参加竞选。

泰山时刻

赫塞尔廷给出了参加竞选的三个理由，将实际政策分歧与求助于保守党后座议员生存本能之间巧妙结合起来。首先，他赞成豪的观点，认为撒切尔夫人在“欧洲问题上的观点使她无法维持一个团结的内阁。这种做法损害了英国在欧洲寻求自身利益方面应当具有的追求”。其次，也许是最重要的一点，民调显示他是重建保守党，赢得下届大选的最佳替代领袖。第三，他承诺立即重新审查人头税，这时他还没有承诺废除人头税：仅仅承诺重新进行审查，其目的不但是吸引那些仍然信奉这一原则的人士，而且要吸引那些认为重新审查的唯一结果就是完全废除人头税的人士。然而，他十分谨慎，没有否认撒切尔夫人的整个执政记录。相反，他不无道理地声称，在过去 10 年里自己“站在撒切尔主义的最前沿”。1986 年他从内阁中辞职，当时似乎无足轻重，但他对撒切尔夫人管理内阁的批评，随后从劳森与豪这里证明是完全正确的。最后，他无疑是一位具有首相才能、富有魅力的政治家，在过去 4 年里，他一直小心翼翼地避免对撒切尔夫人表示公开不忠，同时努力培育选区，安抚忧心忡忡的议员。因此，在所有方面，他都是撒切尔夫人无法轻视的重量级候选人。

与绝大多数政治评论家一样，撒切尔夫人认为，一个在议会拥有稳定多数席位的首相不可能在两次大选之间被自己的政党推翻。尽管她一直清楚政敌乐意看到她被扫地出门，但她想当然地认为，她在党组织里的资深同事和被她任命的人会团结在她的旗帜下，跟 1989 年一样，确保安然渡过挑战。然而，最后的结果是，受她委托组织选战的人却把事情搞砸了。

她事后意识到，在竞选最后两天及投票日她坚持去巴黎是错误的。实际上，这次欧安会并不是一次十分重要的会议。除了签署一个象征性的条约（即削减常规力量水平）外，更多的是一次庆祝冷战结束的国际盛会。布什总统、戈尔巴乔夫总统、科尔总理以及密特朗总统都要参加会议，所以撒切尔夫人自然也想参加，领受自己赢得的那份赞誉。实际上，这是对她首相生涯非常恰当的最后肯定，但这并非她的意图。她赴巴黎参加国际会议，是希望发出信号，说明她更感兴趣的是在世界舞台上叱咤风云而不是在威斯敏斯特应对自己势力所感到的担忧。她认为更为重要的是让人们看到她在履行自己的职责，而不是到处争取选票。出于同样的理由，选举前的周五她去了北爱尔兰。然而，这并不是保守党希望听到的信息。“国外一片喝彩，”肯尼迪·贝克警告她说，“可选票却在国内。”相比之下，艾伦·克拉克指出，赫塞尔廷每天都在议员大厅和茶屋活动。

其实，从根本上讲，无论她在场与否，她的支持者都无法组织起一次像样的竞选活动，这一事实本身已经表明，她已经失去议会党团核心的支持。议会党团中根本不存在应该有的热情。议员当中既不热心支持她，又不热心反对她的人只倾听他们所在选区的意见。乔治·沃尔登征询他所在的白金汉郡地方党的意见，举手表决的结果是忠诚。但在私下，四分之三声称支持撒切尔夫人的人士都告诉乔治，她该下台了，他想这种情况一定非常普遍。具有讽刺意味的是，撒切尔夫人本人也曾明确地阐述过这种观点。前一年秋天在“首相答问”中回答金诺克和阿什顿提出的问题时，她曾经断言，“最好的国家长远利益在于让那些处在反对党永远处于反对党的位置。”正是为了确保实现这一点，相当一部分保守党议员认为撒切尔夫人应该被别人取代了。此外，他们的想法也没有错：正因为有了一位新首相，工党一直才处在反对党的位置，尽管并非永久，但至少未来 7 年内一直如此。

就连保守党的报纸也对她能不能或者该不该继续待在台上日渐怀疑，竞选之前就笼罩着一种明显的失败气氛。道格拉斯·赫德并未明确否认他本人可能站出来参加竞选，又加重了这种气氛。“与她竞争，不会的”，他告诉一位采访者，暴露出他承认至少存在第二次投票的可能性。威利·怀特洛发表了一份支持性声明，但他告诉怀亚特整个局势“绝对让人恐惧”。他认为撒切尔夫人应该赢，但猜想赢得的票数不会足够多。如果需要第二次投票，他会建议她下台。“无论发生了什么情况，我们不能让她受到屈辱。不过，她十分聪明，到时候会懂得这一点。”约翰·梅杰的智齿受到感染，他躲开威斯敏斯特的毒蛇谭，他认为撒切尔夫人可能勉强取胜，不过周一杰弗瑞·阿彻告诉了他相关传言，说她获胜的机会“十分暗淡”。同事不断给梅杰打电话，说如果撒切尔夫人没有取得足够的胜利，要他做好出来竞选的准备。

星期一上午在巴黎，撒切尔夫人与乔治·布什在美国大使馆一起用早餐，随后出席了联合记者招待会，主要谈有关海湾的问题。她参加了这次会议的首次全体会议，并在英国大使馆出席另一次新闻发布会，对她所称的“上次世界大战后最伟大的国际裁军协定”的签署表示欢迎，但回避了有关领导人变动的问题。她在与其他领导人在爱丽舍宫共进午餐，席间老对手赫尔穆特·科尔特别地对她表示支持。午餐后的会议上，她做了发言。在发言中，她承认起初对赫尔辛基进程表示怀疑，但随着戈尔巴乔夫人主克里姆林宫，这一进程最终发挥了作用，她希望欧安会为继续推进旧苏联范围内的人权建设提供论坛。周二，保守党人在下议院举行投票时，撒切尔夫人与戈尔巴乔夫、密特朗、土耳其总统举行会谈，并与她喜欢的欧洲领导人荷兰首相路德·吕贝尔斯共进午餐。当天的会议大约在下午 4 点半结束，之后她回到英国大使馆等候选举结果。

在英国伦敦，举行了一个由撒切尔夫人选举团队与保守党官员们组成的会议（会议的组成颇为古怪），研究制定在各种可能的选举结果下她应该做出的反应的措辞。显然，如果她高票获胜，或者以绝对低票失败，措辞就不存在问题。会议集中讨论如果她在首次选举中领先（现在看来可能性越来越大），但没有获得必需的多数选票情况下应该怎么说。根据保守党的规则，她不但要获得简单的多数（187

票），而且在所有有权投票的人当中必须多出15%的选票即56张选票。如果没有获得足够的选票，诺曼·特比特希望她清楚地承诺继续参加下轮选战。贝克认为她应该说必须与自己的同事进行磋商。而约翰·韦克姆提出了一种妥协方式，即她应该宣布自己“有意”参加第二轮投票。撒切尔夫人接受了韦克姆的建议，因此，选举结果出来后，她已经有了准备好的反应。

撒切尔夫人在大使馆里彼得·莫里森的房间等候，现任国会政治秘书的莫里森从伦敦飞过去跟她一起等待结果。她坐在梳妆台上，背对着大家，显示出一种“非凡的镇静”。查尔斯·鲍威尔坐在床上，莫里森、伯纳德·英厄姆、化妆师辛西娅·克劳福德、副议会督导以及英国驻巴黎大使也在场。下午6点20分左右，首席议会督导提姆·兰顿从伦敦打来电话。莫里森接了电话，写下了数字，交给了撒切尔夫人。“恐怕没有我们希望的那么好。”（通常鲍威尔有自己的渠道，他在半分钟以前已经得到消息，在撒切尔夫人身后，他做了拇指朝下的动作）撒切尔夫人只得到204张选票，而赫塞尔廷得到152张选票，16张选票无效或成为废票，离需要的多数还差4张选票。她平静地接受了这一消息，在落实赫德与梅杰继续对她表示支持她后，她立刻大步走下楼梯，走进院子，对在那里等候着的媒体记者告诉了自己预先准备好的反应。她戏剧性地打断约翰·萨金特为BBC《6点新闻》作的报道，夺过麦克风，对着摄像机当场宣布：

> 能得到议会党团半数以上议员的支持，我当然感到非常高兴，不过令人失望的是没有达到第一轮选举中胜出需要的多数选票，因此，我确认有意让自己的名字继续出现在二轮选举中。

尽管她本能地表现出无所畏惧的态度，但鲍威尔和英格姆却认为，她周围的所有人，也许包括撒切尔夫人本人心里都明白，她已经完了。丹尼斯肯定也是这么想的。回到大使馆她做的第一件事情就是打电话给丹尼斯。“丹尼斯表现得极为出色”，卡罗尔回忆说。“‘祝贺你，甜心，你赢了，问题只是出在那些规则上’，说着，眼泪从脸颊上流了下来。他为她而不是为自己而流泪。”不过，放下电话，他转身对在一起的朋友说：“我们已经拥有过了。我们出局了。”

“带着笑容的背叛”

撒切尔夫人一夜未眠，第二天便返回伦敦，依然决心继续奋战。毕竟，她轻松地打败了挑战者，离取得彻底胜利只差4张选票。伍德罗·怀亚特开玩笑说她可以请女王赐予举行大选的机会。她本人却仍然相信，“如果选战团队紧张动员起来，敦促每个潜在的支持者为我的事业而战”，她就能赢得第二轮投票。她知道，到目前为止还没有采取这样的措施。然而，绝大多数观察家同意迈克尔·赫塞尔廷在回忆录所直截了当地表达的观点。“对于任何哪怕对威斯敏斯特的政治运作有一点点了解的人来说，明显，她的地位已经难以为继了。她顽固拒绝承认事实，这一点在很大程度上显示出自我欺骗的能力。”

星期三上午，BBC政治编辑约翰·科尔一到下院，就感觉出上面说到的那种情绪。“保守党议员把我堵在走廊上，堵在议员大厅，说如果撒切尔夫人坚持她所宣布的打算，参加第二轮选举，他们将转投迈克尔·赫塞尔廷的票。”赫塞尔廷阵营现在充满信心，如果撒切尔夫人继续参加选战，他们一定会赢得竞选。不过，出于同样的原因，为了防止最终出现这种情况，在整个伦敦范围内，各种紧急磋商都在进行之中。年轻的内阁成员不愿看到撒切尔夫人被罢免后由赫塞尔廷替代。他们要求，无论她什么时候下台，取代她的必须是他们当中的一员。如果撒切尔夫人看来真的没有能力打败赫塞尔廷，就应该说服她撤出，支持一位能够打败赫塞尔廷的人。被认为至关重要的会议在特里斯坦·加利尔·琼斯的家里举行。出席会议的人士包括来自党内左翼的4位内阁成员彭定康、威廉·沃尔格雷夫、马尔科姆·里夫金德和托尼·牛顿，有来自右翼的诺曼·拉蒙特，还有包括艾伦·克拉克在内两三名不在内阁的大臣。

实际上并不存在太多的阴谋。“真正令人感到恶心的是，”克拉克写道，“必须立刻并一致地抛弃这位夫人。除了在开始时威廉表达了小小的敬意外，会上再没有提到她的名字。”但是，在第一轮投票中支持她的30到40议员决定撤出后，明显的结论就是她大势已去。此时这个集团的共识是支持赫德。这次会议的重要性不在于决定了什么，而在于显示出若干年轻大臣的想法。尽管肯·克拉克、约翰·韦克姆和约翰·古默没有在场，但他们也得出同样的结论；其他人则通过电话多次磋商。

在撒切尔夫人返回伦敦之前，又进行了三次正式的磋商。大家都说了同样的情况，即撒切尔夫人得到的支持摇摇欲坠。问题是让谁告诉她。撒切尔夫人回到唐宁街吃午饭时，丹尼斯先试了试。“放弃吧，亲爱的。”他恳求道。但她心里觉得，如果仍有机会，放弃就是对不起她的支持者。威克汉姆警告说，她将面对主动辞职以避免羞辱的说法。所有其他使者都躲起来了。那些大名鼎鼎“穿西服的人”应该告诉她，该放弃了。然而，在唐宁街10号的工作午餐上，被赫德称为的“贤士们”却“未能传递这一信息”。“即使从那些督促我继续战斗的人透露的会议信息，都隐隐约约地让人泄气”，撒切尔夫人后来写道。不过，她那时形成的印象却是应该继续战斗。

她还要在下院就巴黎峰会发表声明。在离开唐宁街时，她对记者们喊："我要继续奋战，我要打赢这一仗。"正如她后来写的，尽管心里觉得没有底，她仍然努力表现出信心百倍的样子。在下院，她再次表现出特有的勇敢，欢呼"欧洲冷战结束以及自由、民主及法治的胜利"，有力地反驳反对党的嘲笑，并对一位希望"她能够继续用自己的全部活力、决心与精力为英国打拼"的保守党忠诚分子表示感谢。只有一次，她意外地忘记了问题的后半部分，请别人提示内容。接着，特比特带她到了茶室，为争取支持继续做迟到的努力。"我以前从未经历过这样的气氛，"她在回忆录中写道。"我听到人们不断地说：'迈克尔三番五次求我投他的票，可这是我们第一次见到您。'"

下午5点左右，她觐见了女王，向女王保证自己有意参加第二轮竞选。6点到8点她与内阁成员进行一系列的单独会谈，正是这一系列会谈终于让她信服自己的事业已经无望。这种做法一直被人们认为是又一次误判。大臣们被传唤去单独见她，就意味着他们在进去见她之前有机会集聚在大臣走廊里，协调要说的内容，所以见面后他们所说的基本上都是相同的意见。撒切尔夫人正襟危坐在沙发靠近火炉一端，大臣们坐在对面的沙发上。"几乎是像对一位男士一样，"她后来痛苦地写道，"他们采用同一种方式，说他们本人倒愿意支持我，但遗憾的是他们不再相信我会获胜……我感到自己几乎也要加入他们的大合唱了。"

还有一些不同的版本。以坦率的方式说如果她继续出战，他们不会给予支持的人只有克拉克、彭定康和里夫金德三位。克拉克"以自个儿养成的最野蛮方式"警告她说，除非她给赫德或梅杰让道，否则赫塞尔廷就可能成为首相。她对这种估计"明显感到吃惊"。只有贝克和赛西尔·帕金森说她仍然可以获胜。其余所有人都建议她放弃，但态度表现出程度不同的尴尬（有些甚至含着泪水）。

撒切尔夫人形容唯一让她感到轻松的是与艾伦·克拉克的谈话，尽管他不是内阁成员，有时候也设法进来见她。他同样告诉撒切尔夫人她会失败，但鼓励她勇敢地战斗到底。在此之前，他曾在自己的日记上写道"当前首要的任务是找到一种巧妙而成熟的方法，劝她不要参加第二轮选举"。也许这就是他做事的方式。她停了一会儿，想了想这种瓦格纳式的情景后说："要是迈克尔获胜，情况就太可怕了。他会废除我所为之奋斗的一切。"所以，克拉克让撒切尔夫人相信他仍然站在她一边，他这种极易被撒切尔夫人视为叛徒的软弱分子，因为谈话的良好效果，也被撒切尔夫人有意无意地忽略了。

令人灰心丧气的谈话结束时，撒切尔夫人承认，游戏已经结束。"我丧失了内阁的支持，甚至无法组织一个可信的竞选团队。该结束了。""她脸色苍白，摇着脑袋，一副被制服的样子，不住地说：'我不能半途而废，我不能半途而废！'"贝克回忆说。"但是说话的口气却是放弃而不是无所畏惧。"最令她感到失望的，不是她在投票选举中的表现，因为这种表现可以归咎于选举中的紧张气氛；也不是那些从不支持她的人的断然反对，而是看到了那些自己觉得应该保持忠诚、应该给予支持的人所策划的阴谋。"让人感到悲伤的是，"她写道，"被我一直认作朋友与同盟的人所背弃，他们将背叛行为变成对我的坦率建议与对我命运的关心。"这是一种背叛，她后来在电视上指责说，是"带着笑容的背叛"。

肯尼思·克拉克对这种指责做了最好的回答。"根本不存在背叛行为，"他告诉他的传记作家。内阁给她提出了"完全合理的建议"，由于在第一轮投票中未能获得足够的选票，她不可能赢得第二轮投票，所以应该退出。"她是在议会党团里遭受的失败，与内阁根本没有关系。"事实上，无论她的长期敌人还是许多她的坚定支持者都一致认为，为了保护她的政治遗产，她应该退出。根据这种分析，不但保守党，而且为争取生存的撒切尔主义本身也需要一位新领袖。这是残酷的，但是，撒切尔夫人本人从来不会让个人情感妨碍自己认为正确的东西。尽管她强调忠诚，她本人从来没有怜悯过那些威胁过她或者让她失望的同事。作为首相，她是一位好的屠夫，这是她的部分力量所在。然而，轮到她挨宰的时候，她就不应该抱怨。当年，她就是通过大胆挑战特德·希思得到领袖位置的，而当时特德的其他所有同事却囿于对希思的忠诚。她是靠刀剑生存的，所以一直存在被刀剑所亡的危险。实际上，她希望得到的并不是任何其他的方式。正如她所说的，她不会半途而废。回头看来，内阁建议对她的最大伤害就是迫使她自愿放弃竞选，从个人性情上讲，她倒希望采纳克拉克的建议，继续战斗直到失败。然而，她的首要任务是保护自己的遗产，尽管很不情愿，她必须承认政治自焚是唯一可取的方式。

晚上 11 点 15 分，她打电话告诉提姆·贝尔："我已经决定退出。能不能来见见我?"贝尔去了，在途中还拉上戈登·里斯，路上坐在车里"无助地哭泣"。被她叫作的"两个爱笑的小伙子"一直陪她熬到凌晨两点，帮助她写了辞职声明，而她的私人秘书安德鲁·特恩布尔则给英格兰银行行长和其他有关人士打电话，提前警告她即将做出的决定。

与往常做出重大决定时一样，在最后承诺之前，她带着这项决定先去睡觉。上午 7 点 30 分，她请特恩布尔安排再次觐见女王。9 点，她主持了最后一次内阁会议。当时的场面极为难堪。会议一开始，她就宣读了预先准备的声明，这是一个庄重与委婉语体的典范：

> 在与同事进行广泛磋商后，本人已经作出决定，我退下来由内阁其他同事参加党魁竞选将更有利于团结全党赢得未来大选。我要感谢内阁内外鼎力支持

我的所有同仁。

有两次她几乎念不下去了，帕金森提出由上议院大法官代为宣读，但被她谢绝了。在接受了数名大臣颇为尴尬的致敬之后，她强调现在重要的任务是团结全体内阁，打败赫塞尔廷，保护她的政治遗产。她坚持自己能够处理公务，接受同情，很快便恢复了镇静，与平常一样，快活地处理了会议研究的其他事项。在短暂的休息后，她报告了在巴黎与布什和戈尔巴乔夫会谈的情况，内阁会议决定再派一个装甲旅奔赴海湾。

撒切尔夫人退出竞选是在早晨 9 点 25 分宣布的（内阁会间休息时），当然，在保守党选出继任者之前她仍然是首相。这条消息尽管在威斯敏斯特并不算意外，但在公众中却引起强烈反响，有的人雀跃欢庆，有的人则表示难以置信。撒切尔夫人在位时间太长，她的离去难以让人理解。

最后的祈祷

即使遭受失败，撒切尔夫人依然保留了最后一手的精彩表演。换成另一位领导人，他一定会选择让继任者来对付工党提出的“不信任投票”动议。然而，她却认为这是证明她执政记录的最后机会。尽管前天晚上她的地位摇摇欲坠，她仍在准备第二天要做的讲话：她的奉献精神从来没有像现在这样感人，专注力从来没有像现在这样非凡。黎明前她就起床，继续撰写讲稿。“每一句话，”她在回忆录中写道，“都是我对历史这位律师提供的证词。”

“首相答问”期间她几乎没有遇到任何障碍。之后，金诺克发表了典型的苛刻演讲（其实一句同情话都能让撒切尔夫人立刻解除武装），撒切尔夫人随后开始讲话。她提起 1979 年尼古拉斯·汉德森发表的有关英国的灰暗报道，1945 年以后英国经济失败，丧失对世界的影响力。“保守党政府已经改变了一切，”她自豪地说，“英国又一次骄傲地站在欧洲与世界议会之林，我们的政策给我们国内的公民带来了空前的繁荣。”一旦有人插话，她就真正进入了角色。等到她为自己的欧洲记录辩护时，她已经做好了最后一次摧毁金诺克的准备。她嘲笑说，金诺克不知道自己到底赞成还是不赞成单一货币，因为“他连单一货币意味着什么都不懂”。当工党左翼人士丹尼斯·斯金纳建议她担任欧洲银行行长时，她高兴地抓住这一话题。“多好的主意！我倒没有想过……我们说到哪儿了？我喜欢这个主意。”

从这一刻开始，她就将整个下院掌握在自己的手心。一位对欧洲持怀疑观点的保守党人高喊："取消您做出的决定。您完全有能力打败那些人。"她继续阐述自己的愿景，强调"一个自由开放欧洲中自由开放的英国，符合英国人民最深的本能"。她将赢得冷战归功于自己，最后谈到海湾战争，将其与马岛战争加以比较。最后几句话是对铁娘子的神化：

> 我们还有另一种感觉，那就是这个国家的使命感：几个世纪的历史和经验证明，每当原则必须捍卫、善良需要高擎、邪恶必须制服，英国就会拿起武器。正是由于艰难抉择时我们从不退缩，这个议会和这个国家才对今天的政府充满了信心。

这是一次惊人的表现，这是一次重大的议会场面，无异于，甚至超过了仅仅 9 天前豪发表的引发崩溃事件的演讲，所有在下院现场与观看电视的人们都难忘这一场面。保守党议员疯狂地欢呼，怀疑他们自己犯了可怕的错误。

辩论结束后，她和贝克在自己的房间喝了一会儿点酒。"她依然充满活力，好像完成一次伟大航行后刚刚从船只上走下来。"她仍然对她自己的政党对她所做的事情感到愤怒。"他们做了工党三次大选都没有做到的事情，"她告诉卡罗尔。不过，在这一刻，她仍然兴奋不已，"卡罗尔，我想我在历史上肯定是有地位的。"

第二轮投票的提名已经结束。为了最大限度地加强反赫塞尔廷的势力，同时避免出现对内阁的修修补补，决定由赫德与梅杰同时出来参加角逐，满足许多保守党议员一直提出的扩大选择范围的要求。年纪较大、经验丰富的赫德办事牢靠。比他小 13 岁的梅杰则是一个未知数。他一直以惊人的速度升迁，其职业生涯似乎完全仰仗撒切尔夫人的赏识。梅杰是撒切尔夫人的宠儿，所以那些因抛弃她而有负罪感的人士自然而然将支持梅杰作为一种弥补，但熟知梅杰的人都知道他并不是一位撒切尔主义者。"许多人会投票支持他，认为他属于右翼"，威利・怀特洛预测十分准确。"他们很快会发现他并不属于右翼，他们会感到失望。"撒切尔夫人本人心存疑虑，最初她宣布不会支持任何候选人，但很快忘记了自己的承诺，在整个周末她为梅杰所做的游说活动（主要通过电话）甚至超过了以前为自己的游说。撒切尔夫人告诉他们，保存她的政治遗产的最好方式就是支持梅杰，她本人也力图相信这种说法。尽管她也承认，赫德一直很忠诚，但她却从来没有真正信任过赫德。在某些方面赫德甚至超过了赫塞尔廷，他所代表的一切正是她努力拒绝的，撒切尔夫人对怀亚特做了这样的解释：

> 约翰・梅杰是从底层一直奋斗上来的，与道格拉斯相比，他更适合有技术、有雄心、有价值的劳动阶级。

短暂的竞选活动格外具有绅士风度，而且一旦势头倒向梅杰一方，结果就没有悬念了。撒切尔夫人一退出角逐，赫塞尔廷就明白自己的机会没有了，结果也证明了这一点。11 月 27 日投票的结果，梅杰获得 185 票，赫塞尔廷 131 票，赫德 56 票。尽管严格地讲，梅杰离绝对多数还差 2 票，但赫塞尔廷和赫德立刻宣布退出，让梅杰成为明显的获胜者。撒切尔夫人苦笑着说，梅杰获得的选票比她 9 天前还少 19 张。尽管如此，这正是她希望得到的竞选结果，赫德和赫塞尔廷发表声明后，她立刻越过通往 11 号的连接门，向她的继任者表示祝贺。“这是我长时间以来的所有梦想”，她滔滔不绝地说，“未来得到了保证”。她真想走出去跟梅杰站在一起对记者发表谈话，但劝自己说，应该让梅杰单独拥有自己的辉煌时刻。梅杰发表声明并回答问题时，有人拍到她从楼上窗口悲伤地向外张望的照片。

她花了几天时间收拾东西，举行告别聚会，向工作人员和支持者道别。1986 年她和丹尼斯在达利奇买了间房子，就是为了应对这一结局，让他们至少有个去处。作为家庭主妇，撒切尔夫人擅长于包装和清理东西。只要有事可做，她就没有时间悲伤。

周末，玛格丽特和丹尼斯最后一次去首相别墅，星期天上午他们参加了教堂活动。离开 11 年来一直居住的舒适的乡间居所真的让人感到心碎。周一，她到保守党中央总部作短暂停留，感谢那些的工作人员。她说，令她感到“非常、非常激动”的是，在她宣布辞职之后布什总统打来电话，他们一起讨论了海湾局势。正是在这个背景下，在与布什而不是梅杰交谈时她宣称：“他不会动摇，我也不会动摇。只是我不会在那儿亲自挥动方向盘了。不过我会是一位非常好的后座司机。”

周二，在保守党议员仍在对她的继任者进行投票时，撒切尔夫人最后一次出现在“首相答问”上。这又成为一次赞颂与致敬的场面，没有了互相指责。她告诉一位保守党议员，他提的问题是她在议会文件箱边上第 698 次回答的第 7498 个问题。几分钟她回答最后一个问题时，问题总数达到 7501。

终于，周三上午，她离开了政治舞台，宣读最后声明时，她难以抑制泪水：

> 女士们、先生们：经过 11 年半美好的岁月，我们就要最后离开唐宁街了，我们高兴地看到现在的联合王国比 11 年半之前我们刚来这里时有了非常大的改观。

这是“一件特别荣幸的事情”，这是一段“非常美好的时光”，她对所有的工作人员以及送来鲜花、向她写信的人们表示“无尽的感谢”。

汽车抵达达利奇时，有记者问她现在希望做点什么。“工作，这是我们所知道的一切。”她的麻烦将是如何找到足够的工作去做。

第二十七章
余晖晚年

失业的工作狂

英国式民主对于败下阵来的领导人格外残酷。大选第二天早晨，搬家小货车从唐宁街陆续开出。这番熟悉的情景，的确有失尊严。1974 年 2 月，撒切尔夫人目睹了特德·希思突然而意外地被驱逐出权力舞台的情景。当时特德没有其他居所可去，被迫在一名保守党议员借给他的小公寓里蜗居了好几个月。在很大程度上，是特德的窘境才促使撒切尔夫人在达利奇买了一所并不怎么合宜的房子，作为一种保险来防止遇上与特德相似的命运。其实，和大部分被免职的首相相比，她的离去已经算不上多么突然了：从决定辞职到最终离去，她仍旧有 6 天的时间去打包行李，作道别。不过，她的失败却更为残酷，因为她不是被选民抛弃，而是遭到自己阵营议员的背离。在 1983 年 6 月和 1987 年 6 月，她也曾收拾行装，做好了离开的心理准备，而 1990 年 11 月，她却没有这样的准备。

撒切尔夫人是个难以自抑的工作狂。她仍旧充满活力，对于政治以外的事情毫无兴趣。失去首相之位，一夜之间似乎剥夺了她活下去的动力。她一直惧怕退休后的生活。“我想我对于地狱的定义就是有大把的时间，却不知道如何打发”，她在 1987 年《她》杂志的访谈中说道。“快乐并不是无所事事”，她在《妇女天地》上重申。“对于成年人来说，快乐是度过充实的一天，尽管这天结束时感到筋疲力尽，心里却明白自己拥有非常充实的一天。”说是充实的一天，她实际上是指从早到晚地工作；并且这些工作都是政治方面的工作。她对于政治的依赖，就好比不能失去氧气、不能停止呼吸一样。

“总有工作需要我去做，而我也会找到这些工作。”她 1989 年说过。但是她不适合在任何一个国际组织性组织——北约、世界银行，甚至联合国担——担任显赫的职位，尽管她的名字常常与这些国际组织联系在一起：她从来就不是当外交官的料。约翰·梅杰最想在国外给她找个职位，让她终日忙碌，但写回忆录时，他说“没有可靠的职位能够提供给她”。

其实撒切尔夫人与梅杰的关系只能让她的处境更为难堪。作为她的门生，梅杰在她的提拔下迅速超越了许多同辈人，后来更获得首肯，接任首相职位。尽管同事们与评论家很快意识到，摆脱撒切尔的“保姆”阴影，证明自己的独立性对梅杰来说是十分重要的，但撒切尔夫人仍旧把他当作一名羽翼未丰的副手，其职责就是继续从事她后悔不能亲力亲为的工作。梅杰担任首相首次在唐宁街 10 号外的人行道上举行记者见面会时，她希望跟梅杰一起见记者，而在梅杰首次“首相答问”时她也想坐在梅杰的身后，结果受到劝阻。她原以为自己仍旧有权获悉一切，还能够得到请示，加上梅杰面临的第一项挑战——海湾战争，原本分明就是她的战争，这些都加强了她的这种期待：与梅杰一直待到 1991 年 3 月战争结束的查尔斯·鲍威尔，依旧每周向她提供情况报告，这些报告比传统上提供给反对党领袖的报告要详尽得多。然而，在她看来，过去 11 年来她一直视为命脉的情报源已被切断，结果她感到沮丧失意，也越来越持批评观点。

随着她的批评越来越公开化，人们指责她像希思当年对待她一样，对梅杰极不友善。不过，大众眼中的希思无非是个满肚苦水的失败者，独自发发牢骚而已；而撒切尔夫人却在党内、国内，甚至全世界却真的拥有大批追随者，因此她的批评比起希思的牢骚更有破坏性，这意味着她具有更大的责任，应该明智而谨慎地施加自己的影响力。然而她却没有这样做——抑或压根拒绝这么做。结果就是在保守党接下来当政的 7 年中，她让梅杰与其保守党后席议员之间关系紧张。她的行为无疑加剧了党内分化，在很大程度上导致了保守党 1992 年的大溃败。而在 1992 年之后，她继续削弱着威廉·黑格以及后来伊恩·邓肯·史密斯重整旗鼓重塑凝聚力的努力——直到她的健康情况开始出了问题。她的搅局对保守党造成的创伤恐怕难以愈合，直到她那仍旧不安的灵魂遭到驱除。

不在其位 难谋其政

撒切尔夫人和丹尼斯到达利奇的第二天，伍德罗·怀亚特就打来电话，怀亚特发现她“‘嘭’的一声回到了现实”。再也没有秘书帮她代写信件，或是签收民众寄来的数千封慰问信和花束。她甚至不知道如何打电话，如何使用洗衣机。昔日荣光延续的唯一体现就是警察保卫，警察们仍然每天 24 小时为她站岗放哨。发现自己甚至不会拨通电话的她，只好求助于设在车库的“特殊分支机构”官员。她在下院仍然拥有一个房间，约翰·韦廷戴尔是她的政治秘书。然而，她的首个实际需要就是一个合适的办公室。阿里斯泰尔·麦卡尔平仗义相助，把自己在大学院街的房子借给她，她很快又招了 8 名职员。这样的安排持续了数月，直到后来新成立的撒切尔基金会在切舍姆找到了更合适的地方，并建立了总部。

与此同时，她很快就发觉达利奇并不适合她居住。对丹尼斯来说，这所房子唯一的可爱之处就是能俯瞰达利奇和西德纳姆高尔夫俱乐部。然而，对于这位仍想全身心从事公共事务的前任首相来说，住在达利奇简直不切实际，无可救药。满满的日程要求她必须能在活动之间迅速回家换装。不论是象征性的，还是实际上，她都要处于忙碌状态。因此，从达利奇往返仅仅三周之后，她和丹尼斯就开始找更适合长期居住的房子。很快他们就在贝尔格莱维亚的伊顿广场从亨利·福特的遗孀手中租了一处带地下室的豪华复式公寓。最终，他们在离维多利亚车站不远的彻斯特广场租了一栋有五间卧室的五层楼房，租期 10 年，后来又延期成了终身租约，于 1991 年夏天搬了进去。

在最初的几周里，常常有一些人前来慰问，缓解了被抛弃的感觉。出席梅杰出任首相后的首次“首相答问”时，她受到下院热情的，也许带有负疚的迎接；不管走到哪里，她似乎都受到民众的同情，对她的历史地位表示敬意，对她在逆境中的昂然坚持表示钦佩。12 月 9 日，女王授予了她殊功勋章，这是君王的最高奖赏，只限定授予 24 位个人：撒切尔夫人填补了劳伦斯·奥利弗去世后留下的空缺。更具争议的是，丹尼斯也被授予准男爵的封号。就在授勋的几天前，她和丹尼斯还高调访问了从伦敦过境的罗恩和南希·里根，在克拉里奇共进下午茶，重温昔日荣光。

她仍旧精力充沛，决心向前看，让自己忙碌起来。“我必须要做份积极的工作，干点积极的事情”，她对怀亚特说道，“我打算继续保持影响力。”她知道必须从日常的内政退步抽身，但立即给自己订下三大任务。第一，她准备广泛旅行，发表演讲，尤其是在美国。一方面是为了宣扬她的信念，另一方面也是为了钱。很快，她与华盛顿演讲局签约，一场演讲费为 5 万美元，仅次于里根。她对日本和远东其他国家地区也都如此标价。不过，她订下了清楚的规矩：在英国演讲分毫不收，在俄罗斯、中国和南非也分文不取——实际上，任何能够让她进行具有政治意义的演讲，而不是仅仅利用她的名字的地方，她都乐意免费出场。在自己觉得仍然具有影响力的地方，她决意不在自己的独立意志上出现妥协。

从首相职位上退下不到两年，她在《星期天时报》的英国富豪榜上排名第 134 位，个人财富估计高达 950 万英镑。不过，这笔收入的绝大部分都来自她的第二项任务——撰写回忆录。当然，她的回忆录商机无限。6 月，撒切尔夫人与一位美国经纪人马文·约瑟夫逊签约。马文迅速就接受了默多克旗下的哈伯柯林斯出版社的 350 万英镑的合同，两卷回忆录分别定于 1993 年和 1995 年出版。

这是一笔价值不菲的买卖。但成稿时间却十分紧张，要求她在不足 18 个月内完成第一卷，囊括整个首相生涯。她宣布每个字都是亲笔写就的；但没人真的相信。她从来不对外宣称自己是位作家。她的讲演稿从来都是通过编辑、批注或者彻底重写别人的草稿来完成的；其实，她的回忆录也是这样完成的。与辞职当天在下院发表的告别演说一样（尽管篇幅上自然不可同日而语），撒切尔夫人对待回忆录写作的态度极其认真，仿佛是在历史法庭上辩护一般，字斟句酌。她没打算敷衍了事，她事实上也从未如此。她全身心投入，指导回忆录的写作，过得充实而认真；最终如期完成回忆录真可谓成就惊人。

她的第三项任务是建立某种机构，保存她的遗产，并向全世界传播她的思想。然而，这个构想有悖于英国的慈善法律。1991 年 7 月，英国慈善委员会以撒切尔基金会不保持政治中立为由，拒绝授予其慈善地位：这项决定严重削弱了撒切尔基金会筹资能力，因为捐款的公司不能申请免税。到 1993 年为止，只筹集了不到 500 万英镑。尽管如此，基金会在切舍姆（Chesham Place）（靠近海德公园角）设立总部，为撒切尔夫人提供了会见外国访客的相当有气势的办公场所：有人说那里精致的楼梯和水晶吊灯、来自马尔维纳斯群岛的纪念品，以及那樽大地球仪让人想起唐宁街，不过这些装饰比唐宁街更为华丽。

华盛顿和华沙也设立了基金会的分部，目的是在新兴中东欧民主国家传播自由市场思想和西方商业惯例。然而，宣布的具体行动倡议却微不足道。基金会逐渐变成了一个教育性的信托基金。在 1998 年，基金会捐赠剑桥大学 200 万英镑，资助设立一个新的企业研究教授职位。1997 年，撒切尔夫人将自己的文件赠予丘吉尔学院，还提供资金扩建档案中心来存放这些文章，并将它们编入目录。基金会还向牛津大学出版社支付资金，用以制作撒切尔夫人政治声明全集的 CD 光盘，并分发给了世界各地的图书馆，还投资建立了玛格丽特·撒切尔网站。所有这些项目都给历史学家提供了她一生的记录；但这些没能实现撒切尔最初的设想——在全球宣传撒切尔主义。

在短期内，她能做的主要事情就是广泛旅行，不仅让梅杰省了不少心，又让她得以享受到世界各地崇拜者的奉承。作为一位世界级超级明星，她的名声比默默无闻的继任者要响亮太多，不管走到哪里，都受到人们的热情接待。1991 年，她 5 次访问美国——2 月去加州参加了罗纳德·里根的诞辰 80 周年庆典；3 月在白宫的豪华庆典上领取了布什总统颁发的国会自由奖章，之后又去了得克萨斯州的达拉斯和加利福尼亚的橘子郡，在共和党重镇首次做有酬演讲；6 月，她去纽约和芝加哥做了两场关于世界事务的重要演讲；到了 9 月和 11 月，又分别进行更多的巡回演讲。较之以往，美国越发变成了她的精神家园。海湾战争期间及结束之后，她仍在华盛顿有一席之地；尽管这一地位也只是能让她常常与副总统丹·奎尔共进早餐，而不是与总统会面。5 月，她去了南非，补偿自己做首相时从未能够成行的访问；在那里，她一方面受到了德克勒克总统的盛情款待，另一方面又遭到非洲国民大会的抵制。后来她又奔赴俄罗斯，与戈尔巴乔夫和鲍里斯·叶利钦进行了会晤，在莫斯科和列宁格勒的街头被蜂拥的人群包围。9 月，她忽然对日本产生了极大的兴致，又在中国得到了红地毯式的高级接待（盖过了梅杰不久后访华时的风头）。10 月，她作为女英雄在波兰受到人群的欢呼喝彩。11 月，她重返科威特“激荡着活力”，受到科威特人民的热烈欢迎，她被视为科威特的解放者。

不论走到哪里，她都热心于当地政治，丝毫不感到拘谨。在南非，她敦促曼德拉和布特莱齐酋长进行对话，甚至暗示说，她愿意居中调停，让双方和解。到了俄罗斯，她对四面楚歌的朋友戈尔巴乔夫给予强烈支持，催促莫斯科大学学生对改革保持信心；与此同时，她又坚定地支持波罗的海各共和国要求独立的权利（当时英国政府并不持这种立场）。三个月后，戈尔巴乔夫在共产主义强硬派发动的政变中被临时罢免，西方元首在表态前静观其变，而撒切尔夫人首当其冲，极力主张苏联人民走上街头进行抗议。她公开支持藏在俄罗斯议会大楼里的鲍里斯·叶利钦采取的抵抗行动，甚至还设法给他打了 25 分钟的电话，表示对他的鼓励与支持。波兰的政府一直在大幅削减补贴和公共服务，同样，她一到华沙，就“毫不回避地涉入波兰大选的竞选活动，赞赏饱受非议的金融部长，抨击左翼政党”。现在整个世界都成了她的选区：或者，她习惯性地使用皇家专用的第一人称复数发表评论，“我们如今在全球范围内运作”。

然而，她未能将自己完全限制在世界政治舞台上。她感受最强烈的问题必然影响到了国内政治。任何针对政府立场的批评，如在伊拉克、南斯拉夫解体，尤其在欧洲问题上对政府的批评，不可避免地成了对继任者梅杰缺乏判断力、缺少经验、犹豫不决的批评。至少她不能抱怨解放科威特的战争行动。2 月 28 日，在下院首次介入中，她就战争胜利结束对梅杰仅仅表示祝贺，并接受了梅杰对她上年 8 月采取的坚定立场所表达的赞赏。她仍然没有批评盟军未能推翻萨达姆政权，但她明确指出伊拉克问题并未解决，还忧心忡忡地警告说“和平的胜利比战争的胜利需要更长的时间”。然而，几周之后，她要求政府派部队保护从北伊拉克萨达姆政权中逃出的库尔德人民。实际上，梅杰正在制定一项计划，为库尔德人建立“安全区”，并能得到法国、德国以及最终美国的支持；因此，在这个时候，他有能力削弱她的干预行为。然而，并非每次都能如此简单。

在南斯拉夫解体的问题上，撒切尔夫人早在 1991 年秋就表达了明确而大胆的观点。随着该地区极为复杂的种族冲突的逐步升级，她的这一举动使自己与英国政府之间在后来几年里产生了严重的矛盾。当塞尔维亚人希望借助军事力量维持他们在前联邦的统治地位时，她大胆地支持了各共和国脱离联邦、寻求独立的权利——

从克罗地亚、斯洛文尼亚到波黑。在一定程度上，她把南斯拉夫争端看作是民族自决问题之一，与她抵制布鲁塞尔的联邦政府要求遥相呼应。

然而，梅杰与赫德决心防止英国或北约陷入巴尔干内战，主张不干预政策，对交战各方实行武器禁运。尽管塞尔维亚人罪行滔天，梅杰和赫德却严格执行这一政策。接下来的几年里，撒切尔夫人要求对塞尔维亚人采取行动，并徒劳地抨击英国政府谨慎的实用主义政策。当然，的确是英国政府带头阻止了北约、欧盟及联合国对巴尔干内战直接进行干预。

其实，撒切尔夫人本人之所以毫不妥协地反对其继任者，问题并不在巴尔干上，而是不可避免地出现在欧洲问题上。从布鲁日演讲开始，她对于欧洲的态度一直非常强硬，然而，只要依然位居首相，需要为英国讨价还价，达成最划算的交易，她就不得不抑制心里对欧洲愈来愈强烈的反感情绪。一旦离开了唐宁街 10 号，这种抑制作用顿然消失。现在她可以自由自在地跟着直觉走，批评梅杰与赫德达成的交易。她批评起来毫无顾忌，也从未设身处地替梅杰考虑过这番批评会带来怎样大的压力。恰恰相反，她义无反顾地带领着保守党里的一小簇人，激烈反对以任何形式推进欧洲一体化。这种做法把保守党未来 7 年的重心从开明地支持欧洲联盟的立场，推到了强烈怀疑欧盟、甚至恐惧欧盟的立场上。她带头反对推进与欧盟一体化，不仅削弱了梅杰将英国变成“欧洲中心”的模糊抱负，同时在更大的范围内削弱了他的权威，点燃了保守党的内战。这场内战不但在短时间内摧毁了梅杰政府，还破坏了保守党未来作为执政党的信誉。这是她对 1990 年 11 月的复仇。

显然，只要撒切尔夫人留在下院，无论何时她选择发言，她都会占据主导地位。因此，当她宣布下次大选时退出下院时，梅杰大大地松了一口气。到底留在下院，还是去上院，她一直犹豫。尽管并非一位伟大的议会活动家，她非常清楚自己必须在下院或是上院保留一席之地。她的一些支持者敦促她留在下院，其主要作用就是使政府一直保持胜任状态；同时，未来出现危机时，她也有可能重新出山。到了 3 月末，她仍旧举棋不定。最终，她明确地排除了重返权力中心的可能，做出了更能自由表达自己想法的选择。

尽管她对梅杰失去信心，她仍然希望保守党赢得即将到来的选举。12 月 12 日，梅杰夫妇和内阁大部分成员去克拉利奇出席撒切尔夫妇结婚四十周年纪念日庆典，表面的友好关系重新得到恢复。1992 年的前几个月，她专注于回忆录写作，只访问过美国两次，访问期间也尽可能地不说任何引起争议的事情。

梅杰决定在 4 月 9 日举行大选。梅杰赞赏撒切尔夫人的克制，无疑希望这份克制可以保持到大选之日。他送了撒切尔夫人二十四枝粉色玫瑰。然而，她丝毫未被打动。“一束鲜花可不能弥补 280 亿英镑的财政赤字，伍德罗”，她抱怨说。但是，在那段时间里，她还是紧咬牙关，保持缄默，3 月 17 日当时在梅杰手下工作的安德鲁·特恩布尔（这是服务于梅杰）竟然对怀亚特说：“她的表现是绝对一流的……超出了我们的希望。她真是棒极了。”

在竞选过程中，她相当谨慎，仅与梅杰同时出席过一次保守党候选人的集会。在集会上，她对梅杰的领导力给予了强劲的支持，以此鼓舞士气，还为选择的边缘席位做了一些走访活动。在梅杰的回忆录里，他宣称“前任首相的盟友们”不遗余力地暗中破坏他的竞选；但大选前一周，撒切尔夫人身在美国，直到选举日晚上才回来，刚好赶上参加了一轮选举夜集会。她和怀亚特在阿里斯泰尔·麦卡尔平家顶楼的一个小房间里关注选举结果，气氛醇厚，大度慷慨。她现身后对媒体说：“这是一个伟大的夜晚。”第二天，她为梅杰取得的“著名胜利”而欢呼，还督促他现在就应该“全力以赴”。

然而没过几天，美国杂志《新闻周刊》就发表了她极具破坏力的访谈内容，表达出她自己的真实感受。在《不要抹掉我的工作》的标题之下，她痛快淋漓地讽刺了继任者在继续她的事业方面的能力：“我不接受那种认为梅杰突然之间成为独立自主的人的看法。他已经做了 17 个月的首相，继承了之前十一年半取得的所有伟大成就，这些成就从根本上改变了英国。”

她坚持认为，梅杰只能在她所开创的领域界限内有规划自己路线的权力。这种对民选首相公然的诋毁离梅杰那场的“著名胜利”仅仅过了短短几天的时间，真让人感到吃惊。但这么说她并不感到后悔。“我只是说我会在选举期间保持沉默”，她对怀亚特说。她决心不再缄默了。

人们猜测她会选择哪种类型的贵族头衔。按照传统，做了首相就该被授予伯爵头衔，因此她有可能成为女伯爵。既然之前已经恢复了其他人的世袭贵族头衔，自然她也应该获得属于她的世袭贵族头衔。然而，颇为奇怪的是，撒切尔夫人觉得丹尼斯和自己缺乏维持世袭贵族头衔的手段。马克已经有丹尼斯的从男爵爵位可以继承了；因此，她最后得出结论：“我觉得终身贵族头衔已经足够。”6 月 6 日，她被正式宣布为林肯郡凯斯蒂文撒切尔女男爵。愤世嫉俗者们注意到，她从来不喜欢格兰瑟姆；凯斯蒂文听起来可要气派得多。

6 月 30 日，她正式进入上议院——“犹如一头母狮意识到自己闯入了笼子里”——恰好赶上参加 7 月 3 日关于马斯特里赫特条约的辩论。“您的首次演讲应该避免引起争议，”怀亚特提醒她。“但我应该遵循前任的惯例”，她反驳道，“当初麦克米兰在他的首次演讲中攻击了我。”话虽如此，但实际上查尔斯·鲍威尔为她写的演讲却相当优雅和蔼，甚至还有些机智诙谐。尽管她不同意政府支持马斯特里赫特条约，但她又对梅杰的领导能力给予肯定，相信他能够发挥英国在欧共体部长会议上的领导作用，从而将欧共体的发展引往正确的方向。

然而，她的克制还是时间太短暂了。8 月她在瑞士写作回忆录期间，波斯尼亚副总统前来拜访，请求她为他的国家再做一番呼吁。她立刻在大西洋两岸发表一系列文章和电视访谈，呼吁采取军事手段制止塞尔维亚人对戈拉日代和萨拉热窝的袭击，终止“种族清洗”的残暴政策，挽救波斯尼亚人的祖国。

回头看来，撒切尔夫人的观点可能是正确的。人们尊重梅杰、赫德还有最初的比尔·克林顿（于 1993 年接替乔治·布什担任美国总统）采取不偏袒的立场，不愿使战争升级的态度。他们的本能反应一直是通过一系列的调停行动达成停火，通过谈判解决问题：他们不相信塞尔维亚人会如此残忍而无理。然而，无情的事实却是，正是部署了美国军队，最终才让塞尔维亚人 1995 年签署了代顿协议。尽管有些自我标榜为“现实主义者”的人坚持实用主义立场，然而撒切尔夫人对人性的悲观看法以及她所坚持的必须采取军事力量打败侵略者的立场却更为现实。假如欧洲能够在自己的后院坚决地采取行动的话，这场屠杀本可以早点终止。具有讽刺意味的是，一贯反对欧洲形成单一外交政策的她，居然呼吁欧洲各国在波黑采取统一行动。可悲的是，波黑发生的一系列事件证明了她对欧洲的怀疑是有道理的。

英国政府更容易忽视前首相在波斯尼亚问题上的说教。到 1992 年秋，当马斯特里赫特条约呈现议会面前时，她在家门口对他们造成更大的困难。9 月 16 日被称作“黑色星期三”，诺曼·拉蒙特十分丢脸地被迫放弃英国欧洲汇率机制成员的身份，政府在关于马斯特里赫特条约的辩论上拉开了可能最糟糕的序幕。在加入欧洲汇率机制问题上，在与劳森和豪经过那么多的争执与较量之后，1990 年 10 月撒切尔夫人终于勉强默许加入。然而仅仅在两年后，英镑被迫以 150 亿黄金储备的代价，被挤出该机制，对政府金融管理方面的声誉构成沉重的打击，这方面的声誉以后再也没有得以恢复。梅杰担任财政大臣时，争取撒切尔夫人同意英国加入已经延迟了的欧洲汇率机制曾经是他个人的重大胜利；然而现在，提早退出该机制毁坏了他的首相生涯。当时身处华盛顿的撒切尔夫人不免感到欣喜。“试着与市场作对，那么市场就会跟你过不去。”尽管她不能公开地表示幸灾乐祸，但在私下她却毫无拘束地宣扬自己的判断何其正确。拉蒙特告诉怀亚特，她“给所有的朋友打电话说，‘还不精彩吗？我早就跟你们这么说过，还有……’”她对任何重新加入欧洲汇率机制的想法都提出警告，敦促政府通过降低利率抗击经济衰退，充分利用退出该机制这一机会。

11 月 4 日，回到威斯敏斯特，在举行所谓“铺垫性”投票中，政府面临两个至关重要的分歧。这次投票是梅杰发起的，目的是在马斯特赫里特草案进入委员会审议阶段之前，稳住他的欧洲盟友。由于保守党整个多数议席只有 21 席，而且有二三十位欧洲怀疑派议员威胁要投政府的反对票，梅杰的首相之位命悬一线。议会督导全力以赴，但撒切尔夫人把摇摆不定的后排议员召集到她的房间，明确地告知她期待他们怎样去做。在最后一刻，梅杰亲自将几位主要欧洲怀疑派人士哄进了政府的游说团，承诺只有在第二次丹麦全民公决后政府才会最终批准这项（马斯特里赫特）条约。通过这个手段，政府以 6 票的优势赢得了第一个分歧，又以 3 票的多数赢得了第二个分歧。梅杰差点丢了乌纱帽。但是他不能忘记，在自己遭遇首相生涯的最大危机时，他的前任却不遗余力地要毁掉他。

1993 上半年的大部分时间里，撒切尔夫人集中精力写作回忆录，而下院通过了马斯特里赫特法案，在委员会讨论阶段仅仅遭遇两次小的挫折。然而到了 6 月，该法案到上院时，撒切尔夫人再次现身，在上院带头发动攻击，她否认该条自然地沿袭了她之前签署的《欧洲单一法》，宣称“我可永远不会签署这种条约”，并要求在政府批准该条约之前举行全民公投。然而有威利・怀特洛、杰弗里・豪以及约翰・韦克姆替政府说话，条约还是以压倒多数获得通过。但是，条约通过给保守党内部造成的深深裂痕却一直难以愈合。

木乃伊的诅咒

撒切尔夫人只在一件事情上坚定地支持政府。从 1992 到 1997 年，她花在中国香港问题的时间也许比花在其他任何问题上的时间都多。

撒切尔夫人代表英国公司做了很多非正式的游说工作，帮助他们在全世界范围内争取合同。例如，为了不让科威特放弃从格斯特・吉恩・内特尔福德汽车装配厂（GKN）购买装甲车的计划，她给科威特王储打电话，坚定地告诉他应该兑现承诺。还有一次她从中国香港秘密飞往阿塞拜疆，在法国和美国大使眼皮底下帮英国石油公司争取到一项重要的石油合同。作为首相，她一贯信奉“为不列颠而战”的信条，与对手面对面进行外交交锋，尤其在军火贸易方面，卸任之后，她并没有停止在任何可能施加影响的地方运用个人影响力。在她看来，虽然施展个人影响远远不能弥补丧失的实际权力，但与其他任何事情相比，这样做更能让自己感觉到仍在为自己的国家效劳。

撒切尔夫人回忆录第一卷《唐宁街岁月》于 1993 年 10 月出版。尽管这一卷的大部分内容集中于描述那些前任同事如何联手对付她，如何让她失望，或是干脆最终背叛了她，但媒体肯定最关心的是她如何评价继任者梅杰。《每日镜报》披露了她对梅杰不屑一顾的看法，说梅杰 1990 年担任财政大臣时就“轻信……欧洲游说团的口号”，并且“思想上……随波逐流”。在此之前，已经谣言四起。这是她推介回忆录一书闪电般强烈的开端，与之相伴的是 BBC 的 4 集电视节目。

回忆录和电视片都表现出铁娘子丝毫未减的炽热激情。这本书有枯燥之处，但仍是迄今为止最全面的、可读性最强的现代首相回忆录：当然，这本书存在党派理念，但总体上清晰而生动地阐述她在许多问题上的观点。诚然，书中夸大了她的作用，也夸大了她从一开始就明白奋斗方向的坚定程度，对她的疑虑、犹豫则一笔带过，同时减少了大部分同事、助手及顾问所做的贡献。可以说这是一部小气得让人吃惊的书。然而，它却非常畅销。撒切尔夫人先是花两周时间在全英国的书店签名售书，11 月又奔赴美国和日本参加签售活动。平装版本于 1995 年 3 月在英国上市，销售情况更好。与此同时，她同哈伯科林斯的合同迫使她立即开始写作第二卷，这一卷主要描写她的早年经历。

作为自传体文学，第二卷更引人入胜，可是商业性却十分有限。因此，出版社劝说撒切尔夫人在 450 多页篇幅的童年描述及 150 页篇幅的早年政治生涯描述的基础上，增加 150 页，发表自己对卸任后四年半时间里发生的各类时事政治的看法。如果《唐宁街岁月》对她的继任者没有什么好处的话，那么 1995 年 5 月出版的《通往权力之路》以及与之相伴的新一轮媒体轰炸，则对梅杰更为不利。这一次她虽然避免对个人提出批评，但她清晰明白地声明，梅杰政府挥霍了她的政治遗产，在几乎所有政治领域里实施了错误的政策。在该书推介的多次公开会议上，她更是直言不讳。不过，到了此时，她只是大叫大嚷而已。在她的写作和演讲中，偏见最终取代了政治，并不受回忆中的孰是孰非所左右。她突然变成了一位固执易怒的老太太：每当有人提问，就好比按下了一个按钮，她立刻会以长篇攻击性演说予以回击，直到彻底发泄完毕，无话可说。对方甚至不得不提出下一个问题转移她的注意力，然而新的问题又点燃了她的脾气——如此循环往复。对梅杰来说，最不幸的莫过于撒切尔夫人仍然经常出现在报纸的头版头条。她开始新一轮的全国巡回签售时，她的言论又开始鼓舞党内那些想要把梅杰赶下台的保守派人士。

梅杰接受挑战，并先发制人。6 月 22 日，他辞去保守党领袖职务，但未辞去首相职位，政界为之错愕。梅杰还敬请批评他的人“要么另请高明，要么住口噤声”，要么推选出一名候选人来打败他，要么停止抨击他。最有希望的候选人就是迈克尔·波蒂略。尽管撒切尔夫人从未对他表示公开支持，但他被公认为撒切尔夫人最看好的候选人。可是在发出几次相反的信号之后，波蒂略最终决定不参加选举。约翰·雷德伍德则走上了前台，可是他的魅力完全不能与波蒂略相提并论。在梅杰首相生涯的危急时刻，不管撒切尔夫人对他有什么样的保留意见，人们都会预计到她会帮她的继任者重整旗鼓，鼓励他振作起来；毕竟她也曾遭受过党内不恰当的章程规定的深深羞辱，由于党内反叛而被迫下台。然而，她却刻意保持中立态度。7 月 4 日保守党领袖投票选举时，她正在美国推介她的回忆录，但发表了一个简短的声明，只是说梅杰和雷德伍德“都是不错的保守党人”。对梅杰来说，这断然不是支持。梅杰选举获胜之后，她确实前去表示祝贺。梅杰获得 218 票（雷德伍德获得 89 票），足以保住领袖的位置。撒切尔夫人跟怀特说，今后要支持梅杰，“因为其他人选更差”。她承认，托尼·布莱尔可能会成为一位新型工党领袖。所以，她认为最紧要的就是保守党必须继续赢得大选。

1994 年，美国共和党在纽特·金里奇涅槃重生般的领导之下在中期选举里大获全胜。撒切尔夫人看到了保守党复苏的一个理想榜样。“一段令人不快的势头停滞之后”，她在华盛顿宣布，共和党人“现在已经决定把 80 年代当成一个跳板，而不是一段令人尴尬的历史。这种转变带来的政治回报是十分可观的。我希望英国保守党人开阔视野，从美国汲取经验教训。”同时，她认为民主党领袖比尔·克林顿“只不过是个逃兵、是个懦夫”，他头脑混乱，毫无前途。“他很会沟通，”她坦承道，“但问题是他完全没什么东西值得与人交流。”

在世界舞台上，她的立场更为坚定。1996 年 3 月，她受邀在美国密苏里州富尔顿发表了她最有先见之明的演讲之一。50 年前，就在此地，丘吉尔提出了著名的“铁幕”说，“铁幕”自此纵跨欧洲大陆，徐徐落下。撒切尔夫人现在已经离不开演讲作者罗宾·哈里斯，在他的帮助下，她在这一时刻站了起来，用丘吉尔式的视角重新审视冷战结束后的世界，强调了“流氓国家，如叙利亚、伊拉克和卡扎菲统治下的利比亚”的兴起以及“大规模杀伤性武器扩散”造成的危险。她警告说，这个世界“依然十分危险……存在着比十年前更为动荡与复杂的威胁”。然而，她担心随着全球近期核战争危险的明显解除，“我们西方人陷入一种令人担忧的沾沾自喜之中，对依然存在的危险并不在意”。显然，撒切尔夫人倾向于采取先发制人的军事行动解除威胁，这一政策只是到了小布什担任美国总统时，因为受到 9·11 恐怖袭击挑衅，才付诸了行动。与此同时，她只是敦促西方继续建立“有效的弹道导弹防御系统，来保护我们的人民和武装力量，减少甚至摧毁‘流氓国家’的武器库，使我们具备予以报复的能力”。她呼吁振兴北约组织，扩充成员国，吸纳波兰、匈牙利和捷克共和国，允许北约在“地区范围外”从事行动，保护西方安全。她一如既往地把进步和安全归结于美国的领导作用，而把英国看成是美国的第一盟友。“我们大家都知道，西方——尤其是西方英语国家的人民……是全球和平与繁荣的最好希望。为了维持这些东西，必须持续培养并持续更新大西洋地区的政治关系。”

离 1997 年的大选只有数月时间，工党几乎势在必得，她并不想被人看成是在搅局。有段时间，她一直告诉朋友，英国“根本不必害怕”托尼·布莱尔上台，她认为布莱尔是名爱国者，“不会让不列颠失望”。[①] 但是现在，一位不愿透露姓名的“盟友”告诉《泰晤士报》：“如果保守党输掉大选，她不会受到指责，她也不会允许将责任推到她的朋友身上……不管她心里有什么样的疑虑，她更为恐惧的是一个布莱尔领导的政府。”

她决心再次积极参与大选，而非袖手旁观。梅杰一宣布大选日期，她就像以前经常在唐宁街时那样，在切舍姆宫门口外的人行道上举行了一个即兴的新闻发布会，试图粉碎那些说她秘密支持布莱尔的报道。“‘新工党’这一词汇的设计别有用心，掩盖了许多旧的社会主义理念，”她警告说，“不要信以为真……和我们站在一起，和约翰·梅杰站在一起，直到我们跨过终点线。”她和梅杰在竞选期一同出现过两次，还在不制造混乱局面的前提下，亲自到几个精心挑选的选区进行大量的突袭巡回拉票活动。

英国长达 18 年的保守党政府最终在 1997 年 5 月 1 日走到尽头。工党的获胜幅度比民调估计还要大。

受益于普遍的策略性投票，工党赢得了 419 个席位，自由民主党赢得 46 席，保守党的席位则仅剩 165 席，是 1906 年以来保守党最差的选举结果。布莱尔赢得的多数席位达 179 票，让撒切尔夫人 1983 和 1987 年的两次竞选大胜都相形见绌。看到保守党的溃败，撒切尔夫人心中五味杂陈。一方面，她毕生都是一名保守党战士，坚信自己对社会主义的卷土重来的严正警告，对保守党所剩无几的局面更是感到万分痛惜。另一方面，看着她的继任者们在 1990 年背弃她之后自作自受，最终走向滑铁卢，她心里有种难以掩饰的满足感。她从来不考虑另外一个问题，即她给梅杰留下了一种有毒的遗产——滑向衰退的经济、衰退的公共服务以及在欧洲问题上已经分歧严重的保守党——而且在过去的 7 年里，她竭力削弱梅杰的权威、扩大党内的分歧。许多评论家认为，1997 年是选民对撒切尔主义一次迟来的裁决。除了最坚定的党羽以外，所有人都认为政府的改变是有益的，而且早该如此。

然而，在更深的层次上，1997 年则可以看作是撒切尔夫人最伟大的胜利，标志着她对英国政治转型的成功。1975 年她担任保守党领袖时，就决意废除社会主义；20 年后，她最终取得成功，这是她做梦都没有想到的。她一次又一次地取得竞选胜利，她对工会权力的削弱，对大部分公有企业的私有化以及在国民生活的几乎各个方面引入市场力量，她——以及她的继任者——不仅扭转了在 1945 到 1979 年间越

---

① 如果她对“不让不列颠失望”的定义就是在任何情况下支持美国，布莱尔的确让她骄傲——2003 年他不顾工党大部分成员及公众的反对，顶着联合国的压力，毫不动摇地站在美国一边，与乔治·沃克·布什一起入侵伊拉克。而与罗纳德·里根关系密切的她对美国绝非言听计从。

来越强的集体主义趋势，而且重写了英国的整个政治议程，迫使工党为赢得选票逐步而不情愿地接受事实上的整个撒切尔计划，就算没有在内涵上全盘接受，至少认同了她的具体执政方式。布莱尔是位完美的后撒切尔主义政治家：他是一位雄心勃勃的实用主义者，脸上永远挂着真诚的微笑，然而除了希望从工党身上卸下沉重而过时的意识形态包袱以外，他没有任何属于自己的信念。将工党形象重塑为“新工党”是对撒切尔夫人取得胜利的最终承认。“我们现在都是撒切尔主义者了”，彼得·曼德尔森坦承道。她不仅在严肃的意义上把社会主义从英国的政治辩论中驱逐出去，而且有效地废除了旧的工党。“新”的工党和保守党一样，致力于创造财富与市场力量，尽管与梅杰的做法基本一样，希望用一种更为人性化的方法来实现这些目标。在出现两极分化的20世纪70年代，绝大多数专业人士的梦想就是让英国变得更像美国，两个资本主义政党尽管在风格上和调子上存在差异，但在本质上却是完全一致的，就像美国的共和党和民主党一样。新工党的兴起最终实现了这一点。然而，新工党的上台不仅仅是简单的政党轮替，而且其后果对保守党来说几乎是致命的。

大选结束三星期后，就在布莱尔参加首次欧洲峰会之前，撒切尔夫人受邀访问唐宁街首相府。布莱尔的这一举动激怒了旧工党的铁杆支持者。“她有很多值得汲取的思想，”布莱尔的发言人解释说，“首相也想要再见见她。”她很高兴能给他提供有益的建议。正如威廉·瑞斯一莫格在《泰晤士报》中所写的那样，布莱尔是撒切尔夫人的“与生俱来的继任者”，和当年的她一样，拥有规模巨大的多数支持者，洋溢着自信和若隐若现的救世倾向，而那位可怜的，缺乏安全感的约翰·梅杰，却从未拥有这一切。梅杰在唐宁街10号的7年任期变得无关紧要，仅仅成为撒切尔时代难以驾驭的终曲。与此同时，受到重创的保守党不得不选举一位新的领袖。撒切尔夫人最初无意于支持任何候选人，但是当36岁的威廉·黑格被寄予厚望，以新鲜面孔出现时，她不再保持中立，而是为他奔走游说。黑格最初获得声望是在1977年的保守党大会上，那时他还是个早熟的男学生，在撒切尔充满母性慈爱的注视下站上演讲台发表演说，1988年他在补选中获得胜利。如果有政治意义上的子女一说，那么他算得上是撒切尔夫人的“儿子”；她与他一起出席在下院外举行的一次令人痛苦的见面会（专门为政治家拍摄宣传片而召开），她对着摄像机，手舞足蹈，活像在给一个智障儿童上课。

黑格理所当然地当选了，但是接下来的4年里，不论是在削弱布莱尔的声望，还是在重建公众对于保守党的信任方面，他都遭到惨重的失败。除了这次奇怪而令人尴尬的发飙，撒切尔夫人最终开始从公众视线里淡去。

就在2001年5月布莱尔宣布大选之前不久，75岁高龄的撒切尔夫人莅临在普利茅斯举行的保守党春季年会，还开了一个让别人听不懂的撒切尔式玩笑。她说，在去会议厅的路上，她路过一家正在放《木乃伊归来》的电影院。她似乎并没有意识到这是一部恐怖片，与亲爱的母亲形象毫无关系。她把这个借喻用在自己的身上，无意中引发了大量的新闻标题与讽刺漫画，多年来这些新闻标题与讽刺漫画一直将她描绘成鬼魂、吸血鬼和亡灵，依旧在保守党出没徘徊的弗兰肯斯坦式的怪物。在竞选中，工党又一次利用了她不受欢迎的形象，竞选海报上画着黑格的面孔，而头发却是她的，竞选期间她每次出场都只能提醒选民阻止保守党重掌大权的理由。工党再次以大幅度优势获胜，而保守党又踏上寻找新领袖的征程。

保守党新选的下届领袖是毫无经验的伊恩·邓肯·史密斯，而不是资格与能力远远超过他的肯·克拉克。克拉克未能当选，原因在于他的亲欧洲观点令保守党难以接受，而史密斯的唯一资历就是他曾在 1993 到 1994 带头反对过马斯特里赫特条约，现在又是撒切尔夫人特别青睐的人。《伦敦周刊》用一幅封面漫画总结了媒体对她支持新领袖的一致看法，漫画的题目《死亡之吻?》。三个月后，英国广播公司的一部纪录片以《木乃伊的诅咒》为题，复活了撒切尔夫人在普利茅斯说的笑话，将保守党深陷困境的绝大部分责任归咎于她。由于她拒绝平静地进入政治黑夜，这位前首相现在实际上已经变成孤家寡人了。

彻底沉默

不仅朋友没剩几个，连家庭都不能给老年的她带来多少温暖。“我已经当奶奶了，”马克的第一个孩子 1989 年出生时，她曾骄傲地宣布。4 年后，戴安·撒切尔生了第二个孩子。但是玛格丽特很少去看孙子，就连自己的子女也很少去看。1994 年马克和戴安从德克萨斯搬到南非，几乎没怎么回过英国。卡罗尔的大部分时间都在瑞士度过，和一名滑雪教练分分合合，却从未结婚。2003 年，这对双胞胎满五十岁了，两人都没有母亲力图打造的亲密家庭的正面形象。

马克的商业交易一直颇具争议性。1995 年，他在美国的业务受到德克萨斯法院的调查。他受到其商业合伙人的起诉，指控他阴谋欺诈，涉及“利用邮件进行欺诈、电话诈骗、税收欺诈、破产欺诈、洗钱、高利贷、普通法诈骗、欺骗性交易、作伪证、偷窃以及威胁他人”。最终虽然以五十万美元达成庭外和解，但他还面临美国之星（Ameristar）燃料公司要求他的格兰瑟姆公司（格兰瑟姆公司主要从事航空燃料贸易）赔付 400 万美元的起诉，还有逃税的指控。据报道，在召开了一次家庭会议之后，母亲替他偿还了高达 70 万英镑的债务。然而他仍然生活奢侈，过着百万富翁式的生活。1995 年年底，他带着戴安和孩子们搬到了开普敦，但是他的狼藉声名如影随形，受到警察和南非税务署的关注。2005 年，他又被指控参与筹谋一场未遂的政变，企图要推翻赤道几内亚的总统。他认了罪，幸运地获得了缓刑，以及 300 万兰特（合 26.5 万英镑）的罚金，又是母亲替他出了这笔钱。不久，戴安与马克离婚，回到美国。马克被美国和其他几个国家禁止入境，最后在西班牙南部的外籍罪犯兄弟会当中，找到妥当的去处。

1996 年，卡罗尔出版了一本满怀深情的丹尼斯传记，其中描写的母亲玛格丽特的冷漠，令人心寒。在伴随传记出版的一次访谈中，她说得更加直白。“孩提时，我特别害怕她。”卡罗尔透露，“马克一直是母亲的最爱。我总觉得两个孩子中我是无关紧要的。不是说她不爱我，但我从未觉得自己有资格得到她的爱。”尽管长大成人后的卡罗尔渐渐喜欢自己的父亲，但她把父母的婚姻描绘成两个野心勃勃、主要以工作为导向的人士的结合，并非一个幸福的家庭单位。“他们最为关心的既不是对方，也不是我们。”“母亲一直试图灌输给我的理念就是，对母亲做的最好的事情就是不向她提出任何要求。”卡罗尔以一种特别直白的方式，全盘撕毁了撒切尔夫人的母亲伪装——她曾宣称家庭是其生命中最重要的东西。

70 年来，撒切尔夫人健康状况一直特别好。她也有过感冒，有一两个小毛病，比如静脉曲张和杜普伊特伦挛缩，以及越来越严重的牙病。但是，考虑到过去 40 来她对体质的不断索取，她的身体真是惊人的硬朗。在所谓的退休时期，她仍然早早起床，整天忙个不停，不停地出国出访依然让她的工作人员累得筋疲力尽。不过，铁娘子终于开始出现心理疲惫的迹象。1994 年在智利发表演说时，她突然失去意识，倒在演讲台上。她很快醒过来，为自己的失态向主办方不住道歉，不过，这可能是她的首次轻微中风。

后来几年身体虚弱的最明显迹象就是丧失短期记忆。她开始重复自己刚才所说的话，似乎也并没有听进去别人对她说的话。只要有演讲稿，她就能继续保持一位真正专业人士的风格，表演得依然无可挑剔。但是脱开讲稿，她就状况频出，要么非常容易预知——仅仅重复她早就说过几千遍的话，或者重复上一分钟刚说过的话——要么完全出人意料。照管她的丹尼斯或是其他任何人必须在恰当的时刻给予她非常老练的引导。2001 年底，她和丹尼斯在马德拉庆祝金婚纪念日，其间她再次轻微中风。2002 年初，她第三次中风。后来的 3 月 22 日，她宣布不再公开演讲。但不久她的最后一本书以连载形式发表，她投出了最后一颗炸弹。

《治国方略：变化中世界的策略》尽管含有自传的成分，但它既不是回忆录的第三卷，也不是如书名显示的政府管理指导手册，而是在新千年的伊始对国际状况的纵览，主要包括撒切尔夫人关于 1990 年之后国际局势发展及未来应当采取的策略等方面的观点。每隔几页就有粗体印刷的四到五点要点总结，给出她开出的处方。这本书是献给“这个世界亏欠他太多”的罗纳德·里根的；其核心内容就是对乱糟糟的“新世界秩序”国际主义政治表示轻蔑，强调美国全球领导力的重要性。她似乎对2001年9月11日发生在世贸中心的恐怖袭击表示欢迎，因为这个惨剧证明她之前的警告。她积极地期待美国对恐怖活动给予决定性的单方面反击。

她可曾回想起，她也曾经坚决维护国际法，曾经批评过美国在格林纳达岛采取的单边行动，警告里根不要报复利比亚，还反对在没有联合国的监督下把波斯湾的战火扩大到巴格达？抑或她一直都在替核武器辩护，认为核武器有助于维护和平，并实际上定义了国家主权？如今，面对核武器可能落入邪恶势力的可能，她写道，她“肯定不排除采用先发制人的打击措施摧毁流氓国家的军事力量”，与此同时，她认为“对印度或巴基斯坦核能力的抗议毫无意义”。现在唯一的标准就是拥有武器的一方到底是美国的朋友还是敌人。

其他章节的内容包括：欧洲对南斯拉夫解体软弱无能的反应，她对中国、印度和整个亚洲寄予的厚望，对俄罗斯前景的谨慎乐观，以及隐晦地重申以色列最终必须通过以土地换和平的方式公正地解决中东问题。不过，最具争议性的是她对欧盟激烈抨击，最终披露出她终生对欧洲大陆态度背后的本能信念。她写道：“在我一生中，世界上面临的绝大多数问题，这样的或者那样的问题，都源自欧洲大陆，而解决办法则来自欧洲大陆以外。”

她对欧洲共同体做出的结论是“从根本上无法改革的”。她认为欧共体建立在“欺诈”基础上，是“制造终极官僚制度的帝国”；天生的贸易保护论者，本质上是腐败的，根本上是不民主的，致力于摧毁民族国家。“欧共体实际上是一个经典的乌托邦项目，一个镌刻着知识分子虚荣心的纪念碑，一项必然失败的计划。”因此，她呼吁英国从根本上重新协商欧共体成员国身份。如果协商失败（在她看来，失败几乎是必然的），英国就该准备退出欧共体，加入北美自由贸易区，把1973年特德·希思给国家带来的整个灾难性的谬误彻底扔在身后。

这些耸人听闻的政策从3月18日开始在《泰晤士报》上连载。这次，政坛各派形成了一种清晰的共识，即撒切尔夫人最终已经脱离实际。几位最忠实的支持者也立刻开始和她保持距离，包括主要的欧洲怀疑论者迈克尔·霍华德等人。一份对选区党主席的调查显示，70%的受访者反对她的观点。“我爱死她了，”北汉普郡东保守党主席告诉《泰晤士报》，“但是她有点离谱了。我们不能容忍极端分子，可她已经开始走入极端分子阵营了。”“她在保守党历史上有着特殊地位，”另一位回应道，“我们都该为她对这个国家所做的贡献感到骄傲。但是时过境迁……她应该体面地隐退，让在位的人来操心这些事。”

就在第二天，她真的这么做了，让新闻界大为吃惊。在她的政治观点垄断媒体整整一周后，她周五宣布，医生建议她取消所有演讲计划，不再接受新的邀请。从《每日邮报》到《太阳报》，“消声”几乎成了所有报纸的新闻标题。周末的报纸充斥撒切尔夫人政治生涯回顾、大幅照片、名言语录以及虚拟讣告，宣布一个传奇到此结束。一些评论家怀疑她是不是真能克制自己，因为“沉默并不是撒切尔夫人的天然盟友”。没人指出她只是宣布放弃了公开演讲，其实她只字未吐就引起了最近一轮的喧嚣。尽管如此，人们普遍认为一个时代就此落幕。

不再演讲的原因是她的三次中风，而不是失忆，尽管两者有明显的联系。实际上她继续公开露面。2002 年 10 月，她出席了新档案中心的开幕仪式。新档案中心的建立是为了保存她捐献给剑桥大学丘吉尔学院的文件，撒切尔基金会还专门捐助了 500 万英镑。她也仍旧发表一些对时政的简短声明，如称赞布莱尔在伊拉克战争中“勇敢而有效的”领导，但同时谴责新工党“不负责任的税务与支出政策又把新工党又变回了旧工党”。她虽然未能完全放弃终生的习惯，但她现在从根本上讲是最终退休了。

2003 年丹尼斯去世了，她变得更加糊涂了。半个多世纪以来，他一直是她的依靠，没有他，她不知所措。现在，众所周知，她和罗纳德·里根一样，患有老年痴呆症。在公众眼里，她出错越来越多，由一帮忠实的老朋友和尽职尽责的工作人员照顾。2008 年卡罗尔又出版了一本书，详细说明了母亲痴呆的程度——尽管许多人认为毫无必要。虽然是日薄西山，她的话题引起争论的能力仍然不输当年。在 2007 年 7 月戈登·布朗担任首相时，他仿效十年前的托尼·布莱尔，邀请撒切尔夫人去唐宁街喝茶。据说她很高兴能受邀回访自己的老地盘，快乐地在门阶上摆造型照相；然而工党和保守党的支持者们都对布朗利用撒切尔的名誉满足个人政治目的的行为感到愤恨。形成悖论的是，尽管布朗向她示好，但保守党的大卫·卡梅伦却一直在保守党和撒切尔夫人的遗留之间划清了界限。（“社会的确是存在的”，他坚持道，“它只是与国家并非属于同一概念。”）2002 年下院大厅里设立撒切尔夫人雕塑时，一位反对者居然用一根铁条削掉了塑像的头部。2008 年有消息称，为她举行国葬的计划正在进行中。类似的国葬 1965 年为丘吉尔举行过。她仿佛不再是一个活着的人，而是一个已经进入历史的半虚构偶像，披上象征权威的披风，受到两党的赞颂和唾弃。

当她最终成为逝去领袖名流中的一员时，人们会认真加入这场辩论。玛格丽特·撒切尔不仅是英国第一位女首相，也是现在英国在位时间最长的首相，更是二十世纪下半叶最受人敬仰的、最招人痛恨的、最为偶像化的、最受诋毁的公众人物。对一些人来说，她是国家的救星，在经历几十年的衰退之后，“让伟大二字重回大不列颠”；她是无所畏惧的战士，整治了工会，收拾了“湿才”，夺回了马尔维纳斯，把国家重新推上正轨，并创造了一个生机勃勃的企业经济体，20年后，这一经济体的表现依然超过欧洲大陆许多实施严格管制的经济体。对另外一些人来说，她是一个心胸狭窄的意识形态分子，推行严厉无情的政策，让贪婪变得合理合法，以抛弃下层阶级为代价扶持中产阶级，有意加剧了社会的不平等。她还削减公共服务，破坏高等院校，让公共广播事业沦为逐利工具，还破坏了国家的团结感以及和公民的自豪感。两种观念不可调和，而两者都没有说错。

第三种观念认为，撒切尔夫人取得的成就并没有她自己以及崇拜者宣称的那么大。尽管一方面她自吹自擂，另一方面又有“保守党削减支出”的号叫，撒切尔夫人实际上并没有大幅度抑制公共开支，未能减少或私有化福利国家，未能改变英国人的基本态度；她实际上增强了英国政府对国民生活许多领域巨细无遗的控制，压缩了她自己声称要推进的自由，降低了议会的作用，在英国开创了一种总统制政府管理，这种管理方式在托尼·布莱尔时期得到进一步发展。她也没有提升英国的世界影响力；恰恰相反，正是她将英国与美国史无前例地捆绑在一起，拒绝建设性地利用英国在欧洲的机会，她重复了历史性的错误，使摇摆不定的半隔离政策永久化，在欧盟组建阶段将英国排除在欧盟外。从长远来看，这一点很可能是她留下的最具破坏力的遗产。

作为个人，玛格丽特·撒切尔到底在多大程度上激发并推动了在她名下的政策，或者说，她在多大程度上借助了全球反集体主义浪潮及技术革命浪潮，这一点仍然是一个谜。毕竟在反集体主义浪潮和技术革命浪潮下，不管谁当政，都会通过相似的方式改变英国社会。然而无可否认的是，她以道德的热情，十分清晰地阐明了新物质个人主义，这股热情似乎仅仅凭借人格的力量赢得这场争论，即便事实远不如言辞来得那么激烈。她并不是一个有创造力或连贯一致的思想者。一方面，她对自由市场的信仰与自由经济之间存在巨大的矛盾；另一方面，她对自己所属阶级的偏袒恶名昭著，心中的英国民族主义也越来越强烈。但是这些都不是问题所在。她是一位出了名的好斗分子，是一位机会主义政治家，有着混合在一起的多种品质——勤奋工作、精力充沛、自信洋溢、直觉敏锐，强迫这个充满敬畏的国家按照她的方式运行了超过10年的时间。此外，她还是一位非常有才能的表演者，可以在政治分歧的双方面唤起真正的激情。这种激情在她离开后已经不复存在，其后的政坛充满了公关专家的运作，却了无生趣。她所取得的成就也许没有她宣称的那么大，但她仍然实现了许多非常必要而且早该实现的目标。今天，有关收入政策、补贴、社会契约论的整个文化——以及让这些东西似乎无法逃离的两位数通货膨胀——似乎已经十分久远，人们容易忘记在1979到1981年期间开始废除这种文化需要多大的勇气。尽管这种勇气不单单属于撒切尔夫人个人，但她是领头人。最终，资金平衡表将要求人们对这种经济与文化革命的收益是否超过社会成本做出判定。

直到2008年，人们普遍承认，撒切尔主义不但恢复了英国经济，还与美国的里根主义一道为世界经济在可预见未来的发展树立了典范。自由市场资本主义在全世界范围内赢得胜利。在金融智慧与放松信用管制的大潮下，人们想当然地认为经济日益繁荣得到无限制的保障。虽然一些明智的声音曾警告说，这种繁荣建立在信心骗局之上，但布莱尔和布朗领导的工党政府依然将整个国家带入了这种危险的乐观主义之中，部分原因是他们也被繁荣冲昏了头脑，部分原因是他们不能流露出唱衰繁荣的态度。1997年"新工党"能够重新掌权正是因为接受了撒切尔革命，其后10年工党继续处于统治地位凭借的就是在右翼立场上不给保守党留任何空间。2008年，在英国与美国，放松管制的银行及其他金融机构不负责任的贷款行为直接造成了"信用紧缩"，粉碎了之前的乐观展望，使整个世界陷入20世纪30年代以来最严重的经济萧条之中。一方面，这场灾难性的崩溃正是里根/撒切尔"放松"管制模式失败的后果，这种管理鼓励为追逐短期利益而牺牲长远的安全性。另一方面，大西洋两岸采取的救援政策——包括即将下台的华盛顿共和党政府、英国的工党政府以及所有欧盟经济体和世界其他地区大部分政府采取的政策——毫不犹豫，毫无异议地几乎在一夜之间重新实施了那些"社会主义"解决方案，尽管这些方案曾经被认为被永远抛弃：使用大笔的纳税人资金"救助"银行（几乎达到彻底国有化的程度）、给经济注入大量的借贷资金维持需求。被认为已经被撒切尔主义彻底埋葬了的原始凯恩斯主义忽然之间又复活了，旧社会主义者感到欢欣鼓舞，毕竟他们心中从未真正放弃对国家控制的渴求。现在，不受限制的资本主义似乎已经崩溃，银行和房屋互助协会纷纷倒向国家，希望国家能把从他们从自作自受的荒唐中拯救出来。

一些寻找替罪羊的媒体把罪责归咎于撒切尔夫人个人。她的辩护者指出，她一直宣扬节俭，主张高薪酬应该成为勤勉工作的奖励，而不能奖励给投机倒把者。她本人从来没有拥有信用卡，也不赞成伦敦金融城的"赌场文化"。人们甚至可以将信贷紧缩视为她再三警告的"不能跟市场作对"格言的惊人证明。然而不可否认是，她领导的政府1986年引爆了"大爆炸"，（也许不明智地）释放出金融行业放松管制引来的所有恶果，包括随着缺乏资金的银行将并不属于自己的资金贷给过度抵押贷款、失去偿还能力的消费者，房价的飙升和家庭负债的大幅攀升。不管她喜不喜欢，她都是"巨额财富"文化的保护神，而当这种文化坍塌时，在现代政治这个高度个人化的世界上，她不可避免地受到指责，她作为英国资本主义的救星的名誉被严重玷污。当然，经济泡沫并不只是她的政府吹大的。戈登・布朗接手财政部首批行动之一就是继续放松金融管制框架；彼得・曼德尔森有句名言，称新工党“对暴富一族格外感到轻松”；10 年来，托尼・布莱尔的第一要务就是竭尽全力维持伦敦金融城对他的支持。但是，一切都是在 18 年前撒切尔主义制造的气氛中活动。这一点足以证明撒切尔夫人从根本上改变了政治版图，现在连布朗这样有着深深“旧工党”根脉的财政大臣——20 世纪 80 年代他曾经以严厉指责撒切尔主义而出名——都觉得有责任推进她的改革，其推进的坚决与轻率达到了撒切尔夫人内在的谨慎都不曾达到的程度。她的影响在 1990 年后很长一段时期内一直存在，这就是她伟大的成就。但是，当她遗传下来的世界出现崩溃时，她的声誉自然也跟着受损。

毫无疑问，随着世界各个主要经济体采取反周期性的措施——巴拉克・奥巴马领导的新的民主党政府带头——或早或迟地产生效果，世界经济终将得到复苏。但是，一定会有一种认真的纠正，时间将延续多年。所有西方政府在其金融机构里投入的巨额股份都需要时间拆解。鼓吹放松管制市场的理论家们这次栽了大跟头，不会那么傲慢自大了，至少在很长一段时期内不会那么洋洋得意。因此，从更为长远的角度审视玛格丽特・撒切尔的政治生涯，我们会更加清楚地看到，历史是呈螺旋状发展的。今天的解决方案，到明天就变成了问题。玛格丽特・撒切尔大胆地把不列颠从计划经济和国家控制的失败路线中扭转回来，世界许多地方以她为榜样也进行了类似的改革。在近 30 年里，撒切尔主义释放出了巨大的经济能量，创造了新的巨大财富，带来大量的社会效益，同时也支付了一些持久的成本。尽管撒切尔主义最终会被修正，但这一点在长期内并不能抵消她重要的历史意义。不论是好是坏，这个格兰瑟姆的零售商的女儿把自己的个性与名字永不磨灭地刻在她的时代上。她作为改变 20 世纪的伟大改革派人物之一的名誉将永远存在。